# LEXIKON DER PÄPSTE

Rudolf Fischer-Wollpert

# LEXIKON DER PÄPSTE

marixverlag

Genehmigte Lizenzausgabe für Marix Verlag GmbH, Wiesbaden 2004

Nach der 2. überarbeiteten Ausgabe von 1988
Covergestaltung: Thomas Jarzina, Köln
Umschlagmotiv: AKG, Berlin
Gesamtherstellung: GGP Media GmbH, Pößneck
Printed in Germany

ISBN 3-937715-68-1

www.marixverlag.de

I. TEIL

# Die Päpste in der zeitlichen Abfolge

**Petrus**

Über die Person des Petrus berichten die Evangelien übereinstimmend: sein ursprünglicher Name war Simon, er war – wie sein Bruder Andreas – Fischer am See Gennesaret, wohnte in Kafarnaum und war verheiratet (die Heilung seiner Schwiegermutter durch Jesus berichtet Mk 1,29f). Unterschiedliche Berichte gibt es über seine Berufung zum Apostel: Nach Joh (1,35ff) kamen zuerst Jakobus und Andreas zu Jesus; sie führten ihre Brüder Simon und Johannes zu ihm. Schon bei diesem ersten Zusammentreffen änderte Jesus den Namen des Simon in Kephas, d. i. der Fels (Petrus). Nach Mk (1,16ff) wurden diese beiden Brüderpaare aus ihrem Beruf am See Gennesaret heraus berufen, als Jesus sie ansprach: „Kommt her, folgt mir nach". „Sogleich" verließen sie alles und folgten Jesus. Der gleiche Bericht findet sich bei Mt (4,18ff), wird aber erst nach dem ersten Auftreten Jesu in Galiläa angesetzt. Lk (5,1ff) schließlich bindet die Berufung des Petrus in den Bericht über den reichen Fischfang ein. Jesus, den Petrus zuerst mit „Meister" angesprochen hatte, forderte zum erneuten Hinausfahren auf; nach dem reichen Fang fiel „Petrus Jesus zu Füßen" und redete ihn mit „Herr" an: Diese Geste der Proskynese und diese Anrede zeigen die Bereitschaft des Petrus, ganz über sich verfügen zu lassen. – Übereinstimmend berichten die Evangelien dann wieder, daß Petrus verschiedentlich als Wortführer der Apostel auftrat: so nach der großen eucharistischen Rede in der Synagoge von Kafarnaum (Joh 6,68) und bei der Frage Jesu, für wen ihn die Apostel halten (Mt 16,16ff). Gerade bei dieser Gelegenheit muß sich Petrus aber scharf von Jesus zurechtweisen lassen: „Weg mit dir, Satan. Du hast nicht das im Sinn, was Gott will, sondern was die Menschen wollen"; Petrus hatte sich gegen die Ankündigung des Leidens Jesu zur Wehr gesetzt. Noch einmal mußte Petrus die Grenzen seiner Selbsteinschätzung erfahren: Gegen die Voraussage Jesu, in der Nacht seines Leidens würden die Apostel an ihm irre, hatte sich Petrus entschieden gewehrt (Mt 26,33). Die Ankündigung der dreimaligen Verleugnung erfüllte sich während des Verhörs Jesu durch die Hohenpriester (Mt 26,69–75). – In dem dem Johannes-Evangelium angefügten Nachtrag wird nach einem erneuten reichen Fischfang die Zusage des Hirtenamtes an Petrus bestätigt (Joh 21,15–19). – Auch nach Jesu Himmelfahrt trat Petrus als Wortführer der Apostel auf: so bei der Wahl des Matthias an Stelle des Judas (Apg 1,15–26), am Pfingstfest (Apg 2,14–36) und beim Apostelkonzil (Apg 15,7–11). – Über das weitere Leben des Petrus gibt es eine Aussage des Kirchenhistorikers → Eusebius (gestorben 339), derzufolge sich Petrus von 42–67 in Rom aufgehalten habe. Das ist sicher unrichtig, denn z. B. 49/50 war er beim Apostelkonzil in Jerusalem. In Wirklichkeit ist anzunehmen, daß Petrus, nachdem er im Jahr 44 Jerusalem verlassen hatte, als „Wanderapostel" tätig war – wie wir es auch von Paulus wissen. Der Wanderapostel gründete in den Städten, in denen es große Judengemeinden gab, christliche Gemeinden und leitete sie eine Zeitlang; dann bestimmte er andere Vorsteher und zog weiter. Petrus war wohl auch Gründer der Gemeinde in Antiochia (im früheren Meßbuch gab es am 22. Februar ein eigenes Fest „Petri Stuhlfeier in Antiochia"). – Die Wanderapostel galten auch in denjenigen Gemeinden als „Gründer", in denen es bereits Anhänger Jesu und eine Gemeindeordnung gab: Sie bestellten nämlich autoritativ die Vorsteher, die sowohl bevollmächtigte Lehrer wie auch amtliche Gemeindevorsteher waren. Beide Ämter wurden also nicht von der Gemeinde übertragen, sondern vom Apostel, der die Gemeinde damit „gründete". So betrachtet auch die älteste Gemeindeüberlieferung in Rom Petrus als ihren „Gründer": er hatte die schon vorhandenen Ansätze gefestigt und den Vorsteher bestimmt. *Wann* Petrus nach Rom kam, ist geschichtlich nicht auszumachen; *daß* er dort war, wird heute von den Historikern allgemein angenommen. Dafür gibt es wichtige Aussagen: Der römische Bischof →Clemens I., schrieb (um 96) an die Gemeinde von Korinth und berichtete vom Martyrium der heiligen Petrus und Paulus „bei uns", und zwar im Zusammenhang mit der Verfolgung der Christen unter Kaiser Nero. Auch Bischof →Ignatius von Antiochia berief sich in seinem Brief an die Römer (um 110) auf die beiden Apostel und kannte ihre besondere Stellung in der römischen Gemeinde. Ebenso wiesen andere Schriftsteller auf die Anwesenheit des Petrus in Rom hin: Dionysius von Korinth (166–175) und →Irenäus von Lyon (um 185); auch sie kennen die Gründung der römischen Gemeinde durch Petrus. Ein weiteres Argument hat Bedeutung: Kein anderer Ort hat jemals Rom streitig gemacht, Stadt des Martyriums der beiden Apostel zu sein; Rom wurde unangefochten anerkannt. So ist der Tod des Petrus in Rom als sicher anzunehmen; er wird in der →Christenverfolgung unter Kaiser Nero (zwischen 64 und 67) angesetzt und soll – der Überlieferung nach – durch Kreuzigung mit dem Kopf nach unten vollzogen worden sein. – Diese Annahme wird auch durch die Ausgrabungen bestätigt, die ↗ Pius XII. im und nach dem 2. Weltkrieg unter der Peterskirche in Rom vornehmen ließ; das Ergebnis der archäologischen Forschungen und Grabungen lautete: Mit Sicherheit befand sich das Grab des Petrus an der Stelle, an der die Christenheit den Apostel seit 1900 Jahren verehrt: unter der Peterskirche. – Die Kirche feiert am 29. Juni das Hochfest der Apostel Petrus und Paulus und am 22. Februar das Fest der →Cathedra Petri. (Auch: →Primat).

## Linus 64–79

Er war der erste Nachfolger des heiligen ↗ Petrus und soll zwischen 64 und 79 die römische Kirche geleitet haben. Nach der Aussage des →Irenäus handelt es sich bei ihm um den in 2 Tim 4,21 von Paulus erwähnten

Linus. – Der Name des Linus steht im I. Eucharistischen Hochgebet, sein liturgischer Gedenktag ist der 23. September.

## Anaklet I. 79–90/92

Die Papstliste des → Irenäus nennt ihn als Nachfolger des ↗ Linus; so wird er auch im I. Eucharistischen Hochgebet genannt. Er regierte von 79–90/92. Sein Gedenktag in der Liturgie ist der 26. April.

## Clemens I. 90/92–101

Der Überlieferung nach war er ein Apostelschüler; dabei bleibt ungewiß, ob er mit dem in Phil 4,3 genannten Clemens identisch ist. Berühmt wurde der Papst durch den → Clemensbrief, der als frühestes Zeugnis für die Sonderstellung der römischen Kirche gilt. Er regierte die Kirche wahrscheinlich von 90/92 bis 101. Sein liturgischer Gedenktag ist der 23. November; im I. Eucharistischen Hochgebet wird er genannt.

## Evaristus 99/101–107

Er ist der fünfte Bischof von Rom und war wohl von 99 (oder 101) bis 107 im Amt. Wie die meisten Bischöfe Roms in der Frühzeit wird er als Heiliger verehrt.

## Alexander I. 107–116

In der Papstliste des → Irenäus wird er als sechster Papst gezählt, jedoch sind seine Lebensdaten unbekannt. Wahrscheinlich regierte er von 107–116 (bzw. von 105–115). Alexander wird als Heiliger verehrt, sein liturgischer Gedenktag ist der 3. Mai.

## Sixtus I. 116–125

Wahrscheinlich zwischen 116 und 125 war er Bischof von Rom.

## Telesphorus 125–138

Er war etwa 13 Jahre Bischof von Rom: von 125 bis 138. Wahrscheinlich hat er in der → Christenverfolgung unter Kaiser Hadrian den Tod gefunden.

## Hyginus 138–142

Im → Liber Pontificalis wird er als neunter Papst genannt. Er regierte wohl zwischen 138 und 142. Über sein Pontifikat ist nur wenig bekannt.

## Pius I. 143–154/55

In der Zeit zwischen 142 und 154 (oder 155) war er Bischof von Rom; es war die Zeit der →Christenverfolgung unter Kaiser Hadrian.

## Anicet 154/155–165

Er war Papst von 154 (bzw. 155) bis 165. Sein Name ist mit den Auseinandersetzungen im →Osterfeststreit und um den →Montanismus verbunden.

## Soter 166–174

Er regierte wahrscheinlich von 166 bis 174 während der →Christenverfolgung unter Kaiser Marc Aurel.

## Eleutherus 174–189 (?)

Er war in den Jahren 174 bis 189 (?) Bischof von Rom. In dieser Zeit gab es keine Christenverfolgung. Eleutherus mußte sich gegen die→Montanisten durchsetzen.

## Victor I. 189–198/99

Er regierte von 189 bis 198/199 und versuchte, die Vormachtstellung des Bischofs von Rom zu festigen, indem er im→Osterfeststreit die kleinasiatischen Bischöfe autoritativ aufforderte, das Osterfest am gleichen Termin wie die römische Kirche zu feiern. Als die Bischöfe bei ihrem Termin blieben, drohte ihnen Victor den Ausschluß aus der Kirche an und vollzog diesen dann wohl auch. →Irenäus von Lyon, der die erste römische →Bischofsliste anfertigte, hat dieses Vorgehen Victors scharf getadelt, zumal seiner Meinung nach kein ausreichender Grund für eine solche Maßnahme vorlag: Es handle sich dabei um eine liturgische, nicht um eine dogmatische Frage. Dieser Tadel änderte jedoch nichts an der grundsätzlichen Einstellung des Irenäus zum Papsttum: Er betonte den Vorrang der römischen Kirche vor den übrigen sehr stark und verlangte, daß alle Kirchen mit der römischen in der apostolischen Überlieferung übereinstimmen müßten. – In die Zeit Victors fällt eine Aussage, die Tertullian (ursprünglich Rechtsgelehrter, der 195 zum Christentum konvertiert und Priester geworden war) machte: Er hat als erster die Vorrangstellung des Petrus aus der Verheißung des →Primates durch Christus (Mt 16,18) begründet. Die Gewalt des Petrus sei auf jede Kirche übergegangen, die mit ihm durch Tradition und→ Sukzession verbunden sei. Wenn Petrus auch der gesamten Kirche gehöre, so habe die römische Kirche doch eine besondere Beziehung zu ihm. Bald berief man sich immer mehr auf die Verheißung Jesu als Begründung für den Primat des Bischofs von Rom.

## Zephyrinus 199–217

Er regierte von 199–217 als Bischof von Rom. In sein Pontifikat fällt die → Christenverfolgung unter Kaiser Alexander Severus. Auch gab es theologische Auseinandersetzungen mit dem → Sabellianismus.

## Calixtus I. 217–222

Er war ehemals Sklave. Als Papst (217) wandte er sich gegen die Irrlehre der → Sabellianer. Vom Gegenpapst ↗ Hippolyt wurde er der Irrlehre beschuldigt, von ihm wurde der Papst auch angeklagt, er nehme sich das Recht heraus, *alle* Sünden zu vergeben (→ Novatianismus). Calixtus starb 222. Er wird als Heiliger verehrt; sein liturgischer Gedenktag ist der 14. Oktober. Nach ihm ist die → Calixtus-Katakombe benannt, wo er als Diakon Dienst getan hatte.

## Hippolyt 217–235

*Gegenpapst.* wahrscheinlich stammte er aus Kleinasien. Als gelehrter und bekannter Kirchenschriftsteller erhielt er durch ↗ Victor I. eine herausragende Stellung in der römischen Kirche. Victors Nachfolger ↗ Zephyrinus bevorzugte aber Calixtus, der später Papst wurde (217). Im wesentlichen ging es bei ihrem Streit aber um theologische Lehren: → Sabellius vertrat in der Lehre von der Dreifaltigkeit die Auffassung, die zweite und dritte Person in Gott seien nur Erscheinungsformen der ersten Person. Dagegen wandte sich Hippolyt. Er fühlte sich jedoch durch Papst Calixtus nicht genügend unterstützt; deshalb überhäufte er den Papst mit üblen Verleumdungen und beschuldigte ihn der Zuneigung zur Irrlehre. Dadurch geriet die römische Gemeinde in eine sehr starke Zerreißprobe. Es ist nicht sicher auszumachen, ob sich Hippolyt 217 zum Gegenpapst aufstellen ließ; immerhin wird er in den üblichen Namenslisten der Päpste als Gegenpapst (217–235) geführt. Der Überlieferung nach soll Hippolyt zusammen mit ↗ Pontianus 235 in der Verbannung als Märtyrer gestorben sein. Sein liturgischer Gedenktag ist der 13. August.

## Urban I. 222–230

Über sein Pontifikat, das von 222 bis 230 dauerte, ist nichts Näheres bekannt. Die überlieferten Berichte sind unglaubwürdig. In Deutschland und Österreich wird Urban als Patron der Winzer verehrt; sein liturgischer Gedenktag ist der 25. Mai.

## Pontianus 230–235

Er wurde am 21. Juli 230 Bischof von Rom. Zusammen mit dem Gegenpapst ↗ Hippolyt wurde er vom römischen Kaiser nach Sizilien verbannt, wo beide in den Steinbrüchen als Märtyrer starben. Während seiner Verbannung verzichtete er am 28. September 235 auf sein Amt, damit ein Nachfolger in Rom bestimmt werden könne. (Dieses ist das erste sichere Datum der Papstgeschichte). Der liturgische Gedenktag des heiligen Pontianus ist der 13. August.

## Anterus 235–236

Er regierte nur wenige Wochen, vom 21. November 235 bis zum 3. Januar 236, als Papst. Als erster Papst wurde er in der →Calixtus-Katakombe beigesetzt, wo Teile seiner Grabinschrift gefunden wurden.

## Fabianus 236–250

Vor der → Christenverfolgung unter Decius konnte Fabianus die römische Gemeinde ordnen. Von staatlicher Seite war Rom in 14 Bezirke eingeteilt. Fabianus teilte sie kirchlich in sieben Bezirke, mit jeweils einem Diakon an der Spitze. →Eusebius zitiert einen Brief des nachfolgenden Papstes ↗ Cornelius, in dem es heißt: „Es gibt 46 Presbyter, sieben Diakone, sieben Subdiakone, 42 Akoluthen, 52 Exorzisten, Lektoren und Türhüter". Fabianus war seit dem 10. Januar 236 Bischof von Rom und starb in der →Christenverfolgung unter Decius am 20. Januar 250. Sein liturgischer Gedenktag wird am 20. Januar, seinem Todestag, begangen.

## Cornelius 251–253

Wegen der → Christenverfolgung unter Kaiser Decius konnte erst über ein Jahr nach dem Tod des Vorgängers ↗ Fabianus der römische Priester Cornelius zum Papst gewählt werden (251). In der römischen Gemeinde gab es Streit: Der Papst sprach sich für eine Lossprechung der in der Verfolgung abgefallenen Christen aus, →Novatian wandte sich dagegen und ließ sich als Gegenpapst aufstellen. Im Herbst 251 wurde auf einer römischen Synode die Haltung des Papstes gebilligt und Novatian ausgeschlossen. Während einer neuen Christenverfolgung wurde Cornelius verbannt und starb im Juni 253 in der Verbannung. Cornelius wird als Heiliger verehrt (sein Gedenktag ist der 16. September), außerdem wird sein Name im I. Eucharistischen Hochgebet genannt.

## Novatian 251–258 (?)

*Gegenpapst.* Nach dem Martertod des Papstes ↗ Fabianus (250) und einer fünfzehn Monate dauernden → Sedisvakanz wurde ↗ Cornelius zum Papst gewählt; eine Minderheit erhob jedoch Novatian zum Gegenpapst (251). Er war ein hochbegabter Schriftsteller. Mit seinem Hauptwerk „De trinitate" (Über die Dreifaltigkeit) schrieb er den ersten theologischen Traktat in lateinischer Sprache. In der Auseinandersetzung zwischen den beiden Päpsten spielte auch der → Novatianismus eine Rolle: Cornelius nahm die in der Verfolgungszeit Abgefallenen wieder in die Kirche auf, während Novatian eine strengere Linie verfolgte. Die Anhänger Novatians gründeten eine „Kirche der Reinen" (→ Katharer) und spendeten jedem, der zu ihnen übertrat, nochmals die Taufe. Im Jahr 251 wurde Novatian auf einer Synode in Rom von den versammelten Bischöfen aus der Kirche ausgeschlossen. Über sein weiteres Leben ist wenig bekannt; vielleicht starb er 258 (?) den Martertod.

## Lucius I. 253–254

Er regierte vom 25. Juni 253 bis 5. März 254. Sofort nach seiner Wahl wurde er vom römischen Kaiser Gallus seines Glaubens wegen verbannt und konnte erst nach dem Tod des Kaisers nach Rom zurückkehren. Im Gegensatz zu den → Novatianern vertrat er eine mildere Auffassung in der Frage der Bußpraxis.

## Stephan I. 254–257

Von außen her hatte die Kirche unter seinem Pontifikat, das am 12. Mai 254 begann, Ruhe, es gab keine → Christenverfolgung. Innerkirchlich aber entbrannte ein heftiger Streit: Im → Ketzertaufstreit ging es um die Frage, ob Ketzer gültig taufen können, ob also durch Ketzer Getaufte bei ihrem Übertritt zur katholischen Kirche nochmals getauft werden müssen. Der Bischof von Karthago Cyprian hatte sich auf zwei Synoden 255 und 256 für die Wiedertaufe ausgesprochen; Stephan wandte sich in einem heftigen Schreiben an Cyprian und verbot die Wiedertaufe. (Dieses Schreiben des Papstes ist nicht mehr erhalten). Im Antwortschreiben, das erhalten ist, beklagte sich Cyprian bitter über den Befehlston des Papstes und verteidigte die Praxis der afrikanischen Kirche. Vor allem aber fühlte er sich durch die „hochmütigen und nicht zur Sache gehörigen" Ausführungen Stephans angegriffen. Offenbar hatte der Papst in seinem Schreiben mit Rückgriff auf Mt 16,18 den römischen → Primat für sich in Anspruch genommen. Der Papst erklärte, die → cathedra des römischen Bischofs sei die cathedra des Petrus und habe an dessen Primat Anteil. Die Auseinandersetzung führte zu einem Zerwürfnis zwischen der afrikanischen und der römischen

Kirche, das durch die jetzt einsetzende →Christenverfolgung unter Kaiser Valerian ihr Ende fand. Stephan und Cyprian starben im August 257.

## Sixtus II. 257–258

Sein ursprünglicher Name war Xystus. Am 30. August 257 wurde er Bischof von Rom. Dem →Ketzertaufstreit, der die römische und die afrikanische Kirche gespalten hatte, machte er ein Ende. In der →Christenverfolgung unter Kaiser Valerian, die sich vornehmlich gegen die kirchlichen Amtsträger richtete, starb er am 6. August 258. Während eines Gottesdienstes in der →Calixtus-Katakombe soll er mit vier Diakonen verhaftet und sofort enthauptet worden sein. Von allen Märtyrerbischöfen der frühen Zeit genoß Sixtus schon bald die höchste Verehrung. Ihm folgte im Martyrium sein Diakon Laurentius, der der Überlieferung nach auf einem Rost (mit dem er dargestellt wird) gebraten worden sei, weil er die Schätze der Kirche nicht herausgab, sondern die Armen als den „Schatz" der Kirche vorführte. Sixtus und Laurentius werden im I. Eucharistischen Hochgebet genannt, ihre liturgischen Gedenktage sind der 6. bzw. der 10. August.

## Dionysius 260–267/268

Wegen der →Christenverfolgung hatte es nach dem Tod ↗Sixtus' II. fast zwei Jahre gedauert, bis der römische Priester Dionysius am 22. Juli 260 zum Papst gewählt werden konnte. Er setzte seine ganze Kraft für den Wiederaufbau der durch die Verfolgungen sehr verwundeten Gemeinde in Rom ein. Im Kampf gegen den →Subordinatianismus vertrat er die Lehre der Kirche. Er starb am 26. Dezember 267 (oder 268).

## Felix I. 268/269–273/274

Vom 5. Januar 268 (269) bis zum 30. Dezember 273 (274) war er Bischof von Rom. Er nahm gegen den →Subordinatianismus Stellung. Sein Grab ist in der →Calixtus-Katakombe, sein liturgischer Gedenktag der 30. Dezember, sein Todestag.

## Eutychianus 274/275 – 282/283

Er regierte die römische Gemeinde vom 4. Januar 274/275 bis zum 7. Dezember 782/783. Über sein Leben und seine Amtszeit ist wenig bekannt.

## Cajus 282–295/296

Nach dem →Liber Pontificalis regierte er vom 17. Dezember 282 bis zum 22. April 295 (oder 296) als Papst. Sein Grab ist in der →Calixtus-Katakombe. Sein Name wird auch mit Gajus wiedergegeben.

## Marcellinus 296–304

Seine Regierungszeit als Bischof von Rom wird von 296 bis 304 angegeben. Er erlebte zwar die Anfänge der großen →Christenverfolgung unter Diokletian noch mit, starb jedoch selbst nicht als Märtyrer. Im 4. Jahrhundert beschuldigte man ihn, er sei in der Verfolgung vom Glauben abgefallen und habe die heiligen Bücher an die Verfolger ausgeliefert; diese böswillige Verleumdung war von den →Donatisten aufgebracht worden, schon →Augustinus von Hippo wies sie zurück.

## Marcellus I. 307–308/9

Durch die Wirren der →Christenverfolgung unter Diokletian dauerte die →Sedisvakanz nach dem Tod des ↗ Marcellinus drei bis vier Jahre. Im Mai 307 wurde Marcellus I. gewählt. Die geschichtlichen Quellen sind so dürftig, daß weder über die Persönlichkeit noch über das Wirken des Papstes Sicheres ausgesagt werden kann. Nach dem →Liber Pontificalis soll er vom Kaiser Maxentius in die Verbannung geschickt worden sein, wo er am 16. Januar 308 (oder 309) starb. Sein Grab befindet sich in der Priszilla-Katakombe. Der liturgische Gedenktag des Papstes ist der 15. Januar.

## Eusebius 308/309 – 310

Wie sein Vorgänger ↗ Marcellus I. starb Eusebius nach sehr kurzer Amtszeit (308/309–310) in der Verbannung in Sizilien (→Christenverfolgung). Sein Leichnam wurde in der →Calixtus-Katakombe beigesetzt.

## Melchiades
↗ Miltiades

## Miltiades 310/311–314

Er wird auch Melchiades genannt und regierte von 310 (oder 311) bis 314. In sein Pontifikat fallen die entscheidenden Ereignisse, die eine neue Zeit in der Kirchengeschichte heraufführten: der Sieg des Kaisers Konstantin an der Milvischen Brücke (312), der die Verfolgungszeit für die Kirche beendete, ferner das Mailänder →Toleranzedikt (313), das die Gleichstellung der Christen anerkannte, Religionsfreiheit verkündete und die Kirchengüter zurückerstattete. Im →Donatistenstreit entschied der Kaiser, daß zusammen mit drei gallischen Bischöfen auch der Bischof von Rom eine Entscheidung fällen sollte. Miltiades entschied sich gegen die Donatisten bei einer Synode im Oktober 313, an der 15 italienische Bischöfe teilnahmen.

Die Synode fand im →Lateran statt, den der Kaiser als Dank für seinen Sieg über den Kaiser Maxentius dem Papst zum Geschenk gemacht hatte. Hier ließ Miltiades die Kirche zu Ehren des Erlösers („Die Mutter aller Kirchen des Erdkreises"), ein Baptisterium sowie den Amtssitz für die Päpste errichten. Miltiades starb im Januar 314.

## Silvester I. 314–335

Er regierte von 314 bis 335 und war ein Zeitgenosse des römischen Kaisers Konstantin, der der Kirche die Freiheit von Verfolgung gewährt hatte (Papst ↗ Miltiades). Silvester stand ganz im Schatten dieses großen Kaisers. An der Synode von Arles (314), wo es um die Irrlehre der →Donatisten ging, nahm er trotz Einladung durch den Kaiser nicht persönlich teil; ebenso ließ er sich beim I. →Konzil in Nicaea durch Legaten vertreten. Ob er damit gegen die Einberufung der Synode durch den Kaiser protestieren wollte, ist unklar; jedenfalls hat in der Folgezeit kein römischer Bischof an einer Synode teilgenommen, die vom Kaiser einberufen war. Silvester ließ die →Lateran- und die →Peterskirche in Rom bauen. Er wird als Heiliger verehrt, sein liturgischer Gedenktag ist der 31. Dezember (wahrscheinlich sein Todestag 335). →Silvesterlegende.

## Marcus 336

Über seine Amtszeit, die wohl vom 18. Januar bis 7. Oktober 336 dauerte, ist nichts Wesentliches bekannt.

## Julius I. 337–352

Am 6. Februar 337 wurde er zum Papst gewählt. In den theologischen Auseinandersetzungen seiner Zeit spielte er eine bedeutende Rolle. Der →arianisch gesinnte Kaiser Konstantius hatte den →Patriarchen Athanasius von Alexandrien wegen dessen Festhaltens am rechten Glauben von seinem Bischofssitz vertrieben, ebenso den Bischof Marcellus von Ancyra. Beide suchten in Rom Zuflucht; jedoch wandte sich auch der arianische Bischof Eusebius von Nikomedien an den Papst. Julius hielt Anfang 341 eine Synode in Rom, an der über 50 Bischöfe des Abendlandes teilnahmen und die sich für Athanasius und Marcellus aussprach. An die arianisch gesinnten Bischöfe des Ostens schrieb Julius: Vor einer Verurteilung des Athanasius hätten sie sich erst an ihn wenden müssen. Es sei „alte Rechtsgewohnheit", erst nach Rom zu schreiben, um ein gerechtes Urteil zu finden. Damit berief sich der Papst auf die römische Tradition und auf die Vorrangstellung des römischen Bischofs. Von den Arianern wurde Julius mit dem Bann belegt, während die übrigen Bischöfe seine Stellung anerkannten. Bald nach seinem Tod (am 12. April

352) wurde Julius als Heiliger verehrt; der liturgische Gedenktag ist sein Todestag, der 12. April.

## Liberius 352–366

Am 17. Mai 352 wurde er Papst. Kaiser Konstantius II., seit 353 Alleinherrscher des römischen Reiches, wollte seine Anhänglichkeit an den → Arianismus auch im Westen durchsetzen. Deshalb ließ er auf zwei Synoden die Verurteilung des Athanasius bekräftigen und forderte die Zustimmung zu Aussagen, die sich vom → Konzil von Nicaea wesentlich entfernten. Die beiden päpstlichen Gesandten unterschrieben zwar die Synodalbeschlüsse, der Papst anerkannte diese Unterschriften jedoch nicht. Deshalb wurde er 355 vom Kaiser nach Thrazien verbannt. In Rom ließ Konstantius einen Gegenpapst wählen: ↗ Felix II. In der Verbannung wurde Liberius schwach und unterschrieb eine Erklärung, die eindeutig gegen Nicaea gerichtet war. So erkaufte er sich vom Kaiser die Rückkehr nach Rom; jedoch war dadurch das Ansehen der römischen Kirche sehr geschwächt. Die römische Gemeinde hatte 358 den Gegenpapst Felix aus der Stadt vertrieben, die Spaltung in der Gemeinde blieb jedoch bestehen. – Liberius starb am 24. September 366. Sein Andenken ist in Rom lebendig durch den Bau der nach ihm benannten „Basilica Liberiana", der Kirche St. Maria Maggiore.

## Felix II. 355–358

*Gegenpapst.* An Stelle des nach Thrazien verbannten Papstes ↗ Liberius wurde Felix II. vom Kaiser als Papst eingesetzt. Zur damaligen Zeit tobte der Kampf um den → Arianismus. Felix wurde 355 geweiht und nahm die Arianer wieder in die Kirche auf. Da das Volk dem abgesetzten Liberius die Treue hielt, konnte dieser 358 nach Rom zurückkehren. Der Kaiser plante eine gemeinsame Regierung von Liberius und Felix, doch wurde Felix 358 vertrieben. Er starb am 22. November 365. Manche Papstlisten aus der Zeit nach 500 führen ihn als rechtmäßigen Papst.

## Damasus I. 366–384

Nach dem Tod des Papstes ↗ Liberius kam es am 1. Oktober 366 zu einer Doppelwahl: Eine Minderheit wählte ↗ Ursinus, gegen den sich der von der Mehrheit gewählte Damasus I. nur schwer durchsetzen konnte; es kam zu blutigen Kämpfen, in denen Ursinus unterlag. Jedoch wurde Damasus durch die unterlegene Partei ständig verleumdet, man warf ihm sogar Mord vor. Durch das Eingreifen des Kaisers erfolgte ein Freispruch. Auf einer Synode in Rom 371 sprach sich der Papst für eine freie → Papstwahl aus, was der Kaiser bestätigte; außerdem bestätigte der Kaiser die höchstrichterliche Zuständigkeit des Bischofs von Rom über alle → Metropoliten des Westens sowie die Zuständigkeit Roms in allen Glaubens- und Sittensachen. Damasus bemühte sich um eine Einigung mit der → Ostkirche, was mit Hilfe der drei großen Heiligen Basilius von Caesarea, Gregor von Nazianz und Gregor von Nyssa auch gelang. Zusammen mit Kaiser Gratian im Westen erließ der oströmische Kaiser Theodosius am 28. Februar 380 ein Edikt, das alle Untertanen des Reiches zur katholischen Orthodoxie verpflichtete: der Glaube der katholischen Kirche wurde zum Reichsgesetz erhoben; katholisch sei nur, wer diesem Gesetz folge, die anderen hätten als „töricht", „häretisch" und „wahnsinnig" zu gelten. Während sich die Kirche des Westens gegen diese Verrechtlichung des Glaubens wehrte, beherrschte der Staat in Ostrom aufgrund dieses Gesetzes die Kirche. In jahrhundertelangen Kämpfen wehrte das Papsttum das → byzantinische Reichsregiment über die Kirche ab, wobei es selbst erstarkte. Um die religiöse Einigung zu vollenden, berief Kaiser Theodosius 381 das 2. Allgemeine → Konzil nach Konstantinopel. – Damasus beauftragte den gelehrten Theologen → Hieronymus mit der Herstellung eines zuverlässigen lateinischen Bibeltextes; man nannte das Werk die → „Vulgata", weil sie allgemein gebräuchlich wurde. – In den → Katakomben ließ der Papst von ihm verfaßte Lobsprüche an den Gräbern der Märtyrer anbringen. Damasus wird von der Kirche als Heiliger verehrt, sein Gedenktag ist der 11. Dezember, sein Todestag der 11. Dezember 384.

## Ursinus 366–367

*Gegenpapst.* Von den → Arianern gegen ↗ Damasus I. aufgestellt, konnte sich nur ein Jahr lang halten.

## Siricius 384–399

Er wurde im Dezember 384 zum Papst gewählt. Die von ihm herausgegebenen päpstlichen Schreiben zeigen einen anderen Stil als die der früheren Zeit: er schrieb nicht mehr brüderlich, mahnend, sondern verpflichtend und fordernd. Dabei betonte er seine „schwere Verantwortung für alle", für die gesamte Kirche. Die Beschlüsse des römischen Bischofs hätten die gleiche Geltung wie die Entscheidung der Allgemeinen Konzilien. Diese Schreiben des Papstes betrafen vor allem die Kirchendisziplin. 390 weihte der Papst die Basilika St. Paul vor den Mauern in Rom. Er starb am 26. November 399.

## Anastasius I. 399–402

Er wurde am 27. November 399 zum Papst gewählt und führte den Kampf gegen die → Donatisten fort. Gestorben am 19. Dezember 402.

## Innocenz I. 402–417

Es wird angenommen, daß er der Sohn seines Vorgängers, ↗ Anastasius' I., war, nach dessen Tod er am 21. Dezember 402 Papst wurde. Im Streit um die → Patriarchate wie auch in seiner gesamten Amtsführung suchte er den → Primatsgedanken zu stärken, wobei er eine klare Meinung von der Bedeutung der Petrus-Stelle (Mt 16,18) kundtat. Dem von seinem Patriarchensitz in Konstantinopel vertriebenen Johannes Chrysostomus verschaffte er Wiedergutmachung und wies dessen Hauptfeind, den Patriarchen Theophilus von Antiochien, scharf zurecht. Dabei betrachtete er sich als letzte Instanz bei der Entscheidung der anstehenden Fragen. Im Streit um die Irrlehre des → Pelagius nahm der Papst für → Augustinus von Hippo Stellung. Innocenz starb am 12. März 417. Sein liturgischer Gedenktag ist der 28. Juli.

## Zosimus 417–418

Am 18. März 417 kam er auf den Stuhl Petri. → Pelagius hatte sich an den Papst gewandt, um die Rechtgläubigkeit seiner Lehre zu verteidigen; der Papst ließ sich von ihm einnehmen, stellte die kirchliche Gemeinschaft mit ihm wieder her und verlangte auch von den afrikanischen Bischöfen (also gegen → Augustinus von Hippo) die Wiederaufnahme des Pelagius in die kirchliche Gemeinschaft. Daraufhin rief Augustinus 418 eine Synode nach Karthago zusammen, bei welcher neun Artikel gegen Pelagius formuliert wurden. Augustinus sandte diese Artikel an Zosimus, der sie bestätigte und sein Urteil über Pelagius revidierte. – Auch in anderen Fragen verhielt sich Zosimus sehr ungeschickt: Ein in Nordafrika wegen seines unsittlichen Lebenswandels durch seinen Bischof abgesetzter Priester wandte sich an Zosimus, der sich als letzte → Appellationsinstanz beweisen wollte und die Rehabilitierung des Priesters verlangte, ohne sich vorher über den wahren Sachverhalt informiert zu haben. Der Bischof gab dem Wunsch des Papstes zwar nach, ein afrikanisches Plenarkonzil verbot aber 418 erneut die Appellation von Geistlichen an eine Instanz „in Übersee". Zosimus starb am 26. Dezember 418.

## Bonifaz I. 418–422

Von den römischen Priestern wurde er am 28. Dezember 418 zum Papst gewählt. Die Diakone Roms hatten aber am Vortag bereits ↗ Eulalius gewählt, der nach anfänglicher Anerkennung durch den Kaiser von → Byzanz abgelehnt und, da er sich weigerte, auf die Papstwürde zu verzichten, aus Rom vertrieben wurde. Auf Wunsch Bonifaz' erließ der Kaiser ein Gesetz, demzufolge bei einer zwiespältigen Papstwahl künftig keiner der Gewählten Papst werden dürfe, es müsse vielmehr eine neue Wahl angesetzt werden. Jedoch hat dieses Gesetz niemals praktische Bedeutung erlangt. Der Papst versuchte – anders als im Osten – die Kirche Roms vor der starken Einflußnahme des Kaisers von Byzanz zu bewahren. Er starb am 4. September 422.

## Eulalius 418–419

*Gegenpapst.* Nach dem Tod des Papstes ↗ Zosimus 418 gab es in Rom eine Doppelwahl: Während die Priester der Stadt ↗ Bonifaz I. wählten, erhoben die Diakone den Archidiakon Eulalius auf den päpstlichen Thron (am 27. Dezember 418). Der Kaiser hatte eine Synode zur Entscheidung über die Gültigkeit der beiden Wahlen nach Ravenna einberufen, zu der Eulalius aber nicht erschien; er zog vielmehr nach Rom, um den Lateran mit Waffengewalt zu besetzen. 419 wurde er aus Rom vertrieben. Der Kaiser entschied sich am 3. April 419 für Bonifaz; so wird Eulalius als Gegenpapst gezählt. Nach den Angaben des → Liber Pontificalis ist Eulalius um 423 als Bischof in Kampanien gestorben.

## Coelestin I. 422–432

Am 10. September 422 wurde er zum Papst gewählt. Unter einem seiner Vorgänger, ↗ Zosimus, hatte es Streit mit den Bischöfen Afrikas gegeben; es ging um das Recht zur → Appellation an den Papst, das ein von seinem Bischof wegen unsittlichem Lebenswandel abgesetzter Priester für sich in Anspruch nahm. Die Bischöfe Nordafrikas wandten sich gegen eine Entscheidung des Zosimus, der die Appellation annahm. Unter Coelestin I. setzte sich dieser Streit fort; die beiden Meinungen standen sich unversöhnlich gegenüber: Der Papst nahm für sich das Recht in Anspruch, auf Appellationen zu antworten, die Bischöfe bestritten das Recht auf Appellation an eine Stelle in „Übersee". Der Streit wurde faktisch durch den Einfall der → Vandalen in Nordafrika beendet. – Coelestin wandte sich scharf gegen den → Pelagianismus und unterstützte → Augustinus von Hippo gegen den → Semipelagianismus. Während der Regierungszeit Coelestins wurde das Allgemeine → Konzil von Ephesus (431) gefeiert, das den → Nestorianismus verurteilte und Maria den Titel „Gottesgebärerin" zuerkannte. Der Papst starb am 27. Juli 432.

## Sixtus III. 432–440

Auch sein eigentlicher Name war Xystus. Er entstammte der Familie der → Colonna und wurde am 31. Juli 432 Papst. Unter seinem Pontifikat dauerten die Auseinandersetzungen mit den → Arianern und → Semiarianern an, ebenso mit den → Pelagianern und den → Semipelagianern. Die

Briefe des Papstes zeigen ihn als Inhaber des Petrusamtes und als Hüter der Petrustradition in Rom, der den wahren Glauben zu schützen hat. In Rom entwickelte der Papst eine rege Bautätigkeit; die Kirche St. Maria Maggiore ließ er mit Mosaiken ausschmücken. Sixtus III. starb am 19. August 440.

## Leo I. der Große 440–461

Vor seiner Wahl war er Archidiakon der römischen Kirche. Als seine Hauptaufgabe sah der am 29. September 440 geweihte Papst den Kampf gegen die Irrlehren des →Nestorius und des →Monophysitismus. Diese Irrlehrer hielten 449 in Ephesus eine „Räubersynode" (so nannte sie Leo): Sie ließen die Gesandten des Papstes nicht zu; ein Schreiben des Papstes durfte nicht verlesen werden. Durch die Entscheidung Leos war der Streit um die beiden Naturen in Christus für das Abendland beendet, im Osten dauerte er noch Jahrzehnte an. – Auch gegen den →Manichäismus mußte Leo Stellung nehmen, denn diese Irrlehre hatte inzwischen auch weite Teile der Christen in Rom ergriffen. Leo ordnete Synoden zur Überwindung der Irrlehren an und nahm dazu auch staatliche Hilfe in Anspruch: Der Kaiser erließ am 19. Juni 449 eine Verordnung, welche die strenge Handhabung des Gesetzes gegen die Irrlehrer unterstrich. – Eine weitere Hauptaufgabe sah Leo in der Festigung des römischen →Primates. Man nennt ihn deshalb den „ersten wirklichen ‚Papst' auf dem Stuhl Petri" (Franzen/Bäumer). Im →Liber Pontificalis heißt es, er habe seine Entscheidungen „kraft eigener Autorität" (ohne die des Kaisers) getroffen. Dabei stützte er sich auf zwei biblische Aussagen: Die Verleihung des Primates an Petrus (Mt 16,18) gelte nicht nur für diesen, sondern auch für seine Nachfolger. Denn Petrus lebe in seinen Nachfolgern auf der →Cathedra Petri in Rom unmittelbar fort. Hier findet sich zum ersten Mal der spätere Papsttitel „Stellvertreter Petri", der im Zusammenhang mit der kurz vorher entstandenen Bezeichnung des Papstes als „Stellvertreter Christi" zu sehen ist. Wie Petrus müsse auch der Papst Verantwortung für die ganze Kirche übernehmen. Damit solle die Leitungsgewalt der Bischöfe in ihren Diözesen und der Metropoliten und Patriarchen in ihren Regionen nicht abgeschafft, sondern zur Einheit zusammengebunden werden. Ferner bezog sich Leo auf Lk 22,32, wo berichtet wird, Christus habe für Petrus gebetet, damit dessen Glaube nicht wanke; Petrus solle seine Brüder stärken. Diese Aufgabe ging nach dem Tod des Petrus auf den Papst über, „dieselbe Liebe zur Gesamtkirche, wie sie dem Petrus vom Herrn ans Herz gelegt worden ist", schreibt Leo. – Um die christologischen Differenzen endgültig zu beseitigen, berief Kaiser Marcion auf Drängen Leos das 4. Allgemeine →Konzil nach Chalcedon 451. Hier wurde der →Monophysitismus endgültig verworfen und ein von Leo verfaßtes Lehrschreiben verlesen, das mit Begeisterung aufgenommen wurde: „Das ist der Glaube der Väter; der Apostel Petrus hat durch Leo gesprochen; so haben die Apostel gelehrt", war die Reaktion der Konzilsteilnehmer. – Das Konzil war jedoch von kirchenpolitischen Mißklängen begleitet. Der Papst wollte ein Konzil in Italien, nicht in Chalcedon, wohin der Kaiser es einberief. Außerdem führten die kaiserlichen Beamten faktisch den Vorsitz beim Konzil. In der entscheidenden Sitzung, in der der Monophysitismus verworfen wurde, übernahm das Kaiserpaar selbst den Ehrenvorsitz. Zwar durften die Legaten des Papstes als erste ihre Stimme zu den jeweiligen Fragen erheben, sie durften auch als erste die Konzilsbeschlüsse unterschreiben und hatten den ersten Platz vor den → Patriarchen von Konstantinopel, Antiochien und Alexandrien – die tatsächliche Leitung des Konzils hatten sie nicht. So konnten sie auch nicht verhindern, daß das Konzil eine Rangerhöhung für den Patriarchen von Konstantinopel (auf den zweiten Platz neben Rom) beschloß. Leo bestätigte die Konzilsbeschlüsse (mit Ausnahme des letztgenannten). – 451 fielen die → Hunnen plündernd und mordend in Norditalien ein, der weströmische Kaiser konnte das Land nicht schützen. Leo trat dem Hunnenkönig Attila 452 entschlossen entgegen: bei der Begegnung in Mantua erreichte er allein durch die Macht seiner Persönlichkeit, daß Attila Frieden zu schließen versprach. Dadurch war Rom gerettet und das Ansehen des Papstes sehr gewachsen. Als 455 die → Vandalen unter König Geiserich vor Rom standen und kein kaiserliches Heer Hilfe brachte, richteten sich die Blicke wieder auf den Papst. Er begab sich in das Lager der Feinde. Wenn er auch die Plünderung der Stadt nicht völlig verhindern konnte, so erreichte er doch den Schutz für das Leben der Bürger; außerdem wurde die Stadt nicht eingeäschert. Der Papst erschien als Retter Italiens, seine Mitbürger brachten ihm uneingeschränktes Vertrauen entgegen. Die Nachwelt gab ihm den Beinamen „der Große". Die von ihm überlieferten Briefe und etwa 100 Predigten zeigen ihn als kraftvolle religiöse Persönlichkeit. Er war ohne Zweifel einer der Bedeutendsten in der damaligen Kirche des Westens. Nach seinem Tod am 10. November 461 wurde er als erster Papst in der (alten) → Peterskirche beigesetzt. ↗ Benedikt XIV. erhob ihn 1754 zum Kirchenlehrer. Er wird als Heiliger verehrt, sein liturgischer Gedenktag ist sein Todestag, der 10. November.

## Hilarius (oder Hilarus) 461–468

Unter ↗ Leo I. wurde er römischer Archidiakon. Wie dieser sein Vorgänger betonte auch er nach seiner Wahl (19. November 461) die Vorrangstellung des römischen Bischofs. Er war ein entschiedener Gegner des → Arianismus. Für Rom, das er mit reichen Schenkungen und Kunstschätzen bedachte, bedeutete sein Pontifikat eine siebenjährige Periode des Friedens. Hilarius starb am 29. Februar 468.

## Simplicius 468–483

Er bestieg am 3. März 468 den päpstlichen Stuhl. Unter seinem Pontifikat gab es erneut Streitigkeiten mit der →Ostkirche: Der oströmische Kaiser hatte die Beschlüsse des →Konzils von Chalcedon verdammt und sich wieder den →Monophysiten zugewandt, da er darin eine Möglichkeit sah, seine politische Macht zu erweitern. Simplicius protestierte zwar gegen diese kaiserlichen Erlasse, jedoch ohne Erfolg. Auch der Nachfolger des Kaisers blieb auf der Linie seines Vorgängers: Er ließ 482 durch den →Patriarchen von Konstantinopel eine Glaubensformel erstellen, die als Religionsedikt für das ganze Reich gelten sollte, jedoch wesentliche Punkte des Konzils von Chalcedon preisgab. Deshalb wurde die Glaubensformel von den Katholiken nicht angenommen; die Monophysiten lehnten sie ebenfalls ab, da sie ihnen nicht weit genug ging. Der Papst blieb auch dann bei seiner Ablehnung, als der Kaiser die drei →Patriarchen des Ostens auf seine Seite zog. Simplicius starb am 10. März 483.

## Felix II. (III.) 483–492

Vor seiner Wahl und Weihe war Felix verheiratet; Papst ↗Gregor der Große soll ein Urenkel von ihm gewesen sein. Felix wurde am 13. März 483 zum Papst gewählt. Es war die Zeit der Völkerwanderung. Innerkirchlich war dieses Pontifikat vom Streit um die →Patriarchate bestimmt. Felix bannte den Patriarchen von Konstantinopel, was dieser durch den Ausschluß des Papstes aus der Kirchengemeinschaft beantwortete. So kam es zum ersten großen →Schisma zwischen Ost und West, das erst 519 endete. Im Osten unternommene Versuche zur Beseitigung des Schismas scheiterten an der Ablehnung des →Monophysitismus durch den Papst. Felix starb am 1. März 492.

## Gelasius I. 492–496

Er war einer der bedeutendsten Päpste des 5. Jahrhunderts und regierte seit dem 1. März 492. Schon unter seinen Vorgängern hatte er erheblichen Anteil an der Regierung der Kirche. In einem Brief an den König von →Byzanz formulierte er 494 die klassische →Zwei-Gewalten-Lehre, die durch das ganze Mittelalter hindurch das abendländische Denken bestimmte. Er war ein entschiedener Gegner des →Pelagianismus und setzte sich sehr für die Stärkung des →Primatsgedankens ein. Eine nach ihm benannte Gesetzessammlung, das →„Decretum Gelasianum" stammt ebensowenig von ihm wie das sog. →„Sacramentarium Gelasianum". Gelasius starb am 21. November 496.

## Anastasius II. 496–498

Seit dem 24. November 496 war er Papst. Er war um die Aussöhnung mit →Byzanz bemüht, was ihm zu Unrecht den Vorwurf des →Monophysitismus eintrug. In seine Regierungszeit fällt die Taufe des Königs der →Franken, Chlodwig, an Weihnachten 496 in Reims. Der Papst starb am 19. November 498.

## Symmachus 498–514

Nach dem Tod ↗Anastasius' II. wählte eine →byzanzfeindliche Mehrheit den Diakon Symmachus zum Papst (am 22. November 498). Die Minderheit, die auf der Seite des Anastasius gestanden hatte, wählte ↗Laurentius zum Gegenpapst. Beide ließen sich am Tag der Wahl zum Bischof weihen, Symmachus im Lateran, Laurentius in St. Maria Maggiore. Der →Ostgotenkönig Theoderich der Große entschied sich für Symmachus, doch konnte sich Laurentius noch bis 506 halten. Eine Synode von 496 erließ das erste kirchliche Dekret zur →Papstwahl: künftig solle bei einer strittigen Wahl keiner der beiden Kandidaten Papst werden; erst müsse man Einigkeit erzielen, wobei das Votum der Mehrheit entscheide. Drei Jahre später brach der Streit von neuem aus: Die Gegner des Symmachus erhoben verschiedene schwerwiegende Anklagen gegen ihn; Theoderich beauftragte eine von Mai bis Oktober 501 tagende Synode mit der Klärung der Vorwürfe. Symmachus wollte vor der Synode erscheinen, wenn der königliche Visitator ausgeschaltet bleibe; darauf ging Theoderich nicht ein. So kam es zu blutigen Auseinandersetzungen in Rom. Jetzt zog Symmachus seine frühere Bereitschaft, vor der Synode zu erscheinen, zurück. In seiner Abwesenheit entschied die Synode, der Papst sei als Inhaber des Apostolischen Stuhles nicht vor ein menschliches Gericht zu stellen, er stehe allein unter dem Gericht Gottes. Außerdem fügte sie hinzu: Wer Symmachus den Gehorsam verweigere, sei ein Schismatiker. Trotzdem ging der Streit weiter: Das Volk stand zu Symmachus, ein Teil des Klerus lehnte ihn ab. Diese Auseinandersetzungen führten zu den →„Symmachianischen Fälschungen", einer Sammlung unechter Dokumente aus früherer Zeit. – Das →Liber Pontificalis berichtet, Symmachus habe sehr gegen die →Manichäer gekämpft. Jedoch habe er innerlich von den gewaltigen Umwälzungen, die sich in seiner Zeit vollzogen, nicht allzu viel aufgenommen: Vor 500 empfing der →Frankenherzog →Chlodwig die Taufe; zur selben Zeit etwa trat der Burgunderkönig Sigismund vom →Arianismus zum Katholizismus über. In diese Zeit fallen auch die Anfänge der →„Silvesterlegende", die dem Zeitgenossen des Kaisers Konstantin, einem eher unbedeutenden Papst, Dinge zuschrieb, die dem Wunschdenken einer viel späteren Zeit entsprachen, mit den wirklichen Tatsachen aber nichts zu tun hatten. Symmachus starb am 19. Juli 514.

## Laurentius 498–506

*Gegenpapst.* Nach dem Tod ↗ Anastasius' II. gab es eine Doppelwahl: Die Mehrheit, die mit der byzanzfreundlichen Haltung des Anastasius unzufrieden war, wählte am 22. November 498 ↗ Symmachus; die byzanzfreundliche Minderheit Laurentius. Beide ließen sich am Tag ihrer Wahl zum Bischof weihen. Deshalb rief man das Urteil des Königs Theoderich (→ Goten) an; er entschied sich für Symmachus. Nach drei Jahren brach der Streit von neuem aus: Die Gegner des Symmachus erhoben Vorwürfe gegen ihn, darunter auch persönliche Beschuldigungen. Theoderich beauftragte 501 eine Synode mit der Klärung, deren Urteil Symmachus jedoch nur anerkennen wollte, wenn der königliche Visitator ausgeschaltet werde. Darauf ging Theoderich nicht ein, so kam es zu blutigen Auseinandersetzungen in Rom. Nun entschied die Synode in Abwesenheit des Symmachus: Er sei als Inhaber des apostolischen Stuhles nicht vor einem menschlichen Gericht anzuklagen, sondern stehe allein unter dem Gericht Gottes. Deshalb sei Symmachus wieder in alle Rechte einzusetzen. Laurentius kehrte 502 nach Rom zurück, von wo er erst 506 auf Befehl Theoderichs wich. Den Rest seiner Tage verbrachte er auf einem Landgut in strenger Einsamkeit.

## Hormisdas 514–523

Er wurde am 20. Juli 514 Papst. Seit 482 hatte es ein → Schisma zwischen der Kirche im Osten und im Westen gegeben: Anlaß war die Irrlehre der → Monophysiten, die von → Byzanz geschützt, von Rom verworfen war. Hormisdas sandte auf Wunsch des oströmischen Kaisers Justinus eine von ihm entworfene Glaubensformel, die sich ganz an das → Konzil von Chalcedon hielt und alle abweichenden Lehren verurteilte. Der Kaiser nahm diese Glaubensformel an; er anerkannte, daß in Rom der apostolische Glaube immer unversehrt bewahrt worden sei, wobei er den → Primat des römischen Bischofs annahm. Damit war das Schisma beendet. (Allerdings dachten die oströmischen Kaiser in ihrer praktischen Regierungsführung nicht daran, etwas von ihrer Leitungsfunktion über die Kirche des Ostens zugunsten des Primates von Rom aufzugeben). Die Annäherung an Byzanz erweckte das Mißtrauen des Königs Theoderich (→ Goten), der daraufhin zum Feind des Papstes wurde. Allerdings blieb das für Hormisdas selbst noch ohne Folgen, erst sein Nachfolger ↗ Johannes I. hatte darunter zu leiden. Hormisdas starb am 6. August 523 und ist in St. Peter begraben.

## Johannes I. 523–526

Er wurde am 13. August 523 zum Papst gewählt. Theoderich der Große, der König der →Goten, zwang den Papst, nach Konstantinopel zu reisen, da die Versöhnung zwischen →Ost- und Westkirche sein Mißtrauen erregt hatte. Der Papst sollte in Konstantinopel für die →Arianer eintreten, die im oströmischen Reich verboten worden waren (Theoderich war selbst Arianer). Da der Papst in Konstantinopel nicht den vom König gewünschten Erfolg hatte, ließ Theoderich ihn absetzen. Bald nach seiner Rückkehr aus Konstantinopel starb Johannes I. am 18. Mai 526 in Ravenna.

## Felix III. (IV.) 526–530

Als päpstlicher Gesandter hatte Felix an der Beilegung des →Schismas zwischen Ost und West (519) mitgewirkt. Nach dem Tod Johannes' I. wurde er am 12. Juli 526 auf Befehl des Ostgotenkönigs Theoderich des Großen zum Papst gewählt, da er den →Goten freundlich gegenüberstand. Aus Sorge, daß nach seinem Tod neue Unruhen ausbrächen, bestimmte er noch vor seinem Tod ↗ Bonifaz II. zum Papst. In sein Pontifikat fällt die Gründung der Benediktinerabtei Montecassino durch →Benedikt von Nursia (528). Felix starb am 22. September 530.

## Bonifaz II. 530–532

Ein in Rom geborener →Gote. Sein Vorgänger ↗ Felix IV. hatte ihn vor seinem Tod noch selbst zum neuen Papst bestimmt; so wurde er am 22. September 530 Papst. Die gotenfeindliche Partei im römischen Klerus wählte ↗ Dioskur zum Gegenpapst; dieser starb jedoch schon am 14. Oktober 530. Nach kurzem Pontifikat starb Bonifaz am 16. Oktober 532.

## Dioskur 530

*Gegenpapst.* Er hatte als Diakon in Rom durch seine Stellung gegen den →Monophysitismus hohes Ansehen. Während nach dem Tod ↗ Felix' II. die Mehrheit ↗ Bonifaz II. wählte, erhob eine Minderheit Dioskur zum Papst; er wurde am 22. September 530 im Lateran geweiht. Doch schon am 14. Oktober 530 starb er. Bonifaz II. sprach noch über den toten Gegner den Bann aus.

## Johannes II. 533–535

Er war der erste Papst, der seinen Namen änderte, da sich ein heidnischer Göttername (Mercurius), wie er ihn von Geburt an trug, nicht für einen Papst gezieme. Am 2. Januar 533 wurde er zum Papst gewählt; zuvor waren der römische Senat und der →Ostgotenkönig gegen die →Simonie bei der

Papstwahl eingeschritten. Eine vom Papst anerkannte Glaubensformel stand im Verdacht des →Monophysitismus. Johannes starb am 8. Mai 535.

## Agapet I. 535–536

Bei ↗Johannes II. war er Archidiakon. Am 13. Mai 535 wurde er zum Papst gewählt. Im Auftrag des Königs der →Ostgoten reiste er nach →Byzanz, um die Eroberung Italiens durch Ostrom zu verhindern. Jedoch war diese seine politische Mission ohne Erfolg. Kirchlich konnte er sich in Byzanz gegen den →Monophysitismus durchsetzen. Agapet starb am 22. April 536 in Byzanz; sein Leichnam wurde in die Peterskirche nach Rom überführt.

## Silverius 536–537

Er war der Sohn des Papstes ↗Hormisdas und bestieg am 8. Juni 536 den päpstlichen Thron. Seine Ernennung geschah auf Einwirkung des →Gotenkönigs gegen den Willen des römischen Klerus, weswegen dieser erst nachträglich den Papst anerkannte. Im Dezember 536 besetzte der oströmische Feldherr Belisar Rom; um eine Plünderung und Zerstörung zu vermeiden, öffnete der Papst kampflos die Tore der Stadt. Als die Goten die Stadt wieder belagerten, wurde er am 11. März 537 als „Verräter und Freund der Goten" vor Gericht gestellt, für abgesetzt erklärt und auf die Insel Ponza verbannt. Dort erklärte er am 11. November 537 seinen Verzicht auf das päpstliche Amt und starb einen Monat später, am 2. Dezember 537.

## Vigilius 537–555

Auf den Druck des →oströmischen Feldherrn Belisar wurde er am 29. März 537 zum Papst erhoben. Er war ein ehrgeiziger, charakterschwacher Mann, der sich zum Spielball der Kirchenpolitik von →Byzanz machen ließ. Auch in den theologischen Auseinandersetzungen zeigte er sich schwach: Wahrscheinlich hatte er insgeheim versprochen, im Falle seiner Wahl den →Monophysitismus anzuerkennen. Allerdings war er durch Drohungen gefügig gemacht worden. Er weigerte sich, obwohl er zu jener Zeit selbst in Konstantinopel weilte, an dem vom Kaiser einberufenen Allgemeinen →Konzil 553 teilzunehmen, und ließ sich auch nicht vertreten. Auf Druck des Kaisers exkommunizierte das Konzil den Papst. Durch neue Mißhandlungen gedemütigt, anerkannte Vigilius schließlich das Konzil als 5. Allgemeines →Konzil von Konstantinopel, worauf der Bann gegen ihn aufgehoben wurde. Er durfte wieder nach Rom zurückkehren, starb jedoch am 7. Juni 555 auf der Rückreise in Syrakus. Sein

Pontifikat gehört zu den bedrückendsten der Kirchengeschichte: das Papsttum war in unwürdige Abhängigkeit vom Kaisertum in →Byzanz geraten. Durch sein dauerndes Schwanken verlor der Papst jede Glaubwürdigkeit.

## Pelagius I. 556–561

Vor seiner Wahl war er längere Zeit →Apokrisiar des Papstes in →Byzanz. Er wurde am 16. April 556 zum Papst gewählt aufgrund des Druckes, den der oströmische Kaiser durch seinen Feldherrn Narses auf die Kardinäle ausübte. Obwohl er immer wieder seine Rechtgläubigkeit betonte (sie war im Zusammenhang mit der Anerkennung des 5. Allgemeinen →Konzils von Konstantinopel 553 in Zweifel geraten), fand er in Rom nur wenig Anerkennung. Auch in Afrika, Gallien und Oberitalien lehnte man den Papst ab. Er starb am 3. März 561. Seit diesem Papst war jeder Neugewählte verpflichtet, vor seiner Weihe die Bestätigung des Kaisers von Konstantinopel einzuholen; dadurch geriet das Papsttum ganz in die Einflußsphäre des oströmischen Kaisers; der Papst war gleichsam nur „Patriarch des Westens" und so in die Reichskirche des Ostens eingegliedert.

## Johannes III. 561–574

Der Kaiser von →Byzanz übte zu damaliger Zeit eine fast unbegrenzte Herrschaft über die Kirche aus; so konnte niemand ohne seine Genehmigung Papst werden, die Kaiser betrachteten Rom als eines von mehreren →Patriarchaten. Der am 17. Juli 561 gewählte Papst mußte lange auf die Genehmigung durch den Kaiser warten. Erst nach vier Monaten konnte er geweiht werden. – Sein Pontifikat war von schweren politischen Umwälzungen überschattet: 568 drangen die aus dem Norden kommenden, noch heidnischen →Langobarden in Italien ein und begründeten ihre Herrschaft. Rom geriet in schwere Bedrängnis, zumal von Byzanz keine Hilfe zu erwarten war. Johannes III. starb am 13. Juli 574.

## Benedikt I. 575–579

Er war vom 2. Juni 575 bis zum 30. Juli 579 Papst. Von ihm ist nur wenig überliefert. Die →Langobarden drangen bis Rom vor, „inmitten all dieser Mühseligkeiten starb er", berichtet das →Liber Pontificalis.

## Pelagius II. 579–590

Während die →Langobarden Rom belagerten, wurde der Papst am 26. November 579 schnell gewählt und geweiht – ohne die vorgeschriebene Bestätigung durch Konstantinopel einzuholen. Da der dortige Kaiser durch Krieg mit den Persern in Anspruch genommen war und gegen die Langobarden keine Hilfe leisten konnte, wandte sich Pelagius als erster Papst an die →Franken, allerdings noch vergeblich. Pelagius starb am 7. Februar 590 an der Pest, die nach einer großen Tiberüberschwemmung in Rom ausgebrochen war. Sein Pontifikat begründet die Hinwendung Roms zu den Germanen.

## Gregor I. der Große 590–604

Um 540 in Rom aus adeliger Familie geboren, wurde er mit 30 Jahren Praetor (d. i. Regierungspräsident) von Rom. Zwei Jahre später legte er sein Amt nieder und wandelte sein Haus in ein Benediktinerkloster um. Seinen sehr großen Landbesitz, der bis Sizilien reichte, stiftete er für Klostergründungen. Papst ↗ Pelagius II. sandte ihn als →Apokrisiar nach Konstantinopel, wo er sechs Jahre (bis 585) blieb und auch am kaiserlichen Hof in mönchischer Einfachheit lebte. Nach Rom und in sein Kloster zurückgekehrt wurde er der Berater des Papstes, vor allem in Fragen der →Ostkirche. Trotz seines Widerstrebens wurde er am 3. September 590 zum Papst gewählt, der erste Ordensmann auf dem Stuhl Petri. Seine Sorge galt den Armen. Schon vor ihm hatten reiche Familien ihren Grundbesitz der Kirche gestiftet, wodurch das →Patrimonium Petri entstand, das Gregor neu ordnete und dessen Erträge er für die durch Plünderungen verarmten Bewohner Roms verwandte. – Gregors Interesse galt der Beziehung zur →Ostkirche und der Stärkung des →Primatsgedankens. Vor der Regierungszeit Gregors schien der Primat auf den →Patriarchen von Konstantinopel übergegangen zu sein, über den der jeweilige Kaiser „verfügte". Gegenüber dem Patriarchen von Konstantinopel, der sich den stolzen Titel „Allgemeiner Patriarch" zugelegt hatte, verwies Gregor auf die Verheißung Christi an Petrus (Mt 16,18f). Im Gegensatz zum Patriarchen nannte er sich „Knecht der Knechte Gottes", ein Titel, der seitdem in den päpstlichen Sprachgebrauch einging. – Schon vor Gregors Amtsantritt mußten sich die Päpste nach einem Schutzschild für Rom umsehen: Der oströmische Kaiser konnte und wollte die Stadt nicht mehr gegen die andrängenden Germanen schützen. So verhandelte Gregor, als die →Langobarden 592 wieder einmal vor Rom standen, mit ihnen; durch Zahlung eines beträchtlichen Lösegeldes bewog er sie zum Abzug. Der oströmische Kaiser, der damit nicht einverstanden war, tadelte den Papst. worauf die Langobarden ihre Plünderungen in Italien fortsetzten. Erst 598 machte ein Waffenstillstand, den Gregor ausgehandelt hatte, wenigstens für einige Jahre dem Krieg ein Ende. So sahen die Langobarden wie auch die Bewohner Roms in Gregor ihren Repräsentanten und Schutz. – Gregor suchte nun die Zuwendung zu den Germanen, die immer noch am →Arianismus festhielten, obwohl dieser kirchlich seine Bedeutung längst verloren hatte. Erst der Übertritt einiger Germanenvölker hatte hier eine neue Lage geschaffen: Taufe →Chlodwigs an Weihnachten 496 in Reims. Jedoch blieben die →Franken noch lange eine Sonder-Kirche innerhalb der allgemeinen Kirche, bis schließlich →Bonifatius, der Apostel der Deutschen, sie in die ihnen entsprechende Stellung brachte. Im →Westgotenreich Spaniens trat König Reccared 589 zur katholischen Kirche über; dadurch vollzog sich auch ein Wandel bei den Sueben und schließlich bei den →Langobarden. – Große Verdienste erwarb sich Gregor um die Christianisierung Englands: 596 sandte er den Prior seines Klosters, Augustinus, mit 40 Mönchen zu den Angelsachsen, wo sich bald König Ethelbert (dessen Frau bereits katholisch war) taufen ließ. Gregor hatte Augustin ausdrücklich befohlen, sich in die Lebensweise der zu Bekehrenden hineinzudenken und, soweit möglich, an ihre Lebensgebräuche anzuknüpfen. Der Papst konnte Augustin 597 zum Erzbischof von Canterbury einsetzen und damit die englische Hierarchie begründen. – Noch eine weitere Bedeutung Gregors ist hervorzuheben: Durch seine viel gelesenen Schriften wirkte er stark auf das religiöse Leben seiner Zeit (und der folgenden Jahrhunderte). Ein 35bändiger Kommentar zum Johannes-Evangelium wurde zum grundlegenden Handbuch der Moraltheologie im Mittelalter (das Buch wird „Moralia" genannt). Seine vier Bücher „Dialogi" waren eine volkstümliche Heiligenlegende, die die Macht der Religion erweisen und zum religiösen Leben anregen sollte. Schließlich ließ ihn sein Einsatz für die Klöster des heiligen →Benedikt von Nursia gleichsam zum zweiten Vater des abendländischen Mönchtums werden. In der Liturgie gab er dem römischen Meßbuch seine bis heute gültige Form. All das rechtfertigt den Beinamen „der Große". Die Kirche verehrt ihn als Heiligen und feiert seinen Gedenktag am 3. September, dem Tag seiner Bischofsweihe in Rom. Gregor starb am 12. März 604 in Rom.

## Sabinian 604–606

Vor seiner Wahl war er →Apokrisiar des Papstes in →Byzanz. Am 13. Dezember 604 wurde er zum Papst gewählt. Aus seinem Pontifikat ist wenig bekannt. Der Überlieferung nach soll er der hungernden Bevölkerung Roms Getreide zu Wucherpreisen verkauft haben. Sabinian starb am 22. Februar 606.

## Bonifaz III. 606–607

Am 23. Dezember 606 gewählt, aber zunächst vom Kaiser in →Byzanz nicht bestätigt, konnte er erst am 19. Februar 607 geweiht werden. Eine Synode unter seinem Vorsitz bestimmte, daß zu Lebzeiten eines Papstes nicht über seine Nachfolge verhandelt werden dürfte; die →Papstwahl sei drei Tage nach dem Tod des Vorgängers anzusetzen und müsse völlig frei sein. Bonifaz starb nach wenigen Monaten am 12. November 607.

## Bonifaz IV. 608–615

Er war Papst vom 25. August 608 bis zum 8. Mai 615. Vom Kaiser erhielt er das römische Pantheon zum Geschenk, das er in ein Heiligtum zu Ehren Marias umwandelte. Er führte das Fest Allerheiligen in der Kirche des Ostens ein.

## Deusdedit 615–618

Sein Name wird auch mit Adeodatus I. wiedergegeben. Im 7. Jahrhundert gab es eine lange Reihe von Päpsten, aus deren Pontifikat nur wenig Herausragendes zu berichten ist. Deusdedit wurde am 19. Oktober 615 Papst. Wegen seiner Milde und Güte war er überall geachtet. Er starb am 8. November 618.

## Bonifaz V. 619–625

Am 23. Dezember 619 wurde er zum Papst erhoben. Der Erzbischof von →Ravenna wollte sein Gebiet, für das er als Stellvertreter des Kaisers von →Byzanz eingesetzt war, vom Kaiser losreißen und verselbständigen. Der Versuch mißlang jedoch. – Zur Zeit dieses Pontifikates verkündete Mohammed die Verehrung Allahs im Islam. – Bonifaz starb am 25. Oktober 625.

## Honorius I. 625–638

Der Name dieses Papstes spielt in den Auseinandersetzungen um das Papsttum und die →Unfehlbarkeit des Papstes bis ins 19. Jahrhundert eine große Rolle (→Honoriusfrage). – Er war ein Schüler ↗ Gregors des Großen und wurde am 27. Oktober 625 zum Papst gewählt. – Der Patriarch von Konstantinopel war bemüht, die →Monophysiten wieder mit der Kirche zu versöhnen, er geriet dabei aber in eine andere Irrlehre, den →Monenergismus bzw. den →Monotheletismus, dem Honorius in Briefen an den Patriarchen zustimmte. Das 6. Allgemeine →Konzil von Konstantinopel 681 verurteilte diese Lehren als häretisch und belegte ihre Vorkämpfer mit dem Bann; dabei war diese Lehre durch den Kaiser von →Byzanz als allgemein verbindlich für seine Untertanen vorgeschrieben worden. In den vom Konzil ausgesprochenen Bann war Honorius ausdrücklich eingeschlossen. Ein späterer Nachfolger des Honorius, ↗ Leo II., warf Honorius zunächst vor, er habe gegen die apostolische Lehre verstoßen; später milderte er sein Urteil ab: Der Papst habe durch seine Nachlässigkeit das Feuer der Häresie nicht rechtzeitig genug gelöscht. – Diese „Honoriusfrage" spielte auf dem I. Vatikanischen →Konzil 1870 bei der Definition der päpstlichen →Unfehlbarkeit eine wichtige Rolle: die Gegner der Definition wiesen auf den Irrtum des Honorius hin. In Wirklichkeit wollte der Papst an den Beschlüssen des →Konzils von Chalcedon festhalten; offensichtlich war er sich über die Tragweite seines Eintretens für die Monotheleten nicht im Klaren (was nichts über die objektive Falschheit der Aussage der Monotheleten besagt). – Im übrigen war Honorius ein umsichtiger Leiter der Kirche: Die Missionierung Englands lag ihm sehr am Herzen, ebenso die Rückführung der → Arianer zur Kirche. Außerdem zeichnete er sich durch mustergültige Verwaltung und Verwendung der Kirchengüter aus. Honorius starb am 12. Oktober 638.

## Severinus 638–640

Am 12. Oktober 638 zum Papst gewählt, konnte er erst am 28. Mai 640 geweiht werden, da der Kaiser von →Byzanz die Zustimmung zur Wahl verzögert hatte. Kurz nach der Wahl erhoben sich die in Rom stationierten Truppen, weil sie ihren Sold nicht erhalten hatten, und nahmen den Kirchenschatz in Besitz. Severinus starb schon am 2. August 640.

## Johannes IV. 640–642

Am 24. Dezember 640 zum Papst gewählt, hielt er 641 in Rom eine Synode gegen den →Monotheletismus und legte in einem Brief an den oströmischen Kaiser die Mißverständnisse dar, denen sein Vorgänger ↗ Honorius I. (→Honoriusfrage) zum Opfer gefallen war. Johannes starb am 12. Oktober 642.

## Theodor I. 642–649

Nach seiner Thronbesteigung am 24. November 642 begann er sofort den Kampf gegen den →Monotheletismus und verurteilte die →Patriarchen von Konstantinopel, die an dieser Lehre festhielten. Der oströmische Kaiser willfuhr der Bitte des Papstes, seine dem Monotheletismus zuneigende Glaubensformel zurückzuziehen. Trotzdem blieb alles ohne wirksamen Erfolg: In Italien hatten sich inzwischen Bestrebungen aufgetan, die ein von Ostrom unabhängiges Reich schaffen und damit gegen die Monotheleten herrschen wollten. Während der Vorbereitung für eine Synode im Lateran, die im Oktober 649 stattfinden sollte, starb Theodor am 14. Mai 649.

## Martin I. 649–655

Wie einige seiner Vorgänger war er päpstlicher →Apokrisiar in Konstantinopel. Im Juli 649 wurde er zum Papst gewählt und ohne Genehmigung des Kaisers von →Byzanz geweiht. Dadurch zog er sich ebenso die Feindschaft des Kaisers zu wie durch die Abhaltung der noch von seinem

Vorgänger einberufenen Synode im Lateran (im Oktober 649), auf der der →Monotheletismus verworfen wurde. Aus Zorn über diese „Eigenmächtigkeiten" des Papstes wollte der Kaiser ihn gefangennehmen lassen, jedoch wurde der Befehl nicht ausgeführt, sodaß Martin drei Jahre lang ungestört regieren konnte. Am 17. Juni 653 wurde der Papst jedoch in der Lateranbasilika gefangengenommen. Zuerst brachte man ihn nach Naxos, wo er ein Jahr im Elend verbringen mußte; dann wurde er nach Konstantinopel verschleppt. Sowohl während der Überfahrt wie auch nach seiner Ankunft war er ständiger Verhöhnung durch Matrosen und Volk ausgesetzt. Vor Gericht warf man ihm Verschwörung gegen den Kaiser vor und verurteilte ihn zum Tod. Die Todesstrafe wurde etwas später in lebenslange Verbannung umgewandelt, die er (von 654 an) in Südrußland verbrachte. Dort ist er nach unmenschlicher Behandlung am 16. September 655 gestorben. Während seiner Haft wurde in Rom ein neuer Papst gewählt: ↗ Eugen I. Martin litt – wie seine Briefe aus der Gefangenschaft belegen – am meisten unter der bitteren Enttäuschung über seine ehemaligen Freunde in Rom. – Er wird als Märtyrer verehrt; im Westen wie im Osten ist der liturgische Gedenktag der 13. April.

## Eugen I. 654–657

Noch zu Lebzeiten seines Vorgängers ↗ Martin I. wurde er am 10. August 654 unter dem Druck des Kaisers vom römischen Klerus gewählt. Er war um Frieden zwischen Rom und →Byzanz bemüht, hatte jedoch Klerus und Volk der Stadt Rom gegen sich. So kam es zu keiner Einigung (→Schisma). Der Papst starb am 2. Juni 657 nach nur zweijähriger Regierungszeit, noch bevor er, wie sein Vorgänger, nach Byzanz deportiert werden sollte. Sein liturgischer Gedenktag ist sein Todestag, der 2. Juni.

## Vitalian 657–672

Am 30. Juli 657 bestieg er den Stuhl Petri. Um die damals gestörte Beziehung zu →Byzanz in Ordnung zu bringen, sandte er sofort nach seiner Wahl Boten dorthin, um die Wahl anzuzeigen. Den Frieden mit Byzanz wollte er erreichen, indem er über alle theologischen Streitigkeiten hinwegsah. Kaiser Konstans II. kam von Byzanz nach Rom, hielt feierlichen Einzug und raubte viele Kulturschätze. Der Kaiser trennte →Ravenna von der westlichen Kirche ab und machte die Stadt zu einer selbständigen Kirchenprovinz, die Ostrom unterstehen sollte. So förderte er ungewollt die Abwendung Roms von Ostrom und die Hinwendung zum Westen. Vitalian starb am 27. Januar 672.

## Adeodatus II. 672–676

Er war ursprünglich Benediktinermönch und regierte als Papst vom 11. April 672 bis 17. Juni 676. Er wandte sich gegen den →Monotheletismus.

## Donus 676–678

Am 2. November 676 wurde er Papst. Auch während seiner Regierungszeit dauerte das →Schisma zwischen Rom und →Byzanz an. Donus starb am 11. April 678.

## Agatho 678–681

Er stammte aus Sizilien und war griechischer Abstammung. Als Papst regierte er vom 22. (27.?) Juni 678 bis zum 10. Januar 681. Vom Kaiser in →Byzanz erhielt er ein Schreiben mit der Bitte um Wiederherstellung der kirchlichen Einheit zwischen West- und Ostrom. Diesem Ziel sollte das Allgemeine →Konzil von Konstantinopel 680/681 dienen. Auf diesem Konzil wurde der →Monophysitismus verworfen und die Glaubenseinheit auf der Grundlage des Allgemeinen →Konzils von Chalcedon wiedergewonnen. Das Konzil nahm das dogmatische Schreiben des Papstes freudig an; Rom galt wieder als Hort des Glaubens.

## Leo II. 682–683

Im Dezember 681 zum Papst gewählt, konnte er erst am 17. August 682 geweiht werden, da der Kaiser von →Byzanz die Bestätigung verzögerte. – Mit der Bestätigung der Beschlüsse des III. →Konzils von Konstantinopel 681 verurteilte Leo auch seinen Vorgänger ↗ Honorius I., der für mitschuldig am Entstehen des →Monotheletismus angesehen wurde (→Honoriusfrage). Leo starb am 3. Juli 683.

## Benedikt II. 683–685

Am 22. Juli 683 wurde er zum Papst gewählt. Da der Kaiser von Konstantinopel sich die Bestätigung der Wahl vorbehalten hatte, dauerte es ein Jahr bis zur Weihe des Papstes (26. Juni 684). Benedikt wollte das Allgemeine →Konzil von Konstantinopel 680/681 auch im Westen durchsetzen, vor allem in Spanien. Benedikt starb am 8. Mai 685.

## Johannes V. 685–686

Am 23. Juli 685 gewählt, konnte er, da der Kaiser von →Byzanz auf eine Bestätigung der Wahl verzichtete, rasch geweiht werden. Er starb am

2. August 686. Er war der erste einer Reihe von neun Päpsten aus dem Osten, was für das Verhältnis der→Ost- zur Westkirche von Bedeutung war.

## Konon 686–687

Vom römischen Volk und den Milizen am 21. Oktober 686 zum Papst erhoben. Er war schon zum Zeitpunkt seiner Wahl kränklich und alt. So regierte er nur etwa ein Jahr und starb am 21. September 687.

## Theodor 687

*Gegenpapst.* Er war römischer Priester und wurde unter ↗ Sergius I. Ende 687 zum Gegenpapst gewählt. Er konnte sich jedoch nur kurze Zeit halten und unterwarf sich schließlich Sergius.

## Paschalis 687–692

*Gegenpapst.* Nach dem Tod des Papstes ↗ Konon (687) bestach Paschalis den Erzbischof von →Ravenna, um als rechtmäßiger Papst anerkannt zu werden. In Rom waren inzwischen ↗ Theodor wie auch ↗ Sergius I. gewählt worden; da Paschalis die versprochene Summe nicht nach Ravenna zahlte, entschied sich der dortige Erzbischof für Sergius I. Theodor unterwarf sich, Paschalis mußte dazu gezwungen werden: Er starb nach fünfjähriger Kerkerhaft um das Jahr 692.

## Sergius I. 687–701

Am 15. Dezember 687 wurde er zum Papst gewählt. Während seiner Amtszeit gab es erneuten Streit mit →Byzanz; der oströmische Kaiser hatte auf einer Synode 692 Beschlüsse gefaßt, die gegen die Kirche des Westens gerichtet waren: Der Bischof von Rom wird darin nur als „Patriarch des Westens" bezeichnet, er müsse die kaiserlichen Erlasse auch für die „Barbaren des Westens" als gültig anerkennen. Der Papst weigerte sich, diese Beschlüsse anzunehmen. Daraufhin wollte ihn der Kaiser verhaften lassen, jedoch erhob sich das Volk Roms zum Schutz des Papstes und vertrieb den Abgesandten des Kaisers. Rom war eine päpstliche Stadt geworden, die sich nicht mehr nach den in Byzanz regierenden Kaisern richten wollte. In die Liturgie des Kirchenjahres fügte Sergius einige Marienfeste sowie das Fest Kreuzerhöhung ein. Sergius starb am 8. September 701.

## Johannes VI. 701–705

Schwierig war das Verhältnis dieses Papstes, der am 30. Oktober 701 gewählt wurde, zu Ostrom. Er konnte zwar einen offenen Bruch vermeiden, wurde jedoch von römischen Milizen dem verhaftenden Zugriff Ostroms entzogen. Durch Zahlung eines Lösegeldes bewog er die→Langobarden, von der Plünderung des Landes abzusehen. Johannes VI. starb am 11. Januar 705.

## Johannes VII. 705–707

Er wurde am 1. März 705 Papst. Aus Angst vor dem Kaiser in→Byzanz, der bereits den Metropoliten von Konstantinopel und den Metropoliten von Ravenna hatte verstümmeln lassen, gab er nach, als der Kaiser romfeindliche Erlasse herausgab: Der Papst wurde darin lediglich als „Patriarch des Westens" bezeichnet und gezwungen, die für Ostrom gültigen kaiserlichen Gesetze auch für die „Barbaren des Westens" als bindend anzuerkennen. Der Papst anerkannte sie zwar nicht, sandte sie aber ununterschrieben zurück, was als Zustimmung ausgelegt wurde. – In Rom förderte der Papst die Baukunst. In den Vatikanischen Grotten findet sich ein sehr gutes Mosaikporträt des Papstes. Er starb am 18. Oktober 707.

## Sisinnius 708

Er regierte nur 20 Tage, vom 15. Januar bis 4. Februar 708.

## Constantin I. 708–715

Am 25. März 708 wurde er Papst und vom Kaiser Justinian II. gezwungen, nach Byzanz zu reisen. Die Erlasse des Kaisers, die den Bischof von Rom nur als „Patriarchen des Westens" bezeichneten und auch sonst dem Westen ablehenend gegenüberstanden, wollte der Papst, um Frieden zu schaffen, anerkennen. Aber dieser Friede hatte keine lange Dauer, wenn Constantin auch 711 nach Rom zurückkehren durfte. Ein neuer Kaiser wollte den Papst zur Anerkennung des→Monotheletismus und zur Verwerfung des→Konzils von Konstantinopel (681) zwingen. Infolge seiner Weigerung sollte der Papst verhaftet werden, er wurde aber vom römischen Volk gerettet, der Gesandte Ostroms in einem blutigen Kampf der Stadt verwiesen. Der Tod des Kaisers beendete den Kampf, sein Nachfolger kehrte zum rechtmäßigen Glauben zurück. Der Papst konnte in Ruhe sein Pontifikat beenden. Er starb am 8. April 715.

## Gregor II. 715–731

Um 669 in Rom geboren, unter ↗ Sergius I. als Bibliothekar beschäftigt, wurde er am 19. Mai 715 Papst. Er erteilte→Bonifatius den Missionsauftrag für die Germanen (719) und weihte ihn 722 zum Bischof. Der oströmische Kaiser hatte zu jener Zeit eine drückende Steuerlast ausgeschrieben, gegen die sich die Römer wehrten, zumal der Kaiser seiner Schutzpflicht gegenüber der Stadt nicht nachkam. Der Plan einer Verhaftung des Papstes konnte aufgrund des Schutzes durch die römischen Milizen nicht ausgeführt werden; eine Strafexpedition des Kaisers gegen Gregor scheiterte. Ein weiterer Anlaß zum Zerwürfnis mit →Byzanz war der →Bilderstreit. – Bei der Entsendung des →Bonifatius zu den Germanen entband der Papst diesen von dem Treueid, wie ihn die italienischen Bischöfe ihrem →Metropoliten bei der Weihe leisten mußten; so war die Bindung der deutschen Kirche an Rom stark herausgehoben. Zugleich gab Gregor dem Bonifatius einen Geleitbrief an den →Franken Karl Martell mit, der die guten Beziehungen Roms zu den Germanen hervorhob. Gregor II. starb am 11. Februar 731 in Rom. Er war einer der bedeutendsten Päpste des 8. Jahrhunderts. Die Kirche begeht seinen liturgischen Gedenktag am 12. Februar.

## Gregor III. 731–741

Er stammte aus Syrien und wurde am 18. März 731 Papst; er war der letzte Papst, der die Anerkennung seiner Wahl durch den Kaiser von Konstantinopel erbat. Aber auch das hinderte den Kaiser nicht, die kirchlichen Güter in Italien mit derart hohen Steuern zu belegen, daß es fast einer Konfiskation gleichkam. Gleichzeitig griff der Kaiser in die kirchliche Verwaltung ein: Er trennte Sizilien, Unteritalien und Griechenland aus dem römischen Patriarchatsverband und unterstellte sie Konstantinopel. Daß sich der Patriarch von Konstantinopel nun „Ökumenischer" Patriarch nannte, sah man in Rom nicht nur kirchlich, sondern auch politisch als Verrat an: Man war aus dem Reich ausgestoßen. Diesen Streit zwischen Konstantinopel und Rom nutzten die →Langobarden zum weiteren Vordringen in Italien aus. Die durch den Papst von den →Franken erbetene Hilfe leistete Karl Martell nicht: er kämpfte zusammen mit den Langobarden gegen die in Südfrankreich vordringenden Araber; so konnte er den Papst nicht gegen die Langobarden schützen. – Trotzdem machte die Bindung der Kirche in Germanien an Rom Fortschritte: 732 wurde →Bonifatius durch die Verleihung des →Palliums zum Erzbischof erhoben und wenige Jahre später zum Legaten des Papstes für Germanien bestellt. Die konsequente Reform und Reorganisation der fränkischen Kirche verstärkte das Ansehen und den Einfluß Roms in diesem Gebiet. Gregor starb am 28. November 741.

## Zacharias 741–752

Als letzter Grieche auf dem Papstthron wurde er am 3. Dezember 741 Papst. Er war hochgebildet und bei den Römern sehr beliebt. Trotzdem gehörten seine Sympathien dem griechisch-byzantinischen Kaiser. Als letzter Papst zeigte er ihm seine Wahl an und erwartete die kaiserliche Bestätigung. Den →Langobarden sah er sich schutzlos preisgegeben und förderte deshalb die Beziehung zu den → Franken. Dem Langobardenkönig trat er selbst entgegen und erreichte durch zähe Verhandlungen, daß der König die eroberten Gebiete des → Patrimonium Petri zurückgab, einen zwanzigjährigen Waffenstillstand schloß und auch → Ravenna wieder räumte. Zacharias starb am 15. März 752.

## Stephan (II.) 752

Ein römischer Priester wurde am 22. März 752 zum Papst gewählt. Doch schon nach vier Tagen, noch vor seiner Weihe, starb er. Wegen der kurzen Dauer seines Pontifikates wird er in den mittelalterlichen Papstlisten nicht gezählt.

## Stephan II. 752–757

Römischer Diakon aus der Familie der Orsini, Papst seit dem 26. März 752. Er erlebte die stärkste Bedrohung Roms durch die → Langobarden, die im Oktober 752 die Anerkennung ihrer Oberhoheit und die Zahlung eines harten Tributs vom Papst forderten. Der oströmische Kaiser konnte und wollte den Hilferuf des Papstes nicht beantworten. Nach einer Bitt- und Bußprozession, bei welcher der Papst selbst ein vom römischen Volk verehrtes Christusbild (→ Lateran) durch die Straßen der bedrängten Stadt trug, nahm Stephan einen ersten Kontakt mit den → Franken auf. Seiner weiteren Bitte, durch eine fränkische Gesandtschaft zu persönlichen Gesprächen mit Pippin eingeladen zu werden, kam der Franke nach. Er fühlte sich als christlicher König, dem der Schutz des Papsttums anvertraut war; deshalb war er zu Beginn seines Königtums auch von einem Metropoliten zum König gesalbt worden. Als die Einladung der Franken eintraf, befahl der oströmische Kaiser dem Papst, Verbindung mit den Langobarden aufzunehmen. Der Papst reiste deshalb nach Pavia, war aber wohl von Anfang an gewillt,die Reise nach Deutschland fortzusetzen. Darüber war der oströmische Kaiser wütend „wie ein Löwe". Damit trat das Papsttum von seinem byzantinischen in den fränkischen Abschnitt seiner Geschichte ein. Der Papst, von Pippin mit allen protokollarischen Ehren empfangen, schloß mit den Franken ein Freundschaftsbündnis, das diese zum Schutz gegen die Langobarden verpflichtete. Stephan wiederholte die feierliche Königssalbung Pippins, dieser versprach in einer feierlichen Rede vor der Reichsversammlung, er werde alle Gebiete, die man erobere, „dem heiligen Petrus" schenken. Mit dieser Schenkungsurkunde war der Grundstock des späteren → Kirchenstaates gelegt. Bei der Königssalbung legte Stephan dem König den offiziellen Titel → „Patricius Romanorum" zu (was nicht nur für die Stadt Rom gilt, sondern für die ganze römische Kirche zu verstehen ist). Damit war auch offiziell die Schutzherrschaft über die römische Kirche, die der oströmische Kaiser nicht mehr wahrnehmen konnte, an die Franken übergegangen; der Bund mit ihnen war vollzogen und besiegelt. Am 26. April 757 starb Stephan und wurde im Vatikan beerdigt.

### Paul I. 757–767

Kurz nach dem Tod seines Bruders, des Papstes ↗ Stephan II., wurde er zum Papst gewählt (am 29. Mai 757). Da der Graben zwischen der Kirche des Ostens und des Westens, auch infolge des → Bilderstreites, immer tiefer geworden war, zeigte Paul I. seine Wahl dem oströmischen Kaiser nicht an. Er meldete sie jedoch dem → Frankenkönig, aber auch das befreite ihn nicht von drohenden Gefahren: Die → Langobarden waren wieder einmal auf feindlichem Vormarsch, die Franken durch schwere Kämpfe in der Heimat gebunden. Nur das Bewußtsein, trotz allem in den Franken zuverlässige Helfer zu haben, ließ die Schwierigkeiten überwinden. Paul I. starb am 28. Juni 767 und wurde zunächst in St. Paul vor den Mauern, bald jedoch in St. Peter beigesetzt.

### Constantin II. 767–768

*Gegenpapst.* Nach dem Tod ↗ Pauls I. (767) war Constantin mit Hilfe des römischen Militäradels ohne Wahl zum Papst ernannt worden. Er ließ sich schnell die Weihen erteilen, konnte sich ein Jahr in seinem Amt halten (bis 768), erhielt jedoch nicht die von Pippin (→ Franken) erbetene Bestätigung. Schließlich wurde er von den → Langobarden geblendet und schwer verstümmelt. Seine Anhänger wurden blutig verfolgt.

### Philipp 768

*Gegenpapst.* Nach dem Tod ↗ Pauls I. wurde mit Hilfe des Militäradels von Rom ↗ Constantin II. zum Papst bestimmt; die → Langobarden setzen einen Gegenpapst ein: Philipp. Am 31. Juli 768 wurde er ernannt und inthronisiert, ohne daß er eine Weihe empfangen hatte. Philipp wurde jedoch sofort vertrieben und mußte in sein Kloster zurückkehren.

### Stephan III. 768–772

Nach dem Tod ↗ Pauls I. gab es eine Doppelwahl: ↗ Constantin II. und Philipp. Jedoch konnten sich beide, die nur ein Spielball in der Hand der römischen Adelsfamilien waren, nicht lange halten. Am 7. August 768 wurde in einem ordentlichen Wahlverfahren Stephan III. gewählt und zwei Tage später geweiht. Er setzte den seitherigen → frankenfreundlichen Kurs der Päpste fort. Im April 769 erließ er eine neue Ordnung zur → Papstwahl, die den Einfluß der Laien zurückdrängen sollte; nur der Klerus durfte wählen, nur Kardinalbischöfe und -priester (keine Laien) gewählt werden.

Inzwischen war der Papst aber wieder zwischen die Mühlsteine der Politik geraten. Nach dem Tod des Königs Pippin (→Franken) übernahmen seine Söhne Karl I. (der Große) und Karlmann die Regierung, sie entzweiten sich aber immer mehr. Der Papst widersetzte sich der Annäherung Karls an die →Langobarden (Karl heiratete die Tochter des Langobardenkönigs), weil er deren neue Übergriffe fürchtete. Deshalb wandte er sich Karlmann zu. Später änderte der Papst seine Haltung: die Langobarden hatten ihm große Versprechungen gemacht (aber nicht gehalten). All das brachte Unruhe und Unordnung in das Papsttum. Kurz vor Stephans Tod hatte es im Frankenreich eine entscheidende Änderung gegeben: Karlmann war früh gestorben, deshalb wurde Karl zum Alleinherrscher. Die Witwe Karlmanns suchte zur Durchsetzung ihrer Erbansprüche Hilfe bei den Langobarden, die diese auch zu gewähren schienen. Aus Verärgerung darüber brach Karl seine Verbindung zu den Langobarden ab und sandte seine langobardische Ehefrau an ihren Vater zurück. Stephan starb am 24. Januar 772 und ist im Vatikan beerdigt.

## Hadrian I. 772–795

Nach der Mitte des 8. Jahrhunderts gab es Streitigkeiten im deutschen Reich: Karl der Große und sein Bruder Karlmann (→Franken) übernahmen 768 die Regierung, sie entzweiten sich jedoch immer mehr. Nach dem frühen Tod Karlmanns (771) war Karl Alleinherrscher geworden. Die →Langobarden baten um die Krönung der Söhne Karlmanns, um damit Karl zu treffen, Karl bemühte sich um die Festigung des Bundes mit dem Papst. Hadrian, am 1. Februar 772 zum Papst gewählt (er stammte aus dem römischen Adelsgeschlecht der →Colonna) hielt sich an die Franken, deren Hilfe er erbat, als die Langobarden 772/3 gegen Rom vordrangen. Karl schlug die Gefahr schnell nieder. Bei einer Pilgerfahrt nach Rom wurde Karl mit allem Zeremoniell empfangen; an Ostern 774 beschwor er erneut die →Pippinsche Schenkung. – Unter Hadrian gab es eine Änderung in der Datierung der päpstlichen Urkunden: Sie wurden nun nicht mehr wie seither nach den Regierungsjahren des Kaisers von →Byzanz datiert, sondern nach den Jahren seines eigenen Pontifikates; außerdem prägte er Münzen mit seinem Bild (nicht mehr mit dem Bild des byzantinischen Kaisers). Damit schied der →Kirchenstaat auch offiziell aus dem Verband des oströmischen Reiches aus, der Papst war Herrscher in seinem Staatsgebilde. – 781 salbte Hadrian den vierjährigen Sohn Karls, Pippin, zum „König der Langobarden", der jüngere Sohn Ludwig (später Kaiser Ludwig der Fromme) wurde zum König von Aquitanien gesalbt. Bei einem weiteren Rombesuch Karls wurden die Grenzen des Kirchenstaates endgültig festgelegt. – Innerkirchlich war die Regierungszeit Hadrians gekennzeichnet durch die Wiederherstellung der Einheit mit dem Osten. (→Union, →Bilderstreit). Die Teilnahme des Papstes bzw. zweier von ihm gesandter Vertreter beim 7. Allgemeinen →Konzil von Nicaea 787 und die päpstliche Bestätigung der Konzilsbeschlüsse vereinigte den Osten wieder mit dem Westen. Hadrian starb am 25. Dezember 795. 22 Jahre lang hatten er und Karl der Große gemeinsam gewirkt; es wird berichtet, beim Tod des Papstes habe der Kaiser wie um einen Bruder getrauert. Der Bund zwischen der Kirche und den →Franken hatte Bestand.

## Leo III. 795–816

Sein Vorgänger ↗ Hadrian I. hatte den festen Bund zwischen Rom und den →Franken begründet. Leo, der am Begräbnistag Hadrians gewählt worden war (26. Dezember 795), sandte sofort nach seiner Wahl die Schlüssel zum Grab des heiligen Petrus und das Banner Roms an den →Frankenkönig Karl den Großen als Zeichen eines Treueides der Römer. Der römische Adel war damit jedoch nicht einverstanden, weshalb es zum Aufstand kam. Bald erhoben seine Gegner schwere moralische Vorwürfe gegen Leo. Im April 799 wurde er sogar während einer Prozession von einem Neffen ↗ Hadrians I. überfallen und verwundet. Leo floh zu Karl dem Großen nach Paderborn und bat um Schutz. Karl wollte die von den Gegnern des Papstes auch am Kaiserhof vorgebrachten Anschuldigungen untersuchen; deshalb zog er nach Rom. Die Untersuchung geschah im Dezember 800 in der Peterskirche in Rom, wobei sich kein echter Zeuge für die Untaten des Papstes fand. Deshalb kam es erst gar nicht zum Prozeß; die Versammlung erklärte, sie wolle über den Papst nicht zu Gericht sitzen. Der Papst zeigte seine Bereitschaft, durch einen öffentlich abgelegten Eid seine Unschuld zu beweisen. Am Weihnachtstag 800 krönte Leo Karl den Großen zum Kaiser. Karl hatte ursprünglich nur um die Königssalbung seines Sohnes gebeten; Leo überraschte ihn, indem er ihm in der Weihnachtsmesse eine kostbare Krone aufsetzte und ihn zum Kaiser der Römer ausrief. Kurz nach Weihnachten hielt Karl über die Gegner Leos Gericht, sie wurden als Majestätsverbrecher und Anstifter zum Aufruhr zum Tod verurteilt, auf Bitten Leos jedoch zu Verbannung begnadigt. Leo starb am 12. Juni 816. Sein Todestag ist der liturgische Gedenktag.

## Stephan IV. 816–817

Er gehörte der Familie der →Colonna an und bestieg am 22. Juni 816 den päpstlichen Stuhl, ohne die Bestätigung durch die →Franken eingeholt zu haben. Sofort nach der Wahl reiste er jedoch nach Reims zu Ludwig I. dem Frommen, nachdem er die Römer den Treueid an den Kaiser hatte leisten lassen. Obwohl Ludwig schon seit 813 Kaiser war, salbte ihn Stephan in Reims noch einmal und krönte ihn mit einer kostbaren Krone. Mit diesem Ritus beanspruchte das Papsttum das Recht der Kaiserweihe, eine Gewohnheit, die von allen fränkischen Königen beibehalten wurde. Nach nur sieben Monaten starb Stephan am 24. Januar 817.

## Paschalis I. 817–824

Am Todestag ↗ Stephans IV., dem 24. Januar 817, wurde der Abt des Klosters S. Stefano bei St. Peter zum Papst gewählt und am folgenden Tag geweiht. Kaiser Ludwig I. der Fromme erhob keinen Einspruch gegen die Wahl und sicherte für die Zukunft freie Papstwahl zu. 823 krönte Paschalis den Sohn Ludwigs, Lothar, zum Kaiser. Der Todestag des Papstes, der 14. Mai (824), ist auch der liturgische Gedenktag.

## Eugen II. 824–827

Nach dem Tod ↗ Paschalis' I. gab es Kämpfe zwischen Adel und Volk in Rom, die mehrere Monate dauerten. Mit Unterstützung des Kaisers Lothar I. (→ Franken) wurde Eugen am 5. August 824 Papst. Er anerkannte die Oberhoheit des deutschen Kaisers Ludwig I. des Frommen (→ Franken), des Vaters Lothars I. Papst und Kaiser schlossen die → Constitutio Romana, in der alle päpstlichen und kaiserlichen Amtspersonen, die eine besondere Stellung einnahmen, für unantastbar erklärt wurden. Die 817 von Kaiser Ludwig dem Frommen zugestandene Selbständigkeit des Papstes wurde durch die Constitutio Romana teilweise wieder rückgängig gemacht; die Macht der → Franken erreichte damit ihren Höhepunkt. Der Kaiser anerkannte die freie → Papstwahl, verlangte aber, der Gewählte müsse noch vor der Weihe einem kaiserlichen Gesandten gegenüber den Treueid leisten. Eine römische Synode nahm 826 diese fränkischen Gesetze an. Am 27. August 827 starb Eugen II.

## Valentin 827

Ein römischer Archidiakon, 827 zum Papst gewählt, regierte nur wenige Wochen (von August bis September).

## Gregor IV. 827–844

Er wurde im Oktober 827 zum Papst gewählt; jedoch ließ er sich nicht weihen, bevor nicht die Gesandten des deutschen Kaisers seine Wahl bestätigt hatten. Unter seinem Pontifikat kam es im Kaiserhaus der → Franken zu schweren Auseinandersetzungen: Kaiser Ludwig der Fromme hatte sein Reich unter seine drei Söhne aus erster Ehe aufgeteilt. Als ihm dann in seiner zweiten Ehe ein weiterer Sohn geboren wurde, änderte Ludwig die ursprüngliche Aufteilung. Dagegen empörten sich die drei anderen Söhne. Gregor versuchte eine gütliche Regelung zu bewirken, scheiterte jedoch in seinem Bemühen. Lothar, einer der Söhne, war der

Anführer der Empörung gegen den Vater. Er gewann den Papst für sich, dieser mußte aber die demütigende Absetzung Ludwigs erleben und erkennen, daß er zu politischen Zwecken mißbraucht worden war. Für die Missionierung des europäischen Nordens wurde die Entsendung des heiligen Ansgar als päpstlichem Legaten von großer Bedeutung. – Der → Bilderstreit fand nach 115 Jahren auch in der → Ostkirche ein Ende. Auf Gregor soll die Einführung des Allerheiligenfestes am 1. November zurückgehen, das bereits vorher in der Ostkirche gefeiert wurde (↗ Bonifaz IV.) Gregor starb am 25. Januar 844 in Rom.

## Johannes 844

*Gegenpapst.* Nach dem Tod ↗ Gregors IV. konnte man sich nicht einigen: Der Kandidat der römischen Adelspartei, ↗ Sergius II., setzte sich aber gegen den Gegenpapst Johannes durch (Januar 844). Sergius verwies ihn danach in ein Kloster. Kaiser Lothar I. (→ Karolinger) ordnete an, daß die → Papstwahl künftig nur mit kaiserlicher Erlaubnis und in Anwesenheit kaiserlicher Gesandter vorgenommen werden dürfe.

## Sergius II. 844–847

Er war der fünfte Papst aus der Familie der → Colonna, und bestieg im Januar 644 den päpstlichen Stuhl, ohne dem Kaiser den Treueid geleistet zu haben. Gegen seinen Gegenpapst ↗ Johannes konnte er sich schnell durchsetzen. Kaiser Lothar I. (→ Karolinger) erließ eine Anordnung, derzufolge die → Papstwahl künftig nur mit kaiserlicher Erlaubnis und in Anwesenheit kaiserlicher Gesandter stattfinden dürfe. Ein halbes Jahr vor dem Tod des Sergius landeten die → Sarazenen in Ostia, drangen nach Rom vor und verwüsteten die Peterskirche sowie St. Paul vor den Mauern. Sergius starb am 27. Januar 847.

## Leo IV. 847–855

Kaiser Lothar I. (→ Karolinger) hatte angeordnet, daß die → Papstwahl nur mit kaiserlicher Erlaubnis und in Anwesenheit kaiserlicher Gesandter stattfinden dürfe. Davon wich man jedoch bei der Wahl Leos IV. am 10. April 847 ab: Die → Sarazenen waren auf dem Tiber vorgedrungen und hatten die Basilika St. Paul vor den Mauern geplündert. Deshalb wollte man eine kaiserliche Erlaubnis nicht erst abwarten, als der Benediktiner Leo zum Papst gewählt wurde. Eine seiner ersten Amtshandlungen war die Befestigung der Stadt Rom; die von ihm befestigte Vorstadt mit der Peterskirche hieß lange Zeit → „Leostadt". Schließlich konnte er den Sarazenen in der Seeschlacht bei Ostia 849 eine entscheidende Niederlage beibringen. – Leo krönte 850 Ludwig II. (→ Karolinger), den Sohn Lothars I.

– Leo sah sich genötigt, seine Herrschaftsrechte gegen →Ravenna zu behaupten. Diese Stadt, im Westen gelegen, aber Teil des oströmischen Reiches, strebte nach Unabhängigkeit von Rom, indem der dortige Erzbischof Eleutherius Sonderrechte für sich in Anspruch nahm und kirchlichen Besitz vereinnahmte. 853 konnte Leo den Erzbischof zum Nachgeben bewegen, jedoch flammte der Streit später (861) erneut auf. Auch mit dem Erzbischof von Reims gab es Streit, der seine Hoheitsrechte als →Metropolit weiter ausbauen wollte. Diese Auseinandersetzungen um den →Primatsanspruch Roms waren wohl der Anlaß für die Entstehung der →Pseudoisidorischen Fälschungen. Leo starb am 17. Juli 855.

## Benedikt III. 855–858

Seit dem 29. September 855 war er Papst. Wenige Tage danach wurde ↗ Anastasius III. als Gegenpapst aufgestellt, der sich gewaltsam des Laterans bemächtigte und den Papst einkerkern ließ. Nach zwei Tagen wurde er jedoch vom papstfreundlichen römischen Volk vertrieben. Benedikt starb am 17. April 858. →Päpstin Johanna.

## Anastasius III. 855

*Gegenpapst.* Seit 847 Kardinalpriester, versuchte er 855 mit Gewalt, Papst zu werden. Den schon gewählten ↗ Benedikt III. ließ er mißhandeln und absetzen. Jedoch konnte er sich als Gegenpapst gegen Benedikt nicht halten und mußte nach zwei Tagen zurücktreten. Später wurde er Bibliothekar der römischen Kirche und Berater mehrerer Päpste. Er starb 879.

## Nikolaus I. 858–867

Am 24. April 858 wurde er in Anwesenheit des deutschen Kaisers Lothar II. (→ Karolinger) zum Papst gewählt. Er war einer der bedeutendsten Päpste des Frühmittelalters. Wie ein Prophet (so empfanden es die Zeitgenossen) trat er für die gottgegebenen Rechte des →Papsttums ein und forderte für den Papst die oberste Lehr- und Leitungsgewalt, der alle unterworfen sein sollten. In der Durchsetzung dieser Ansprüche konnten Zusammenstöße mit den Zeitgenossen nicht ausbleiben. – Ein erster Kampf entstand um →Ravenna. Der dortige Erzbischof wollte seine Unabhängigkeit von Rom durchsetzen; dem Papst gelang es (auch durch persönliches Erscheinen in Ravenna), den Streit beizulegen; der Erzbischof unterwarf sich. – Ein weiterer Streitpunkt betraf den fränkischen →Metropoliten Hinkmar von Reims. Dieser hatte einen seiner Suffragane abgesetzt und exkommuniziert, worauf dieser sich an den Papst wandte. Nikolaus stützte sich bei den weiteren Verhandlungen auf die →Pseudoisidorischen Fälschungen; Hinkmar mußte nachgeben. – Ein weiterer Streitpunkt:

König Lothar II. (→Karolinger) hatte seine rechtmäßige Gattin verstoßen und seine Geliebte geheiratet (862). Eine Synode in Metz hatte ihm dabei recht gegeben. Ende 863 kassierte Nikolaus die Metzer Synode, weil sie gegen die fundamentale Lehre von der Unauflöslichkeit der Ehe verstieß. – Die schwerste Belastung seiner Regierungszeit entstand aus seinem Eingreifen in die Angelegenheiten der Kirche von →Byzanz. Dort war 858 der →Patriarch Ignatios abgesetzt worden, sein Nachfolger wurde der gelehrte Photios. Nikolaus wußte nicht, daß Ignatios in Wirklichkeit freiwillig zurückgetreten und Photios rechtmäßig gewählt worden war; zudem hatte dieser seine Wahl 860 dem Papst sogar mitgeteilt. Enttäuschte Anhänger des Ignatios griffen die Rechtmäßigkeit der Wahl des Photios an. Ebenso wie Kaiser Michael III. wandte sich auch Photios an den Papst mit der Bitte um Entsendung einer päpstlichen Legation zur Entscheidung des Streites. Die beiden Gesandten des Papstes erklärten auf einer Synode 861 die Wahl für rechtmäßig; dabei hat die Kirche von Byzanz erstmals die oberste Leitungsgewalt Roms in Fragen der Kirchendisziplin vorbehaltlos anerkannt. Durch Gegner des Photios getäuscht sprach der Papst – entgegen dem Entscheid seiner Legaten – den Bann über Photios aus und setzte Ignatios wieder in seine Rechte ein (863). Im Schreiben an den Kaiser und die beiden Patriarchen teilte Nikolaus seine Entscheidung mit. Als der Kaiser diese scharf ablehnte, berief sich Nikolaus (865) ebenso scharf auf die →Primatsrechte Roms. (In diesem Schreiben sind deutliche Spuren der →Symmachianischen Fälschungen erkennbar). – Der Streit mit Byzanz verschärfte sich aus Anlaß der Missionierung Bulgariens. Dieses Land war von Byzanz her dem christlichen Glauben zugeführt worden, wandte sich aber 864 von Byzanz ab. Der Bulgarenfürst Boris suchte sofort nach seiner Taufe (866) die Anlehnung an Rom, ebenso die beiden Missionare Cyrill und Methodius. Das erweckte das Mißtrauen der Kirche des Ostens; der Kaiser berief eine Synode nach Konstantinopel (867), die Nikolaus absetzte und exkommunizierte. Allerdings traf diese Nachricht erst unmittelbar nach dem Tod des Papstes (13. November 867) ein. Zusammenfassend ist über dieses Pontifikat zu sagen: Der Graben zwischen Ost und West hat sich vertieft; auch die übrigen von Nikolaus erhobenen Ansprüche konnten von seinen Nachfolgern nicht beibehalten werden.

## Hadrian II. 867–872

Wie sein Vorgänger ↗Nikolaus I. stammte auch er aus der Familie der →Colonna. Er war 792 in Rom geboren und schon bei den beiden vorausgegangenen Wahlen als Papst-Kandidat im Gespräch. Am 14. Dezember 867 wurde er Papst. Beim 8. Allgemeinen →Konzil von Konstantinopel 869/870 kam für kurze Zeit eine Aussöhnung mit der →Ostkirche zustande, das →Schisma des →Photios wurde verurteilt. – In der Missionierung

Bulgariens erlaubte Hadrian den beiden Missionaren Cyrill und Methodius den Gebrauch der slawischen Sprache in der Liturgie. Hadrian starb am 14. Dezember 872.

## Johannes VIII. 872–882

Er war langjähriger Archidiakon der römischen Kirche und wurde am 14. Dezember 872 zum Papst gewählt. Auch unter seinem Pontifikat blieben die Spannungen zwischen der →Ost- und der Westkirche bestehen. In der Bulgarenmission setzte er sich für den Slawenapostel Methodius ein und genehmigte den Gebrauch der slawischen Sprache im Gottesdienst. – Eine Hauptaufgabe seines Pontifikates sah Johannes in der Abwehr der →Sarazenen, die sich in Sizilien festgesetzt hatten. Außer zahlreichen Versprechungen hatte er von dem sich auflösenden Reich der →Karolinger nichts zu erwarten. So rüstete er selbst eine Flotte aus, übernahm den Oberbefehl und besiegte die Sarazenen, konnte sie jedoch nicht endgültig niederwerfen. – Noch bedrängender war für den Papst das Verhalten römischer Adelsfamilien. Unzufriedenheit und Gewalttätigkeit wuchsen. So mußte der Papst schon 876 die Häupter einer Verschwörung verurteilen. Die Unruhe wuchs: Johannes wurde von einem seiner Verwandten vergiftet. Da das Gift nicht schnell genug wirkte, wurde er mit einem Hammer erschlagen. Er starb am 16. Dezember 882 und ist der erste der (acht) mittelalterlichen Päpste, deren Leben durch Ermordung beendet wurde. Nach ihm geriet das Papsttum endgültig in den Sog der römischen Machtkämpfe. Das → „dunkle Jahrhundert" begann.

## Marinus I. 882–884

Vor seiner Wahl zum Papst war er beim IV. Allgemeinen →Konzil von Konstantinopel 869 Legat ↗ Hadrians II. Nach der Ermordung ↗ Johannes' VIII. wurde Marinus noch am gleichen Tag, dem 16. Dezember 882, zum Papst gewählt. Er starb am 15. Mai 884. Als erster Papst wird er dem → „dunklen Jahrhundert" zugerechnet. Irrtümlich wird Marinus I. auch als Martin II. gezählt.

## Martin II.

Einen Papst dieses Namens hat es nie gegeben, da die mittelalterlichen Papstkataloge irrtümlich ↗ Marinus I. als Martin II. zählen.

## Hadrian III. 884–885

Auch er gehörte der Familie der → Colonna an. Er war Benediktinermönch und wurde am 17. Mai 884 Papst. Er starb auf einer Reise nach Frankreich im September 885 in der Nähe von Modena.

## Stephan V. 885–891

Er wurde im September 885 Papst, ohne Absprache mit Karl dem Dicken, dem letzten der → Karolinger. Der Papst suchte bei ihm vergeblich Schutz gegen die → Sarazenen; so wandte er sich an den Herzog von Spoleto, den mächtigsten Fürsten Italiens. Der Papst starb am 14. September 891.

## Formosus 891–896

Als Bischof von Porto bemühte er sich sehr um die Missionierung der Bulgaren. ↗ Johannes VIII. setzte ihn aus politischen und persönlichen Gründen ab und ließ ihn schwören, künftig als Laie zu leben. Papst ↗ Marinus I. löste diesen Eid und machte ihn erneut zum Bischof von Porto. Am 6. Oktober 891 wurde er zum Papst gewählt. Die Grafen von Spoleto, die er gekrönt hatte, wurden bald so mächtig, daß der Papst König Arnulf von Kärnten zu Hilfe rief. Nachdem dieser Rom erobert hatte, wurde er vom Papst ebenfalls zum Kaiser gesalbt (896). Formosus starb am 4. April 896. Sein Nachfolger, ↗ Stephan VI., hielt im Januar 897 über seinen toten Vorgänger Gericht, indem man die Leiche aus dem Grab holte, ihn seiner Kleider entledigte, und ihm die drei Schwurfinger abschnitt. Die Leiche wurde anschließend in den Tiber geworfen, jedoch wieder aufgefunden und in St. Peter feierlich beigesetzt. Diese Synode nennt man die → „Leichensynode". Papst ↗ Theodor II. hob die Beschlüsse dieser Synode noch im Jahr 897 wieder auf.

## Bonifaz VI. 896

Er wurde am 11. April 896 zum Papst gewählt. Wegen Unwürdigkeit war er vorher von ↗ Johannes VIII. seines Priesteramtes entkleidet worden. Manche hielten die Wahl, die vom bewaffneten römischen Volk durchgesetzt worden war, nicht für gültig; trotzdem wird Bonifaz in der Reihe der Päpste gezählt. Er starb schon zwei Wochen nach seiner Wahl am 26. April 896, vielleicht in Folge eines Giftanschlages.

## Stephan VI. 896–897

Er kam im Mai 896 durch die Partei des Herzogs von Spoleto auf den päpstlichen Thron und ist nur durch eine (Schand-) Tat bekanntgeworden: Seinen Vorgänger ↗ Formosus (891–896), der schon neun Monate lang tot war, ließ er aus politischen Gründen aus dem Grab reißen, hüllte die Leiche in päpstliche Gewänder und hielt (im Juni 897) eine Synode (die → „Leichensynode"), in der alle Weihen und Amtshandlungen des Formosus für ungültig erklärt wurden. Dann ließ der Papst dem Toten die Segensfinger der rechten Hand abschneiden und den unbekleideten Leichnam in den Tiber werfen. Dieses Verhalten rief so großes Entsetzen beim Volk hervor, daß es sich gegen den Papst erhob und ihn in den Kerker warf, wo er im August 897 erdrosselt wurde.

## Romanus 897

Es war vielleicht ein Bruder des Papstes ↗ Marinus I., kam nach dem gewaltsamen Tod des Papstes ↗ Stephan VI. im August 897 auf den Papstthron. Seine Regierungszeit dauerte aber nur vier Monate. Er starb im November 897. Näheres über sein Leben und seinen Tod ist nicht bekannt.

## Theodor II. 897

Im Dezember 897 bestieg er den päpstlichen Stuhl, starb aber schon nach drei Wochen. Die Beschlüsse der → „Leichensynode" (↗ Stephan VI.) hob er auf und ließ den wieder aufgefundenen Leichnam des Papstes ↗ Formosus ehrenvoll bestatten.

## Johannes IX. 898–900

Nach dem Tod ↗ Theodors II. versuchte der skrupellose Graf Sergius von → Tusculum (der spätere ↗ Sergius III.), den Benediktinerabt Johannes von Tivoli zum Papst zu erheben. Die Wahl und Weihe fand im Januar 898 statt: Johannes IX. Auf Synoden zu Rom und Ravenna rehabilitierte auch er ↗ Formosus, der nach seinem Tod aus politischen Gründen verunglimpft worden war. – Um eine ungehinderte → Papstwahl zu sichern, wurde beschlossen, Bischöfe und Priester Roms sollten unter Zustimmung des Volkes den Papst wählen. Die Weihe sollte dann in Gegenwart kaiserlicher Gesandter geschehen. Jedoch blieben diese Bestimmungen ohne praktische Bedeutung. Johannes starb im Januar 900.

## Benedikt IV. 900–903

Er war vom Januar 900 bis Juli 903 Papst. Die Stadt Rom war von den Kämpfen der Adelsfamilien zerrissen. Benedikt krönte Ludwig III. zum König.

## Leo V. 903

Im Juli 903 zum Papst gewählt, wurde er von seinem Hofkaplan, der selbst Papst werden wollte, zum Rücktritt gezwungen: Er habe nicht Kraft genug zum Regieren. Leo erklärte sich damit einverstanden, jedoch ließ ihm der Hofkaplan, der nachmalige ↗ Christophorus, gar nicht die Zeit zum Rücktritt. Dieser kerkerte ihn ein und ließ ihn einen Monat später im Kerker vergiften. Nach nur dreimonatlicher Regierungszeit starb Leo so im September 903.

## Christophorus 903–904

Einen Monat nach dessen Amtsantritt zwang er seinen Vorgänger ↗ Leo V. zum Rücktritt vom päpstlichen Amt; er kerkerte ihn ein und ließ ihn ermorden. Inzwischen hatte er sich selbst im September 903 zum Papst erhoben. Doch schon im Januar 904 ereilte ihn das gleiche Schicksal wie seinen Vorgänger: Er wurde abgesetzt und ins Kloster verbannt, wo er bald darauf starb.

## Sergius III. 904–911

Unter ↗ Theodor II. stellten Anhänger des verstorbenen Papstes ↗ Stephan VI. (897) einen Gegenpapst auf: Sergius, der später (nachdem er seinen Vorgänger umgebracht hatte) Sergius III. wurde. Am 29. Januar 904 wurde er zum Papst gewählt. Sergius ließ alle Weihen, die ↗ Formosus erteilt hatte, für ungültig erklären und dessen Anhänger absetzen. Die bei einem Erdbeben zerstörte → Lateranbasilika baute er wieder auf. Er starb am 14. April 911. In seiner Regierungszeit begann die unheilvolle Verbindung des päpstlichen Stuhles mit dem römischen Geschlecht der Grafen von → Tusculum. In dieses Pontifikat fiel aber auch (910) die Gründung des Klosters → Cluny, von dem starke Reformbestrebungen ausgingen.

## Anastasius III. 911–913

Papst von April 911 bis Juni 913: → „dunkles Jahrhundert".

## Lando 913–914

Der → Langobardische Grafensohn wurde im Juli 913 Papst, im Februar 914 starb er. Wie sein Vorgänger ↗ Anastasius III. war er völlig vom römischen Adel abhängig.

## Johannes X. 914–928

Johannes von Tossignano, Erzbischof von Ravenna, wurde im März 914 Papst. Er erreichte ein Bündnis gegen die → Sarazenen und nahm auch persönlich an den Kämpfen teil (915). Vergeblich war sein Versuch, sich von der Bevormundung durch den römischen Adel zu lösen. Vor seinen Augen wurde sein Bruder ermordet, er selbst wurde ins Gefängnis geworfen und dort im Mai 928 ermordet. Johannes hatte ein fünfjähriges Kind zum Erzbischof von Reims ernannt; in der Folgezeit versuchten weltliche Fürsten, etwas Ähnliches zu erreichen, weil sie sich die Einnahmen der Pfründe sichern wollten. In seinen letzten Jahren scheint sich der Papst ernsthafter um die Kirche gekümmert zu haben.

## Leo VI. 928

Auch er regierte nur kurze Zeit, nur ein halbes Jahr, von Mai bis Dezember 928. Er war ein machtloses Werkzeug in der Hand des römischen Adels.

## Stephan VII. 928–931

Ohne Einfluß und Bedeutung regierte er vom Dezember 928 bis zum Februar 931 als willenloses Werkzeug in der Hand der Senatrix Marozia (→ Tusculaner), die 931 ihren Sohn als ↗ Johannes XI. zum Papst erhob. Stephan starb im Februar 931 im Kerker, wo er wahrscheinlich erdrosselt wurde.

## Johannes XI. 931–935

Die römische Senatrix Marozia, die wie eine Diktatorin die Stadt beherrschte und schon ↗ Johannes X. hatte ermorden lassen, vergrößerte ihren Einfluß dadurch, daß sie ihren Sohn Alexander im März 931 zum Papst machte; er nannte sich Johannes XI. Jedoch erhob sich ihr Sohn aus erster Ehe, Alberich, gegen die Mutter und ließ auch den Papst gefangensetzen, der schließlich wie seine Mutter ermordet wurde (im Dezember 935). Die Päpste jener Zeit werden als würdige Männer beschrieben, sie waren jedoch faktisch ohne jeden Einfluß.

## Leo VII. 936–939

Als Benediktinermönch wurde er mit Hilfe des Königs Alberich aus dem Haus → Tusculum, das den → Kirchenstaat beherrschte, am 3. Januar 936 zum Papst gewählt und blieb auch weiterhin von diesem abhängig. Immerhin setzte er sich sehr für die Reform von → Cluny ein; Abt Odo von Cluny kam nach Rom, um mit dem Papst die religiöse Erneuerung vorzubereiten. Leo starb am 13. Juli 939.

## Stephan VIII. 939–942

Am 14. Juli 939 war er Papst geworden und blieb es bis zum Oktober 942 – ohne Bedeutung und ohne Einfluß.

## Marinus II. 942–946

Irrtümlich wird er auch als Martin III. bezeichnet. Er regierte vom 30. Oktober 942 bis zum Mai 946. Jedoch ist über sein Leben und seine Amtsführung fast nichts überliefert.

## Martin III.

Wie schon bei ↗ „Martin II." ist auch bei Martin III. auf die falsche Namensgebung zu verweisen. Auch er hieß eigentlich ↗ Marinus II.

## Agapet II. 946–955

Im → „dunklen Jahrhundert" übte Marozia die Herrschaft in Rom aus; sie ließ ↗ Johannes X. in den Kerker werfen und wahrscheinlich vergiften. Ihr Sohn wurde 931 Papst: ↗ Johannes XI. Dessen Bruder Alberich vertrieb die Mutter und inhaftierte den Papst. Nach dem Tod ↗ Marinus' II. ernannte Alberich, persönlich ein frommer Mann, Agapet II. am 10. Mai 946. Er war ein würdiger Papst, wenn er auch fast ganz unter dem Einfluß Alberichs stand. Der Papst nahm sich der Klosterreform an, die von → Cluny ausging. Agapet II. starb im Dezember 955. Vor seinem Tod ließ sich Alberich (954) von den Römern versprechen, daß sie seinen damals 16jährigen Sohn nach dem Tod Agapets II. zum Papst wählen würden: ↗ Johannes XII.

## Johannes XII. 955–964

König Alberich II. hatte bestimmt, daß sein Sohn Octavian von → Tusculum nach dem Tod ↗ Agapets II. Papst werden solle. Kaum 18 Jahre alt bestieg er am 16. Dezember 955 den päpstlichen Stuhl. Das Gesamturteil über dieses Pontifikat kann – auch wenn man die allgemeine Verwilderung der Sitten in jener Zeit bedenkt – nur vernichtend sein: Ein Tiefpunkt war erreicht. Johannes hatte den deutschen König Otto I. (→ Ottonen) um Hilfe gegen die Übermacht der römischen Adelsparteien gebeten. Otto kam gern: 961 zog er nach Italien und ohne ernstlichen Widerstand nach Rom. Er garantierte die Selbständigkeit des → Kirchenstaates und wurde am 2. Februar 962 (zusammen mit seiner Frau Adelhaid) zum Kaiser gekrönt. Der Kaiser übernahm nun im → Privilegium Ottonianum (am 13. Februar 962) die Schutzfunktion über die Kirche und bestätigte die früheren Schenkungen. Hinsichtlich der → Papstwahl wurde darin bestimmt, daß der Papst künftig vor seiner Weihe dem deutschen Kaiser den Treueid zu leisten habe. – Johannes bestätigte die von Otto getroffenen Maßnahmen zur Missionierung der Slawen und unterstellte alle künftigen Bistümer in diesem Gebiet dem Erzbistum Magdeburg, das als → Metropole vorgesehen war. Bald jedoch zeigte sich der wahre Charakter des Papstes: Kaum hatte Otto Rom verlassen, da rief Johannes die Feinde des Kaisers zu Hilfe, um seine eigene Freiheit zu retten. Otto kam ein zweites Mal nach Rom und nahm die Stadt ein. Der Papst war geflohen – unter Mitnahme des Kirchenschatzes. Auf einer Synode in Rom am 6. November 963 wurde Johannes wegen seiner zahlreichen Verbrechen verurteilt und abgesetzt: Mord, → Simonie, Eidbruch und Unzucht wurden als Gründe für die

Verurteilung genannt. An Stelle des Johannes wurde ein Laie zum Papst gewählt: ↗ Leo VIII., der an *einem* Tag alle Weihen empfing. Als Otto Rom wieder verlassen hatte, kehrte Johannes zurück, Leo mußte fliehen. Jetzt hielt Johannes eine Synode ab, die seine Absetzung auf der kaiserlichen Synode 963 für ungültig erklärte und Leo aus der Kirchengemeinschaft ausschloß. Bald danach, am 14. Mai 964, starb Johannes.

## Leo VIII. 963–965

Nach der Absetzung ↗ Johannes' XII. wurde Leo, der zu dieser Zeit noch Laie war, zum Papst gewählt (am 6. Dezember 963). Der abgesetzte Johannes zettelte jedoch einen Aufruhr gegen Leo an, der von Kaiser Otto I. (→ Ottonen) niedergeschlagen wurde, nach dem Abzug des Kaisers aber erneut aufflammte. Leo floh zum Kaiser. Johannes hielt 964 eine Synode ab, die seine eigene Absetzung für ungültig erklärte und Leo aus der Kirche ausschloß. Nach dem bald erfolgten Tod des Johannes baten die Römer den Kaiser, einen neuen Papst wählen zu dürfen, was dieser ablehnte: Er hielt an Leo fest. Trotzdem wählte man in Rom ↗ Benedikt V. 964 als Gegenpapst. Durch den Kaiser wurde dieser abgesetzt und verbannt. Nun konnte Leo in Ruhe sein Amt weiterführen, bis er am 1. März 965 starb.

## Benedikt V. 964

Nach dem Tod ↗ Johannes' XII. wurde er gegen den Willen des Kaisers Otto I. (→ Ottonen) am 22. Mai 964 zum Papst gewählt. Otto rückte gegen Rom vor und nahm die Stadt ein. Am 23. Juni 964 wurde der Papst durch Otto abgesetzt, zum Diakon degradiert und nach Hamburg verbannt, wo er am 4. Juli 966 starb.

## Johannes XIII. 965–972

Am 1. Oktober 965 wurde Johannes von Narni von den Römern einmütig zum Papst gewählt; der Wahl stimmte auch Kaiser Otto I. der Große (→ Ottonen) zu. Der Papst führte in Rom ein strenges Regiment, weshalb sich im Dezember 965 ein Aufstand gegen ihn erhob; er wurde gefangengenommen. Otto kam nach Rom und hielt Gericht über die Aufrührer; vorher jedoch hatten die Römer den Papst in feierlicher Prozession wieder in die Stadt zurückgeleitet und ihn um Verzeihung gebeten. – Auf einer Synode in Ravenna 967 übergab Otto dem Papst das Exarchat → Ravenna, das bislang zum oströmischen Reich gehört hatte und ein ständiger Zankapfel gewesen war. Bei dieser Gelegenheit wurde auch das Erzbistum Magdeburg errichtet (968), was seither am Einspruch von Mainz und Halberstadt gescheitert war; den ersten Magdeburger Erzbischof, Adalbert, weihte der Papst selbst zum Bischof. An Weihnachten 967 krönte Johannes den Sohn Ottos, Otto II. (→Ottonen), zum Mitkaiser. Johannes starb am 6. September 972. Sein Pontifikat erlangte große Bedeutung durch die entschiedene Öffnung zur Reformbewegung von →Cluny und durch die Förderung der Mission bei den Slawen.

## Benedikt VI. 972–974

Mit Einverständnis des deutschen Kaisers Otto I. (→Ottonen) wurde er im Dezember 972 zum Papst gewählt und am 19. Januar 973 geweiht. Nach dem Tod Ottos erhob sich eine deutschfeindliche Partei, setzte den Papst in der →Engelsburg gefangen und erklärte ihn für abgesetzt. Im Sommer 974 wurde er auf Veranlassung seines Nachfolgers, des ursprünglichen Gegenpapstes ↗ Bonifaz VII., erdrosselt.

## Bonifaz VII. 974 und 984–985

*Gegenpapst.* An Stelle des aus Rom vertriebenen ↗ Benedikt VI. wurde mit Hilfe der →Crescentier der Kardinaldiakon Franco im Juni 974 als Bonifaz VII. zum Papst erhoben. Er ließ Benedikt mit Waffengewalt gefangennehmen und im Kerker vergiften. Als Kaiser Otto II. (→Sachsen) nach Rom zog, floh Bonifaz nach Konstantinopel (wobei er den Schatz von St. Peter mitnahm). Als er dort die Nachricht vom Tod des Kaisers erhielt, kam er nach Rom zurück, um wieder Papst zu werden. ↗ Johannes XIV. ließ er in der →Engelsburg gefangensetzen, wo dieser an Gift starb. Bonifaz wurde ein Jahr später, im Juli 985, ermordet. Er hatte sich den Haß aller, auch seiner Verwandten, zugezogen: Sie durchbohrten seinen Leichnam mit Speeren, schleiften ihn durch die Straßen der Stadt und ließen ihn auf dem Markt liegen.

## Benedikt VII. 974–983

↗ Bonifaz VII., der seinen Vorgänger, ↗ Benedikt VI., abgesetzt hatte, floh, nachdem die kaiserlichen Truppen Rom wieder erobert hatten, nach Konstantinopel, wobei er den gesamten Schatz der Peterskirche mitnahm. Zu seinem Nachfolger wurde im Oktober 974 Benedikt VII. gewählt, der aus dem Geschlecht der Grafen von →Tusculum stammte und Bischof von Sutri war. Er war um die Reform der Kirche im Sinn von →Cluny bemüht, erklärte auf einer Synode Bonifaz VII. für abgesetzt und wandte sich gegen die →Simonie. Er starb am 10. Juli 983 in Rom.

## Johannes XIV. 983–984

Petrus Canipanova, Bischof von Pavia und Erzkanzler für Italien, wurde im Dezember 983 Papst. Wie Otto II. (→Ottonen) war er vom Gedanken einer Erneuerung beseelt, konnte jedoch nach dem frühen Tod Ottos, der nur 28

Jahre alt geworden war, seine Ideen nicht mehr durchführen. Ottos Sohn, Otto III., war beim Tod seines Vaters erst drei Jahre alt. Im Jahr 984 erschien der frühere Gegenpapst ↗ Bonifaz VII. wieder aus Konstantinopel in Rom, übernahm mit Hilfe des antikaiserlichen Adels (→ Crescentier) wieder die Macht und ließ Johannes in der → Engelsburg gefangensetzen, wo dieser am 20. August 984 den Hungertod starb. Aber auch Bonifaz konnte sich nicht lange halten: Bereits 985 wurde er gestürzt und ermordet.

## Johannes XV. 985–996

Mit Hilfe der → Crescentier wurde er im August 985 Papst; infolgedessen geriet er ganz unter den Einfluß dieser römischen Adelspartei. Durch krankhafte Geldgier und durch die Begünstigung seiner Verwandten (→ Nepotismus) machte sich der Papst beim römischen Volk verhaßt. Wegen Streitigkeiten mit dem römischen Adel verließ er die Stadt, rief Otto III. (→ Ottonen) zu Hilfe und lud ihn nach Rom zur Kaiserkrönung ein. Otto machte sich auf den Weg; Johannes war aber bereits im März 996 gestorben, bevor Otto in Rom eintraf.

## Gregor V. 996–999

Brun, ein Herzogssohn aus Kärnten und Großneffe Kaiser Ottos II. (→ Sachsen), wurde von Otto III. als Papst vorgeschlagen. Bei seiner Wahl war er erst 24 Jahre alt, der erste in der kurzen Reihe der → deutschen Päpste. Die Wahl fand am 3. Mai 996 statt. Bereits 996 krönte Gregor Otto III. zum Kaiser. Als der Kaiser Rom verließ, gab es einen Aufstand, bei welchem ↗ Johannes XVI. mit Unterstützung von → Byzanz zum Gegenpapst gewählt wurde. Gregor mußte fliehen und sprach auf einer Synode in Pavia den Bann über den römischen Rädelsführer → Crescentius aus. Auf Bitten Gregors kam Otto nach Rom, Johannes unterwarf sich dem Kaiser, er mußte fliehen, wurde aber ergriffen und verstümmelt. Als erster Papst sprach Gregor V. ein → Interdikt aus: Er belegte ganz Frankreich mit dem Kirchenbann, da König Robert ohne päpstliche Dispens eine Verwandte vierten Grades geheiratet hatte. In der letzten Zeit seines Pontifikates widmete sich der Papst der Reform im Geiste → Clunys. Am 18. Februar 999 starb Gregor, erst 27 Jahre alt, an Malaria.

## Johannes XVI. 997–998

*Gegenpapst*. Als ↗ Gregor V. von Rom abwesend war, ließ sich Johannes Philagathos Calaber von den → Crescentiern im Mai 997 zum Gegenpapst aufstellen. Beim Anrücken Ottos III. (→ Ottonen) 998 floh er, wurde aber gefangengenommen. Gregor ließ ihn verstümmeln und unter Beschimpfungen, verkehrt auf einem Esel reitend, durch die Straßen Roms führen.

Schließlich wurde er in ein Kloster verbannt, wo er noch noch einige Jahre gelebt haben soll.

## Silvester II. 999–1003

Gerbert von Aurillac, Bischof von Ravenna, war der erste Franzose auf dem päpstlichen Stuhl, ein Mann von außerordentlicher Bildung: Astronom und Philosoph, Naturwissenschaftler, Dichter und Mathematiker, der in Spanien bei arabischen Lehrern studiert hatte. Er wurde am 2. April 999 zum Papst gewählt. Ein würdiger Mann führte die Kirche in das zweite Jahrtausend. – Von besonderer Bedeutung wurde Silvester für die Mission in Osteuropa: Polen und Ungarn waren von der Kirche des Ostens umworben, durch den deutschen Kaiser jedoch in den westlichen Einflußbereich einbezogen. In Polen gründete Silvester um 1000 das Erzbistum Gnesen, dem drei Suffraganbistümer unterstellt wurden. (Allerdings war die Errichtung der kirchlichen Hierarchie in Polen zu dieser Zeit noch verfrüht, das Christentum hatte noch nicht wirklich Wurzeln geschlagen). In Ungarn gründete der Papst das Erzbistum Gran; dem Ungarnherzog Wack, der sich seit seiner Taufe Stephan nannte, übersandte er 1000 die Königskrone. In den letzten Monaten seiner Amtszeit widmete sich Silvester immer mehr der inneren Reform der Kirche. Im Februar 1001 mußte der Papst vor römischen Aufständigen aus Rom fliehen, konnte aber später wieder zurückkehren. Silvester starb am 12. Mai 1003.

## Johannes XVII. 1003

Von den → Crescentiern auf den päpstlichen Stuhl erhoben (im Juni 1003), regierte er nur ein halbes Jahr. Er starb im November oder Dezember des gleichen Jahres.
**Mit diesem Papst beginnt die irrige Zählung der Johannes-Päpste: da ↗ Johannes XVI. (Gegenpapst) in der Papstliste mitgezählt wird, nannte er sich Johannes XVII.**

## Johannes XVIII. 1003–1009

Johannes Fasanus aus Rom wurde von den → Crescentiern am 25. Dezember 1003 zum Papst erhoben. Er bestätigte das Bistum Merseburg (1004) und das von Heinrich II. (→ Sachsen) gegründete Bistum Bamberg (1007). Im Juni 1009 starb der Papst im Benediktinerkloster St. Paul in Rom, wo er auch begraben ist.

## Sergius IV. 1009–1012

Er wurde am 31. Juli 1009 zum Papst gewählt. Sein Pontifikat stand ganz unter dem Einfluß der → Crescentier, einer Adelsfamilie, die Rom beherrschte. Er starb am 12. Mai 1012. Aus seinem Pontifikat ist nichts Bedeutendes überliefert, außer einem Aufruf zum Kreuzzug, der aber unbeachtet blieb.

## Benedikt VIII. 1012–1024

Auch er stammte aus dem Geschlecht der Grafen von → Tusculum, die die Herrschaft der römischen Adelsfamilie der → Crescentier ablösten. Benedikt wurde im Mai 1012 Papst. Die Crescentier hatten ↗ Gregor VI. als Gegenkandidaten aufgestellt und seine Wahl durchgesetzt. Dieser flüchtete an den Hof des deutschen Kaisers Heinrich II. (→ Sachsen); der Kaiser entschied sich jedoch für Benedikt. Der Papst krönte Heinrich II. 1014 in Rom zum Kaiser. Auf Einladung Heinrichs kam Benedikt 1020 nach Deutschland, feierte in Bamberg, dem vom Kaiser gestifteten Bistum, Ostern und kam auch zum Grab des heiligen → Bonifatius nach Fulda. Auf einer Synode in Pavia 1022 wurde → Simonie und → Priesterehe scharf verurteilt; Papst und Kaiser nahmen an dieser Synode teil. Papst und Kaiser starben im gleichen Jahr 1024: der Papst am 9. April, Heinrich am 31. Juli.

## Gregor VI. 1012

*Gegenpapst.* Nach dem Tod ↗ Sergius' IV. wurde von der Partei der → Crescentier im Mai 1012 ein Gegenpapst gewählt: Gregor VI. Kaiser Heinrich II. (→ Sachsen) entschied sich aber für ↗ Benedikt VIII., den Sohn des Grafen von → Tusculum.

## Johannes XIX. 1024–1032

Romanus, Graf von → Tusculum, war ein Bruder des Papstes ↗ Benedikt VIII. Wie dieser war auch er bei seiner Wahl Laie und ließ sich an *einem* Tag alle Weihen spenden, was den kirchlichen Vorschriften widersprach. Besonderen Anstoß erregte er durch die Forderung hoher Geldsummen bei der Verleihung des → Palliums, des Zeichens der erzbischöflichen Würde. Den Nachfolger Heinrichs II., Konrad II. (→ Sachsen), krönte er (zusammen mit dessen Frau Gisela) an Ostern 1027 zum Kaiser, der sich immer mehr Einfluß auf die Entscheidungen des Papstes anmaßte. Johannes starb am 6. November 1032.

## Benedikt IX. 1033–1046

Auch ihn, Theophylakt von Tusculum, bestimmten die → Tusculaner zum Papst, einen 18jährigen Neffen seiner beiden Vorgänger ↗ Benedikt VIII. und ↗ Johannes XIX. Als Papst war er nur der verlängerte Arm des deutschen Kaisers Konrad II. (→ Sachsen). Im Januar 1033 wurde er Papst, einer der unwürdigsten Päpste jener Zeit, den die Römer wegen seiner

Zügellosigkeit und Lasterhaftigkeit haßten. Deshalb mußte er mehrmals Rom verlassen. Als er 1044 erneut fliehen mußte, wählte man ↗ Silvester III. zum Gegenpapst. Dieser wurde jedoch von Benedikt wieder verdrängt. 1045 verkaufte Benedikt die päpstliche Würde für 1000 Pfund Silber an Johannes Gratianus (dessen Taufpate er war); der bestieg als ↗ Gregor VI. den päpstlichen Stuhl. So regierten in Rom zur selben Zeit drei Päpste: der eine in St. Peter, der andere in St. Maria Maggiore und der dritte im Lateran. Auf Wunsch des Kaisers Heinrich III. (→ Sachsen) wurden 1046 alle drei ihres Amtes enthoben. Silvester konnte in Rom bleiben, Gregor wurde nach Köln in die Verbannung geschickt. Der nun gewählte neue Papst ↗ Clemens II. starb schon am 9. Oktober 1047. Nach seinem Tod wurde Benedikt IX. wieder Papst, bis er am 16. Juli 1048 endgültig vertrieben wurde. Er starb 1055. – Seit Benedikt IX. führen die Päpste ein eigenes Wappen.

## Silvester III. 1045

*Gegenpapst.* Im Jahr 1041 kam es zum Aufstand gegen ↗ Benedikt IX., der Papst mußte die Stadt verlassen. Seine Gegner, die → Crescentier, machten am 20. Januar 1045 den Bischof Johannes von Sabina zum Papst, der sich Silvester III. nannte. Schon wenige Wochen später wurde er aus der Stadt vertrieben (im Februar/März 1045) und kehrte in sein früheres Bistum zurück, wo er 1046 starb.

## Gregor VI. 1045–1046

Johannes Gratianus Pierleone kaufte ↗ Benedikt IX., der sein Taufpate war, für eine beträchtliche Summe die Papstwürde ab.: Er wolle dem moralischen Tiefstand des Papsttums ein Ende bereiten. Am 1. Mai 1045 wurde er Papst und von kirchlichen Reformern (so von → Cluny) begeistert begrüßt. Auf Betreiben des Königs Heinrich III. von Deutschland (→ Sachsen) trat am 20. Dezember 1046 in Sutri eine Synode zusammen, die die → Simonie beim Amtsantritt Gregors verurteilte. Heinrich hatte sich ursprünglich für Gregor ausgesprochen, wandte sich aber von ihm ab, da er ihn wohl politisch nicht für zuverlässig hielt. Auf der genannten Synode wurde Gregor abgesetzt, ebenso auf einer Synode in Rom am 23. Dezember 1046 der ehemalige ↗ Papst Benedikt IX. sowie der Gegenpapst ↗ Silvester III. Gregor wurde nach Köln verbannt, wohin ihn der Mönch → Hildebrand begleitete. So endete die Regierung Gregors am 20. Dezember 1046. Er starb in Köln vermutlich im November 1047.

## Clemens II. 1046–1047

Graf Suidger von Morsleben stammte aus Sachsen und war seit 1040 Bischof von Bamberg. Er ist der erste von fünf aufeinanderfolgenden

→deutschen Päpsten. Am 24. Dezember 1046 wurde er auf Veranlassung von König Heinrich III. (→Sachsen) zum Papst gewählt; er krönte den König (zusammen mit der Kaiserin Agnes) sofort in Rom zum Kaiser. Der Papst setzte sich im Kampf gegen die →Simonie und für die Reformen von →Cluny ein. Clemens starb am 9. Oktober 1047 auf einer Reise nach Deutschland und ist im Dom von Bamberg beigesetzt.

## Damasus II. 1048

Bischof Poppo Graf von Brixen aus fränkisch-bayerischem Adelsgeschlecht wurde am 17. Juli 1048 Papst. Da der Gegenpapst ↗ Benedikt IX. die Stadt Rom besetzt hielt, konnte Damasus erst nach der Vertreibung Benedikts konsekriert werden. Er starb bereits nach 23 Tagen Regierungszeit, am 9. August 1048 in Palestrina.

## Leo IX. 1049–1054

Sein ursprünglicher Name war Bruno, Graf von Egisheim-Dagsburg; er war ein Vetter des Kaisers Heinrich III. (→Sachsen) und zur Zeit seiner Wahl Bischof von Toul. Dort führte er im Sinne der Erneuerung von →Cluny in zahlreichen Klöstern die Reform durch. Seine Berufung zum Papst geschah auf dem Reichstag zu Worms 1048; Bruno nahm das Amt jedoch erst an, als er in rechtmäßiger Wahl bestätigt war. Am 12. Februar 1049 wurde er im Lateran inthronisiert. Leo war mit den bedeutendsten Persönlichkeiten der Reform von →Cluny verbunden; manche aus ihren Reihen berief er als seine Berater an seinen Hof, u. a. →Hildebrand, den späteren ↗ Gregor VII., sowie den Lütticher Archidiakon Friedrich von Lothringen, den späteren ↗ Stephan IX. Selten ist ein Papst so viel gereist wie er, um die Erneuerung der Kirche durchzuführen. An Synoden in Frankreich, Italien und Deutschland (u. a. in Mainz) nahm er teil. Der von ihm gewünschten Reform der Kirche diente auch die Stärkung des →Papsttums. Das Kardinalskollegium, in das er bedeutende Persönlichkeiten berief, gestaltete er zu einem Beraterkreis für den Papst um. Mit Kaiser Heinrich III. (→Sachsen) hatte er gute Verbindung. Jedoch war ihm klar, daß die Abhängigkeit der Päpste von den deutschen Kaisern in der seitherigen Form nicht beibehalten werden könne. – Die politischen Unternehmungen Leos in Unteritalien waren wenig glücklich: dort hatten sich die →Normannen ferstgesetzt und bedrohten die Bevölkerung. Ein päpstliches Heer, das diese Angriffe beenden sollte, wurde 1053 in Apulien entscheidend geschlagen. Der Papst selbst geriet in Gefangenschaft – neun Monate war er in Benevent seiner Freiheit beraubt. – Leo bemühte sich auch um die Regelung des Verhältnisses zur →Ostkirche. Auf dem →Patriarchenstuhl von Konstantinopel saß seit 1043 Michael Kerrularios, ein entschiedener

Feind der westlichen Kirche, der zudem die Oberhoheit über die Ostkirche anstrebte. In mehreren Predigten griff er den Glauben der Lateiner an. Kardinal Humbert, der Sekretär Leos, wies die Angriffe zurück, griff selbst die Gewohnheiten der Ostkirche an und drohte verschiedentlich mit dem Bann. Anfang 1054 kam eine päpstliche Gesandtschaft, der auch Humbert angehörte, nach Konstantinopel; der Patriarch verbot den sehr selbstbewußt auftretenden Gesandten die Feier der heiligen Messe, was diese mit der Übergabe einer von Humbert verfaßten und am 16. Juli 1054 in der Sophienkirche vor Klerus und Volk niedergelegten Bannbulle beantworteten. Inzwischen war Leo am 19. April 1054 gestorben. Ein Vermittlungsversuch des deutschen Kaisers blieb erfolglos: Kerrularios sprach seinerseits den Bann über die Lateiner aus. So kam es zu der bis heute andauernden Trennung zwischen der Ost- und der Westkirche. – Bald nach seinem Tod wurde Leo als Heiliger verehrt. Sein Todestag, der 19. April, ist der liturgische Gedenktag. Leo IX. war der bedeutendste → deutsche Papst des Mittelalters.

## Victor II. 1055–1057

Gerhard von Hirschberg, Bischof von Eichstätt, Kanzler des Kaisers Heinrich III. (→ Sachsen), ein Mann von Tugend und Redlichkeit, wurde am 13. April 1055 auf Betreiben → Hildebrands zum Papst gewählt. Die → Sedisvakanz vor seiner Wahl hatte ein ganzes Jahr gedauert. Victor regierte die Kirche ganz im Sinne seines Vorgängers ↗ Leo IX., also im Sinn der kirchlichen Erneuerung. Als er 1056 in Deutschland war, erlebte er den Tod Heinrichs III., der seinen unmündigen Sohn Heinrich IV. dem Papst zum Schutz anvertraute. Victor amtierte zunächst als Reichsverweser und sicherte dem jungen König die Nachfolge. Nach Italien zurückgekehrt, starb Victor am 28. Juli 1057 in Arezzo.

## Stephan IX. 1057–1058

Friedrich, Herzog von Lothringen, Abt von Montecassino und Kardinal, wurde vier Tage nach dem Tod ↗ Victors II. am 2. August 1057 zum Papst gewählt. Vorher war er päpstlicher Gesandter in Konstantinopel gewesen, zu der Zeit, als (1054) dort das große → Schisma ausbrach. Bei der Wahl Stephans hatte man vorher nicht mehr in Deutschland angefragt und damit das 1046 dem Kaiser Heinrich III. (→ Sachsen) gegebene feierliche Versprechen gebrochen. Erst Wochen nach der Wahl bat Stephan um die Bestätigung, die die Kaiserin-Witwe Agnes als Reichsverweserin erteilte. Während Stephan im allgemeinen den Weg der Erneuerung wie seine Vorgänger beibehielt, zeigten die Vorgänge bei seiner Wahl ein neues Stichwort, das für die nächste Zeit beherrschend wurde: der Papst bemühte sich um die Freiheit der Kirche und ihre größere Unabhängigkeit vom deutschen Kaisertum. Diesen Gedanken hatte schon Kardinal Humbert (er war Gesandter des Papstes 1054 beim → Schisma in Konstantinopel gewesen) in seinem 1057/1058 erschienenen Buch „Gegen die Simonisten" dargelegt: Die Simonie, d. h. die Vergabe kirchlicher Ämter durch Laien gegen Geld, bezeichnete er als Häresie. Der Papst starb am 29. März 1058 auf einer Reise in Florenz und wurde dort beigesetzt.

## Benedikt X. 1058–1059

Auch Johannes von Velletri war ein → Tusculaner. Mit Hilfe seiner Familie wurde er am 5. April 1058 Papst; die Reformkardinäle erkannten ihn jedoch nicht an. Auf Betreiben des Mönches → Hildebrand, des späteren ↗ Gregor VII., wählten sie ↗ Nikolaus II., der auch vom deutschen König Heinrich IV. (→ Sachsen) anerkannt wurde. Mit Waffengewalt vertrieb Nikolaus Benedikt. Auf der Synode von Sutri 1059 wurde Benedikt für abgesetzt erklärt und mit dem Bann belegt. Benedikt starb 1072 in einem Kloster.

## Nikolaus II. 1058–1061

Gerhard von Burgund, Bischof von Florenz, war vom Mönch → Hildebrand als Kandidat für den Papstthron genannt worden, während die römische Adelspartei der → Tusculaner nach dem Tod ↗ Stephans IX. den Bischof von Velletri zum Papst machte, der sich ↗ Benedikt X. nannte. Hildebrand wollte das Papsttum aus den Händen des römischen Adels befreien und außerdem die Erneuerung der Kirche vorantreiben; dafür war Gerhard von Burgund sein Kandidat. Nikolaus II. war am 6. Dezember 1058 in Siena von den Kardinälen gewählt worden; er hielt im Januar 1059 in Sutri eine Synode ab, die die Wahl Benedikts X. für ungültig erklärte. Inzwischen hatte Benedikt Rom verlassen, sodaß Nikolaus dort am 24. Januar 1059 feierlich inthronisiert werden konnte. Im Zuge der kirchlichen Erneuerung hielt Nikolaus im Jahr 1059 eine Synode im Lateran, an welcher 113 Bischöfe teilnahmen. Die Synode erließ strenge Bestimmungen gegen die → Simonie und forderte die Priester zum zölibatären Leben auf. Sie schuf auch ein Dekret zur → Papstwahl: Die Kardinalbischöfe sollten das Vorschlagsrecht haben und ihre Vorentscheidung den Kardinalpriestern und -diakonen mitteilen, die die Wahl zu vollziehen hätten. Die Aufgabe des römischen Volkes und Klerus bestand lediglich in der Zustimmung zur Wahl; ebenso sollte der deutsche König bzw. Kaiser künftig kein Vorschlagsrecht mehr haben (wie seither), sondern nur noch das Recht der Zustimmung. Damit war das Kardinalskollegium zum eigentlichen Wahlgremium geworden. – In Unteritalien wünschte Nikolaus Frieden mit den → Normannen. Er belehnte einige ihrer Fürsten mit Ländereien, worauf sie ihm den Vasalleneid leisteten. Dadurch waren jedoch die Rechte des deutschen Reiches in Italien verletzt. Das führte zum Bruch der seitherigen guten Beziehungen zum deutschen Hof. In Worms versammelte deutsche Bischöfe erklärten 1061 die Amtsführung des Papstes für ungültig und nichtig. Nikolaus starb am 19. oder 27. Juli 1061.

## Alexander II. 1061–1073

Anselmo da Baggio, Bischof von Lucca, bestieg am 1. Oktober 1061 den päpstlichen Stuhl. Der deutsche König Heinrich IV. (→ Sachsen), der die Wahl nicht anerkannte, erhob ↗ Honorius II. zum Gegenpapst, wandte sich aber schließlich Alexander zu. Der Papst starb am 21. April 1073.

## Honorius II. 1061–1072

*Gegenpapst.* In der Mitte des 11. Jahrhunderts gab es nach dem Tod ↗ Nikolaus' II. ein mehrere Jahre dauerndes Schisma: → Hildebrand hatte die Wahl ↗ Alexanders II. veranlaßt, ohne den deutschen König zu fragen; dieser anerkannte den Kandidaten der römischen Adelspartei, Bischof Cadalus von Parma, der sich Honorius II. nannte. Er war etwa 1010 geboren, wurde schon als Kind Mitglied des Domkapitels seiner Vaterstadt und bestieg 1045 den Bischofsstuhl von Parma. Seine Wahl zum Papst fand am 28. Oktober 1061 statt. Zweimal versuchte er, die Stadt Rom mit Waffengewalt einzunehmen, beide Versuche scheiterten; so wurde er nie als Papst inthronisiert. Schließlich wurde an Pfingsten 1064 Alexander II. auch vom deutschen Hof als rechtmäßiger Papst anerkannt. Honorius verlor jeden Einfluß und starb 1072.

## Gregor VII. 1073–1085

Sein ursprünglicher Name war → Hildebrand. Er ist etwa um 1020 geboren, wurde in Frankreich erzogen und ging als Mönch nach → Cluny. Er war der Berater von fünf Päpsten und nahm mehrfach an Gesandtschaften zum Hof des deutschen Kaisers teil. Vieles regte er zur Erneuerung der Kirche an. Seine Wahl am 22. April 1073 stand nicht in Übereinstimmung mit dem 1059 erlassenen → Papstwahldekret; vielmehr rief das Volk bei der Beisetzung seines Vorgängers ↗ Alexanders' II.: „Hildebrand soll Papst sein." Dabei war auf den deutschen König keine Rücksicht genommen worden. – Innerkirchlich wollte Gregor die Ordnung in der Kirche im Sinn der Reformbestrebungen herstellen; auf Fastensynoden 1074 und 1075 im Lateran bestätigte er die früher erlassenen Gesetze gegen → Simonie und → Priesterehe. Obwohl diese Entscheidungen in Deutschland und Frankreich starke Ablehnung hervorriefen, blieb Gregor bei seinen Bemühungen. Eine römische Synode 1078 entschied, daß alle Bischöfe suspendiert werden sollten, die ihren Klerikern gegen Zahlung einer Geldsumme die

Weiterführung des Konkubinates erlaubten. Auf diese Weise konnte sich allmählich, wenn auch mühsam, der Zölibat durchsetzen. Ebenso kämpfte Gregor gegen die →Laieninvestitur, die Einsetzung von Bischöfen in ihr kirchliches Amt durch weltliche Fürsten. Der Papst forderte Freiheit für die Kirche, Unabhängigkeit vom Staat und stärkere Bindung an das Papsttum. Auch das führte zu Unstimmigkeiten zwischen Gregor und den auf ihre Eigenrechte bedachten Bischöfen vor allem in Deutschland und Frankreich. – In seiner Kirchenpolitik ließ sich Gregor von den Gedanken leiten, die →Augustinus von Hippo in seinem Buch „Der Gottesstaat" niedergelegt hatte. Dazu führte der Papst in seinen Briefen aus: Christus hat dem Petrus die Binde- und Lösevollmacht übertragen. Derzufolge ist der Papst als Nachfolger Petri oberster Richter in geistlichen Dingen. Petrus ist von Christus aber auch als oberster Fürst über die irdischen Königreiche eingesetzt worden. Deshalb hat der Papst gegebenenfalls das Recht, den Kaiser abzusetzen. – Das führte folgerichtig zum Streit mit den deutschen Königen und Fürsten (die ohnehin nur ungern sahen, daß Geld aus ihren Ländern in Form von Gebühren nach Rom floß). Zunächst war von Heinrich IV. (→Investiturstreit) kein Widerstand gegen den Papst zu erwarten; er hatte auch die Unterlassung der Benachrichtigung bei der Wahl des Papstes hingenommen. 1074 sandte Gregor jedoch zwei Gesandte nach Deutschland, die dort eine Reformsynode im Sinn der kirchlichen Erneuerung durchführen sollten. Dieser Plan scheiterte am Widerstand der deutschen Bischöfe. In der Frage der Laieninvestitur blieb Heinrich unnachgiebig: In Mailand setzte er ebenso wie in anderen Bistümern neue Bischöfe ein. Gregor wies den König auf das Unkanonische seines Handelns hin und ließ ihm den Bann androhen. In der Meinung, die Stellung des Papstes sei in der ganzen Kirche angefochten, übersandten die deutschen Bischöfe im Januar 1076 einen Brief, in dem sie den Papst für abgesetzt erklärten. Nun griff auch der König in den Streit ein. Seine Kanzlei veröffentlichte einen Brief des Königs an Gregor, der mit den Worten beginnt: „Heinrich, nicht aus Anmaßung, sondern durch Gottes heilige Fügung König, an Hildebrand, nicht mehr Papst, sondern den falschen Mönch." Der Brief endete mit der Aufforderung: „Steige herab! Steige herab! Du durch Jahrhunderte zu Verdammender!". Auf der Fastensynode 1076 antwortete der Papst mit der Exkommunikation Heinrichs. Dies rief die politischen Gegner Heinrichs in Deutschland auf den Plan: In Trebur bei Mainz trafen sie sich 1076 und wollten – wenigstens einige von ihnen – eine sofortige Neuwahl. Der Abgesandte des Papstes brachte einen Kompromiß zustande: Heinrich solle dem Papst schriftlich Gehorsam und Buße versprechen, u. zw. innerhalb eines Jahres. Deshalb luden sie Gregor nach Augsburg ein, wo er den Streit mit dem König beenden sollte. Der Papst, der die Einladung annahm, brach nach Deutschland auf. Auch der König, der den Papst um Lösung von der Exkommunikation bitten wollte, machte sich auf den Weg. Unterwegs trafen sich beide in → Canossa. Drei Tage lang erschien Heinrich im Büßergewand und bat um die Lossprechung. Am 28. Januar 1077 wurde sie ihm vom Papst erteilt, der dem König auch die Eucharistie reichte. Das bedeutete eine Demütigung des Königs; sie wuchs sich aber insgesamt zur Niederlage des Papstes aus: Der König hatte sein Amt gerettet, der Papst aber die politischen Vorteile seinen geistlichen Aufgaben geopfert. – Der so errungene Friede war von kurzer Dauer: Die deutschen Fürsten wollten sich mit der Lossprechung Heinrichs nicht abfinden und erhoben seinen Schwager, Rudolf von Rheinfelden, zum Gegenkönig, worauf es zum Bürgerkrieg kam. Rudolf gewann immer mehr Anhänger; Heinrich bat den Papst um die Exkommunikation Rudolfs, andernfalls werde er einen Gegenpapst ernennen. Dieser Drohung antwortete Gregor auf einer Fastensynode im März 1080 mit erneutem Bann über Heinrich und seiner Absetzung. Die deutschen Bischöfe standen weiterhin hinter Heinrich und ernannten auf seine Anregung hin im Frühjahr 1081 Wibert von Ravenna als ↗ Clemens III. zum Gegenpapst. Heinrich zog nach Rom, konnte die Stadt aber nicht erobern. Erst 1083 nahm er die → Leostadt ein, 1084 – nach Verteilung reichlicher Bestechungsgelder – auch die übrigen Stadtteile. Jetzt gingen 15 Kardinäle zum Gegenpapst über, der auf Vorschlag Heinrichs von Klerus und Volk Roms gewählt und im Lateran inthronisiert wurde. An Ostern 1084 krönte er Heinrich zum Kaiser. Gregor hatte sich in die uneinnehmbare → Engelsburg zurückgezogen, die die deutschen Truppen belagerten. Die → Normannen eilten dem Papst zu Hilfe, sie befreiten ihn auch, verwüsteten aber die Stadt in einem seither ungekannten Ausmaß. Dadurch zogen sie sich den Haß der Römer zu – der sich auch auf Gregor übertrug. Mit nur wenigen Getreuen mußte der Papst Rom verlassen, er nahm seinen Sitz in Salerno, wo er am 25. Mai 1085 starb. Als seine letzten Worte werden überliefert: „Ich habe die Gerechtigkeit geliebt, gottloses Wesen gehaßt, deswegen sterbe ich in der Verbannung." – Gregor fand zu allen Zeiten ebenso viele Anhänger wie Gegner. Zum richtigen Verständnis seiner Persönlichkeit und seines Pontifikates muß man bedenken, daß er sein Leben und seine Aufgabe ausnahmslos unter religiösem Gesichtspunkt sah. Er fühlte sich als Prophet und handelte auch so. Auch in Zeiten schwerster Bedrängnisse war er nicht zu Kompromissen bereit. Von seiner Pflicht überzeugt, folgte er allein seinem Gewissen. – In all diesen Auseinandersetzungen ging es zutiefst nicht um Einzelfragen, sondern darum, wer Führer des Abendlandes sein solle, die Kirche oder der Staat. Gemäß dem höheren Wert, der dem Religiösen zukomme, erhob das Papsttum den Führungsanspruch. In seiner Zeit hat ihm die Geschichte Recht gegeben: Schon wenige Jahre nach Gregor war der Papst der Führer des gegen den Islam kämpfenden Europa. – Von besonderer Bedeutung war auch Gregors Kampf für die Einheit der Kirche: Die deutsche Kirche, die nun von der starken Bindung der Bischöfe an den König befreit war, lebte nicht mehr in der Gefahr, zu einer national gerichteten „Reichskirche" zu werden, die sich neben der Weltkirche ein Sonderleben gestatten konnte. Auch der Gedanke des Universal- →Primates war durch Gregor – lange vor seiner dogmatischen Festlegung 1870 – tief ins Bewußtsein der Völker eingedrungen. – Unter Gregor VII. hat die Kirche den Höhepunkt ihrer Macht im Abendland und ihren stärksten Impuls zur innerkirchlichen Erneuerung erlebt. „Gregor war manchmal ein schlechter Politiker (weil er öfters das Unmögliche wollte), aber er war ein wirklicher Heiliger" (J. Lortz). ↗ Paul V. sprach Gregor 1606 heilig, die Kirche begeht seinen Todestag (den 25. Mai) als seinen Gedenktag in der Liturgie.

## Clemens III. 1080–1100

*Gegenpapst.* Sein ursprünglicher Name war Wibert von Ravenna. Er war um 1025 in Parma geboren. Im →Investiturstreit stand er auf der Seite der deutschen Kaiser und überwarf sich deshalb mit ↗ Gregor VII. Auf Anregung Kaiser Heinrichs IV. (→Sachsen) wurde er am 25. Juni 1080 auf einer Synode in Brixen zum Gegenpapst gewählt. 1084 wurde seine Wahl in Rom wiederholt, jetzt stimmten auch mehrere Kardinäle für ihn. An Ostern 1084 krönte er Heinrich zum Kaiser. Nach dem Tod ↗ Gregors VII. (1085) gewann Clemens auch innerhalb Italiens an Einfluß. Auf einer römischen Synode verurteilte er die →Simonie. 1098 mußte er in die Lombardei flüchten. Er starb am 8. September 1100.

## Victor III. 1086–1087

Nach dem Tod ↗ Gregors VII. im Mai 1085 war die Lage in Rom schwierig: hier regierte noch der Gegenpapst ↗ Clemens III. Ein ganzes Jahr verhandelte man über einen neuen Papst. Alle von Gregor auf seinem Sterbebett benannten Kandidaten wurden abgelehnt. So gelang es erst am 24. Mai 1086, den Abt Desiderius von Montecassino zum Papst zu wählen: Victor III. Er war zwar in Rom gewählt worden, mußte die Stadt aber wegen eines von den →Normannen angezettelten Aufstandes schon nach vier Tagen verlassen und kehrte in seine Abtei zurück. Erst im Mai 1087 wurde er in St. Peter in Rom inthronisiert. Sein kurzes Pontifikat war überschattet vom Kampf gegen den Gegenpapst, der auf einer Synode von Benevent mit dem Bann belegt wurde. Victor starb am 16. September 1087 und wurde in Montecassino beigesetzt.

## Urban II. 1088–1099

In den politischen Wirren der Zeit dauerte es ein halbes Jahr, bis Odo, Kardinalbischof von Ostia, am 12. März 1088 gewählt werden konnte. Er nannte sich Urban II. Vor seiner Wahl war er Mönch und Prior in → Cluny gewesen. Zur Zeit seiner Wahl regierte noch der Gegenpapst ↗ Clemens III. Da die Stadt Rom zur Zeit seiner Wahl in der Hand des Gegenpapstes war, mußte er zunächst auf der Tiberinsel residieren; Clemens hatte auch die Mehrheit der Kardinäle auf seiner Seite. Er hielt 1089 in der Peterskirche eine Synode, auf welcher Urban gebannt wurde. 1090 konnte Urban die Stadt Rom einnehmen und feierlichen Einzug halten. Jedoch wurde die Übermacht des Kaisers Heinrich IV. (→ Sachsen) immer deutlicher. So mußte Urban Rom verlassen und sich zum → Normannenherzog flüchten. 1093 fiel der Sohn Heinrichs, Konrad, von seinem Vater ab und wurde vom Erzbischof von Mailand zum König von Italien gekrönt. Ebenfalls im Jahr 1093 konnte Urban nach Rom zurückkehren. 1094 reiste er nach Frankreich. Auf einer Synode in Piacenza 1095 wurde der Bann über den Gegenpapst erneuert. Schon 1089 hatte sich Urban gegen die Laieninvestitur ausgesprochen (→ Investiturstreit). Er wirkte ganz im Geist seines großen Vorgängers ↗ Gregor VII. (1073–1085). Deshalb wiederholte man auf einer Synode in Clermont 1095 die Entscheidungen dieses Papstes; man verbot überdies den Bischöfen und Klerikern, dem König oder anderen Laien einen Treueid zu leisten. Auf dieser Synode erklärte man zum ersten Mal den → „Gottesfrieden" (Treuga dei): Friedensbrecher sollten auch mit geistlichen Strafen belegt werden. Besondere Bedeutung erhielt diese Synode durch den Aufruf zum → Kreuzzug: Die Bitte des Papstes, die heiligen Stätten von der Herrschaft der Türken zu befreien, fand außerordentlichen Widerhall. „Gott will es", das wurde zum Schlachtruf der Kreuzfahrer. Allen, die sich in Clermont zur Teilnahme am Kreuzzug meldeten, heftete der Papst ein weißes Kreuz auf die rechte Schulter; der Kreuzzug sollte Heerzug und Wallfahrt in einem sein. Allen wurde ein vollkommener Ablaß gewährt, alle sollten unter dem Schutz des „Gottesfrieden" stehen. Den Erfolg des Kreuzzugs, die Einnahme der Stadt Jerusalem, hatte Urban nicht mehr erfahren: er war zwei Wochen vorher gestorben, am 29. Juli 1099. Urban konnte zwar keinen Frieden im → Investiturstreit erreichen; durch die Kreuzzugsidee erschien jedoch der Papst (und nicht mehr der Kaiser) als der oberste Herr der gesamten Christenheit.

## Paschalis II. 1099–1118

Der → Cluniacensermönch und Kardinal Rainer wurde am 13. August 1099 zum Papst gewählt; am folgenden Tag wurde er geweiht. Als erste Aufgabe sah er die Lösung des Problems der Gegenpäpste an: der Gegenpapst ↗ Clemens III. war im September 1100 gestorben, er erhielt jedoch in ↗ Theoderich (1100–1102) und ↗ Albert (1102) Nachfolger. Sie wurden von Paschalis bzw. seinen Anhängern bald ins Kloster verbannt. Auch der ihnen nachfolgende Gegenpapst ↗ Silvester IV. (1105) mußte wenige Tage nach seiner Erhebung sein Amt niederlegen. Er floh aus Rom, verzichtete jedoch erst 1111 endgültig auf seinen Anspruch. – Das zweite ungeklärte Problem dieses Pontifikates war die Laieninvestitur. Heinrich IV. (→ Sachsen) hielt unbeirrt an seinem Recht auf Investitur fest; dadurch entbrannte der → Investiturstreit erst in seiner vollen Schärfe. Auf der Fastensynode 1102 erneuerte Paschalis das Verbot der Laieninvestitur und exkommunizierte den Kaiser, der sich daraufhin auf einem Reichstag in Mainz zur Wiedergutmachung aller entstandenen Schäden bereiterklärte. Außerdem kündigte er einen Zug nach Jerusalem an, sobald der Friede zwischen ihm und dem Papst wiederhergestellt sei. 1105 änderte sich die Situation: Heinrich V., ein Sohn Heinrichs IV., erhob sich gegen seinen Vater; beide, Vater und Sohn, wandten sich an den Papst und baten um Hilfe. Der Papst wandte sich dem Sohn zu unter der Bedingung, daß er gerecht regiere und den Frieden mit der Kirche nicht störe. Heinrich V. hielt aber an der Linie seines Vaters hinsichtlich der Laieninvestitur fest (er hatte seinen Vater 1105 zur Abdankung gezwungen, dieser starb im August 1106 in Lüttich). Paschalis, der eigentlich nach Deutschland hatte reisen wollen, um den Frieden mit dem König herzustellen, änderte unterwegs seine Pläne: Er ging nach Frankreich, wo er von König Philipp I. freundlich aufgenommen wurde. Weitere Verhandlungen der Deutschen lehnte der Papst ab, da sie die Laieninvestitur festgeschrieben hätten. Schließlich führten neue Verhandlungen zu einer gewissen Annäherung: Heinrich V. wollte zum Kaiser gekrönt werden, deshalb unterzeichnete er im Februar 1111 einen Geheimvertrag, dessen Text vor der Krönung bekanntgegeben werden sollte. Während der Krönungszeremonien im Februar 1111 verlas Paschalis den Text; sofort erhoben die deutschen Bischöfe Protest; sie wollten nicht auf ihre Stellung als Reichsfürsten verzichten, wie es im Vertrag vorgesehen war. Auf die Zurückweisung dieses Protestes durch Paschalis folgte die Verhaftung des Papstes und der Kardinäle durch Heinrich. Nach elftägiger Gefangenschaft gab der Papst nach, um ein größeres → Schisma zu verhindern. Im April 1111 wurde Heinrich dann zum Kaiser gekrönt. Jedoch erhob sich jetzt in Frankreich und Italien Widerspruch gegen das Nachgeben des Papstes: Der Kaiser habe zu viel gefordert, der Papst zu viel gewährt. Der Papst anerkannte, daß er Unrecht getan habe, und legte, da man ihn der Häresie verdächtigte, ein Glaubensbekenntnis ab; zudem bestätigte er die früheren Entscheidungen der Päpste (vor allem ↗ Gregors VII.) gegen die Laieninvestitur. Auf einer Synode in Vienne im September 1112 verhängten die Synodalen über Heinrich den Bann. Im Frühjahr 1117 mußte Paschalis infolge eines Aufruhrs aus Rom fliehen. Die römischen Behörden riefen Heinrich zu Hilfe; er kam und ließ sich durch den Erzbischof von Braga an Ostern – wie an Hochfesten üblich – im feierlichen Gottesdienst die Krone aufsetzen. Paschalis übermittelte dem Kaiser durch Kardinäle eine Botschaft, in welcher er den Verzicht auf die Laieninvestitur forderte, was Heinrich jedoch ablehnte. Anfang 1118 konnte Paschalis wieder nach Rom zurückkehren, obwohl die Peterskirche noch von seinen Gegnern besetzt war. Paschalis starb am 21. Januar 1118.

## Theoderich 1100–1102

*Gegenpapst.* Im Jahre 1100 wurde er als Nachfolger des Gegenpapstes ↗ Clemens III. von der Partei des deutschen Kaisers im → Investiturstreit aufgestellt und konnte sich zwei Jahre lang halten, bis er von ↗ Paschalis II. gefangengenommen wurde und in der Gefangenschaft starb.

## Albert 1102

*Gegenpapst.* Albertus von Silvia Candida war zur Zeit des → Investiturstreites gegen ↗ Paschalis II. aufgestellt worden. Er übte sein Amt nur von Februar bis März 1102 aus.

## Silvester IV. 1105–1111

*Gegenpapst.* ↗ Clemens III. war im September 1100 gestorben. Er erhielt sofort Nachfolger: ↗ Theoderich (1100–1102) und ↗ Albert (1102); sie waren – wie Clemens – Gegenpäpste. Vom rechtmäßigen Papst ↗ Paschalis II. wurden sie bald ins Kloster verbannt. Aber auch sie erhielten am 18. November 1105 einen Nachfolger: Maginulf, der sich Silvester IV. nannte und schon wenige Tag nach seiner Erhebung sein Amt niederlegen und nach heftigen Straßenkämpfen aus Rom fliehen mußte. Jedoch verzichtete er erst 1111 endgültig auf seinen Anspruch.

## Gelasius II. 1118–1119

Sein ursprünglicher Name war Johannes von Gaeta. Er war Mönch in Montecassino und als Kardinal langjähriger Leiter der päpstlichen Kanzlei. Nach dem Tod seines Vorgängers ↗ Paschalis II. wurde aus Angst vor dem Druck der deutschen Kaiser (→ Sachsen) der neue Papst heimlich gewählt, ein Mann in hohem Alter. Sofort nach seiner Wahl nahmen ihn Angehörige des römischen Adels aus uns unbekannten Gründen gefangen, bald jedoch wurde er vom Volk befreit, so daß jetzt seine Inthronisation erfolgen konnte. Kaiser Heinrich V. (→ Sachsen), der nach Rom kam, ließ die Wahl des Gelasius für ungültig erklären und setzte als Gegenpapst ↗ Gregor VIII. ein. Der Papst flüchtete 1118 vor dem Kaiser nach Gaeta, wo er am 10. März die Priester- und Bischofsweihe empfing. Als Heinrich Rom wieder verlassen hatte, konnte der Papst dorthin zurückkehren. Er hatte zuvor über den Kaiser und den Gegenpapst den Bann ausgesprochen. Wenige Tage nach seiner Rückkehr nach Rom wurde er von den Angehörigen eines römischen Adelsgeschlechtes während der heiligen Messe überfallen; er konnte fliehen und begab sich über Pisa, wo er den Dom weihte, nach Frankreich. Dort starb er am 29. Januar 1119 in → Cluny, wo er auch beerdigt wurde.

## Gregor VIII. 1118–1121

*Gegenpapst.* Mauritius, Erzbischof von Braga in Spanien, wurde auf Wunsch des deutschen Königs Heinrich V. (→ Sachsen) am 8. März 1118 gewählt. Oberitalien, England und Deutschland standen auf seiner Seite. Heinrich V. ließ ihn jedoch im Januar 1119 fallen. ↗ Calixtus II. bannte ihn im April 1121. Er wurde für abgesetzt erklärt und nun mit Schimpf und Schande überhäuft: Rücklings auf einem Esel sitzend führte man ihn im Triumph von Sutri nach Rom, wo er gefangengesetzt wurde. Die letzte Nachricht über ihn stammt aus dem Jahr 1137.

## Calixtus II. 1119–1124

Nach dem Tod ↗ Gelasius' II., der auf der Flucht vor römischen Adelsgeschlechtern nach Frankreich gekommen und dort gestorben war, wählten die Kardinäle, die ihn begleitet hatten, sofort Guido von Burgund, den Erzbischof von Vienne, zum Papst (am 2. Februar 1119). Im → Investiturstreit stand er gegen den deutschen Kaiser Heinrich V. (→ Sachsen), schloß aber schließlich das → Wormser Konkordat, das den Streit beendete. Calixtus starb am 13. Dezember 1124 in Rom.

## Honorius II. 1124–1130

Lamberto dei Fagnani wurde 1117 Kardinalbischof von Ostia. Nach dem Verzicht ↗ Coelestins II. wurde er am 15. Dezember 1124 vom Volk auf den Papstthron erhoben; nach wenigen Tagen wurde er in ordnungsgemäßer Wahl gewählt. Bei den Verhandlungen zum → Wormser Konkordat erwarb sich Honorius als päpstlicher Gesandter große Verdienste. Die Regierungszeit des Papstes war von starken Spannungen mit den → Normannen bestimmt. Deren König Roger II. hatte Süditalien, das eigentlich päpstliches Gebiet war, widerrechtlich besetzt. Der Papst brachte Verbündete auf, um sein Eigentum wiederzugewinnen; an deren Uneinigkeit scheiterte jedoch der militärische Erfolg: Im Vertrag von Benevent mußte der Papst Roger mit Apulien belehnen (1128), was eine völlige Niederlage des Papstes bedeutete. – Innerkirchlich gelang Honorius eine Einigung mit → Ravenna, wo man seither am Gegenpapst ↗ Gregor VIII. festgehalten hatte. Honorius bestätigte 1126 den Orden der → Prämonstratenser. Er starb am 13. Februar 1130 in Rom.

## Coelestin II. 1124

*Gegenpapst.* Zur Beendigung eines fast dreijährigen → Schismas war ↗ Calixtus II. im Jahr 1119 gewählt worden. Nach dessen Tod wählte eine Minderheit der Kardinäle den Kardinalpriester Theobald am 15. Dezember 1124 zum Papst, der sich Coelestin II. nannte. Er wurde von einer Bande Bewaffneter überfallen und am 16. Dezember 1124 zur Amtsniederlegung gezwungen. Daraufhin wurde Coelestin als Gegenpapst gezählt.

## Innocenz II. 1130–1143

In einer – kirchlich wie politisch – unruhigen Zeit regierte Innocenz II., ein gebürtiger Römer, der Gregor von Papareschi hieß. Sofort nach dem Tod ↗ Honorius' II. wurde er durch den deutschen Kanzler und dessen Partei zum Papst erhoben (14. Februar 1130). Wenige Stunden später wählte die Mehrheit der Kardinäle Petrus Pierleone zum Papst, der sich ↗ Anaklet II. nannte. Innerhalb von wenigen Stunden waren also zwei Päpste gewählt worden – ein → Schisma, das lange Jahre andauerte. Entscheidend war die Haltung der gesamten Christenheit gegenüber den beiden Päpsten. Innocenz fand persönlich und auch in seinem Papstanspruch Aufnahme in Frankreich, vor allem bei → Bernhard von Clairvaux, der sich auf einer Synode mit großer Entschiedenheit für Innocenz einsetzte. Auch spanische Bischöfe und der englische König anerkannten – auf Einsatz des Bernhard von Clairvaux hin – Innocenz. Schwierig war die Stellung des deutschen Königs Lothar III. (→ Sachsen). Anaklet hatte sich an ihn gewandt, aber auch Innocenz hatte ihm seine Wahl angezeigt. Auf einer Synode, die diese Frage entscheiden sollte, sprach sich die Mehrheit für Innocenz aus; Erzbischof Norbert von Magdeburg, ein Freund Bernhards, hatte sich für ihn stark gemacht. Bei einem persönlichen Treffen zwischen Innocenz und Lothar wurde ein Romzug des Königs vereinbart. Jedoch war die Lage in Italien sehr schwierig geworden: Dort hatte nämlich Anaklet seine Stellung gefestigt, außerdem konnte er sich auf die Hilfe der → Normannen und ihres Königs Roger II. stützen. Als sich dann ein deutsches Reichsheer in Marsch setzte und Roger in seinem Herrschaftsbereich Schwierigkeiten hatte, nahm Anaklet Verbindung mit Lothar auf. Seine Bereitschaft, die Entscheidung über die Doppelwahl einem Gericht zu überlassen (dessen Schiedsspruch er sich beugen wollte), scheiterte am Widerspruch Innocenz': Die ganze Christenheit habe zu seinen Gunsten gesprochen, jetzt könne kein Gericht mehr angerufen werden. Zusammen mit Innocenz zog Lothar in Rom ein, jedoch blieb die → Leostadt mit der → Engelsburg und St. Peter in der Hand Anaklets. Am 4. Juni 1133 wurde Lothar zusammen mit seiner Frau Richenza in der Lateranbasilika durch Innocenz zum Kaiser gekrönt. Als Lothar bald danach nach Deutschland zurückkehrte, konnte sich Innocenz nicht mehr in Rom halten und ging nach Pisa; Anaklet blieb unangefochten im Besitz Roms. Nach dem Tod Anaklets II. wurde ein neuer Gegenpapst gewählt: ↗ Victor IV., der sich jedoch bald Innocenz unterwarf. Von da an konnte Innocenz im Lateran residieren; Bernhard von Clairvaux, der dem Papst in all diesen Jahren treu zur Seite gestanden hatte, kehrte in sein Kloster zurück. – Auf dem 11. Allgemeinen → Konzil 1139 im Lateran sollte dieses → Schisma beendet werden: Über Anaklet wurde der Bann ausgesprochen, ebenso über Roger II. (→ Normannen). Innocenz wollte diesen auch politisch ausschalten. An der Spitze eines Heeres zog er gegen Roger, wurde jedoch entscheidend geschlagen und gefangengenommen. In dem wenige Tage später geschlossenen Frieden mußte er die Forderungen Rogers anerkennen. Weitere Aufregungen gab es in der Stadt Rom: Die Bürgerschaft hatte das Kapitol besetzt und einen Senat gewählt, um die eigenen Reformideen durchsetzen zu können. Mitten in diesen Auseinandersetzungen starb Innocenz am 24. September 1143.

## Anaklet II. 1130–1138

*Gegenpapst.* Sein eigentlicher Name war Petrus Pierleone; er entstammte einer ursprünglich jüdischen Familie in Rom und war Mönch von → Cluny. Nach dem Tod ↗ Honorius' II. wählte eine Minderheit im Kardinalskollegium in größter Eile ↗ Innocenz II., die Mehrheit wählte Pierleone am 14. Februar 1130. Während Innocenz nach Frankreich floh, konnte sich Anaklet II. in Rom behaupten. Die Christenheit war gespalten, weil man nicht wußte, wer der rechtmäßige Papst sei. Das → Papstwahldekret von 1059 hatte sich nicht durchsetzen können. Die Mehrheit hatte Anaklet in der üblichen Form, eine Minderheit völlig formlos Innocenz gewählt. Beide bemühten sich um ihre Anerkennung: → Bernhard von Clairvaux trat für Innocenz ein, der deutsche König Lothar III. (→ Sachsen) für Anaklet. Deshalb wird in manchen Papstlisten Anaklet als Gegenpapst, in anderen als rechtmäßiger Papst gezählt. Anaklet erhielt zwar nach seinem Tod noch einen Nachfolger: ↗ Victor IV., doch war mit dem Tod Anaklets am 25. Januar 1138 das → Schisma praktisch beendet.

## Victor IV. 1138

*Gegenpapst.* Gregorio Conti war der Nachfolger des Gegenpapstes ↗ Anaklet II. Er wurde im März 1138 Papst, unterwarf sich jedoch am 29. Mai 1138 auf Anraten des → Bernhard von Clairvaux dem rechtmäßigen Papst ↗ Innocenz II.

## Coelestin II. 1143–1144

Am 26. September 1143 wurde er zum Papst gewählt: Guido di Castello. Er starb jedoch schon nach einem halben Jahr am 8. März 1144.

## Lucius II. 1144–1145

Sein ursprünglicher Name war Gherardo de' Caccianemici. Unter ↗Innocenz II. war er mehrmals als Legat des Papstes in Deutschland gewesen. Vor seiner Wahl zum Papst (am 12. März 1144) war er Kanzler und Bibliothekar der römischen Kirche. Lucius bemühte sich um Frieden mit den →Normannen, scheiterte jedoch am Widerstand der Kardinäle. Trotzdem konnte ein sieben Jahre dauernder Waffenstillstand erreicht werden. – Schwierig war die Lage des Papstes in der Stadt Rom: Dort hatte →Arnold von Brescia den Aufstand gegen die Herrschaft des Papstes verkündigt und demokratische Ideen unter das Volk gebracht. Die römischen Adelsgeschlechter, die sich seither auch immer gegen den Papst gestellt hatten, unterstützten ihn jetzt gegen diese republikanischen Ideen. Der Papst wandte sich hilfesuchend an den deutschen König Konrad III. (→Staufer). Bevor dieser jedoch antworten konnte, fand der Papst bei den Kämpfen um das Kapitol am 15. Februar 1145 durch einen Steinwurf den Tod.

## Eugen III. 1145–1153

Bernhard Aganelli de Montemagno, Abt des römischen Zisterzienserklosters, Schüler des heiligen →Bernhard von Clairvaux, wurde am 15. Februar 1145 Papst, nachdem sein Vorgänger ↗Lucius II. im Kampf gegen das rebellische Volk Roms gefallen war. Eugen hatte sofort nach seiner Wahl →Arnold von Brescia gegen sich, deshalb mußte er Rom verlassen und wurde außerhalb der Stadt geweiht. Im Dezember 1145 kam es zum Frieden: Die Römer anerkannten die Oberhoheit des Papstes über ihre Stadt, an deren Spitze wieder der päpstliche Stadtpräfekt stand. Eugen konnte nach Rom zurückkehren, mußte es aber im Frühjahr 1147 wieder verlassen und begab sich nach Frankreich, wo er für den von ihm 1145 ausgerufenen und durch →Bernhard von Clairvaux verkündeten →Kreuzzug wirkte. Der Mißerfolg des Kreuzzugs brachte Empörung gegen Eugen und gegen Bernhard von Clairvaux hervor. Eugen setzte sich – gemäß den Vorstellungen Bernhards – sehr für die Reform der Kirche ein; dazu unternahm er von Frankreich aus mehrere Reisen, u. a. auch nach Trier. Unter dem Schutz des Kaisers Friedrich I. Barbarossa (→Staufer) konnte Eugen 1152 nach Rom zurückkehren. Im Vertrag von →Konstanz 1153 versprach Barbarossa, die Ordnung im →Kirchenstaat wiederherzustellen; zum Dank wollte ihn der Papst zum Kaiser krönen. Eugen starb jedoch, noch bevor der Kaiser nach Rom gekommen war, am 8. Juli 1153. Eugen wurde von ↗ Pius IX. 1872 seliggesprochen.

## Anastasius IV. 1153–1154

Konrad, Kardinalbischof von Sabina, wurde am 12. Juli 1153 Papst. Bei seiner Wahl war er schon hochbetagt und regierte nur 18 Monate bis zu seinem Tod am 3. Dezember 1154.

## Hadrian IV. 1154–1159

Der einzige Engländer auf dem Papstthron, Nikolaus Breakspeare. Um 1115 geboren, kam er als junger Mann nach Frankreich und wurde Abt in einem Kloster der Augustiner-Chorherren nahe bei Avignon. Papst ↗ Eugen III. nahm ihn mit nach Rom und machte ihn zum Kardinalbischof von Ostia. Am 4. Dezember 1154 wurde er Papst. In Rom suchte er die Ordnung wiederherzustellen, nachdem → Arnold von Brescia dort Unruhe gestiftet hatte. Als in Rom ein Kardinal überfallen wurde, verhängte Hadrian über die Stadt das → Interdikt. Am 18. Juni 1155 krönte der Papst Friedrich I. Barbarossa (→ Staufer) zum Kaiser; beide mußten jedoch wegen eines Aufstandes die Stadt verlassen. Danach geriet Arnold von Brescia in die Hände des Kaisers, der ihn dem Papst übergab. Dieser ließ ihn als Ketzer verurteilen und auf dem Scheiterhaufen verbrennen. Die Ideen Arnolds über die Armut lebten in den Bewegungen der → Waldenser und der → Katharer weiter. Am Ende der Regierungszeit Hadrians kam es zum Streit mit Friedrich Barbarossa, der Mailand eroberte und im dortigen Gebiet des Kirchenstaates kaiserliche Hoheitsrechte ausübte. Noch bevor Hadrian den Kaiser bannte, starb er am 1. September 1159 in Anagni. Nach dem Tod Hadrians kam es zu einem → Schisma, das fast 20 Jahre dauerte: mehrere Päpste – mehrere Gegenpäpste.

## Alexander III. 1159–1181

Roland Bandinelli aus Siena war seit 1153 Kardinal und seit 1156 Kanzler der römischen Kirche. Nach dem Tod ↗ Hadrians IV. konnten sich die Kardinäle nicht einigen: Die dem Kaiser Friedrich I. Barbarossa (→ Staufer) feindlich gesinnte Mehrheit wählte Bandinelli (am 7. September 1159) zum Papst: Alexander III.; die kaiserfreundliche Partei wählte am gleichen Tag als Gegenpapst ↗ Victor IV., der bis 1164 im Amt war und in ↗ Paschalis III., ↗ Calixtus III. und ↗ Innocenz III. Nachfolger fand, so daß das → Schisma bis 1180 dauerte. Alexander III. konnte sein Amt nur unter großen Schwierigkeiten antreten, da es bei der gleichzeitigen Erhebung des Gegenpapstes in der Peterskirche in Rom zu einem Handgemenge kam. Erst nach 1176 ließ Friedrich I. Barbarossa den Gegenpapst fallen. –

Alexander III. berief 1179 das 11. Allgemeine → Konzil in den Lateran ein, das bestimmte, für die → Papstwahl sei künftig eine Zweidrittelmehrheit erforderlich. Außerdem verurteilte das Konzil die Lehre der → Waldenser, → Albigenser und → Katharer. In das Pontifikat Alexanders fällt die Heiligsprechung des englischen Märtyrers Thomas Becket (1173), der 1170 auf Befehl des englischen Königs in seiner Kathedrale ermordet worden war. Alexander III., der zu den bedeutendsten Päpsten des Mittelalters gehört, starb am 30. August 1181.

## Victor IV. 1159–1164

*Gegenpapst.* Obwohl es bereits 1138 einen Gegenpapst Victor IV. gegeben hatte, wird er in der Papstliste auch unter diesem Namen geführt. Er wurde gegen ↗ Alexander III. aufgestellt und konnte sich vom 7. September 1159 bis 20. April 1164 halten. Bei seiner Wahl hatten Deutschland, Burgund und Oberitalien für ihn gestimmt. Victor bannte Alexander, Alexander bannte Victor. Im Herbst 1160 stimmten die Könige von Frankreich und England wie Bischöfe und Mönche Westeuropas für Alexander. Die Einstellung der Klöster war unterschiedlich: → Cluny stimmte für Victor, die → Zisterzienser stimmten für Alexander. Auch der Tod Victors am 20. April 1164 brachte keine Lösung der Frage: Sofort nach seinem Tod ließ Friedrich I. Barbarossa (→ Staufer) ↗ Paschalis III. als neuen Gegenpapst wählen.

## Paschalis III. 1164–1168

*Gegenpapst.* Sofort nach dem Tod des Gegenpapstes ↗ Victor IV. ließ Kaiser Friedrich I. Barbarossa (→ Staufer) durch seinen Kanzler Rainald von Dassel Guido von Crema zum neuen Gegenpapst wählen (am 22. April 1164). Obwohl dieser unter den früheren Anhängern Victors IV. wie auch unter den deutschen Bischöfen nur wenige Anhänger fand, hatte er die Unterstützung des Kaisers, der zusammen mit seiner Frau Beatrix zum zweiten Mal zum Kaiser gekrönt wurde. Paschalis, der auf Drängen Barbarossas die Heiligsprechung Karls des Großen (→ Karolinger) vorgenommen hatte (1165), starb am 20. September 1168.

## Calixtus III. 1168–1178

*Gegenpapst.* Johannes, Abt von Sturmi, war am 20. November 1168 gegen ↗ Alexander III. gewählt worden. Als 1178 Kaiser Friedrich I. Barbarossa (→ Staufer) seinen Schützling fallen ließ, unterwarf sich Calixtus dem Papst Alexander (am 29. August 1178).

## Innocenz III. 1179–1180

*Gegenpapst*; ursprünglicher Name Lando von Sezzo. Er ließ sich am 29. September 1179 als Nachfolger ↗ Victors IV. und ↗ Calixtus' III. zum Papst wählen. Bald nach der Wahl, im Januar 1180, geriet er in die Hände ↗ Alexanders III., der ihn auf Lebenszeit in ein Kloster verbannte.

## Lucius III. 1181–1185

Ubald Allucingoli, ein Zisterziensermönch, war seit 1141 Kardinal und seit 1159 Kardinalbischof von Ostia. Er wurde am 1. September 1181 zum Papst gewählt, konnte wegen der durch → Arnold von Brescia hervorgerufenen Unruhen nicht in St. Peter gekrönt werden; man wich nach Velletri aus. Dorthin zog sich der Papst auch endgültig zurück und betrat Rom nie mehr. Unter diesen Umständen suchte der Papst eine Einigung mit Kaiser Friedrich I. Barbarossa (→ Staufer), die 1184 in Verona auch zustande kam. Bei dieser Gelegenheit wurde ein neuer → Kreuzzug beschlossen. Während der Verhandlungen in Verona hatte sich der Sohn Barbarossas in Deutschland mit der Tochter des → Normannenkönigs Roger verlobt (die Heirat fand am 26. Januar 1186 statt). Diese Verbindung der Deutschen mit den Normannen ließ die Gefahr einer Umklammerung des → Kirchenstaates sichtbar werden (sie hätte evtl. zu seiner Eroberung führen können). Lucius sah diese Gefahr weniger als seine Kardinäle. Lucius starb am 25. November 1185 während der Vorbereitungen zum Kreuzzug in Verona, wo er auch begraben liegt.

## Urban III. 1185–1187

Humbert Crivelli, Erzbischof von Mailand, wurde am 25. November 1185 in Cremona zum Papst gewählt. Er behielt auch als Papst das Erzbistum Mailand bei. Wegen der in Rom herrschenden Unruhen hat er während seiner ganzen Regierungszeit die Stadt nie betreten. Er zählte zu den Gegnern Friedrichs I. Barbarossa (→ Staufer) und setzte alles daran, die Hohenstaufen aus Italien zu verdrängen. Friedrich war an der Kaiserkrönung seines Sohnes Heinrich VI. interessiert; der Papst lehnte ab, da es nicht gleichzeitig zwei Kaiser geben könne. Aus Anlaß einer Bischofsernennung für Trier kam es zum Bruch zwischen Papst und Kaiser: Der Papst weihte seinen Kandidaten gegen den Willen Heinrichs VI. zum Bischof. Daraufhin rückte Heinrich gegen den → Kirchenstaat vor und eroberte ihn (auf Befehl seines Vaters) fast ganz. Auch die deutschen Bischöfe stellten sich auf die Seite des Kaisers. So suchte der Papst um Frieden nach, der – durch päpstliche Legaten vermittelt – auch zustande kam. Bevor er die Nachricht davon erhielt, war Urban am 20. Oktober 1187 in Ferrara gestorben.

## Gregor VIII. 1187

Albertus de Morra war um 1100 geboren. Unter ↗ Alexander III. wurde er mit wichtigen Gesandtschaften (z. B. nach England) betraut, seit 1178 Kanzler der römischen Kirche, am 21. Oktober 1187 Papst. Sein Pontifikat dauerte nur zwei Monate. Den → Kreuzzugsgedanken belebte er, da Jerusalem am 2. Oktober 1187 gefallen war. Da er von den Römern abgelehnt wurde, konnte er nicht in der Stadt residieren. Er lebte in Pisa, wo er am 17. Dezember 1187 starb.

## Clemens III. 1187–1191

Paul Scolari, seit 1179 Kardinalbischof von Palestrina, wurde am 19. Dezember 1187 Papst, von den Kardinälen als Mann des Ausgleichs zwischen Kaiser und Kirche gewählt. Nach jahrzehntelangen Unruhen konnte er als erster Papst wieder in Ruhe in Rom residieren und regieren; der Kampf mit den römischen Adelsgeschlechtern und dem römischen Senat war beigelegt. Clemens war sehr um die Durchführung des dritten → Kreuzzugs bemüht, erlebte dessen Fehlschlag jedoch nicht mehr. Er starb am 30. März 1191. – In der Liturgie hat Clemens die Erhebung der Hostie und des Kelches bei der heiligen Wandlung angeordnet.

## Coelestin III. 1191–1198

Giacinto Boboni-Orsini wurde um 1100 geboren und war bei der Übernahme des päpstlichen Amtes am 30. März 1191 bereits 85 Jahre alt. Am Tag nach seiner Bischofsweihe krönte der Papst Heinrich VI. (→ Staufer) zum Kaiser, jedoch verschlechterte sich das Verhältnis beider, da Heinrich Teile des → Kirchenstaates für sich in Anspruch nahm. Auf einem → Kreuzzug hatte Heinrich VI. anfänglich Erfolg, sein Tod 1197 brachte das Ende des Kreuzzugs. Wenige Monate später, am 8. Januar 1198 starb Coelestin. Während der letzten Monate seiner Amtszeit hatte er wegen seines Alters mehrmals den Wunsch auf Amtsniederlegung ausgesprochen, die Kardinäle stimmten dem aber nicht zu. – Die innerkirchliche Bedeutung des Papstes liegt darin, daß er die päpstliche Kurie zum Mittelpunkt aller rechtlichen Entscheidungen machte und dadurch für die Arbeit seiner Nachfolger gute Voraussetzungen schuf.

## Innocenz III. 1198–1216

Lothar, Graf von Segni, um 1160 geboren, wird als einer der bedeutendsten Päpste der Kirchengeschichte bezeichnet. Er wurde 1190 Kardinaldiakon, ein Mann von umfassender theologischer Bildung, von hervorragender Kenntnis des Kirchenrechtes und klarer Einsicht in das Mögliche. Von der

Göttlichkeit der Berufung zum Papstamt war er zutiefst durchdrungen. Er nannte sich „Knecht Gottes" und „Stellvertreter Christi", dem die Fülle der Gewalt übertragen ist. – Im Alter von erst 38 Jahren wurde er am 8. Januar 1198 Papst, sah sich jedoch schon zu Beginn seiner Amtszeit vor einige Aufgaben gestellt, die schließlich seine gesamten Regierungsjahre beherrschten: Der Tod des deutschen Kaisers Heinrich VI. (→ Staufer) 1197 führte zu einer Doppelwahl. Von einigen wurde Philipp von Schwaben gewählt, von anderen Otto von Braunschweig. Es kam zum Bürgerkrieg, nach welchem sich beide Kandidaten um die Anerkennung durch den Papst bemühten. In einem Brief wies Innocenz darauf hin, daß die Entscheidung grundsätzlich ihm zustehe, da die Päpste das Kaisertum vom Morgen- auf das Abendland übertragen und die Kaiser gekrönt hätten. Am 1. März 1201 entschied sich der Papst für Otto, während sich die deutschen Fürsten nun mehrheitlich für Philipp entschieden. Als dieser 1208 ermordet wurde, gewann Otto wieder Anhänger. Schließlich wurde er 1208 durch eine allgemeine Wahl zum deutschen König bestimmt und im Oktober 1209 als Otto IV. in Rom zum Kaiser gekrönt. Otto hielt jedoch seine bei der Wahl gegebenen Versprechen (Schutz des Papstes) nicht ein, eroberte 1210 Teile des → Kirchenstaates und wurde deshalb von Innocenz gebannt. Auf Anregung des Papstes wählten die deutschen Fürsten im September 1211 in Nürnberg Friedrich II. zum deutschen König und bestätigten die Wahl im Dezember 1212 in Frankfurt; er wurde in Mainz am 9. Dezember 1212 zum König gekrönt. Als Dank an den Papst erließ Friedrich am 12. Juli 1213 die → Goldene Bulle von Eger, die alle Versprechen Ottos II. erneuerte; die Goldene Bulle wurde auch von den deutschen Fürsten anerkannt. Damit war der Kirchenstaat in seiner zu dieser Zeit bestehenden Form reichsrechtlich anerkannt. 1215 wurde Friedrich noch einmal in Aachen (dem eigentlichen Krönungsort der Könige) gekrönt. – Auch in England mußte der Papst Streit schlichten: Auf Betreiben des Königs war es dort zu einer ungültigen Wahl bei der Besetzung des Bischofsstuhles von Canterbury gekommen; da der König den Einspruch des Papstes zurückwies, wurde über das Land das → Interdikt verhängt und der König gebannt. Schließlich mußte der König mit dem Papst Frieden schließen und im Juli 1215 in der Magna charta (libertatum) den englischen Baronen eine Reihe von Zugeständnissen machen – diese Magna charta wurde zur Grundlage der freiheitlichen Verfassung Englands. – Die Anerkennung des von → Franziskus von Assisi gegründeten Ordens durch den Papst (1210) war von großer Bedeutung: Die Armutsbewegung des Franziskus fand damit in der Kirche Eingang (im Gegensatz zu anderen Bewegungen, die die Armut durch Zwang erreichen wollten – → Albigenser, → Waldenser). Die Ordensangehörigen erhielten auch das Recht, als Wanderprediger tätig zu werden. – Am Ende der Regierungszeit des Papstes stand das 12. Allgemeine → Konzil von 1215, das auch „IV. Laterankonzil" genannt wird. Mit über 1200 Teilnehmern war es die größte Kirchenversammlung im Mittelalter. Alle Bischöfe waren zur Teilnahme verpflichtet. Der Papst wollte durch das Konzil die allgemeine Kirchenreform vorantreiben, den Glauben und die Sitten stärken sowie den Frieden sichern. Im Blick auf Deutschland bestätigte das Konzil die Wahl Friedrichs und ließ Otto fallen. Die Aussagen der Kirche über die heiligen Sakramente wurden erneut festgelegt, die Wichtigkeit der Glaubensverkündigung und der Seelsorge als Aufgabe der Bischöfe bestimmt, ebenso die Pflicht der Gläubigen, in der österlichen Zeit Beichte und Kommunion zu empfangen, ausgesprochen. In der Folgezeit bemühte sich Innocenz sehr um die tatsächliche Durchführung der Konzilsbeschlüsse. – Wenig Erfolg hatte der Papst dagegen mit seinem Plan zu einem neuen →Kreuzzug. Schon in seinen ersten Regierungsjahren war eine Flotte von Venedig nach Konstantinopel gesegelt, hatte die Stadt eingenommen und die Errichtung eines lateinischen Kaisertums und Patriarchates ermöglicht. Jedoch lehnte die →Ostkirche eine Wiedervereinigung mit der Kirche des Westens ab; außerdem vertiefte die Plünderung der Stadt durch die westlichen Truppen den Haß gegen Rom, so daß sich die Beziehungen eher verschlechterten. Das Konzil hatte als Beginn des neuen (des fünften) Kreuzzuges 1217 festgelegt. Einem Heer, das in diesem Jahr tatsächlich auszog, waren keine Erfolge beschieden. Frankreich rüstete zum Krieg gegen England, so fielen diese beiden Länder aus, und die deutschen Truppen waren allein zu schwach. Bevor dies alles aber verwirklicht werden konnte, starb Innocenz III. am 16. Juli 1216 in Perugia, wo er zur Beilegung von Zwistigkeiten wegen des Kreuzzuges weilte. – Man hat Innocenz bei der Beurteilung seiner Persönlichkeit allerlei vorgeworfen: kalte Menschenverachtung, ehrgeiziges Streben nach Macht, Terror in der Ausübung dieser Macht. Andere Historiker stellen fest, daß Innocenz das Papsttum wieder zu seiner Höhe geführt habe, wodurch es der führende Ordnungsfaktor in der abendländischen Christenheit wurde. In seinem Pontifikat fielen Entscheidungen von ungewöhnlicher Bedeutung. Erst unter seinen Nachfolgern kam es zum Kampf um das Bestehen der von Innocenz vertretenen Auffassung. Jedenfalls erreichte das Papsttum in ihm einen Höhepunkt im Ablauf des Mittelalters.

## Honorius III. 1216–1227

Cencio Savelli, geboren um 1150, bestieg am 18. Juli 1216 den päpstlichen Stuhl. Sofort nach seiner Wahl forderte er den deutschen Kaiser Friedrich II. (→Staufer), dessen Erzieher er einst gewesen war, zu dem →Kreuzzug auf, der vom →Konzil im Lateran 1215 beschlossen worden war. Friedrich schob die Erfüllung seines Versprechens immer wieder hinaus; kriegerische Auseinandersetzungen zwischen England und Frankreich versagten den Kreuzzugsbemühungen den Erfolg; kleinere Unternehmungen blieben ebenfalls erfolglos. Honorius bestätigte die Orden der → Franziskaner, → Dominikaner und Karmeliten. Er starb am 18. März 1227.

## Gregor IX. 1227–1241

Hugo Graf von Segni, um 1170 geboren, ein Neffe ↗ Innocenz' III., seit 1206 Kardinalbischof von Ostia, wurde am 19. März 1227 Papst. Er war eine starke Persönlichkeit und ein bewußter Kämpfer für die Rechte der Kirche. Eine enge Freundschaft verband ihn mit → Franz von Assisi, auf dessen Wunsch er zum Kardinalprotektor des Franziskanerordens bestellt worden war. Er hat auch die Regeln für den weiblichen Zweig des Ordens, die Klarissen, und für den Dritten Orden erstellt. Zwei Jahre nach dessen Tod sprach er Franz von Assisi 1228 heilig, ebenso 1232 Antonius von Padua und 1236 die Landgräfin Elisabeth von Thüringen, das erste deutsche Mitglied des Dritten Ordens. Ebenso wandte Gregor seine Sorge dem damals entstandenen Orden der Dominikaner zu; 1234 sprach er den Ordensgründer, → Dominikus, heilig. – Innerkirchlich beauftragte der Papst 1230 Raimund von Pennaforte mit der Schaffung einer einheitlichen Gesetzessammlung, die als Hauptstück des kirchlichen Rechts bis 1918 in Geltung blieb. – Das Hauptthema seines Pontifikates war die Auseinandersetzung mit dem → Stauferkaiser Friedrich II. Nach der Wahl Gregors hatte sich der Kaiser erneut zu einem → Kreuzzug bereiterklärt, der 1227 auch begann. Der Kaiser mußte jedoch wegen Krankheit nach Deutschland zurückkehren, während das Heer weiterzog. Aufgrund einer einseitigen Information war der Papst der Meinung, der Kaiser habe diese Krankheit nur vorgetäuscht, um sich seiner Verpflichtung zu entledigen. Deshalb sprach er über ihn den Bann aus. Wegen eines Aufruhrs der kaiserlichen Partei in Rom mußte Gregor nach Perugia ausweichen. Die erneute Ausfahrt zum Kreuzzug am 20. Juni 1228 brachte Friedrich den erwünschten Erfolg: Mit dem Sultan wurde 1229 ein Vertrag geschlossen, demzufolge die heiligen Stätten (mit Ausnahme der Omar-Moschee) den Christen gehören sollten, ebenso Nazareth und Bethlehem. Ferner sollten die Pilgerstraßen nach Jerusalem von feindlicher Belästigung frei bleiben. Der Vertrag hatte eine Geltungsdauer von 10 1/2 Jahren. Am 17. März 1229 zog Friedrich feierlich in Jerusalem ein und erklärte sich zum Frieden mit dem Papst bereit. Da er jedoch noch im Bann war, belegte der Patriarch von Jerusalem die heiligen Stätten mit dem → Interdikt. – In Italien kam es zu kriegerischen Verwicklungen, da Friedrich nicht auf seine süditalienischen Besitzungen verzichten wollte. Die nun folgenden Verhandlungen zwischen Kaiser und Papst waren von gegenseitigem Mißtrauen überschattet. Trotzdem versprach Friedrich die Anerkennung der kirchlichen Forderungen hinsichtlich Siziliens und wurde 1230 vom Bann gelöst. Ein neuer Kampf zwischen Gregor und Friedrich begann neun Jahre später, als der Papst befürchtete, der Kaiser wolle die Herrschaft in Rom übernehmen. 1239 wurde der Kaiser deshalb erneut gebannt, worauf er den → Kirchenstaat besetzte und Rom einzunehmen drohte. Eine deswegen von Gregor nach Rom einberufene Synode (1241) konnte nicht zusammentreten, da Friedrich die auswärtigen Teilnehmer an ihrer Reise hinderte. Der Zug des Kaisers nach Rom wurde durch den Tod Gregors am 22. August 1241 beendet.

## Coelestin IV. 1241

Nach dem Tod ↗ Gregors IX. am 21. August 1241 bestand das Kardinalskollegium nur noch aus 12 Mitgliedern, von denen Friedrich II. (→ Staufer) zwei gefangenhielt. Es kam zum ersten → Konklave der Geschichte: die Kardinäle wurden im Palatin eingeschlossen, um sie zu einer schnelleren Wahl zu bewegen – vergeblich. Erst nach mehrwöchiger → Sedisvakanz, am 25. Oktober 1241 wurde der Kardinalbischof von Sabina, Gaufrid Castiglione, ein Neffe ↗ Urbans III. gewählt, der sich Coelestin IV. nannte. Er starb jedoch schon 17 Tage nach seiner Wahl, am 10. November 1241, noch vor Empfang der Bischofsweihe.

## Innocenz IV. 1243–1254

Nach dem Tod ↗ Coelestins IV. verhinderten die Gegensätze zwischen zwei Parteien im Kardinalskollegium (die den → Staufern freundliche und die ihnen feindliche) eine baldige Wahl. Erst nach zweijähriger → Sedisvakanz wurde in Anagni der Nachfolger gewählt. Die einstimmige Wahl fiel auf Sinibald Fieschi, der sich Innocenz IV. nannte (25. Juni 1243). Kaiser Friedrich II. (→ Staufer) begrüßte die Wahl, mußte aber bald feststellen, daß sich Innocenz um die Freiheit der Kirche und ihre Unabhängigkeit vom Staat bemühte. – Seine vordringliche Aufgabe sah er in der Herstellung des Friedens mit Friedrich. 1244 war die Unterzeichnung eines Friedensvertrages geplant: Der Kaiser sollte vom Bann, den ↗ Gregor IX. über ihn verhängt hatte, gelöst werden, er sollte die noch gefangenen Kleriker freigeben und sich aus dem → Kirchenstaat zurückziehen. Infolge gegenseitigen Mißtrauens kam es zu keiner Unterschriftsleistung. Der Papst wollte deshalb die noch von seinem Vorgänger ↗ Gregor IX. einberufene, aber am Widerstand des Kaisers gescheiterte Synode halten, um seinen Konflikt mit Friedrich darzulegen. Innocenz begab sich über Genua nach Lyon, von wo aus er die Kirche bis zum Tod Friedrichs leitete. – Das im Dezember 1244 angekündigte 13. Allgemeine → Konzil wurde in Lyon am 24. Juni 1245 eröffnet. Es war nur von etwa 150 Bischöfen besucht; aus Deutschland waren nur wenige gekommen, dagegen aus Spanien, England und Frankreich zahlreiche. Die weltlichen Fürsten waren nur schwach vertreten. In der ersten Sitzung legte der Papst die Lage der Kirche dar: die Not des Heiligen Landes (1244 war Jerusalem wieder in die Hand der Moslems gefallen, die Grabeskirche war verwüstet und zerstört worden, das Königreich Jerusalem hatte zu bestehen aufgehört), das → Schisma mit der → Ostkirche, die Verfolgung der Kirche durch den Kaiser und den Zerfall von Glaube und Sitte bei Klerus und Volk. In der dritten Sitzung wurde Friedrich II., gegen den in der zweiten Sitzung heftige Anklagen erhoben worden waren, für abgesetzt erklärt: Der Kaiser wurde aller Ehren und Würden entkleidet, seine Untertanen wurden vom Treueid entbunden und diejenigen, die den Kaiser unterstützten, mit dem Bann bedroht. Dies bedeutete den entscheidenden Kampf zwischen Papst und Kaiser. Der Papst versuchte, alle Kräfte in Deutschland, Italien und Sizilien zur Abkehr vom Kaiser zu bewegen. Eine Verständigung zwischen beiden Seiten war ausgeschlossen. Einige deutsche Fürsten erhoben Heinrich Raspe, den Landgrafen von Thüringen, 1246 zum König. Jedoch starb Friedrich, bevor die Entscheidung fiel, am 13. Dezember 1250 in Apulien. – Der Papst kehrte nach Rom zurück, wollte jedoch unter keinen Umständen nochmals einen → Staufer als deutschen König anerkennen. Deshalb war auch das Bemühen Konrads IV., der ein Sohn und der Nachfolger Friedrichs war, um Anerkennung durch den Papst erfolglos. Jedoch starb Konrad bereits am 21. Mai 1254. Für den erst zweijährigen Sohn Konrads führte Konrads Halbbruder Manfred die Regentschaft. Da Manfred die päpstliche Oberhoheit in Sizilien anerkannte, kam es zu einer Einigung mit dem Papst. Bald jedoch erhob sich Manfred gegen den Papst, dessen Heer vernichtend geschlagen wurde. – Innocenz veranlaßte König Ludwig IX. den Heiligen von Frankreich zu einem erfolglosen → Kreuzzug (1248). Innocenz starb am 7. Dezember 1254 in Neapel.

## Alexander IV. 1254–1261

Rainald Graf von Segni, seit 1231 Kardinalbischof von Ostia, ein Neffe ↗ Gregors IX. und ein Verwandter ↗ Innocenz' III., wurde am 12. Dezember 1254 zum Papst gewählt. Da er sehr unselbständig und nachgiebig war, gingen große Teile des → Kirchenstaates an die → Staufer verloren. Wegen der Kämpfe zwischen den römischen Adelsfamilien residierte er meist in Anagni und Viterbo, wo er am 25. Mai 1261 starb.

## Urban IV. 1261–1264

Jacques Pantaléon aus Troyes, seit 1255 → Patriarch von Jerusalem, wurde in Viterbo nach dreimonatigem → Konklave, bei welchem nur acht Kardinäle anwesend waren, am 29. August 1261 zum Papst gewählt. Auch Urban IV. hat (wie ↗ Urban III.) Rom nie betreten und zuerst in Viterbo, dann in Ovieto residiert. – Besondere Wichtigkeit erhielt das Pontifikat durch die Lösung der Frage der → Ostkirche: Bald nach seiner Erhebung rief der Papst zur Hilfe für das bedrohte lateinische Kaiserreich im Osten auf. Jetzt bot der Kaiser von → Byzanz, Michael VIII., dem Papst → Unionsverhandlungen an; er anerkannte den Jurisdiktionsprimat des Papstes, bekannte sich zum Glauben des → Konzils von Nicaea und nahm die Siebenzahl der Sakramente an. Auf einem Konzil sollten die noch offenen Fragen besprochen werden; die Union schien gelungen – da starb Urban am 2. Oktober 1264 zu Perugia. – Urban hatte das Königreich Sizilien sowie Neapel dem französischen König Ludwig IX. dem Heiligen angeboten; dieser lehnte ab, da er fremdes Eigentum nicht annehmen könne. Der Bruder Ludwigs jedoch, Karl von Anjou, griff zu; der Papst schloß am 15. August 1264 den Vertrag mit Karl über die Übergabe Siziliens. – Innerkirchlich ist Urban durch die Einführung des Fronleichnamsfestes (1264) hervorgetreten; → Thomas von Aquin beauftragte er mit der Schaffung der Festliturgie.

## Clemens IV. 1265–1268

Nach dem Tod ↗ Urbans IV. dauerte es vier Monate bis zur Wahl des Nachfolgers. Man einigte sich auf einen Kompromißkandidaten: Guido Fulcodi, der aus der Provence stammte, erst nach dem Tod seiner Frau Kleriker, 1257 Bischof von Le Puy, 1259 Erzbischof von Narbonne und 1261 Kardinal geworden war. Am 5. Feburar 1265 wurde er in Perugia zum Papst gewählt. Wie sein Vorgänger arbeitete er mit Frankreich (also gegen die Deutschen) zusammen. Der junge Konradin, der letzte → Staufer, wurde von Karl von Anjou gefangengenommen und hingerichtet. Am Hof des Papstes lebte → Thomas von Aquin zwei Jahre lang. Clemens sprach Hedwig von Schlesien heilig. Am 29. November 1268 starb der Papst in Viterbo (er hatte als Papst Rom nie gesehen). Nach seinem Tod gab es eine fast dreijährige → Sedisvakanz.

## Gregor X. 1271–1276

Nach dem Tod ↗ Clemens' IV. 1268 dauerte die → Sedisvakanz drei Jahre. Im Kardinalskollegium gab es zwei Parteien: Die eine war für die Franzosen, die andere für die Deutschen eingenommen. So konnte man sich nicht entscheiden. Schließlich einigte man sich auf einen Kompromißkandidaten: Teobaldo Visconti, Archidiakon in Lüttich. Um 1210 geboren, befand er sich zur Zeit seiner Wahl aufgrund eines Gelübdes im Heiligen Land. So wurde er zwar am 1. September 1271 gewählt, aber erst am 27. November 1271 in Rom inthronisiert. Am 13. April 1273 berief Gregor X. ein Allgemeines → Konzil ein, das wieder (wie das vorhergehende) in Lyon tagen sollte. Als Verhandlungsgegenstände nannte er die Reform der Kirche, die Union mit den Griechen und die Hilfe für das Heilige Land. – Inzwischen hatte der griechische Kaiser Michael VIII. Paläologus ein erneutes Unionsangebot an den Papst gerichtet. Deshalb sollte er auch zum Konzil eingeladen werden. Am 7. Mai 1274 wurde das Konzil in Lyon eröffnet, das als das 14. Allgemeine Konzil, das zweite in Lyon, gezählt wird. Fast 300 Bischöfe und Theologen nahmen daran teil, seit Juni auch eine griechische Gesandtschaft. Kaiser Michael erneuerte seine Bereitschaft zur Anerkennung des → Primates von Rom und zur Annahme des Glaubensbekenntnisses, das das → Konzil von Nicaea veröffentlicht hatte. Am 29. Juni wurden deshalb beim Gottesdienst Lesung und Evangelium in lateinischer und griechischer Sprache verkündigt. Am 6. Juli 1274 gab Gregor den Abschluß der Einigung (→ Union) bekannt. Damit war das seit 1054 bestehende → Schisma beendet. Allerdings hatte diese Union keinen Bestand: Klerus und Volk Griechenlands widersetzten sich der Einigung. Mit der genannten Union hing für den Papst ein weiteres Anliegen zusammen, die Befreiung des Heiligen Landes. In Lyon wurde ein weiterer → Kreuzzug beschlossen. – Das dritte Thema des Konzils, die Reform der Kirche, konnte aus Zeitmangel nicht mehr ausführlich behandelt werden. Trotzdem wurden einige Dekrete erlassen, u. a. eines über die → Papstwahl: Demzufolge sollten die in Rom anwesenden Kardinäle nach dem Tod des Papstes nicht länger als 10 Tage auf die auswärtigen Kardinäle warten. Für die Wahl selbst sollten sie einen abgeschlossenen Raum (→ Konklave) beziehen und darin bis zum Vollzug der Wahl eingeschlossen bleiben. Jeder Verkehr mit der Außenwelt war verboten. Bei länger andauernden Wahlgängen sollten die Lebensbedingungen der Kardinäle im Konklave kärglicher werden und sie sollten ihre Einkünfte verlieren. Die beim Konzil anwesenden Kardinäle wehrten sich zwar gegen diese Bestimmungen, jedoch wurden sie von den Konzilsvätern unverändert angenommen. Im Grunde gelten diese Bestimmungen noch heute bei der Papstwahl. – Nach Beendigung des Konzils bemühte sich Gregor vor allem um die Durchführung des → Kreuzzuges. Fast alle bedeutenden Fürsten des Abendlandes sagten ihre Teilnahme zu, auch der griechische Kaiser wollte teilnehmen, wenn der Friede mit dem Westen gesichert sei. In Deutschland herrschte damals ein → Interregnum: Es gab längere Zeit hindurch keinen König/Kaiser. Die Durchführung des Kreuzzuges hatte die Beendigung dieses Zustandes zur Voraussetzung. Im Sommer 1273 richtete der Papst deshalb einen Appell an die deutschen Kurfürsten: Sie sollten bald eine gültige Wahl treffen, andernfalls werde er einen deutschen König bestimmen. Der Mainzer Erzbischof rief daraufhin die Wähler nach Frankfurt, wo sie am 1. Oktober 1273 fast einstimmig Rudolf von Habsburg wählten, der in Aachen zum deutschen König gekrönt wurde. Am 26. September 1274 bestätigte Gregor die Wahl Rudolfs. Als Termin für die Kaiserkrönung wurde zunächst der 23. Mai, dann der 1. November 1275 festgesetzt. Auf dem Weg nach Rom erklärte Rudolf seine Bereitschaft, alle in den vergangenen Zeiten den Päpsten gegebenen Zusicherungen zu halten. Ein neuer Termin für die Kaiserkrönung wurde festgelegt: Der 2. Februar 1276, worauf der Kaiser und seine Ritter das Kreuz als Zeichen ihrer Bereitschaft zum Kreuzzug anlegten. Bevor die Kaiserkrönung jedoch stattfinden konnte, starb Gregor am 10. Januar 1276 in Arezzo. Gregor wurde 1713 von ↗ Clemens XI. seliggesprochen, sein liturgischer Gedenktag ist der 10. Januar, sein Todestag.

## Innocenz V. 1276

Am ersten Tag des → Konklaves, am 21. Januar 1276, wurde der Nachfolger ↗ Gregors X. gewählt. Petrus von Tarantasia, in Savoyen geboren, trat in jungen Jahren in den → Dominikanerorden ein (er ist der erste Papst, der aus diesem Orden hervorging), wirkte als Lehrer an der Pariser Universität und als Ordensprovinzial in Frankreich. 1222 war er Erzbischof von Lyon geworden, ein Jahr später Kardinalbischof von Ostia. Berühmt waren seine wissenschaftlichen Veröffentlichungen. Innocenz starb schon ein halbes Jahr später, am 22. Juni 1276 nach einem frommen und sittenstrengen Leben.

## Hadrian V. 1276

Am 11. Juli 1276 ging Kardinal Ottobono Fieschi als Hadrian V. aus dem → Konklave als Papst hervor. Er war ein Neffe ↗ Innocenz' IV. und wurde im Greisenalter Papst. Ganz in der Hand des Königs Karl von Anjou suspendierte er sofort nach seiner Wahl das → Papstwahldekret ↗ Gregors X. Anschließend siedelte er nach Viterbo über, wo er aber bereits am 18. August 1276 starb; hier wurde er auch beigesetzt. Er starb, noch bevor er die Priester- und Bischofsweihe empfangen hatte und inthronisiert worden war.

## Johannes XXI. 1276–1277

Einen Papst mit dem Namen Johannes XX. gibt es nicht: Man hatte in den Papstlisten irrtümlich vor ↗ Johannes XV. einen weiteren Papst dieses Namens eingeschaltet. Als man den Irrtum bemerkte, beließ man den Päpsten des 11. und 12. Jahrhunderts ihre Bezeichnung. Johannes XXI. und seine Nachfolger nahmen jedoch die richtige Zählung an.
Die Kardinäle traten erst vier Wochen nach dem Tod ↗ Hadrians V. zum → Konklave zusammen, da die → Papstwahlordnung suspendiert war. Man wählte den Kardinalbischof von Tusculum Petrus Juliani, der sich Johannes XXI. nannte. Die Wahl war Mitte September 1276. Der Papst war um 1210 in Lissabon geboren und ist der einzige Portugiese auf dem Papstthron. Er war ein hervorragender Philosoph und Theologe; von 1242

bis 1252 hatte er in Siena Medizin doziert. 1273 wurde er Erzbischof von Braga und Kardinal. Neben philosophischen sind auch mehrere medizinische Schriften von ihm erhalten. Die Verhandlungen zur →Union mit den Griechen gelangten unter seinem Pontifikat zu einem gewissen Abschluß: Auf einer vom →Patriarchen von Konstantinopel einberufenen Synode bekannte sich – in Gegenwart einer päpstlichen Delegation – Kaiser Michael VIII. zusammen mit seinem Sohn eidlich zum römischen Primat und zum römisch-katholischen Glaubensbekenntnis; jedoch wurde die Beibehaltung der seitherigen griechischen Riten gefordert (1277). Als die griechische Gesandtschaft die Glaubensbekenntnisse in Rom übergeben wollte, war Johannes XXI. schon gestorben: Am 20. Mai 1277 war er in Viterbo, wo er auch residierte, den Verletzungen erlegen, die er sich beim Einsturz eines Anbaus des Papstpalastes zugezogen hatte.

## Nikolaus III. 1277–1280

Es dauerte nach dem Tod ↗ Johannes' XXI. ein halbes Jahr, bis das →Konklave zu einer Entscheidung kommen konnte: Giovanni Gaetano Orsinis Wahl war zunächst am Widerspruch des Karl von Anjou gescheitert; als dieser seinen Widerstand aufgab, konnte die Wahl am 25. November 1277 in Viterbo erfolgen: Nikolaus III. Er suchte die Freiheit und Unabhängigkeit der Kirche gegenüber Karl von Anjou durchzusetzen, was ihm schließlich auch gelang. – Innerkirchlich förderte er den →Franziskaner- und den →Dominikanerorden, die er erneut zur Einhaltung der Evangelischen Räte verpflichtete. Der Papst ließ in Rom im →Lateran die Capella Sancta Sanctorum erbauen und die Vatikanischen Gärten anlegen; außerdem restaurierte er den →Lateran und die →Peterskirche. Er starb am 22. August 1280.

## Martin IV. 1281–1285

Er wurde am 22. Februar 1281 nach einem stürmisch verlaufenen →Konklave in Viterbo gewählt. Eigentlich hätte er sich Martin II. nennen müssen. Da aber in den Papstkatalogen Marinus I. und Marinus II. als Martin II. und Martin III. geführt wurden, wählte er den Namen Martin IV. Simon de Brion stammte aus der Nähe von Angers, war seit 1260 Großsiegelbewahrer und Kanzler des französischen Königs Ludwig IX. 1261 wurde er Kardinal und war mehrere Jahre päpstlicher Legat am französischen Hof. Während seines Pontifikates blieb er ein willenloses Werkzeug in der Hand der französischen Könige. Da die Römer dem Papst den Zutritt zur Stadt verwehrten, mußte er in Orvieto gekrönt werden. Die Pläne für eine →Union mit der →Ostkirche gab Martin IV. auf, ja, er bannte im Herbst 1281 Kaiser Michael VIII. als Förderer der Häresie und des Schismas. Damit war die Einigung mit der griechischen Kirche, die der Kaiser sehr gefördert hatte, in weite Ferne gerückt. Am 28. März 1285 starb Martin IV., der nie in Rom, sondern immer in Orvieto residiert hatte, in Perugia.

## Honorius IV. 1285–1287

Giacomo Savelli, ein Großneffe ↗ Honorius' III., wurde am 2. April 1285 in Perugia zum Papst gewählt. Er war um 1210 in Rom geboren und seit 1261 Kardinal. Als er Papst wurde, war er 75 Jahre alt und fast ganz gelähmt. Man lud ihn ein, die Inthronisation in Rom vornehmen zu lassen. Sie erfolgte am 20. Mai 1285 und der Papst konnte unbehindert in Rom residieren. Er starb am 3. April 1287.

## Nikolaus IV. 1288–1292

Der Kampf um die Besetzung des päpstlichen Stuhles nach dem Tod ↗ Honorius' IV. 1287 dauerte fast 11 Monate, da man sich auf keinen Kandidaten einigen konnte. Als mehrere Kardinäle starben und einige schwer erkrankten, löste sich das → Konklave auf. Erst am 22. Februar 1288 wurde der Kardinalbischof von Palestrina, Girolamo Masei von Ascoli gewählt: Nikolaus IV. Er war Mitglied des Franziskanerordens und der erste Papst aus diesem Orden. 1272 war er zum Ordensprovizial in Dalmatien gewählt, später zum Legaten des Papstes in → Byzanz ernannt worden. 1274 wurde er Ordensgeneral, 1278 Kardinal, 1281 Bischof von Palestrina. Er war ein bescheidener und friedfertiger Mann. Wegen Auseinandersetzungen zwischen den römischen Adelsgeschlechtern gab es in der Stadt Unruhen, die den Papst zum Verlassen der Stadt nötigten. Während seines Pontifikates gingen die letzten Besitzungen der Christen in Palästina und Syrien verloren: 1289 wurde Tripolis vom Sultan erobert, am 28. Mai 1291 fiel Akkon; auch ein → Kreuzzugsaufruf des Papstes blieb erfolglos. So war das Heilige Land für die Christen verloren. – Man hat Nikolaus den großen Missionspapst genannt: In seinem Auftrag missionierten vor allem die Franziskaner in Albanien, Serbien, Bosnien und Armenien. Ein Franziskaner kam mit Briefen des Papstes bis nach China, wo er so erfolgreich missionierte, daß der Papst ihn zum Erzbischof der Hauptstadt Peking ernannte. – Der Papst war auch um die Pflege der Kunst besorgt. Nikolaus IV. starb am 4. April 1292 und wurde in der Kirche St. Maria Maggiore beigesetzt, wo er eine neue, mosaikgeschmückte Apsis geschaffen hatte.

## Coelestin V. 1294

Pietro del Murrone war Benediktiner, lebte als Eremit und gründete eine Einsiedlergemeinschaft, die später dem Benediktinerorden eingegliedert wurde. Er war schon über 80 Jahre alt, als er in Perugia am 5. Juli 1294 nach zweijähriger → Sedisvakanz zum Papst gewählt wurde. Nur unter größten

Bedenken fand er sich bereit, das Amt zu übernehmen. Am 29. August wurde er in Aquila gekrönt. Er war ein Mann von sehr tiefer Frömmigkeit, aber unerfahren in der Leitung der Kirche. So geriet er völlig in die Abhängigkeit von König Karl II. von Anjou, der ihn daran hinderte, die Residenz nach Rom zu verlegen (wie die Kardinäle es wünschten), und der ihn auch bewog, die strenge Ordnung zur → Papstwahl, die ↗ Gregor X. erlassen hatte, wieder in Kraft zu setzen. Als der Papst dann endlich nach Rom übersiedeln wollte, bestimmte ihn Karl von Anjou, stattdessen nach Neapel zu gehen. Aufgrund der Schwierigkeiten und Mißerfolge in den seitherigen Monaten seines Pontifikates und im Blick auf sein eigenes Seelenheil dachte er an einen Rücktritt vom Amt. Nach Rücksprache mit den Kardinälen, die einen solchen Schritt für rechtmäßig hielten, erließ er am 10. Dezember 1294 eine Bulle über seine Abdankung und verlas am 13. Dezember die Abdankungsformel. Bei der Abdankung hat wohl ↗ Bonifaz VIII. ratgebend mitgewirkt. Dieser, sein Nachfolger, mißachtete den Wunsch Coelestins, in seine Einsiedlerzelle zurückzukehren. Auf Betreiben Bonifaz', der ein → Schisma fürchtete (man hatte die Rechtmäßigkeit des Rücktritts überall lebhaft diskutiert), wurde Coelestin gefangengenommen und blieb bis zu seinem Tod am 19. Mai 1296 in Haft. ↗ Clemens V. sprach ihn 1313 heilig.

## Bonifaz VIII. 1294–1303

Benedikt Gaetani, um 1230 in Anagni geboren, trat schon früh in den päpstlichen Dienst. 1281 wurde er Kardinaldiakon, 1291 empfing er die Priesterweihe und wurde Kardinalpriester. Seinen Vorgänger, ↗ Coelestin V., hatte er zur Abdankung überredet. So wurde er am 24. Dezember 1294 zum Papst gewählt. Klugheit, Wille zur Macht und Entschlußfreudigkeit bestimmten seine Persönlichkeit; sein Pontifikat leitete einen Wendepunkt in der Geschichte des Papsttums ein. Im Streit mit dem französischen König Philipp dem Schönen zeigte sich seine Auffassung vom Klerus: In einer Bulle „Clericis laicos" erklärte er die Laien als Feinde des Klerus. Im Jahr 1302 erließ er die berühmte Bulle „Unam sanctam", in welcher er das Amt des Papstes über alle weltliche Macht stellte. Die Kirche habe nur ein Haupt, Christus, und seinen Stellvertreter. Beide Schwerter, das weltliche und das geistliche, seien in der Gewalt der Kirche. Die geistliche Gewalt habe die weltliche einzusetzen und sie gegebenenfalls zu richten. Nur dieses Verhältnis der beiden Gewalten entspreche der göttlichen Anordnung. Der Schlußsatz der Bulle betont feierlich den päpstlichen Primat und erklärt, es sei für jeden Menschen zum Heil notwendig, dem römischen Bischof untertan zu sein. (→ Zwei-Gewalten-Lehre). Um seine Macht deutlich darzustellen, verkündete Bonifaz 1300 das erste → Jubel- oder Heilige Jahr. Die aus Anhängern des zurückgetretenen Papstes Coelestin V. bestehende Oppositionspartei der Kardinäle, die der römischen Familie →Colonna entstammten, ließ den Papst 1303 in Anagni gefangennehmen. Er wurde zwar nach drei Tagen durch die Bürger der Stadt wieder befreit und konnte nach Rom zurückkehren, starb jedoch am 11. Oktober 1303 in Rom; sein Grab ist in den Vatikanischen Grotten. – Kirchenpolitisch verlor das Papsttum seit Bonifaz VIII. immer mehr an Einfluß und Ansehen. Die Bulle „Unam sanctam" vertritt zwar Gedanken, wie sie früher schon ↗ Gregor VII. und ↗ Innocenz III. ausgesprochen hatten; es zeigen sich in ihr auch Anklänge an Gedanken des →Thomas von Aquin und des →Bernhard von Clairvaux. Aber der Machtanspruch des Papstes endete mit einem großen Mißerfolg, der in den folgenden Pontifikaten noch deutlicher sichtbar wurde. – Innerkirchlich war das Jubiläumsjahr 1300 ein großer Erfolg: Der vom Papst verkündete Jubiläumsablaß zog große Scharen von Pilgern nach Rom. Ebenso sind innerkirchlich in seinem Pontifikat die Ordnung der Kurie, die Regelung des Verhältnisses zwischen Welt- und Ordensklerus sowie eine Ergänzung der Dekretalen-Sammlung ↗ Gregors IX. von Bedeutung. – Nach seinem Tod versuchte man häufig und heftig, gegen Bonifaz den Vorwurf der Häresie zu erheben; jedoch blieben alle Ankläger die Beweise schuldig. Das Urteil über diesen Papst ist bei den Historikern zwiespältig.

## Benedikt XI. 1303–1304

Nikolaus Boccasini, 1240 in Treviso geboren, seit 1296 Ordensgeneral der Dominikaner, 1298 Kardinal und seit 1300 Kardinalbischof von Ostia, wurde am 22. Oktober 1303 von den Kardinälen einstimmig zum Papst gewählt. Doch schon zu Beginn des Jahres 1304 verließ der Papst Rom, da das römische Adelsgeschlecht der →Colonna Unruhen verursacht hatte, und ging nach Perugia. Bereits nach achtmonatiger Regierungszeit starb der Papst am 7. Juli 1304. Er versuchte, die Wunden zu heilen, die sein Vorgänger ↗ Bonifaz VIII. der Kirche geschlagen hatte. Benedikt XI. wurde 1736 seliggesprochen.

## Clemens V. 1305–1314

Die Wahl nach dem Tod ↗ Benedikts XI. gestaltete sich schwierig: Es gab im Kardinalskollegium eine frankreich- und eine italienfreundliche Partei (die letztere rekrutierte sich aus Anhängern ↗ Bonifaz' VIII.). Außerdem durften die beiden Kardinäle aus der Familie der →Colonna, die Bonifaz abgesetzt hatte, am Konklave nicht teilnehmen. So dauerte das →Konklave elf Monate. Dann gelang es der frankreichfreundlichen Partei, ihren Kandidaten durchzubringen: den Erzbischof von Bordeaux, Bertrand de Got, der nicht Kardinal war. Mit Zweidrittelmehrheit wurde er am 5. Juni 1305 gewählt: Clemens V. Diese Wahl hatte für die Kirche schwerste

Folgen: das Exil der Päpste in → Avignon und das große abendländische → Schisma. Der ältere Bruder des Papstes war Erzbischof von Lyon und durch Bonifaz VIII. zum Kardinalbischof von Albano ernannt worden. Bald erwies sich der Papst als fast willenloses Werkzeug in der Hand des französischen Königs. Ende Juni nahm Clemens die Wahl zum Papst an und rüstete zunächst zur Rückkehr nach Rom. Aber dann lud er die Kardinäle zur Krönungsfeier nach Lyon ein; an Allerheiligen 1305 wurde er gekrönt. Ursprünglich hatte er wohl nicht daran gedacht, die Kurie von Rom nach Frankreich zu verlegen; der Druck des französischen Königs wurde jedoch immer stärker und der Papst immer weniger bereit, diesem Druck entgegenzutreten. Seit 1309 nahm Clemens seinen Sitz in Avignon; auch seine sechs Nachfolger blieben dort. Damit begann das 70jährige Exil der Päpste. Die Abhängigkeit von Frankreich zeigte sich auch bei der ersten Kardinalsernennung 1305: Der Papst ernannte 9 Franzoscn, darunter vier seiner Neffen, und einen Engländer. Durch weitere Kardinalsernennungen erhielten die Franzosen ein deutliches Übergewicht im Kardinalskollegium. Auf Druck des Königs leitete Clemens einen Prozeß gegen ↗ Bonifaz VIII. ein, dessen Bullen „Clericis laicos" und „Unam sanctam" der König für Frankreich als nicht bindend abgelehnt hatte. Der Prozeß begann, wurde mit sehr zweifelhaften Zeugenvernehmungen geführt und schließlich eingestellt, da Clemens die von Bonifaz ausgesprochene Exkommunikation des Königs aufgehoben hatte. Druck übte der König auf den Papst auch im Zusammenhang mit der Aufhebung des → Templerordens aus: Die Templer waren eine Geldmacht, deren Eigentum der König für sich vereinnahmen wollte. Im Oktober 1311 trat in Vienne ein → Konzil zusammen, das vor allem wegen des Verbotes der Templer einberufen worden war. Der Papst war zur Aufhebung entschlossen, jedoch widersprachen die Konzilsväter diesem Plan, da die Anklagen gegen den Orden nicht durchschlagend seien. Trotzdem hob der Papst den Orden am 22. März 1313 auf, allerdings nur durch einen Verwaltungsakt, der in der zweiten Konzilssitzung verkündet wurde, dem das Konzil aber nicht zuzustimmen brauchte. Ein weiteres Thema des Konzils war die → Kreuzzugsfrage: Es wurde zwar ein sechsjähriger Zehnt bewilligt, aber zu wirksamen Absprachen mit England und Frankreich kam man nicht. Auf dem Konzil diskutierte man auch die Reform der Kirche, aber es kam nur zu einigen wenigen Dekreten. Am 20. April 1314 starb Clemens. Schon seine Zeitgenossen stellten fest, daß das Papsttum noch nie so verachtet gewesen sei wie unter Clemens V.; die völlige Abhängigkeit von Frankreich machte eine wirkliche Regierung der Kirche unmöglich.

## Johannes XXII. 1316–1334

In der Zeit des Exils von → Avignon dauerte das → Konklave nach dem Tod ↗ Clemens' V. zweieinviertel Jahre. Das Kardinalskollegium bestand aus

17 Franzosen und 7 Italienern. Anhänger Clemens' V. sprengten schon bald nach seinem Zusammentritt das Konklave mit Waffengewalt. Erst zwei Jahre später versammelten sich die Kardinäle zur Fortsetzung des Konklaves, diesmal in Lyon. Am 7. August 1316 einigte man sich auf den Kardinalbischof von Ostia Jacques Duèse. Zur Zeit seiner Wahl war er bereits 72 Jahre alt. Seit 1300 wirkte er als Bischof von Fréjus, wurde 1310 Bischof von Avignon und 1312 Kardinal. Trotz seines Alters war er einer der bedeutendsten Päpste des Exils von Avignon. In seiner Lebenshaltung war er einfach, ein Mann von gründlichen theologischen und kirchenrechtlichen Kenntnissen. Die Krönung des Papstes fand am 3. September 1316 in Lyon statt. Da die Mehrzahl der Kardinäle sein Bleiben in Avignon wünschte, nahm er hier seine Residenz, obwohl er wiederholt den Wunsch geäußert hatte, nach Rom zurückzukehren. – In Deutschland hatte es eine Doppelwahl um den Königsthron gegeben: Ludwig von Oberbayern (Ludwig IV.) und Herzog Friedrich der Schöne von Österreich. Obwohl Ludwig seinen Widersacher entscheidend geschlagen hatte, wollte ihn der Papst nicht als König anerkennen. So kam es zu einer scharfen Auseinandersetzung zwischen Kaisertum und Papsttum; diese letzte Auseinandersetzung zwischen beiden war an Schärfe der in der Zeit der →Salier und der →Staufer gleich. Schließlich erklärte Ludwig den Papst für abgesetzt und ließ in ↗ Nikolaus V. einen Gegenpapst wählen, der sich nach zwei Jahren Johannes unterwarf, von diesem jedoch bis zu seinem Tod in Avignon in Haft gehalten wurde. – Innerkirchlich bedeutsam war die Heiligsprechung des →Thomas von Aquin 1323 und die Verurteilung von 31 Sätzen des Meisters Eckart (1329). – In der päpstlichen Tiara ließ Johannes einen dritten Kronreif einfügen. Sein Pontifikat war stark vom →Nepotismus geprägt, ferner von Geldgier bei der Verleihung kirchlicher Ämter. Außerdem steigerte er das Übergewicht der Franzosen im Kardinalskollegium und unternahm keine ernstlichen Schritte, den Sitz des Papstes wieder nach Rom zurückzuverlegen. Johannes XXII. starb am 4. Dezember 1334 fast 90jährig.

## Nikolaus V. 1328–1330

*Gegenpapst.* Auf Betreiben Ludwigs IV. von Bayern wurde der Franziskaner Pietro Rainalducci am 12. Mai 1328 vom römischen Volk zum Papst (gegen ↗ Johannes XXII.) gewählt. Da er ein unbedeutender Mann war und Ludwig sich gegen Johannes nicht durchsetzen konnte, blieb Nikolaus nur zwei Jahre im Amt, bevor er sich am 25. August 1330 dem Papst unterwarf, der ihm großzügig entgegengekommen war. Er starb am 16. Oktober 1333.

## Benedikt XII. 1334–1342

Seit 1305 waren die Päpste im Exil in →Avignon. Dort wählten die Kardinäle am 20. Dezember 1334 Jacques Fournier, um 1285 geboren, Mitglied des →Zisterzienserordens, seit 1326 Bischof von Mirepoix und seit 1327 Kardinal, zum Papst. Als theologischer Gutachter hatte er unter den vorhergehenden Päpsten eine bedeutende Rolle gespielt. Bald nach seiner Wahl kündigte er die Rückkehr von Avignon nach Rom an. Wie wenig ernst seine Zusagen jedoch waren, läßt sich an der Tatsache ermessen, daß er schon in den ersten Monaten seiner Regierungszeit mit dem Bau des Papstpalastes in Avignon begann, der nach Art einer Festung konstruiert ist. Auch er konnte sich – wie seine Vorgänger – nicht von den starken Bindungen an den französischen König freimachen. Deshalb gab es Unstimmigkeiten mit Deutschland. Innerkirchlich suchte Benedikt die Reform der Kurie und der Kirche weiterzuführen. Er wollte die Orden erneuern und das päpstliche Steuern- und Abgabenwesen vereinfachen. Benedikt wird mit Recht zu den Reformpäpsten gerechnet, wozu auch seine einfache und überzeugende Lebensweise ihr Teil beitrug. Er starb am 25. April 1342 in Avignon, wo er auch beerdigt ist.

## Clemens VI. 1342–1352

Pierre Roger de Beaufort, 1292 geboren, war wie sein Vorgänger ↗ Benedikt XII. Südfranzose. Als Benediktiner war er Abt in Fécamp, dann Bischof von Arras, Erzbischof von Sens, schließlich von Rouen und seit 1338 Kardinal. Er wurde am 7. Mai 1342 zum Papst gewählt. Als ehemaliger Rat des französischen Königs zeigte er sich den Wünschen des Königs völlig untertan. Die Kurie in →Avignon glich mehr einem weltlichen Hof als einer päpstlichen Behörde. Für Repräsentationszwecke gab er große Teile der päpstlichen Kunstschätze preis. Die Folge war finanzielle Mißwirtschaft, die auch nach seinem Tod die Führung der Kirche belastete. Im Jahr 1350 ließ Clemens in Rom ein →Heiliges Jahr feiern. Clemens erhob 25 Kardinäle, von denen nur vier Nichtfranzosen waren; unter den Kardinälen waren auch vier seiner Verwandten, darunter der spätere ↗ Gregor XI. Clemens starb am 6. Dezember 1352 in Avignon.

## Innocenz VI. 1352–1362

Am 18. Dezember 1352 wurde Kardinal Etienne Aubert (während des Exils in →Avignon) gewählt: Innocenz VI. Sein französischer Landsmann ↗ Clemens VI. hatte ihn 1342 zum Kardinal ernannt, später wurde er Kardinalbischof von Ostia und Großpönitentiar. Bald nach seinem Amtsantritt als Papst begann er mit einer Reform der Kurie, verringerte den Hofstaat und bemühte sich um eine sparsamere Verwaltung. →Wahlkapitulationen, wie sie bei den letzten Wahlen üblich geworden waren und bei denen sich der Gewählte zu bestimmten Verpflichtungen bekannte, schaffte Innocenz zusammen mit den Kardinälen ab, da sie mit der eigentlichen Amtsgewalt des Papstes unvereinbar seien. Allerdings behinderte der →Nepotismus des Papstes seine Reformbemühungen. Aufgrund des Exils von →Avignon war die Lage des Papstes schwierig. Wiederholt zur Rückkehr nach Rom aufgefordert, konnte er wegen der Unsicherheit im Kirchenstaat seinen Plan nicht verwirklichen, ebensowenig einen vorgesehenen Romzug. Die 1356 durch die deutschen Fürsten erlassene →Goldene Bulle regelte die Königswahl durch die Kurfürsten ohne Mitwirkung oder Zustimmung des Papstes. Innocenz starb in Avignon am 12. September 1362.

## Urban V. 1362–1370

Guillaume de Grimoard, seit 1361 Abt von St. Victor in Marseille, wurde am 28. September 1362 zum Papst gewählt. Es war die Zeit, da die Päpste (seit 1305) im Exil in →Avignon waren. Urban, 1309 in der Languedoc geboren, war ein kluger und sittenstrenger Mann, der auch als Papst die Lebensweise des Ordensmannes beibehielt und sich für Einfachheit am päpstlichen Hof einsetzte. Wiederholt war der Ruf nach Rückverlegung der Kurie nach Rom laut geworden. Urban leistete ihm Folge, indem er am 30. April 1367 Avignon verließ und am 16. Oktober in Rom einzog. Vor allem die heilige Birgitta von Schweden hatte den Papst darum gebeten; der französische Hof hatte sich dem widersetzt. In Rom bemühte sich der Papst um die Renovation der römischen Kirchen, vor allem der →Lateran- und der →Peterskirche. Er konnte jedoch die Schwierigkeiten im →Kirchenstaat nicht überwinden. Deshalb kehrte er im Herbst 1370 – gegen die Warnungen der heiligen Birgitta und der heiligen →Katharina von Siena – nach Avignon zurück: Am 5. September 1370 verließ er Rom und kam am 27. September wieder in Avignon an. Für viele war dieser Schritt eine sehr große Enttäuschung. Urban starb am 19. Dezember 1370, nur wenige Wochen nach der Rückkehr ins Exil.

## Gregor XI. 1370–1378

Am 30. Dezember 1370 wählten die Kardinäle in →Avignon Petrus Rogerii (Pierre Roger de Beaufort) zum Papst: Gregor XI. Er war 1329 bei Limoges geboren, ein Neffe ↗ Clemens' VI. und durch ihn Kardinaldiakon. Die große Aufgabe, die auf ihn wartete, war die Rückkehr der Päpste aus dem Exil von Avignon. Die heilige Birgitta von Schweden, die schon seinem Vorgänger ↗ Urban V. ins Gewissen geredet hatte, und vor allem die heilige →Katharina von Siena hatten Erfolg: Schon 1372 hatte Gregor – trotz starken Widerstandes des französischen Königs – mehrmals die

Rückkehr angekündigt. Im Herbst 1376 vollzog er sie. Am 13. September verließ er mit 13 Kardinälen Avignon und hielt feierlichen Einzug in Rom. Im Januar 1377 war auch die Rückführung der Kurie beendet. Am 27. März 1378 starb Gregor XI., der letzte französische Papst.

## Urban VI. 1378–1389

Nach dem Tod ↗ Gregors XI. (am 27. März 1378), der das Exil von → Avignon beendet hatte und 1376 wieder nach Rom zurückgekehrt war, wurde zum ersten Mal seit 75 Jahren ein Papst in Rom gewählt. Die Römer waren in Sorge, daß die Wahl eines Franzosen eine neue Rückkehr nach Avignon bedeuten könne; deshalb forderten sie dringend die Wahl eines Römers oder eines Italieners zum Papst. In das → Konklave, das am 8. April 1378 begann, waren Bewaffnete eingedrungen, die nur mit Mühe daraus vertrieben werden konnten. Man hatte zwar mit einer langen Wahl gerechnet, jedoch einigten sich die Kardinäle – unter dem Druck der Römer – schon am ersten Tag auf den Erzbischof von Bari, Bartolomeo Prignano: Urban VI. Er war in Neapel geboren und der letzte Papst, der vor seiner Wahl nicht dem Kardinalskollegium angehört hatte. Bevor Urban gefragt werden konnte, ob er die Wahl annehme, stürmten Römer ins Konklave. Um sie zu beschwichtigen, zeigte man ihnen den greisen römischen Kardinal Tebaldeschi als den Gewählten. Als sich der Irrtum dann aufklärte, gaben sich die Römer mit der Wahl Urbans zufrieden. Die feierliche Inthronisation des Papstes fand am 9. April 1379, die Krönung am 18. April statt. Als es nach kurzer Zeit zu Unstimmigkeiten zwischen dem Papst und einigen Kardinälen kam, erklärten diese die Wahl Urbans für ungültig: Sie habe unter Druck stattgefunden. Die Kardinäle verließen mit Erlaubnis des Papstes Rom und gingen nach Anagni, wohin die Kurie verlegt worden war; dort kam es zu neuen Beratungen: Der Papst müsse entweder wiedergewählt werden oder sein Amt niederlegen. Die französischen Kardinäle vor allem hielten an der Ungültigkeit der Wahl fest. Schließlich wählten sie am 20. September 1378 ↗ Clemens VII. zum Gegenpapst. Da aber kein ordentliches Verfahren gegen Urban stattgefunden hatte und er auf der Rechtmäßigkeit seiner Wahl bestand, kam es zum → Schisma. Welcher Papst nun wirklich der rechtmäßige war, läßt sich nicht mehr mit Sicherheit feststellen. Jedenfalls fielen die kriegerischen Auseinandersetzungen in Rom zugunsten Urbans aus. Clemens VII. zog nach Avignon und gründete dort eine neue Kurie. Er begann mit der Ernennung von 29 Kardinälen (wobei manche der Ernannten die Ernennung jedoch nicht annahmen). Jetzt gab es zwei Päpste und zwei Kurien: Das große abendländische → Schisma war Wirklichkeit geworden. Es dauerte fast 40 Jahre. Die Unsicherheit und die Unzufriedenheit über das Papsttum wuchs: Jeder der beiden hatte eine eigene Hofhaltung, die Geld kostete, welches die Gläubigen aufbringen mußten; jeder suchte bei den Fürsten Unterstützung, was zu ungünstigem Nachgeben gegenüber den Wünschen der Fürsten führte. So kam es auch zu Kämpfen im → Kirchenstaat, vor allem um Neapel. Eine Verschwörung, die dort gegen Urban angezettelt worden war und in die auch einige Kardinäle verstrickt waren, wurde vom Papst blutig niedergeworfen: Er ließ sechs Kardinäle gefangennehmen und im Kerker töten. Das brachte noch mehr Unwillen gegen das Papsttum; auch mehrere Kardinäle gingen jetzt zu Clemens über. Einige Länder erkannten Urban an, andere Clemens, wieder andere waren unentschieden. Urban hatte Clemens und seine Anhänger gebannt, umgekehrt hatte Clemens Urban und seinen Anhang mit dem Bann belegt. So war faktisch die ganze Christenheit im Bann. Beide Päpste ernannten Bischöfe und vergaben kirchliche Stellen, um ihren Einflußbereich zu vergrößern. Die Spaltung ergriff sogar die Domkapitel und die Orden. Urban starb in Rom am 15. Oktober 1389.

## Clemens VII. 1378–1394

*Gegenpapst.* Bei der Wahl ↗ Urbans VI. war es zu gewalttätigen Eingriffen des Volkes in die Wahl gekommen. Deshalb wurde deren Gültigkeit angezweifelt. Die Kardinäle wählten darum am 20. September 1378 Robert von Genf als Clemens VII. Er war um 1342 in Genf geboren, Bischof von Cambrai (1368) und (seit 1371) Kardinal. Mit dieser Wahl begann das große abendländische → Schisma, welches 52 Jahre dauerte und sieben Gegenpäpste zur Folge hatte. Clemens verlegte seine Residenz wieder nach → Avignon. Einige Länder hielten zu ihm, andere zu Urban VI. Beide waren zu einer Beilegung des Schismas nicht bereit, obwohl dies dringend von allen Seiten gefordert wurde. Durch seine verschwenderische Hofhaltung wurde Clemens immer unbeliebter. Er starb am 16. September 1394 in Avignon.

## Bonifaz IX. 1389–1404

Pietro Tomacelli aus Neapel, um 1350 geboren, wurde 1385 Kardinalpriester. In dieser Zeit des großen abendländischen → Schismas gab es bereits einen Papst, ↗ Clemens VII., der als Gegenpapst gewählt worden war. Bonifaz IX. wurde am 2. November 1389 in Rom zum Papst gewählt. Er konnte zwar die päpstliche Herrschaft in Rom und im → Kirchenstaat wiederherstellen, es gelang ihm jedoch nicht, das Schisma zu beenden. Die → Engelsburg in Rom, die schwere Schäden erlitten hatte, ließ er wiederherstellen, auch befestigte er den → Vatikan und das Kapitol. Das Pontifikat Bonifaz' ist durch seinen schrankenlosen → Nepotismus ebenso geprägt wie durch den Mangel an Bereitschaft, zu einer Lösung des Schismas zu kommen. Verhandlungen darüber mit dem Nachfolger des Gegenpapstes Clemens VII., ↗ Benedikt XIII., lehnte Bonifaz ab; dessen Vorschlag zu einem persönlichen Treffen der beiden Päpste nahm er nicht an. Bonifaz IX. starb am 1. Oktober 1404 in Rom und ist in St. Peter begraben.

## Benedikt XIII. 1394–1417

*Gegenpapst.* Sein Pontifikat führt in eine der schwersten Zeiten der Kirche: Die Päpste residierten in →Avignon und zudem war die Leitung der Kirche gespalten; Papst und Gegenpapst regierten. Als ↗ Clemens VII. gestorben war, wählten die Kardinäle am 28. September 1394 in Avignon als seinen Nachfolger Pedro de Luna, einen Spanier, gelehrt und von juristischer Bildung, der sich Benedikt XIII. nannte. Er war 1328 geboren und seit 1375 Kardinal. Im Konklave hatte er sich eidlich verpflichtet, für die Einigung der Kirche tätig zu werden und selbst zurückzutreten, wenn die Kardinäle dies zur Wiederherstellung der Einheit für nötig hielten. Nach seiner Wahl wollte er davon jedoch nichts mehr wissen; sein Vorschlag war ein persönliches Treffen mit dem in Rom residierenden Papst ↗ Bonifaz IX. – In Frankreich hatte ein sog. Pariser Konzil die Lösung der Frage von der Abdankung beider Päpste abhängig gemacht. Als der französische König deshalb Benedikt zur Abdankung aufforderte, lehnte der Papst ab. Mehr Erfolg hatte der König bei den Kardinälen, die diesem Weg zustimmten; auch Deutschland, England und Spanien sollten dazu ihre Zustimmung geben. So sah sich Benedikt zu Verhandlungen mit Bonifaz IX. veranlaßt. Inzwischen hatte man auf einer dritten Pariser Synode beschlossen, der Papst solle durch Einbehaltung seiner aus Frankreich stammenden Einkünfte zur Abdankung genötigt werden. Die Beschlüsse dieser Synode fanden fast allgemein Anerkennung; 18 Kardinäle wandten sich in Avignon von Benedikt ab. Die 1398 begonnene Belagerung des Papstpalastes in Avignon führte zu keinem Erfolg. Trotzdem blieb Benedikt dort eingeschlossen und konnte erst im März 1403 aus Avignon in die Provence fliehen. Nach seiner Befreiung schlug er Verhandlungen mit Bonifaz vor; Bonifaz starb jedoch 1404. Benedikt bat nun die in Rom versammelten Kardinäle, von einer Neuwahl abzusehen; diese wählten jedoch ↗ Gregor XII. Zu einem Treffen der beiden Päpste kam es nicht. Es sollte in Savona stattfinden, die beiden Päpste näherten sich einander bis auf wenige Kilometer, aber sie trafen sich nicht. Nun rief Benedikt ein Konzil nach Perpignan ein, wohin ihm der größte Teil seiner Kardinäle jedoch nicht folgte. Diese forderten vielmehr zusammen mit den Anhängern Gregors ein Allgemeines →Konzil, das in Pisa stattfinden sollte. Auf diesem Konzil wurden 1409 beide Päpste als Schismatiker, Häretiker und Eidbrecher verurteilt und für abgesetzt erklärt, weil sie gegen den Glaubensartikel von der *einen* Kirche verstoßen hatten. Deshalb wählte man als neuen Papst ↗ Alexander V., wodurch es gleichzeitig drei Päpste gab: die „verruchte Zweiheit" war zur „verruchten Dreiheit" geworden. Obwohl auch das

→ Konzil von Konstanz ihn am 26. Juli 1417 erneut für abgesetzt erklärte, hielt Benedikt an seinem Anspruch fest. Er starb am 23. Mai 1423.

## Innocenz VII. 1404–1406

Cosma de' Migliorati, in Neapel um 1336 geboren, wurde 1389 Erzbischof von Bologna und Kardinalpriester. Vor seiner Wahl (am 17. Oktober 1404) mußte er in einer → Wahlkapitulation versprechen, sich um die Einigung der Kirche zu bemühen: Es war die Zeit des großen abendländischen → Schismas. Nach seiner Wahl lehnte er jedoch die Einigungsvorschläge, die ihn von ↗ Benedikt XIII. erreichten, ab. Wegen Unruhen in Rom mußte der Papst nach Viterbo fliehen und konnte erst 1406 nach Rom zurückkehren, wo er jedoch am 6. November 1406 starb. Innocenz hat sich um die Reorganisation der römischen Universität verdient gemacht.

## Gregor XII. 1406–1415

Zur Zeit des großen abendländischen → Schismas bat nach dem Tod ↗ Innocenz' VII. der Gegenpapst ↗ Benedikt XIII. die römischen Kardinäle, von einer Neuwahl abzusehen, damit das Schisma beendet werden könne. Jedoch wurde am 30. November 1406 Angelo Correr aus Venedig zum Papst gewählt: Gregor XII. Sofort nach seiner Wahl erklärte er sich zum Rücktritt bereit, wenn auch Benedikt den gleichen Schritt vollziehe und dies den Fürsten mitteile. Ein geplantes Treffen der beiden Päpste kam nicht zustande. Dadurch wurde das Einigungswerk verhindert. Kardinäle aus beiden Lagern vereinbarten im Juni 1408 die Einberufung eines Allgemeinen → Konzils, das im Februar 1409 zusammentreten sollte. Man einigte sich auf Pisa als Konzilsort, wußte aber nicht, ob eine Konzilsentscheidung überhaupt Annahme fände. Die Hauptaufgabe des Konzils war der Prozeß gegen Gregor XII. und Benedikt XIII. Die beiden Päpste wurden wiederholt vorgeladen und am 5. Juni 1409 als notorische Schismatiker, Begünstiger des Schismas, notorische Häretiker und Eidbrecher abgesetzt. Am 26. Juni 1409 wählte man als neuen Papst ↗ Alexander V. Da die beiden seitherigen Päpste nicht an Rücktritt dachten, hatte man jetzt drei Päpste! Erst auf dem → Konzil von Konstanz dankte Gregor am 4. Juli 1415 ab. Als Kardinalbischof von Porto und päpstlicher Legat starb er 80jährig am 18. Oktober 1417 in Recanati.

## Alexander V. 1409–1410

Petrus Philargi von Candia, ein Franziskaner und einer der bedeutendsten Gelehrten seiner Zeit, seit 1402 Erzbischof von Mailand, seit 1405 Kardinal, wurde am 26. Juni 1409 zum Papst gewählt. Dadurch gab es gleichzeitig drei Päpste: ↗ Gregor XII., ↗ Benedikt XIII. und Alexander V. Das Allgemeine → Konzil von Pisa hatte die Aufgabe erhalten, das → Schisma zu beenden. Da aber keiner der beiden seitherigen Päpste zur Abdankung bereit war, wählte man einen dritten Papst: Alexander V. So war aus der „verruchten Zweiheit" eine „verruchte Dreiheit" geworden. Die Mehrheit der Christen schloß sich Alexander an; trotzdem konnte er die vom Konzil geforderte Reform der Kirche nicht in Angriff nehmen. Aus seinem Pontifikat, das nicht ganz ein Jahr dauerte, ist nichts Bedeutendes zu berichten. Alexander starb am 3. Mai 1410 in Bologna, wo er seit Herbst 1409 residierte und wo er auch beigesetzt ist.

## Johannes XXIII. 1410–1415

Nachfolger ↗ Alexanders V. wurde in der Wahl vom 17. Mai 1410 der Kardinaldiakon Baldassare Cossa. Es war die Zeit des großen abendländischen → Schismas; zwei Päpste regierten bereits, ↗ Benedikt XIII. in Avignon und ↗ Gregor XII. in Rom. Johannes, um 1360 in Neapel geboren, war ursprünglich Matrose und Soldat; in Rom, wohin er unter ↗ Bonifaz IX. gekommen war, erlangte der ehrgeizige Mann bald die Kardinalswürde (1402). Johannes war mehr Krieger und Politiker als Nachfolger der Apostel. Hinsichtlich der Reform der Kirche und der Einigung des Papsttums war von ihm nichts zu erwarten. Auf Drängen des deutschen Königs wurde ein Allgemeines → Konzil nach Konstanz einberufen, das an Allerheiligen 1414 eröffnet werden sollte. Der Papst war bereits Ende Oktober dorthin gekommen. Als Aufgaben des Konzils nannte er die Beseitigung des Schismas, die Reform der Kirche an Haupt und Gliedern und die Überwindung der Irrlehren. Bei der Eröffnungssitzung (zum Konzil waren nur 16 Kardinäle und 32 Bischöfe erschienen) forderte Johannes die Absetzung der beiden anderen Päpste. Nach Auffassung der Konzilsteilnehmer konnte jedoch nur ein Rücktritt aller drei Päpste das Schisma beenden. Die Päpste reagierten auf dieses Ansinnen sehr verschieden: Johannes XXIII. sah sich Anklagen als Schismatiker und Häretiker, wegen → Simonie und wegen seines skandalösen Lebenswandels vor seiner Erhebung zum Papst ausgesetzt. Obwohl er sich am 16. Februar 1415 zunächst zur Abdankung bereiterklärt hatte, mußte er in Konstanz in einem förmlichen Prozeß abgesetzt werden. Nach seiner Flucht (nach Schaffhausen und Laufenburg) widerrief er seine Abdankung, da erzwungen und deshalb ungültig. Das Konzil forderte ihn zum persönlichen Erscheinen in Konstanz auf, was der Papst jedoch verweigerte. So wurde am 13. Mai der Antrag auf Amtsenthebung gestellt und am 14. Mai ausgesprochen. Der Papst, der inzwischen in Freiburg verhaftet und nach Radolfzell gebracht worden war, erklärte jetzt seine Unterwerfung unter das Konzil. Seine Absetzung erfolgte am 29. Mai 1415. Johannes starb am 22. Dezember 1419 als Kardinalbischof von Tusculum; sein Todesort war Florenz, wo ihm ein glanzvolles Denkmal gesetzt wurde.

## Martin V. 1417–1431

Oddo →Colonna, 1368 bei Rom geboren, war Kardinaldiakon, als er am 11. November 1417 nach fast zweieinhalbjähriger →Sedisvakanz zum Papst gewählt wurde; er nannte sich nach dem Tagesheiligen. Nach rund 40 Jahren hatte die Kirche endlich wieder ein fast allgemein anerkanntes Oberhaupt. An den Vorbereitungen des →Konzils von Pisa hatte Colonna regen Anteil genommen; mit ↗ Johannes XXIII. war er zum →Konzil nach Konstanz gekommen und war ihm auch bei der Flucht gefolgt. Mit seiner Wahl übernahm der Papst die Leitung des Konzils. Die Bemühungen um die Kirchenreform endeten in Konstanz mit dem Abschluß einiger Konkordate mit den Nationen. Die Zahl der Kardinäle, die aus allen Nationen ausgewählt werden sollten, beschränkte er auf 24 bis 26. Martin V. berief das nächste →Konzil für das Jahr 1423 nach Pavia und schloß am 22. April 1418 die Kirchenversammlung in Konstanz. Vor seiner Abreise erließ er das Verbot, gegen den Papst an ein Konzil zu appellieren, wodurch die in Konstanz ausgesprochene Oberhoheit des Konzils über den Papst verworfen wurde. Es dauerte lange (über 2 Jahre), bis der Papst in Rom einziehen konnte (am 28. September 1420). Hier fand er eine traurige Situation vor: Die Basiliken und Kirchen, auch der Vatikanpalast wiesen schwere Schäden auf, die er sofort mit aller Macht zu beheben suchte. Noch schwieriger war die Lage im →Kirchenstaat, die der Papst nur mit großer Mühe ordnen konnte. – Innerkirchlich war der Papst um die Weiterführung der Reform bemüht; er suchte dem Papsttum wieder das nötige Ansehen zu verschaffen, was nach der Zeit, in welcher gleichzeitig drei Päpste regiert hatten, besonders nötig war. – Das →Konzil von Pavia trat zwar am 23. März 1423 termingemäß zusammen, wurde vom Papst aber nach Siena verlegt, bevor es im antipäpstlichen Sinn aktiv werden konnte. Als neuen Konzilsort bestimmte der Papst für 1431 Basel. Martin V. war von vorbildlicher Lebensweise und Einfachheit. Die Einnahmen des Kirchenstaates und der Kurie verwandte er für die Reorganisation des Kirchenstaates. So nennen ihn die Historiker den „dritten Gründer des Kirchenstaates". Als Martin V. am 20. Februar 1431 starb, hinterließ er seinen Nachfolgern geordnete Verhältnisse im Kirchenstaat. Seine Grabinschrift rühmt ihn als ein Glück für seine Zeit.

## Clemens VIII. 1423–1429

*Gegenpapst.* Nach dem Tod ↗ Benedikts XIII., den das →Konzil von Konstanz für abgesetzt erklärt hatte, wählten die Kardinäle den unbedeutenden Gil Sanchez Munoz am 10. Juni 1423 zum Gegenpapst. Er verzichtete am 26. Juli 1429 auf sein Amt. Damit war das große abendländische →Schisma endgültig beendet.

## Eugen IV. 1431–1447

Gabriel Condulmer, ein Neffe ↗ Gregors XII., wurde am 3. März 1431 zum Papst gewählt. Er war um 1383 in Venedig geboren, trat als Chorherr dem Orden der Augustiner bei und wurde 1407 Bischof von Siena, 1408 Kardinalpriester. Er war ein Mann von bedeutenden Fähigkeiten und bei seiner Wahl erst 48 Jahre alt. Bereits am Tag nach seiner Wahl bestätigte er den von seinem Vorgänger ↗ Martin V. ernannten Präsidenten des → Konzils von Basel, das im Juli 1431 eröffnet wurde. Schon im November löste der Papst jedoch das Konzil, das nur von wenigen Teilnehmern besucht war, auf und rief ein neues → Konzil nach Bologna ein, das 18 Monate später zusammentreten sollte. Inzwischen war aber das Konzil von Basel eröffnet worden; die Konzilsväter baten den Papst dringend, die Auflösungsbulle zurückzunehmen. Sie erneuerten die Beschlüsse des → Konzils von Konstanz, in welchen die Überlegenheit des Konzils über den Papst dekretiert worden war. Aus Furcht vor politischem Druck gab Eugen nach, zumal auch die meisten Kardinäle auf der Seite des Konzils (und nicht des Papstes) standen. Er nahm die Auflösung zurück und bestätigte die Basler Beschlüsse. Bald jedoch kam es wegen der vom Konzil gewünschten Reform der Kirche „am Haupt" zu neuen Streitigkeiten: das Konzil hatte die → Papstwahl neu geregelt, die Zahl der Kardinäle auf 24 begrenzt und bestimmt, keine Nation dürfe mehr als ein Drittel der Kardinäle stellen. Zum offenen Bruch mit dem Papst kam es in der Frage der Wiedervereinigung mit der Kirche des → Ostens: Die Mehrheit der Konzilsväter wünschte Basel oder Avignon als Konzilsort in dieser Frage, die Minderheit sprach sich für eine italienische Stadt aus, was der Papst bestätigte. Als der Papst am 18. September 1437 das → Konzil nach Ferrara verlegte, riefen die Basler Konzilsteilnehmer den Papst vor das Gericht des Konzils. Die europäischen Mächte, die ein neues → Schisma fürchteten, forderten, das Konzil solle das Verfahren gegen den Papst einstellen, der Papst die Verlegung des Konzils zurücknehmen. Dem stimmten Papst und Konzil zu. Als Kaiser Siegmund kurz darauf starb, fühlte sich der Papst nicht mehr an sein Versprechen gebunden; er setzte am 30. Dezember 1437 den Beginn des Konzils in Ferrara auf den 8. Januar 1438 fest, wo es auch eröffnet wurde. Am 10. Januar 1439 wurde das Konzil von Ferrara nach Florenz verlegt, weil die Florentiner versprochen hatten, dem Papst die Kosten für das Konzil vorzulegen. Am 6. Juli 1439 kam es zur Unterzeichnung des Einigungsdekretes zwischen den Kirchen des Ostens und des Westens. Das Ansehen des Papstes stieg durch diesen Erfolg. Mit den Armeniern erfolgte 1439 die Wiedervereinigung, mit den Jakobiten in Ägypten und Äthiopien 1442. Das Konzil von Florenz wurde 1443 nach Rom verlegt, der Papst konnte nach Rom zurückkehren, wo im September 1444 die Union mit den ostsyrischen Jakobiten in Mesopotamien und 1145 mit Gruppen der

→Nestorianer und der →Monotheleten erfolgte. – In Basel hatte sich inzwischen der antipäpstliche Kurs (→Konziliarismus) verschärft. Das Konzil verkündete am 16. Mai 1439, daß es über dem Papst stehe, daß der Papst weder ein Konzil auflösen noch verlegen könne und daß der ein Häretiker sei, der diesen Wahrheiten widerspreche, denn sie seien katholisches Glaubensgut. Damit wollte man die Möglichkeit für eine Absetzung Eugens schaffen, der ja – wegen der Verlegung des Konzils – als Häretiker eingestuft war. Am 25. Juni 1439 setzten die Konzilsväter in Basel (es waren dort nur 19 Bischöfe anwesend) Eugen als Häretiker ab. Als Eugen den Bann über sie aussprach, wählten sie einen Gegenpapst: ↗ Felix V. Die deutschen Fürsten drangen, obwohl das Konzil durch die Wahl des Gegenpapstes sehr an Ansehen verloren hatte, in den Papst, ein neues Konzil einzuberufen und die Autorität der Allgemeinen Konzilien anzuerkennen. Unter Druck erklärte sich Eugen auch dazu bereit; er modifizierte seine Stellungnahme jedoch im Februar 1447 mit dem Hinweis, seine Krankheit habe ihm eine eingehende Prüfung der anstehenden Fragen unmöglich gemacht. Er habe jedenfalls weder die Lehre der Väter noch die Rechte des päpstlichen Stuhles verletzen wollen. Am 23. Feburar 1447 starb Eugen. Er hat – das ist sein bleibendes Verdienst – die Union mit den Griechen herbeigeführt (auch wenn diese von den griechischen Gläubigen weithin abgelehnt wurde). Zur Last gelegt werden muß ihm seine unklare Haltung gegenüber dem →Konziliarismus. Trotzdem war im Endergebnis sein Bemühen um die Stärkung des Papsttums erfolgreich: Die Konzilsväter von Basel und der Gegenpapst Felix V. konnten keinen Einfluß mehr gewinnen.

## Felix V. 1439–1449

*Gegenpapst* gegen ↗ Eugen IV. Im Zuge der Auseinandersetzungen um den →Konziliarismus wurde der verwitwete Graf Amadeus von Savoyen am 5. November 1439 auf dem →Konzil von Basel gewählt, nachdem zuvor auf diesem Konzil ↗ Eugen IV. für abgesetzt erklärt worden war. Der Einfluß des Gegenpapstes war sehr gering und schwand immer mehr, so daß er sich nach Genf zurückzog. Nachdem Eugen IV. im Februar 1447 gestorben war, dankte Felix V. 1449 ab; er erhielt dafür eine lebenslange Pension und den ersten Rang im Kardinalskollegium. Er starb in Genf am 7. November 1451. Mit ihm starb der letzte Gegenpapst der Papstgeschichte.

## Nikolaus V. 1447–1455

Tomaso Parentucelli, am 15. November 1397 als Sohn eines Arztes geboren, wurde 1444 Bischof von Bologna und wirkte 1446 erfolgreich als päpstlicher Legat in Deutschland. Er war erst kurz vor seiner Wahl zum

Kardinal ernannt worden. Die Wahl fand am 6. März 1447 statt. Nikolaus war ein Mann des Ausgleichs: Mit den Mächten Europas versuchte er, zum Frieden zu kommen. 1448 schloß er mit Friedrich III. das Wiener Konkordat, das von allen deutschen Fürsten übernommen wurde und bis 1803 in Kraft blieb; es regelte vor allem die Besetzung der Bistümer, die durch kanonische Wahl erfolgen sollte. Im April 1449 konnte er den Gegenpapst ↗ Felix V. zum Verzicht bewegen; das → Konzil von Basel, das zur Bedeutungslosigkeit herabgesunken war, wählte in seiner letzten Sitzung ebenfalls Nikolaus zum Papst und löste sich dann am 25. April 1449 auf. Damit war das → Schisma beendet. Im Jahr 1450 feierte Nikolaus das → Heilige Jahr; damit es feierlich begangen werden konnte, sandte der Papst vorher in die verschiedenen Länder Legaten, die das Jubiläum verkünden und zugleich für die Reform der Kirche wirken sollten (in Deutschland war als Legat Nikolaus von Cues tätig). – In die letzten Lebensjahre des Papstes fiel der Verlust der Stadt Konstantinopel, das die → Türken 1453 eroberten. Der → Kreuzzugsaufruf des Papstes fand nur wenig Echo. – Für Rom schuf Nikolaus ein goldenes Zeitalter: Gelehrte, Literaten, Künstler von besonderer Bedeutung fanden sich in Rom ein, wo der Papst die Vatikanische Bibliothek gegründet hatte. Von ihm stammt die Konzeption zum Neubau des → Vatikans und der → Peterskirche an Stelle der alten konstantinischen Basilika. Nikolaus erklärte, er habe nur deshalb für die Pracht Roms gearbeitet, damit das gläubige Volk durch das Anschauen der Herrlichkeiten in seinem Glauben bestärkt werde. Trotz aller Prachtentfaltung blieb Nikolaus persönlich ein einfacher und vorbildlicher Priester, der nicht für seine Nepoten sorgte, sondern für die Kirche lebte. Nach schwerer und langer Krankheit starb Nikolaus V. am 25. März 1455, der nach dem Urteil der Historiker zu den edelsten → Renaissancepäpsten gehörte.

## Calixtus III. 1455–1458

Alfonso de Borgia war 1378 bei Valencia geboren, ein gelehrter Jurist. Im Auftrag des Königs Alfons V. bewog er den Gegenpapst ↗ Clemens VIII. zum Rücktritt. Als Dank dafür erhielt er das Erzbistum Valencia. 1444 wurde er Kardinal und am 8. April 1455 zum Papst gewählt. Sein Pontifikat stand unter dem beherrschenden Gedanken des → Kreuzzugs. Bereits beim Antritt seines Amtes hatte er gelobt, die Befreiung Konstantinopels und der dort gefangenen Christen erreichen zu wollen. Er erzielte zwar verschiedene Erfolge: die Befreiung Belgrads und den Abzug der → Türken (am 22. Juli 1456). Es gelang ihm jedoch nicht, die auseinanderstrebenden europäischen Nationalstaaten, trotz der gemeinsamen Gefahr, zum gemeinsamen Handeln zu bewegen. Der Papst unterstützte weiterhin Ungarn und Albanien in ihrem Kampf und opferte dafür viele Kunstwerke des Vatikans. Nicht überall fand die Anstrengung des Papstes ein entsprechendes Echo: Die Universität Paris appellierte dagegen sogar an ein Allgemeines Konzil. – Wenig erfreulich war der →Nepotismus des Papstes: Die Burgen des →Kirchenstaates besetzte er mit Katalanen, seinem Neffen Pedro übergab er das Kommando über die →Engelsburg; ihn machte er zusammen mit seinem anderen Neffen Rodrigo (dem späteren ↗ Alexander VI.) zu Kardinälen. Beim Tod des Papstes am 6. August 1458 kam es in Rom zu einem Aufstand gegen die „Katalanen". Abgesehen von diesem Nepotismus war Calixtus von Liebe zur Kirche beherrscht und suchte die drohende Türkengefahr abzuwehren.

## Pius II. 1458–1464

Enea Silvio de' Piccolomini, am 18. Oktober 1405 in der Nähe von Siena geboren, als Dichter berühmt, hatte als Sekretär des Kardinals Domenico Capranica am →Konzil von Basel teilgenommen und sich (seit 1439) in den Dienst des Konzilspapstes ↗ Felix V. gestellt, der nach der Absetzung ↗ Eugens IV. vom Konzil zum Papst gewählt worden war. Seit 1442 wirkte er für die Anerkennung Eugens. 1445 empfing er die Priesterweihe. An der Universität Wien hielt er Vorlesungen über die antiken Dichter. 1447 wurde er Bischof von Triest, 1449 außerdem von Siena, 1456 Kardinal. Seit seiner Priesterweihe gab er sein früheres Leben auf und zeigte sich als Priester und Bischof. Nach einem stürmisch verlaufenen →Konklave wurde er am 19. August 1458 zum Papst gewählt. Die →Wahlkapitulation nannte den Kampf gegen die →Türken und die Reform der Kirche als Hauptaufgaben des kommenden Papstes. Am 3. September 1458 wurde Pius II. in St. Peter gekrönt. Am 12. Oktober 1458 berief er einen europäischen Kongreß nach Mantua und veröffentlichte dabei einen sprachlich hervorragenden →Kreuzzugsaufruf. Außer dieser allgemeinen Einladung sandte er noch besondere Schreiben an die Fürsten. Der Kongreß wurde 1459 in Mantua eröffnet. Man beschloß zwar den Türkenkrieg, aber es blieb beim Beschluß. 1461 sandte Pius II. einen Brief an den Sultan, in welchem er den Koran widerlegte und die christlichen Glaubenswahrheiten darlegte. Im Oktober 1463 rief der Papst erneut zum Kreuzzug auf und wollte sich selbst an die Spitze des Kreuzheeres setzen. Obwohl schwerkrank, ließ er sich nach Ancona bringen, wo der Kreuzzug beginnen sollte. Doch starb der Papst noch vor Beginn des Kreuzzuges. – Pius II. verurteilte am 18. Januar 1460 den →Konziliarismus; die Appellation gegen den Papst an ein Konzil stellte er unter die Androhung der Exkommunikation. Diese päpstliche Bulle wurde aber sowohl in Frankreich wie in Deutschland nicht als verbindlich angenommen; so blieb der erste Schlag gegen den Konziliarismus ohne die erhoffte Wirkung. – Bedeutsam sind die Reformbemühungen des Papstes; Kirche und Kurie wollte er erneuern, jedoch kam eine entsprechende Bulle nicht über den Entwurf hinaus. Er selbst war dem

→ Nepotismus verfallen und ernannte mehrere Verwandte zu Kardinälen. Der Papst starb am 15. August 1464 in Ancona und wurde in Rom beigesetzt. Von den Historikern wird er zu den Großen der Papstgeschichte gerechnet.

## Paul II. 1464–1471

Nach dem Tod ↗ Pius' II. wählten die Kardinäle bereits im zweiten Wahlgang, am 30. August 1464, Kardinal Pietro Barbo, einen Neffen ↗ Eugens IV., zum Papst: Paul II. 1418 in Venedig geboren, war er bereits mit 22 Jahren Kardinaldiakon. Vor seiner Wahl mußte er eine → Wahlkapitulation unterschreiben, in der er sich verpflichtete, den → Türkenkrieg weiterzuführen, innerhalb von drei Jahren ein → Konzil einzuberufen und die Zahl der Kardinäle auf 24 zu begrenzen. Es war für Paul sehr schwer, Nachfolger eines Diplomaten und Humanisten vom überragenden Format Pius' II. zu sein. Mit den Humanisten, die Pius nach Rom gezogen hatte, geriet er bald in Schwierigkeiten, als er die Römische Akademie aufhob. Die Humanisten nannten ihn deshalb einen „Barbaren" und einen Feind von Kunst und Wissenschaft. Hinsichtlich des Konzils unternahm Paul gar nichts. Sein → Kreuzzugsaufruf gegen die Türken fand kein Echo. In seinem Pontifikat eroberten die Türken Albanien und nahmen 1470 Negroponte, den letzten Stützpunkt Venedigs im Osten. Ohne die erforderliche Reform der Kirche begonnen zu haben, starb der Papst, erst 53 Jahre alt, am 26. Juli 1471.

## Sixtus IV. 1471–1484

Francesco della Rovere, am 21. Juli 1414 in der Nähe von Savona geboren, Franziskaner-Mönch, Professor an der Ordenshochschule, Generalminister des Ordens (1464) und Kardinal (1467). Am 9. August 1471 wurde er zum Papst gewählt, nachdem er die damals üblichen → Wahlkapitulationen beschworen hatte. Trotzdem ernannte er sofort nach seiner Wahl zwei seiner Neffen zu Kardinälen. Als der eine der beiden 1474 nach einem lasterhaften Leben starb, ernannte der Papst sofort einen weiteren Neffen zum Kardinal. Das Bemühen, diesem ein italienisches Fürstentum zu verschaffen, verwickelte den Papst in große Auseinandersetzungen mit den italienischen Fürsten. – Innerkirchlich ist nicht viel von Sixtus IV. zu berichten: Er feierte 1475 das → Heilige Jahr, zu dem wieder viele Pilger nach Rom kamen; er förderte die Marienverehrung und sorgte für die Bettelorden. In der Wahlkapitulation hatte Sixtus die Einberufung eines Konzils beschworen, aber auch daran hielt er sich nicht. Im März 1482 berief Erzbischof Zamometič im Münster zu Basel ein → Konzil ein, da er als Christ und Nachfolger der Apostel dazu berechtigt sei. Der Erzbischof plante die Absetzung des Papstes und eine Reform der Kirche. Sixtus verhängte über Basel das → Interdikt; so trat das Konzil nicht zusammen. – Das Pontifikat dieses Papstes war verhängnisvoll für die Kirche: Unter den 34 Kardinälen, die er ernannte, waren sechs seiner Neffen, insgesamt aber überhaupt keine religiösen und würdigen Männer. So ging die Verweltlichung der Kurie weiter, für die er die Hauptverantwortung trägt. Der Finanzbedarf des Papstes stieg infolge seiner Hofhaltung und der Aufwendungen für die Künste sowie die Versorgung seiner Familie ins Ungeheure. Er verwandelte Rom in eine Stadt der → Renaissance (so schuf er u. a. die Sixtinische Kapelle). Er starb am 12. August 1484 – und hinterließ seinem Nachfolger ein schweres Erbe.

## Innocenz VIII. 1484–1492

Da es nach dem Tod ↗ Sixtus' IV. (am 12. August 1484) in Rom Unruhen gab, konnte das → Konklave erst am 26. August 1484 beginnen. Am 29. August wurde Kardinal Giovanni Battista Cibo gewählt: Innocenz VIII. Er war 1432 in Genua geboren, wurde mit 35 Jahren Bischof von Savona und nach fünf Jahren Bischof von Molfetta; 1473 wurde er Kardinalpriester. Seine Wahl zum Papst stand unter dem Makel der → Simonie, er verdankte sie außerdem dem Kardinal Giuliano della Rovere, einem Neffen ↗ Sixtus' IV., der auch weiterhin die Regierung des Papstes bestimmte. – In der → Türkenfrage war die Haltung des Papstes inkonsequent: Als erster Papst nahm er mit Konstantinopel Beziehungen auf. 1484 erließ der Papst eine Bulle, in welcher er die → Inquisition, wie sie die → Dominikaner übten, rechtfertigte, ebenso die Hexenverbrennungen. Am 25. Juli 1492 starb der Papst nach einem Pontifikat, das dem Ansehen des Papsttums geschadet hat.

## Alexander VI. 1492–1503

Rodrigo de Borgia, um 1430 bei Valencia geboren, war ein Neffe ↗ Calixtus' III., der ihn 1455 zum Kardinaldiakon und Bischof von Valencia machte – im Alter von erst 25 Jahren. Seit 1456 war er Vizekanzler der Kirche. Er wurde am 10. August 1492 zum Papst gewählt. Die Zeitgenossen rühmten seine diplomatische Gewandtheit und sein überzeugendes Auftreten. Aufgrund seiner Lebensführung zählt er zu den unwürdigsten Gestalten der Papstgeschichte. In den Jahren seit 1462 wurden ihm mehrere Kinder geboren: Cesare und Lukrezia sind die bekanntesten unter ihnen; sie wurden vom Papst nach seiner Wahl entsprechend versorgt. Dieses sein Leben behielt Alexander auch bei, als er 1468 die Priesterweihe empfangen hatte. – Sein politisches Ansehen zeigte sich, als der Papst im Streit zwischen Spanien und Portugal um die neuentdeckten Kolonien eine Demarkationslinie und durch sie die Besitzrechte der beiden Mächte festlegte, an die sie sich auch hielten. – In die Zeit Alexanders fällt das Auftreten des Mönches Girolamo →Savanarola, eines Dominikaners, der eine durchgreifende Reform der Kurie und der Kirche forderte. – Alexander VI. starb am 18. August 1503. Sein Pontifikat war ein Unglück für die Kirche.

## Pius III. 1503

↗ Alexander VI. war am 18. August 1503 plötzlich gestorben. Am 16. September trat das →Konklave zusammen und wählte am 21. September den schwerkranken Francesco Todeschini-Piccolomini, einen Neffen ↗ Pius' II.; er nannte sich Pius III. 1439 bei Siena geboren, wurde er 1460 Erzbischof von Siena und Kardinal (von seinem Onkel Pius II. erhoben). Pius III. war ein erklärter Feind der →Simonie und hatte sich als Gegner ↗ Alexanders VI. gezeigt. Er war voll guten Willens, die Reform der Kirche durchzuführen, starb jedoch bereits am 18. Oktober 1503 nach einem Pontifikat, das nur 26 Tage gedauert hatte.

## Julius II. 1503–1513

Nach nur eintägigem →Konklave wählten die Kardinäle – nicht ohne →Simonie – als Nachfolger ↗ Pius' III. am 1. November 1503 Kardinal Giuliano della Rovere, der sich Julius II. nannte. Er war am 5. Dezember 1443 geboren, ein Neffe ↗ Sixtus' IV., wurde zunächst Franziskaner, eignete sich ein gründliches Wissen an und wurde von seinem Onkel 1471 zum Kardinal erhoben. Voll geistiger und körperlicher Kraft war Julius einer der gewaltigsten →Renaissance-Päpste, jedoch mehr Staatsmann als Priester. Als Hauptaufgabe seines Pontifikates sah er die Stärkung der Macht des →Kirchenstaates an; die innerkirchlichen Probleme sah er nicht. In seinem Pontifikat schufen Bramante die Pläne zum Neubau der →Peterskirche, Michelangelo das Deckengemälde in der Sixtinischen Kapelle und Raffael seine Fresken im →Vatikan. – Auseinandersetzungen mit dem französischen König führten zur Einberufung eines →Konzils nach Pisa, das die französischen Kardinäle gewünscht hatten. Grundsätzlich – so wurde damals gelehrt – stehe die Berufung eines Konzils dem Papst zu; wenn dieser aber häresieverdächtig sei (wie Julius), so gehe das Recht auf die Kardinäle über. Da sich auch der deutsche Kaiser Maximilian I. mit dem Konzilsplan einverstanden erklärte, berief Julius von sich aus für den 19. April 1522 ein →Konzil in den Vatikan ein, wodurch das Konzil von Pisa zur Bedeutungslosigkeit verurteilt war. Dieses V. Laterankonzil war der letzte päpstliche Reformversuch vor der Reformation. Es hat zwar verschiedene Reformvorschläge diskutiert und angenommen, aber niemals verwirklicht. Vor allem die Reform der Kurie und die bischöfliche Residenzpflicht wurden nicht angegangen. – Das Verhältnis des Papstes zu Maximilian I. war nicht sehr gut. Während einer Erkrankung des Papstes 1511 wollte der verwitwete Kaiser sich selbst zum Papst wählen lassen, um Papst und Kaiser in einer Person zu sein. Nach der Gesundung des Papstes nahm der Kaiser von seinen diesbezüglichen Plänen Abstand. – Innerkirchlich war das durch den Papst 1504 ausgesprochene Verbot der → Simonie bei der → Papstwahl von Bedeutung (obwohl er selbst auf diesem Weg Papst geworden war). Im April 1506 legte Julius den Grundstein für die neue → Peterskirche. Am 20. Februar 1513 starb der Papst.

## Leo X. 1513–1521

Giovanni de' Medici wurde am 11. März 1513 zum Papst gewählt. Er war am 11. Dezember 1475 in Florenz geboren und bereits mit 17 Jahren zum Kardinal ernannt worden, ein sehr gebildeter und für alle Künste aufgeschlossener Mann. Auf Reisen nach Deutschland, Frankreich und den Niederlanden lernte er viele bedeutende Persönlichkeiten seiner Zeit kennen. Man hatte ihn krank ins → Konklave tragen müssen. Die Politik seines Vorgängers ↗ Julius' II., die gegen Frankreich gerichtet war, führte er fort. Unter Leo wurde das V. → Lateran-Konzil fortgesetzt, jedoch erfüllte der Papst die Hoffnungen hinsichtlich der kirchlichen Reform nicht, die man sich von ihm als Gegner ↗ Alexanders VI. erwartet hatte. Die Situation in Rom und im Kardinalskollegium wird sichtbar an einer Verschwörung, die Kardinal Alfonso Petrucci gegen den Papst anzettelte; ihr Ziel war es, den Papst zu vergiften. Petrucci wurde hingerichtet, seine Anhänger aller ihrer Ämter entkleidet. – Unter dem Pontifikat dieses Papstes trat → Luther gegen den Ablaß auf, den ↗ Julius II. für den Bau der → Peterskirche ausgeschrieben hatte (Leo hatte ihn erneuert). Am 15. Juni 1520 unterzeichnete Leo die Bannandrohungsbulle gegen Luther, in welcher 41 Sätze Luthers wörtlich angeführt und verurteilt wurden. Am 1. Dezember 1521 starb Leo, der von den Historikern negativ beurteilt wird. → Nepotismus, luxuriöse Hofhaltung, Verschwendung von Kirchengut sind die gegen ihn erhobenen Vorwürfe. Bei den theologischen Auseinandersetzungen im Zusammenhang mit dem Beginn der Reformation in Deutschland (und in Europa) hätte es eines Papstes bedurft, der als Reformer der Kirche und als theologisch versierter und interessierter Priester die Kirche geleitet hätte.

## Hadrian VI. 1522–1523

Im Zeitalter der Glaubensspaltung wartete die ganze Kirche sehnsüchtig auf einen Papst, der die Kirchenreform ernsthaft und wirksam zu leisten bereit war. Dieser Papst war Hadrian VI. Adrian von Utrecht wurde am

9. Januar 1522 gewählt. Er war am 2. März 1459 in Utrecht geboren. Als Erzieher und Ratgeber Karls V. führte er – zugleich Bischof von Tortosa – die Regierungsgeschäfte in Spanien. 1517 wurde er Kardinal. Während der Papstwahl war er nicht in Rom. Am 8. März nahm er die Wahl an. Als er Ende August 1522 als Ausländer in Rom eintraf, waren die Römer nicht begeistert. Durch seine Sparsamkeit und die Reform der Kurie zog er sich neue Feinde zu. Auf dem Reichstag zu Nürnberg 1522 bekannte sich sein Legat Francesco Chieregati zur Schuld der römischen Kirche an der Glaubensspaltung. →Luther antwortete jedoch mit einem Pamphlet gegen Hadrian. Schon bei seinem ersten Konsistorium hatte er neben der Einigung im Glauben die Abwehr der →Türkengefahr durch ein Bündnis der christlichen Fürsten als Hauptaufgabe bezeichnet: Belgrad war bedroht. Sein Bemühen blieb ohne Erfolg. – Die vom Papst erstrebte Reform der Kirche und der Kurie konnte sich nur schwer durchsetzen: Der Papst fand nicht die rechte Einstellung zur italienischen Lebensart, seine Reformpläne fanden hier kein Echo. Außerdem fehlte es an der Kurie an geeigneten Mitarbeitern. Die Enttäuschungen seines Pontifikates waren übergroß. Sie führten wohl zu seinem frühen Tod am 14. September 1523. Dieser zerstörte die Hoffnungen, die die Reformfreunde auf den Papst gesetzt hatten. Das Reformprogramm wurde nach seinem Tod nicht weitergeführt. In Deutschland breitete sich die Glaubensspaltung immer weiter aus. – Hadrian ist der letzte der nichtitalienischen Päpste (vor ↗Johannes Paul II.).

## Clemens VII. 1523–1534

Nach dem Tod ↗Hadrians VI. gab es ein zwei Monate dauerndes →Konklave. Aus der Wahl vom 19. November 1523 ging Giulio de' Medici als Clemens VII. hervor. Am 26. Mai 1478 in Florenz geboren, lernte er als Vizekanzler seines Vetters, des Papstes ↗Leo X., die Probleme der Kurie kennen. Im ersten Konsistorium nach seiner Wahl nannte er als dringend zu lösende Aufgaben: die Lösung der Streitfragen mit →Luther, den Frieden zwischen den christlichen Fürsten und die Behebung der Türkengefahr. An erster Stelle stand also die Frage der drohenden Glaubensspaltung; deshalb sandte er Lorenzo Campeggio als Kardinallegaten nach Deutschland (1524). Auf dem Reichstag zu Nürnberg 1524 forderten die Deutschen Reichsstände die Einberufung eines Allgemeinen Konzils, für das Trient als Tagungsort genannt wurde. Clemens verhinderte aber die Einberufung, da er sich vor dem Wiederaufleben des →Konziliarismus fürchtete. – Zur Abwehr der Türkengefahr bemühte sich der Papst um eine Einigung unter den europäischen Fürsten – jedoch ohne Erfolg. So machten die Türken in Ungarn große Fortschritte. Inzwischen waren die kaiserlichen Truppen nach Rom gezogen, wo sie sich reiche Beute erhofften. Am

6. Mai 1527 erreichten sie Rom, wo die führungslosen Soldaten eine verheerende Plünderung begannen. Der Papst mußte in die →Engelsburg flüchten, wurde aber am 5. Juni 1527 gefangengenommen und konnte erst im Dezember nach großen Zugeständnissen und durch erhebliche Geldzahlungen befreit werden. Dieser „Sacco di Roma" erschien als ein Strafgericht Gottes; er hatte für Rom schwerwiegende Folgen. Kaiser Karl V. hatte versucht, den gefangenen Papst zur Einberufung eines Konzils bestimmen zu können, ebenso zu einer Reform der Kirche und zur Überwindung der Häresie. Clemens wehrte sich jedoch immer noch gegen ein Konzil. Erst 1529 kam es zum Frieden zwischen Kaiser und Papst, der besiegelt schien, als Karl V. am 24. Februar 1530 durch den Papst zum Kaiser gekrönt wurde. Der vom Kaiser für den 8. April 1530 nach Augsburg ausgeschriebene Reichstag sollte die Einheit der Kirche retten. Das →„Augsburger Bekenntnis" offenbarte jedoch die Fronten, die nach der Meinung des Kaisers nur durch ein Konzil verbunden werden könnten. Clemens starb am 25. September 1534. Sein Pontifikat war für die Kirche ein Verhängnis, weil er sich weigerte, das so dringend erforderliche Konzil einzuberufen. Sein Tod wurde von vielen als Glück für die Kirche betrachtet. Clemens war ein typischer →Renaissance-Papst.

## Paul III. 1534–1549

Alessandro Farnese, 1468 wahrscheinlich in Rom geboren, war von ↗ Alexander VI. zum Kardinal erhoben worden (1493). Erst 1519 wurde er zum Priester geweiht. Seit 1524 war er Kardinalbischof von Ostia und Dekan des Kardinalskollegiums. Am 13. Oktober 1534 wurde er zum Papst gewählt: Paul III. Das gesamte Pontifikat dieses Papstes ist – gleichsam verkörpert in seiner Person – gekennzeichnet durch eine Zeitenwende in der Papstgeschichte: Einerseits war sein Pontifikat beeinflußt durch seinen →Nepotismus; vier Kinder und mehrere Enkel versorgte er, drei Enkel machte er im Alter zwischen 14 und 16 Jahren zu Kardinälen. Andererseits sah er – anders als seine Vorgänger – die Reform der Kirche als dringende Aufgabe. Seine Regierung wurde zu einem neuen Anfang: Er unterstützte die Kräfte der innerkirchlichen Erneuerung, um das Vordringen der Glaubensspaltung zu verhindern. Sofort nach seiner Erhebung traf er Vorbereitungen für ein →Konzil und seit dem Früjahr 1535 verwirklichte er seine Pläne. 1536 wurde das Konzil zunächst nach Mantua, 1537 nach Vicenza berufen, es trat aber wegen politischer Schwierigkeiten nicht zusammen. 1541 wurde vom deutschen Kaiser die Stadt Trient als Konzilsort vorgeschlagen, die auf deutschem Reichsgebiet lag und so die Forderung der Fürsten nach einem Konzil in Deutschland erfüllen konnte. Für den 1. November 1542 berief der Papst das Konzil nach Trient ein. Aber auch diese Einberufung blieb wegen politischer Schwierigkeiten in Deutschland wirkungslos, worauf der Papst das Konzil suspendierte. Als neuer Eröffnungstermin wurde nun der 15. März 1545 festgesetzt. Jedoch konnte es erst am 13. Dezember 1545 eröffnet werden. Im Frühjahr 1547 verlegte sich das Konzil nach Bologna, da in Trient Fleckfieber ausgebrochen war. Der deutsche Kaiser forderte die Rückverlegung nach Trient (da die deutschen Fürsten nicht nach Italien kämen), der Papst lehnte jedoch ab. In der Zwischenzeit hatte das Konzil in Bologna seine Beratungen aufgenommen, jedoch suspendierte der Papst das Konzil von neuem. – Innerkirchlich trat der Papst energisch für eine Reform ein: Er ernannte mehrere Kardinäle, die auf eine kirchliche Erneuerung bedacht waren, und setzte eine Kommission ein, die diesem Anliegen dienen sollte. Auch bemühte sich Paul um eine Reform der Orden. Besondere Verdienste erwarb er sich bei der Einschärfung der Residenzpflicht der Bischöfe. Zur Bekämpfung der in Italien vordringenden Glaubensspaltung ordnete er die →Inquisition neu (1542): Eine römische Zentralbehörde mit sechs Kardinälen, die später „Das Heilige Officium" genannt wurde, sollte für die Reinerhaltung des Glaubens in der Gesamtkirche sorgen. – Von 1543 bis 1549 ließ er die →Engelsburg durch Fresken dekorieren. Als Paul III. am 10. November 1549 starb, war die Kirchenreform vorbereitet.

## Julius III. 1550–1555

Nach dem Tod ↗ Pauls III. im November 1549 traten die Kardinäle am 29. November 1549 zum →Konklave zusammen, aber erst am 7. Feburar 1550 konnte man sich auf einen Kandidaten einigen: Kardinal Giovanni Maria del Monte, der sich Julius III. nannte. Er war 1487 in Rom geboren und kam (als Kammerherr) an den Hof ↗ Julius' II. 1511 wurde er Bischof von Siponto und 1536 Kardinal. Als päpstlicher Legat hatte er 1545 das →Konzil von Trient eröffnet. Der Papst erwies sich – wie sein Vorgänger ↗ Paul III. – als ein weltlich gesinnter Mann und dem →Nepotismus sehr zugetan. Zugleich aber förderte er die katholische Reform. Am 14. November 1550 erschien die Bulle, die die Rückführung des Konzils nach Trient anordnete. Die Reform der römischen Kurie wurde unter Julius eingeleitet, aber nicht durchgeführt. Julius III. starb am 25. März 1555.

## Marcellus II. 1555

Marcello Cervini, am 6. Mai 1501 geboren, behielt seinen Namen auch als Papst bei; er wurde am 10. April 1555 gewählt. Seit 1539 Kardinal, war er seit 1543 päpstlicher Legat beim →Konzil von Trient. Er war ein gelehrter und für die Künste aufgeschlossener Mann, der 1548 Präfekt der Vatikanischen Bibliothek geworden war. Von ihm erhoffte man sich die Reform der Kirche, zu der er auch bereit war und befähigt gewesen wäre. Jedoch starb er schon nach 21 Tagen am 30. April 1555.

## Paul IV. 1555–1559

Gianpietro Caraffa wurde am 23. Mai 1555 zum Papst gewählt. Er entstammte einem Adelsgeschlecht Neapels, 1476 geboren, war Bischof von Chieti, Erzbischof von Brindisi und von Neapel. Eine Zeitlang war er Nuntius in Spanien. 1524 gründete er zusammen mit dem heiligen Kajetan von Thiene den Orden der Theatiner und war der erste Obere dieses Ordens. 1536 wurde er Kardinal und Vorsitzender der → Inquisition. Als Kardinalbischof von Ostia (seit 1553) war er Dekan des Kardinalskollegiums. Als er Papst wurde, war er schon fast 80 Jahre alt; seine Wahl wurde von vielen, die der Reform dienen wollten, freudig begrüßt. Er belastete jedoch sein Pontifikat so sehr mit außerordentlicher Strenge und mit ausgeprägtem → Nepotismus, daß sich bei seinem Tod ein Volksaufstand gegen das Papsttum erhob. Streng war er auch in der Durchführung der Inquisition, von der hochverdiente Persönlichkeiten nicht verschont blieben. Die Bücherzensur handhabte er scharf, 1559 veröffentlichte er den ersten Index der verbotenen Bücher. Sein Nepotismus zeigte sich vor allem seinem Neffen, dem Kardinal Carlo Caraffa, gegenüber, der sein Amt in übelster Weise mißbrauchte und 1559 seiner Ämter enthoben wurde. Aber auch dadurch wurde der Schaden, den Paul IV. dem päpstlichen Amt zugefügt hatte, nicht aufgehoben. Paul IV. starb am 18. August 1559. Die Fortsetzung des → Konzils von Trient, das zur Erneuerung der Kirche einberufen worden war, lehnte er ab.

## Pius IV. 1559–1565

Nach dem Tod ↗ Pauls IV. dauerte es fast vier Monate, bis sich die Kardinäle (die zwischen Frankreich- und Spanienfreundlichen geschieden waren) auf einen Papst einigen konnten. Das → Konklave hatte am 5. September 1559 begonnen, am 26. Dezember wurde Giovanni Angelo de' Medici gewählt: Pius IV. Er war am 31. März 1499 in Mailand geboren, 1545 zum Erzbischof von Ragusa und 1549 zum Kardinal erhoben worden. Pius IV. gehörte zwar selbst nicht zur kirchlichen Reformpartei, führte aber durch seinen Neffen, den heiligen Karl Borromäus, die Gedanken der Reform weiter. Deshalb setzte er das → Konzil von Trient fort, das am 18. Januar 1562 wieder eröffnet wurde. Die Schlußsitzung fand am 3. und 4. Dezember 1563 statt; am 26. Januar 1564 bestätigte Pius die Konzilsdekrete. Einige unerledigte Fragen (wie die Schaffung eines neuen Meßbuches und Breviers, ferner die Herausgabe eines allgemeinen Katechismus) übertrug das Konzil dem Papst. Pius schrieb am 13. November 1564 eine Zusammenfassung aller dogmatischen Lehren des Konzils, das sog. Tridentinische Glaubensbekenntnis, das für Bischöfe und Priester verpflichtend war. Am 9. Dezember 1565 starb Pius IV., dessen unbestrittene Leistung die Weiterführung und gute Beendigung des Konzils von Trient war, ein Beitrag zwar nicht zur Wiedervereinigung der Kirche, aber zur Darlegung der katholischen Lehre.

## Pius V. 1566–1572

Am 7. Januar 1566 wählten die Kardinäle nach dem Tod ↗ Pius' IV. Michele Ghislieri zum Papst: Pius V. Er war am 17. Januar 1504 geboren, wurde Dominikaner und lebte auch als Papst in mönchischer Einfachheit. Seine Wahl verdankte er vor allem dem heiligen Karl Borromäus. Um die Durchführung der Beschlüsse des →Konzils von Trient war er sehr bemüht. 1566 erschien der Römische Katechismus für die Pfarrer, 1568 das neue Brevier, 1570 das neue Meßbuch. Im Bemühen um die Reinerhaltung des Glaubens ging der Papst mit außerordentlicher Strenge gegen Häretiker und Irrlehrer vor. So belegte er die englische Königin Elisabeth I. mit dem Bann und erklärte sie für abgesetzt, was eine heftige Katholikenverfolgung in England auslöste (es war dies die letzte Absetzung eines Monarchen durch einen Papst). Im Kampf gegen die →Türken erwarb sich der Papst besondere Verdienste. Diese hatten 1571 Zypern erobert, wurden aber am 7. Oktober 1571 bei Lepanto im Golf von Korinth in einer Seeschlacht vernichtend geschlagen. Als Dank dafür führte Pius das Rosenkranz-Fest in der Kirche ein. Pius V. starb am 1. Mai 1572 und wurde 1712 heiliggesprochen; sein Gedenktag ist der 30. April.

## Gregor XIII. 1572–1585

Ugo Boncompagni, am 1. Januar 1502 in Bologna geboren, hatte auf dem →Konzil von Trient erheblichen Einfluß bei der Verabschiedung der Reformdekrete. 1558 wurde er Bischof von Vieste, 1565 Kardinal; er war Legat in Spanien. Am 13. Mai 1572 bestieg er den päpstlichen Stuhl. Die kirchliche Erneuerung führte er konsequent weiter und baute die päpstlichen Nuntiaturen als Träger der Kirchenreform aus. Da die Errichtung der vom Konzil von Trient angeordneten Priesterseminare in Deutschland auf große Schwierigkeiten stieß, förderte Gregor die in Rom vorhandenen Kollegien für den Priesternachwuchs. Das Collegium Germanicum verband er mit dem Collegium Hungaricum und stattete es so großzügig aus, daß es 100 Alumnen aufnehmen konnte. Verdienste erwarb er sich auch durch die Reform des Julianischen Kalenders: Wegen der Differenz zwischen dem bürgerlichen und dem astronomischen Jahr entschied er, daß auf den 4. Oktober 1582 sofort der 15. Oktober folgen solle. Die protestantischen Fürsten schlossen sich dieser Kalenderreform erst 100 Jahre später an, die Orthodoxe Kirche übernahm sie erst im 20. Jahrhundert. Während seines Pontifikates war es in Frankreich zur→Bartholomäusnacht gekommen, in der die führenden Hugenotten auf Befehl des Königs ermordet wurden. Der Papst starb am 10. April 1585 nach einem Pontifikat, das reich an Arbeit und auch an Erfolgen war.

### Sixtus V. 1585–1590

Am 24. April 1585 wurde Sixtus V. zum Papst gewählt; sein ursprünglicher Name war Felice Peretti. Er war am 13. Dezember 1521 geboren, trat in den Franziskanerorden ein und wurde 1566 Ordensgeneral, Bischof von S. Agata de' Goti und 1570 Kardinal. Von den ersten Tagen seines Pontifikates an zeigte sich Sixtus als überragende Persönlichkeit. Die Reform der römischen Kurie ist seine bedeutendste Leistung. Er schuf 15 Einzelressorts, die sog. Kardinalskongregationen, die die ihnen zugewiesenen Aufgaben selbständig erledigen sollten. Diese Reform, die bis ↗ Pius X. Bestand hatte, erwies sich als die wichtigste kirchliche Erneuerung. Auch das Kardinalskollegium reformierte der Papst: Er setzte die Zahl der Kardinäle auf 70 fest, 6 Kardinalbischöfe, 50 Kardinalpriester und 14 Kardinaldiakone; diese Festsetzung blieb bis 1958 in Geltung. Ebenso war Sixtus eifrig um die kirchliche Reform bemüht: Er schärfte die regelmäßige Visitation der Bischöfe durch Rom ein, wodurch der persönliche Kontakt der Oberhirten mit dem Papst ermöglicht wurde. Weniger erfolgreich erwies sich der Papst bei der Revision des Bibeltextes: Seit dem → Konzil von Trient war eine Kommission damit beschäftigt; als sie ihr Ergebnis vorlegte, war der Papst damit nicht zufrieden, er nahm persönlich Änderungen vor, die sich aber als so fehlerhaft erwiesen, daß diese Ausgabe der Bibel bald nach dem Tod des Papstes zurückgezogen werden mußte (→ Vulgata). – In Rom ließ der Papst die Kuppel der → Peterskirche vollenden. Durch ihn wurde Rom zu einer Stadt des Barock. Sixtus starb am 27. August 1590 und gehört zu den bedeutendsten Päpsten des 16. Jahrhunderts.

### Urban VII. 1590

↗ Sixtus V. war am 27. August 1590 gestorben. Am 15. September 1590 wählten die Kardinäle den Kardinal Giambattista Castagna: Urban VII. Er stammte aus einer genuesischen Adelsfamilie, war am 4. August 1521 in Rom geboren, Nuntius in Madrid und Kardinal. Er war ein gütiger und frommer Mann, starb aber bereits 12 Tage nach seiner Wahl, am 27. September 1590.

### Gregor XIV. 1590–1591

Nach dem Tod ↗ Urbans VII., der nur 12 Tage regiert hatte, wählten die Kardinäle in einem → Konklave, das fast zwei Monate dauerte, am 5. Dezember 1590 Niccolò Sfondrati: Gregor XIV. Er war am 11. Februar 1535 als Sohn des Senators in Mailand und späteren Kardinals Francesco Sfondrati geboren; Zeit seines Lebens war er kränklich. Als Freund des heiligen Karl Borromäus und des heiligen Philipp Neri führte er sein asketisches Leben, auch als er 1560 Bischof von Cremona und 1583 Kardinal geworden war, weiter. Er galt seinen Zeitgenossen als Heiliger. Politisch unerfahren, vertraute er die Staatsgeschäfte seinem Neffen Paolo Camillo Sfondrati an, den er zum Kardinal und Staatssekretär machte. Auch dieser hatte in politischen Dingen eine ungeschickte (und unerfahrene) Hand. Innerkirchlich führte der Papst das Reformwerk des →Konzils von Trient durch die Regelung der bischöflichen Informativprozesse weiter. In seinem Pontifikat wurde die Kuppel der →Peterskirche mit der Laterne versehen. Der Papst starb am 16. Oktober 1591.

## Innocenz IX. 1591

Giovanni Antonio Facchinetti war am 20. Juli 1519 in Bologna geboren, 1560 Bischof von Nicastro, 1583 Kardinalpriester geworden. In hohem Alter wurde er zum Papst gewählt (am 29. Oktober 1591): Innocenz IX. Am →Konzil von Trient hatte er teilgenommen. Schon nach etwa zwei Monaten starb der Papst am 30. Dezember 1591, ein freundlicher und würdevoller Papst.

## Clemens VIII. 1592–1605

Nach dem Tod ↗ Innocenz' IX. ging der Spanier Ippolito Aldobrandini als Clemens VIII. aus der Wahl am 30. Januar 1592 hervor. Er war am 24. Februar 1536 geboren und genoß den Ruf eines hervorragenden Juristen. Er wird als sehr fromm beschrieben, aber auch von →Nepotismus und Verschwendungssucht geprägt. Das →Jubiläumsjahr 1600 brachte über eine Million Pilger nach Rom; der Papst hörte selbst in der Peterskirche Beichte und empfing die Pilger. Im allgemeinen diente er der Reform der Kirche. Er starb am 5. März 1605.

## Leo XI. 1605

Allessandro Ottaviano de' Medici, verwandt mit ↗ Leo X., war am 2. Juni 1535 in Florenz geboren: ein Mann, hochgebildet und geistvoll, ein Freund des heiligen Philipp Neri. 1573 wurde er Bischof von Pistoia und 1574 Erzbischof von Florenz. Auf ihn setzte man große Hoffnungen im Blick auf die Reform der Kirche. Jedoch starb der Papst, der am 1. April 1605 gewählt worden, bereits nach 26 Tagen am 27. April 1605.

## Paul V. 1605–1621

Kardinal Camillo Borghese, am 17. September 1552 in Rom geboren, wurde 1597 Bischof von Jesi und 1603 Kardinal und Inquisitor. Am 16. Mai

1605 wurde er, jüngstes Mitglied des Kardinalskollegiums, zum Papst gewählt: Paul V. Sein Pontifikat ist weithin beherrscht von den Zwistigkeiten mit der Republik Venedig, wo man eine staatliche Zensur über die Kirche erreichen wollte: ohne staatliche Genehmigung dürfte keine Kirche, kein Kloster gebaut werden. Als der Papst daraufhin über die Stadt das →Interdikt verhängte und über die Verantwortlichen den Bann aussprach, durfte dies in Venedig nicht veröffentlicht werden; die Geistlichen, die sich an die päpstlichen Verlautbarungen hielten, wurden ausgewiesen. Im Grunde war es der Streit um die Prinzipien des Staatskirchentums, um das Verhältnis von weltlicher und geistlicher Macht. Erst 1607 kam es zu einem Frieden: Der Papst hob Bann und Interdikt auf, ohne daß Venedig seine Haltung aufgegeben hätte. – Am Anfang des 17. Jahrhunderts hatten sich in Deutschland die konfessionellen Gegensätze verhärtet. Als dann 1618 der Dreißigjährige Krieg ausbrach, unterstützte der Papst die Katholische Liga mit ansehnlichen Hilfsgeldern. – Innerkirchlich war der Einsatz des Papstes für die Weltmission von Bedeutung. – In Rom vollendete er den Bau der →Peterskirche. Paul V. starb am 28. Januar 1621 nach einem durch starken →Nepotismus belasteten Pontifikat.

## Gregor XV. 1621–1623

Alessandro Ludovisi, am 9. Januar 1554 in Bologna geboren, wurde 1612 Erzbischof in seiner Vaterstadt und 1616 Kardinal. Am 9. Februar 1621 wurde er zum Papst gewählt. Gregor, der schon alt und kränklich war, überließ den größten Teil seiner Regierungsgeschäfte seinem Neffen Ludovico Ludovisi, der, erst 25jährig, zum Kardinal erhoben wurde. Obwohl das Pontifikat Gregors nur zwei Jahre dauerte, hinterließ es in der Kirche deutliche Spuren: Zunächst ließ Gregor die →Papstwahl reformieren, indem er die geheime Wahl als Regel vorschrieb. Von großer Bedeutung wurde die Gründung der päpstlichen Propagandakongregation (Propaganda Fide) am 22. Juni 1622, durch die er die Missionsarbeit in Übersee, aber auch die Gegenreformation in Europa koordinierte. Seine Hauptsorge galt der Durchführung der Reformdekrete des →Konzils von Trient. Besondere Unterstützung fanden die →Jesuiten beim Papst; 1622 sprach er deren Gründer, Ignatius von Loyola, ebenso Franz Xaver heilig; außerdem Theresia von Avila und Philipp Neri. Gregor starb bereits am 8. Juli 1623.

## Urban VIII. 1623–1644

Am 6. August 1623 wurde Maffeo Barberini als Urban VIII. zum Papst gewählt. Er war am 25. April 1568 in Florenz geboren, ein Freund der Künste und der Wissenschaften. Während seines langen Pontifikates hat er die Geschichte stark mitbestimmt. Als er gewählt wurde, dauerte der 30jährige Krieg schon fünf Jahre (sein Ende erlebte der Papst nicht mehr). In diesem Krieg nahm Urban eine sehr umstrittene Haltung ein: Er unterstützte zwar anfänglich noch die Partei des (katholischen) Kaisers mit Hilfsgeldern, unternahm aber nichts Entscheidendes, als sich der französische Kardinal Richelieu mit dem evangelischen Schwedenkönig Gustav Adolf verband. So kam es, daß weite Teile des deutschen Reiches den evangelischen Glauben annahmen. Der Papst hatte auf ein Versprechen des Königs Gustav Adolf vertraut, daß in den eroberten Gebieten der katholische Glaube erhalten bleiben solle; jedoch hielt der König sein Versprechen nicht. Urban sah sich als die von beiden kriegführenden Parteien unabhängige Autorität und war bestrebt, die Neutralität zu wahren; faktisch bedeutete seine angebliche Neutralitätspolitik eine Unterstützung Frankreichs und eine schwere Schädigung des Katholizismus in Deutschland. In den letzten Jahren seines Lebens war der Papst um die Wiedergewinnung des Friedens bemüht; zu diesem Zweck versuchte er, einen Kongreß zusammenzubringen. Da die kriegführenden Mächte jedoch nicht auf seinen Plan eingingen, blieb alles unverändert. – Innerkirchlich ist das Pontifikat Urbans durch maßlosen →Nepotismus belastet. Während er für den Kaiser, wie er sagte, kein Geld hatte, sorgte er in größtem Ausmaß für die Versorgung seiner Verwandten. Urban VIII. ist eine tragische Gestalt auf dem Papstthron: Seine Regierungszeit war angefüllt von Mißerfolgen, für die er aber selbst verantwortlich war. Für den deutschen Katholizismus hatte Urbans Regierungszeit die verhängnisvollsten Folgen. Urban VIII. starb am 29. Juli 1644: Sein Tod war für die Kirche kein Unglück.

## Innocenz X. 1644–1655

Am 15. September 1644 wurde nach einem →Konklave von 37 Tagen Kardinal Giambattista Pamfili gewählt; gegen seine Wahl erhoben die Franzosen Einspruch, jedoch zu spät. Er war 1574 in Rom geboren, lange Nuntius in Spanien und seit 1627 Kardinalpriester. Der schwächliche und alte Papst war ganz in der Hand seiner Schwägerin, die sich in schamloser Weise bereicherte. Das hervorragende Ereignis in diesem Pontifikat ist der Abschluß des Westfälischen Friedens 1648, der den 30jährigen Krieg beendete. Der Friedensschluß brachte den Katholiken große Nachteile, deshalb protestierte der Papst dagegen, was jedoch ohne Wirkung blieb. – Seit Innocenz X. ist dem Kardinalstaatssekretär die Leitung der päpstlichen Politik übertragen; damit waren Einfluß und Macht der Kardinalsnepoten gebrochen. – Innerkirchlich bemühte sich der Papst um die vom Trienter →Konzil ausgegangene Reform. 1653 griff er in den Streit um den →Jansenismus ein, was jedoch die Auseinandersetzungen nicht beendete; die päpstliche Entscheidung wurde von den Jansenisten nicht angenommen. Der Papst starb am 7. Januar 1655. Er hat das Ansehen des Papsttums keineswegs gefördert. Nach seinem Tod begann eine neue Epoche der Kirchengeschichte: die Säkularisierung der abendländischen Welt.

## Alexander VII. 1655–1667

Fabio Chigi, im Februar 1599 in Siena geboren, trat 1628 in den diplomatischen Dienst der Kirche und war seit 1639 Nuntius in Köln. Nach dem Tod ↗ Innocenz' X. wurde er am 7. April 1655 zum Papst gewählt; das → Konklave hatte fast vier Monate gedauert. Sein Pontifikat war belastet durch das Verhältnis zu Frankreich: Der junge König Ludwig XIV. versuchte, im Sinn des → Gallikanismus verschiedene Rechte innerhalb der Kirche (z. B. Bischofsernennung) für sich zurückzugewinnen. Es kam zu Feindseligkeiten, bei denen der päpstliche Besitz in Avignon von den Franzosen besetzt wurde; der Papst mußte einen ihn demütigenden Frieden schließen und die Rechte Ludwigs anerkennen. – Das Bemühen des Papstes, eine katholische Liga gegen die → Türken zusammenzurufen, gelang nicht: die Türken, die bereits Wien bedrohten, konnten 1664 durch ein französisches Heer besiegt werden, jedoch führte das nicht zur endgültigen Zurückschlagung ihres Heeres. – Innerkirchlich förderte Alexander den → Nepotismus – wenn auch in geringerem Ausmaß als seine Vorgänger – weiter. Bedeutungsvoll war der Übertritt der schwedischen Königin Christine 1665 zum katholischen Glauben. – Für das Bauwesen der Stadt Rom hat Alexander Wesentliches geleistet; u. a. berief er Bernini zum Bau des → Vatikans. Alexander starb am 22. Mai 1667 und ist in St. Peter in Rom beerdigt.

## Clemens IX. 1667–1669

Giulio Rospigliosi wurde am 20. Juni 1667 gewählt. Er war am 28. Januar 1600 in Pistoia geboren, war neun Jahre lang Nuntius in Spanien, seit 1657 Kardinal und Päpstlicher Staatssekretär. Der Papst tat sich als Friedensvermittler zwischen Frankreich und Spanien hervor, im gleichen Sinn im Streit um den → Jansenismus, wo der → Clementinische Friede erreicht wurde. In seiner persönlichen Lebensführung war er sehr einfach; täglich bediente er dreizehn Arme im Vatikan. Clemens starb am 9. Dezember 1669, von den Römern sehr betrauert.

## Clemens X. 1670–1676

Nach dem Tod ↗ Clemens' IX. (1669) wirkten sich die französisch-spanischen Gegensätze im Kardinalskollegium stark aus. Erst nach über viermonatlichem → Konklave fanden die Kardinäle einen Kompromiß: Am 29. April 1670 wurde der 80jährige Kardinal Emilio Altieri gewählt: Clemens X. Am 13. Juli 1590 in Rom geboren, war er lange Jahre Nuntius in Polen gewesen. Sein Adoptivneffe, Kardinal Paluzzi Altieri, führte faktisch die Regierung der Kirche – und bereicherte sich daran in erheblichem Ausmaß. Verdienstlich war das Bemühen des Papstes um Abwendung der →Türkengefahr. Mit finanzieller Unterstützung durch den Papst gelang es dem späteren Polenkönig Johann Sobieski, die Türken zu schlagen (im November 1673); 1675 hatte er bei der Verteidigung Lembergs ebenso Erfolg. Bei den Kardinalsernennungen stand Clemens stark unter dem Druck Frankreichs. Clemens starb am 22. Juli 1676 in Rom.

## Innocenz XI. 1676–1689

↗ Clemens X. war 1676 gestorben. Nach einem →Konklave von über zwei Monaten wählten die Kardinäle Kardinal Benedetto Odescalchi am 21. September 1676. Bei der vorhergehenden Wahl 1670 hatte er schon einmal als Kandidat gegolten, jedoch war seine Wahl damals von Frankreich verhindert worden. Jetzt gab Frankreich seine Zustimmung, so konnte die Wahl einstimmig erfolgen. Er war am 19. Mai 1611 in Como geboren. Seit 1645 war er Kardinal. Er gilt als einer der würdigsten Päpste dieser Zeit. Freigebig gegenüber den Armen, gegen sich selbst streng und sparsam, war er ein erbitterter Gegner der →Simonie und des →Nepotismus. Da er den Absolutismus des französischen Königs Ludwig XIV. (→Gallikanismus) ablehnte, machte er sich den König zum Feind. Bei der Verfolgung der Hugenotten durch Ludwig erhob Innocenz Protest. Den →Molinismus verwarf der Papst. Mit viel Geld unterstützte er den Kampf gegen die →Türken; es gelang ihm, ein Bündnis zwischen Polen und Österreich zu vermitteln, wodurch es zum Sieg am Kahlenberge bei Wien 1683 kam. Dadurch wurde die Türkengefahr für das Abendland endgültig beseitigt. Am 12. August 1689 starb Innocenz XI., von den Römern sofort nach seinem Tod als Heiliger verehrt, aber erst von ↗ Pius XII. 1956 selig gesprochen.

## Alexander VIII. 1689–1691

Pietro Ottoboni, am 22. April 1610 in Venedig geboren, wurde durch ↗ Innocenz X. Kardinal und 1654 Bischof von Brescia. Am 6. Oktober 1689 fand seine Wahl zum Papst statt. Er war ein liebenswürdiger, kluger und arbeitsamer Mann, aber bei Übernahme des Amtes bereits 79 Jahre alt und kränklich. Angesichts seines Alters wollte er seine Verwandten noch schnell versorgen; dieser →Nepotismus überschattete seine Amtsführung. – Im Verhältnis zu Frankreich (↗ Alexander VII.) kam es zu keiner entscheidenden Lösung: Da der Papst nicht bereit war, die von König Ludwig XIV. ernannten Bischöfe zu bestätigen, da andererseits der König an den →Gallikanischen Artikeln festhielt, fand sich kein Weg zur Wiederherstellung der Einheit. – Alexander griff in den theologischen Streit seiner Zeit ein: Er verurteilte 31 Sätze des →Jansenismus, Irrtümer über die Gnade und die Willensfreiheit; ferner über das Verhältnis des Konzils zum Papst wie über die Begrenzung der päpstlichen Unfehlbarkeit. Alexander starb am 1. Februar 1691 und erhielt in der Peterskirche ein pompöses Grabmal.

## Innocenz XII. 1691–1700

Nach dem Tod ↗ Alexanders VIII. dauerte das →Konklave fünf Monate, bis am 12. Juli 1691 Innocenz XI. gewählt wurde. Antonio Pignatelli, am 13. März 1615 in Süditalien geboren, war Nuntius in Florenz, dann in Warschau und zuletzt in Wien. 1681 wurde er Erzbischof von Neapel und Kardinal. Er war ein würdiger Papst, der 1692 den →Nepotismus für alle Zeiten verbot. Seine Reformen galten dem Welt- und Ordensklerus; er schaffte viele kostspielige vatikanische Ämter ab. Den Streit mit Frankreich (→Gallikanismus) konnte er beilegen, da der französische König die Hilfe des Papstes in der spanischen Erbfolgefrage brauchte. Wie sein Vorgänger ↗ Innocenz XI. sprach er sich gegen den →Jansenismus und die damit im Zusammenhang stehenden Lehren aus. Große Verdienste erwarb sich der Papst um die Missionierung Süd- und Mittelamerikas. Auch um die Missionierung in Abessinien war er bemüht. Am 27. September 1700 starb der „Vater der Armen", der ein tieffrommer Papst und ein guter Verwalter der Kirche war.

## Clemens XI. 1700–1721

Seiner Wahl am 23. November 1700 stimmte Kardinal Giovanni Francesco Albani erst nach mehrtägiger Bedenkzeit zu. Der neue Papst war am 22. Juli 1649 in Urbino geboren; unter seinen Vorgängern galt er als einer der einflußreichsten Kardinäle. Seine Stellungnahme im Spanischen Erbfolgekrieg war vom Mißerfolg begleitet. Nach Beendigung dieses Kriegs (1715) bemühte sich der Papst wieder um die Abwehr der →Türken; diese hatten im Sommer große Angriffserfolge errungen. Mit erheblicher Unterstützung durch den Papst wurde der Türkenkrieg begonnen, der am 5. August 1716 mit dem Sieg des österreichischen Feldherrn Prinz Eugen von Savoyen bei Peterwardein endete. Im August 1717 wurde Belgrad erobert. – Eine Minderung des päpstlichen Ansehens erlebte Clemens im Streit mit den →Jansenisten. Er bestätigte die gegen sie erlassenen Verurteilungen; die Folge aber war die Zerstörung des Klosters Port Royal in Frankreich 1709 durch den König von Frankreich. In der Bulle „Unigenitus" verurteilte der Papst 101 Sätze aus dem Werk des französischen Jansenisten Paschasius Quesnel. Der Jansenismus verlor in Frankreich an Bedeutung, lebte jedoch in den Niederlanden weiter, wo es 1723 zum Bruch mit Rom kam. – Clemens setzte sich sehr für die Ausbreitung des Glaubens in den Missionsländern ein, jedoch war seine Entscheidung im →Ritenstreit verhängnisvoll: Er verbot durch eine Bulle vom 19. März 1715 die Anpassung an das Brauchtum der zu missionierenden Völker. Vor allem in China wurde dadurch die Missionierung sehr behindert. – Clemens starb am 19. März 1721 – nach einem weithin glücklosen Pontifikat. Er war zwar selbst ein Mann von einwandfreiem Lebenswandel, durch seine Unentschlossenheit und durch Unklugheit hatte er dem Papsttum jedoch schweren Schaden zugefügt.

## Innocenz XIII. 1721–1724

Michelangelo Conti wurde nach dem Tod ↗ Clemens' XI. am 8. Mai 1721 gewählt. Da sein Vorgänger 20 Jahre lang regiert hatte, beschlossen die Kardinäle, einen älteren Kandidaten zu wählen. Der Papst stammte aus der Familie ↗ Innocenz' III., dem zu Ehren er sich ebenfalls Innocenz nannte. Innocenz war am 13. Mai 1655 in der Nähe von Palestrina geboren und 1706 Kardinal geworden. Dank seines diplomatischen Geschicks konnte er die Beziehungen zu und zwischen den europäischen Mächten verbessern. Am 7. März 1724 ist er gestorben.

## Benedikt XIII. 1724–1730

Pietro Francesco Orsini, am 2. Feburar 1649 in der Nähe von Bari geboren, trat mit 18 Jahren in den Dominikanerorden ein; mit 23 Jahren wurde er 1672 Kardinal, was er aufgrund seiner persönlichen Bescheidenheit nur widerwillig annahm. 1686 wurde er Erzbischof von Benevent. Als er am 29. Mai 1724 zum Papst gewählt wurde, ging ihm der Ruf eines eifrigen Hirten und von Nächstenliebe geprägten Mannes voraus. Auch als Papst bevorzugte er das gewohnte einfache Leben und lehnte es deshalb ab, die päpstlichen Prunkgemächer zu beziehen; er lebte in einer Mönchszelle. Als Papst wollte er sich Benedikt XIV. nennen; dagegen protestierten jedoch die Römer, da sie den Gegenpapst ↗ Benedikt XIII. nicht anerkannten; so erscheint der Name Benedikt XIII. zweimal in der Papstliste. Benedikt bemühte sich sehr um die Festigung der kirchlichen Disziplin und die Erneuerung des kirchlichen Lebens. Unter seinem Pontifikat fanden einige Heiligsprechungen statt: Aloisius von Gonzaga, Johannes von Nepomuk, Stanislaus Kostka und Johannes vom Kreuz. Zur großen Politik hatte der Papst kein Verhältnis, in seiner Unerfahrenheit fehlte ihm dafür auch das Verständnis. Schlecht wirkte es sich aus, daß er sein Vertrauen einem völlig Unwürdigen schenkte, Niccolò Coscia, den er von Benevent nach Rom mitgebracht und dann zum Erzbischof und Kardinal gemacht hatte. Dieser brachte die Finanzen des Vatikans in seine Hand und beutete die Untertanen des Kirchenstaates schamlos aus. Zudem ließ er sich von fremden Staaten bestechen. Niemand fand beim Papst Glauben, wenn er über das Treiben Coscias klagte. Erst nach dem Tod Benedikts wurde ihm der Prozeß gemacht: er wurde zu zehnjähriger Haftstrafe und zur Zahlung von 100 000 Scudi sowie zur Rückerstattung alles unrecht angeeigneten Besitzes verurteilt. Durch Coscia fällt ein dunkler Schatten auf das Pontifikat Benedikts, der persönlich ein würdiger Mann war. Der Papst starb am 21. Februar 1730.

## Clemens XII. 1730–1740

↗ Benedikt XIII. war am 21. Februar 1730 gestorben. Es dauerte bis zum 12. Juli 1730, ehe der neue Papst gewählt werden konnte: der 79jährige Kardinal Lorenzo Corsini, der als Übergangspapst galt, aber immerhin 10 Jahre regierte. Er entstammte einer Familie in Florenz, war am 7. April 1652 geboren, wurde erst 1685 Priester, 1691 Nuntius in Wien und 1706 Kardinal. Bei seiner Wahl war er schon kränklich, zwei Jahre nach seinem Amtsantritt erblindete er. Großen Einfluß übte sein Neffe Kardinal Neri Corsini aus. Als Förderer von Kunst und Wissenschaft erwarb sich der Papst bleibende Verdienste. Sein Mäzenatentum stand aber in krassem Gegensatz zur Finanznot der Kurie. In der → Lateranbasilika ließ er die Hauptfassade erneuern und eine Kapelle zu Ehren des heiligen Andrea Corsini anbauen, eine der schönsten Kapellen Roms, in der er auch sein Grab fand. Die Schuldenlast des Vatikans stieg, Mißstände in der Verwaltung hat der Papst nicht behoben, seine kirchenpolitischen Entscheidungen waren ohne Erfolg. 1738 erließ er die erste Verurteilung der → Freimaurerei. Clemens starb am 6. Februar 1740.

## Benedikt XIV. 1740–1758

Prospero Lambertini, 1675 in Bologna geboren, wurde 1727 Erzbischof von Ancona, 1728 Kardinal und 1731 Erzbischof von Bologna. Das → Konklave, das nach dem Tod ↗ Clemens' XII. zu seiner Wahl führte, ist das längste in der neueren Papstgeschichte – es dauerte sechs Monate. Am 17. August 1740 wurde Benedikt gewählt. Neben seiner Tätigkeit als Erzbischof hatte er noch Zeit gehabt, grundlegende theologische Werke über die Heilig- und Seligsprechungsprozesse sowie über die Diözesansynode zu verfassen; beide Bücher behielten lange Zeit hindurch grundlegende Bedeutung. Als Wissenschaftler lag ihm die Pflege der Wissenschaft besonders am Herzen; für sie sorgte er in Rom in besonderer Weise. – Mit mehreren Staaten kam es unter seinem Pontifikat zu Einigungen; so anerkannte er Friedrich II. als König von Preußen. – Im → Ritenstreit entschied Benedikt 1742, daß die chinesischen Bräuche in der Liturgie nicht geduldet werden dürften: Die gottesdienstlichen Handlungen müßten von jedem Makel des Aberglaubens frei bleiben; 1744 verurteilte er auch die „malabarischen Riten" in Indien. Durch diese Entscheidungen erschwerte der Papst die Missionsarbeit der Kirche sehr. – In seinem Pontifikat wuchs die Zahl derer, die dem

→Jesuitenorden feind waren; sie versuchten mit allen Mitteln, ein Verbot des Ordens zu erreichen. Benedikt wandte sich gegen die Jesuiten in Portugal, wo der Minister Pombal einen heftigen Kampf gegen sie führte. Dieser Erlaß des Papstes hatte für die Jesuiten schwerwiegende Folgen. – Innerkirchlich leitete Benedikt eine Reform des Index (der Liste der verbotenen Bücher) und der Bestimmungen zur Indizierung von Büchern ein. Benedikt starb im Alter von 83 Jahren am 3. Mai 1758 in Rom und ist in St. Peter beigesetzt. Er war einer der gelehrtesten Päpste der neueren Zeit, zeigte sich manchen Staaten gegenüber zu nachgiebig, fand aber – und das war das Besondere seines Pontifikates – bei Katholiken und Protestanten gleichermaßen Achtung.

## Clemens XIII. 1758–1769

Nach dem Tod ↗ Benedikts XIV. wollten die Kardinäle im Mai 1758 den Kardinal Cavalchini wählen, wogegen der französische König protestierte. So kam es am 6. Juli 1758 zur Wahl des Kardinals Carlo Rezzonico, der sich Clemens XIII. nannte. Er war am 7. März 1693 in Venedig geboren, wurde 1737 Kardinal und 1743 Bischof von Padua, wo er sehr segensreich als Seelsorger wirkte. Sein Pontifikat steht ganz unter dem Einfluß der →Jesuitenfrage. Man wollte den Orden aufheben, um die Kirche und das Papsttum zu treffen; vor allem das Gelübde der Jesuiten zum Gehorsam gegenüber dem Papst erregte den Anstoß der Kirchenfeinde. Außerdem hatte die besondere Stellung, die die Jesuiten am päpstlichen Hof einnahmen, Neid erweckt. Portugal und Frankreich machten sich zu Vorkämpfern der Aufhebung des Ordens, die am 1. Dezember 1764 in Frankreich ausgesprochen wurde. Einem Antrag der katholischen Mächte auf Aufhebung des Ordens im Januar 1769 entsprach der Papst nicht; er wollte jedoch eine so wichtige Frage nicht allein entscheiden, sondern eine Kardinalskommission zur Prüfung einberufen. Einen Tag vor dem Zusammentritt der Kommission starb der Papst. – Große Diskussionen gab es unter Clemens XIII. über die Kirchenverfassung. In diesen Jahren hatte der Trierer Weihbischof Johann Nikolaus von Hontheim unter dem Pseudonym →Febronius ein Werk veröffentlicht, in welchem er die Kirche wieder auf ihre ursprüngliche Verfassung zurückführen wollte: Die Bischöfe und Konzilien müßten die ihnen von den Päpsten vorenthaltenen Rechte wieder zurückerhalten; päpstliche Entscheidungen erhielten Gültigkeit erst durch die Zustimmung der Gesamtkirche; der Papst habe nur einen Ehrenvorrang vor den übrigen Bischöfen. Dieses Werk löste heftige Diskussionen aus; Clemens ließ es am 27. Februar 1764 auf den Index der verbotenen Bücher setzen. – Kirchenpolitisch erwies sich auch unter diesem Papst die Machtlosigkeit des Papsttums. In die Geschichte der kirchlichen Frömmigkeit hat sich Clemens eingeschrieben durch die

Erlaubnis zur Feier des Herz-Jesu-Festes (1765). – Clemens starb am 2. Februar 1769 infolge eines Schlaganfalls.

## Clemens XIV. 1769–1774

Nach dem Tod ↗ Clemens' XIII. waren die europäischen Mächte übereingekommen, daß nur ein Papst gewählt werden dürfe, der nicht als Freund der → Jesuiten galt. Kardinal Lorenzo Ganganelli erklärte, seiner Meinung nach könne der Papst einen Orden (also auch die Jesuiten) aus sehr wichtigen Gründen aufheben. So wurde er am 19. Mai 1769 einstimmig zum Papst gewählt: Clemens XIV. Er war am 31. Oktober 1705 in der Nähe von Rimini geboren, trat in den Franziskanerorden ein, wurde 1740 Rektor des Bonaventura-Kollegs dieses Ordens in Rom, 1759 Kardinal. – Am 22. Juli 1769 erneuerten die katholischen Mächte die Forderung nach Aufhebung der Jesuiten. Aus Furcht vor Frankreich, das mit dem Abbruch der diplomatischen Beziehungen gedroht hatte, gab Clemens nach. Im September 1769 versprach er die Aufhebung des Ordens, nannte jedoch keinen Termin. Der Papst versuchte, die Aufhebung des Ordens formell zu umgehen, indem er die Aufnahme neuer Mitglieder verbieten wollte. Dagegen wehrte sich Spanien. Auf sein Drängen wurde der Orden mit Breve vom 21. Juli 1773 aufgehoben. Der Papst fand dafür den Beifall der öffentlichen Meinung und der herrschenden Klasse, wenn auch das Vorgehen gegen den Orden in den einzelnen Ländern unterschiedlich war. Am schärfsten war die Reaktion im Kirchenstaat, wo man den Ordensgeneral und die führenden Männer der Ordenskurie in Haft nahm. In Preußen und Rußland wurde der Orden nicht aufgehoben, um das katholische Schulwesen nicht zu gefährden. Die Aufhebung des Ordens brachte den Schulen und Universitäten Europas großen Schaden. Clemens hatte drei Jahre lang versucht, die Aufhebung hinauszuschieben, schließlich beugte er sich dem Druck der Länder. Das macht augenfällig deutlich, wie sehr die geistige Macht des Papsttums im Niedergang begriffen war. Clemens XIV. starb am 22. September 1774 nach einem Pontifikat, das durch die Schwäche und Nachgiebigkeit gegenüber den europäischen Ländern gezeichnet war. Persönlich war er fromm, theologisch gebildet und sehr liebenswürdig. Aber sein Pontifikat gereichte der Kirche nicht zum Segen.

## Pius VI. 1775–1799

↗ Clemens XIV. war am 22. September 1774 gestorben. Das → Konklave, das seinen Nachfolger wählen sollte, dauerte wieder über vier Monate: Am 15. Februar 1775 wurde Pius VI. gewählt. Giovanni Angelo Conte Braschi war am 25. Dezember 1717 in Cesena geboren, hatte Jura studiert und 1758 die Priesterweihe empfangen. 1766 übernahm er im Auftrag des Papstes die Päpstliche Schatzkammer und brachte die zerrütteten Finanzen des Kirchenstaates in Ordnung. 1773 wurde er Kardinal. Von seinem Vorgänger hatte er ein schweres Erbe übernommen; daß das Ansehen des Papsttums auch weiterhin schwand, war nicht seine Schuld. Er war persönlich fromm und vielseitig gebildet, aber – wie manche seiner Vorgänger – dem → Nepotismus verfallen. – Für die Verschönerung Roms, das damals zum Sammelpunkt von Künstlern und Gelehrten wurde, gab er große Summen aus. – Sein Pontifikat war erfüllt von großen Schwierigkeiten, die sich aus dem Absolutismus der Fürsten, aus den Folgen der Französischen Revolution und aus dem Geist der Aufklärung ergaben. So wurden in Österreich unter Joseph II. staatskirchliche Ideen maßgebend: Alles und jedes innerhalb der Kirche wollte der König regeln. Ende Februar 1782 unternahm der Papst eine Reise nach Wien, um mit dem Kaiser zur Übereinkunft zu kommen – vergeblich. In Deutschland war zur gleichen Zeit das Streben deutlich, die bischöflichen Rechte gegen die Rechte des Papstes zu stärken. Als der Papst 1785 in München eine päpstliche Nuntiatur errichtete, standen die Erzbischöfe von Köln, Trier, Mainz und Salzburg dagegen, weil sie eine Minderung ihrer eigenen Jurisdiktion befürchteten. In der → „Emser Punktation" beschlossen sie im August 1786 eine Neuordnung des Verhältnisses der deutschen Kirche zu Rom und ein sogenanntes Reformprogramm. Darin wurde eine Genehmigung päpstlicher Bullen durch die Bischöfe gefordert, um in Deutschland Gültigkeit zu erlangen. Diese Fragen traten in den nächsten Jahren durch den Einmarsch der französischen Revolutionsheere und durch die → Säkularisation in den Hintergrund; die geistlichen Kurfürstentümer gingen unter. Am schlimmsten wirkte sich die Französische Revolution von 1789 auf den Papst persönlich wie für die französische Kirche aus: das gesamte Kirchengut wurde auf Vorschlag des Bischofs von Autun, de Talleyrand, dem Staat zur Verfügung gestellt und schließlich eingezogen. Die Orden wurden aufgelöst, die Zahl der Bistümer in Frankreich von 134 auf 83 reduziert, die Besetzung der Bischofsstühle und Pfarreien den staatlichen Stellen übertragen, schließlich von den Pfarrern ein Eid auf die Verfassung gefordert. Der Papst verwarf diese Gesetze und erklärte die Pfarrer, die den Eid geleistet hatten, für suspendiert. Die Verwirrung war groß: „Geschworene" gegen Eidverweigerer. Der Staat versuchte, seine Gesetze mit Gewalt durchzusetzen, die Eidverweigerer wurden ausgewiesen; 1792 wurden in Paris 3 Bischöfe und 300 Priester erschossen; die ausgewiesenen etwa 40 000 Priester fanden in allen Ländern Europas Zuflucht. Der 1791 gewählte Erzbischof von Paris, J. B. Gobel, legte 1793 sein Amt nieder und bekannte sich zum Kult der Freiheit und Gleichheit, zur Göttin Vernunft. Die Kirche Frankreichs schien vernichtet. 1796 wurde der → Kirchenstaat von französischen Truppen besetzt, im Friedensvertrag mußte der Papst zudem eine Millionensumme zahlen sowie wertvolle Handschriften und Kunstwerke ausliefern. Als sich Pius VI. daraufhin mit Österreich und Neapel verbündete, fiel

Napoleon wieder in den Kirchenstaat ein und diktierte einen noch härteren Frieden. Am 15. Februar 1798 wurde in Rom die Republik ausgerufen, der Papst für abgesetzt erklärt und in der Peterskirche ein Dankgottesdienst für die Wiederherstellung der Republik gehalten. Als der Papst sich weigerte, Rom zu verlassen, brachte man ihn mit Gewalt zunächst nach Siena und am 1. Juli auf die Kartause nach Florenz. 1799 schließlich wurde der kranke Papst, der vorher den Wunsch geäußert hatte, in Rom sterben zu dürfen, auf einer Bahre über die Alpen nach Frankreich, zuerst nach Grenoble, dann nach Valence gebracht. Am 29. August 1799 starb er dort. Nach dem Tod des Papstes schien auch die Kirche vernichtet; Leichenreden wurden auf sie wie auch auf das Papsttum gehalten. Aber schon im Sterbejahr des Papstes war eine Schrift erschienen mit dem Titel „Der Triumph des Heiligen Stuhles und der Kirche über die Neuerer". Verfasser war der Kamaldulenserpater Mauro Cappelari, der 1831 als ↗ Gregor XI. den päpstlichen Stuhl bestieg. Es sei leichter, die Sonne zu zerstören als Kirche und Papsttum, schrieb er in diesem Buch. Tatsächlich erlebte das Papsttum in den kommenden Jahren einen neuen Aufstieg, der unter dem Nachfolger, ↗ Pius VII., begann.

## Pius VII. 1800–1823

↗ Pius VI. war in französischer Gefangenschaft gestorben – das Papsttum schien am Ende, die Macht Napoleons größer zu sein. Es dauerte fast ein Vierteljahr, bis die Kardinäle zum → Konklave zusammentraten, u. zw. in Venedig. Die Papstwahl fand unter österreichischem Schutz im Benediktinerkloster S. Giorgio statt. Das Konklave hatte am 1. Dezember 1799 begonnen, am 14. März 1800 wurde Luigi Barnaba Chiaramonti gewählt: Pius VII. Er war 1742 geboren und mit 16 Jahren in den Benediktinerorden eingetreten. Pius VI. hatte ihn zum Bischof von Tivoli (1782) und von Isola (1785) ernannt. 1785 wurde er Kardinal. Viele französische Priester hatten nach ihrer Vertreibung aus der Heimat bei ihm Unterkunft gefunden. Nach seiner Wahl bereitete Pius die Übersiedlung nach Rom vor, die er am 3. Juli 1800 vollziehen konnte, vom Volk jubelnd begrüßt. In Frankreich hatte sich inzwischen eine Wandlung vollzogen: Napoleon hatte erkannt (und in einem Brief an den Papst zum Ausdruck gebracht), daß die katholische Religion der einzige Anker sei und daß die Kirche an Frankreich eine Stütze finden werde. So wurde am 15. Juli 1801 das französische Konkordat abgeschlossen. Die Zahl der Bistümer wurde darin auf 60 begrenzt (darunter 10 Erzbistümer). Alle seither im Amt befindlichen Bischöfe wurden ihres Amtes enthoben: diejenigen, die den Eid auf die Verfassung nicht geleistet hatten, durch den Papst, die anderen durch die Regierung. Durch das Konkordat erhielt Napoleon das Recht zur Bischofsernennung; die Bischöfe hatten der Regierung einen Treueid zu leisten. In seiner mißlichen Lage mußte der Papst im Konkordat einige Zugeständnisse machen; Napoleon hatte die eindeutig stärkere Verhandlungsposition. Zum Konkordat fügte Napoleon von sich aus 27 „Organische Artikel" bei, die bestimmten, daß alle päpstlichen Schreiben, alle Dekrete der Konzilien, National- und Provinzialsynoden die Bestätigung durch die Regierung benötigen. Ein Protest des Papstes gegen diese Artikel war, wie vorauszusehen, erfolglos. Pius hoffte, in einer persönlichen Begegnung mit Napoleon manches abschwächen zu können. Deshalb reiste er nach Paris, wohin er 1804 zur Kaiserkrönung kommen sollte. Das Volk umjubelte den Papst, Napoleon jedoch behandelte ihn wie einen Untergebenen. Nach der Krönung schlug der Kaiser dem Papst das Verbleiben in Frankreich und Avignon als Residenz vor. Auch in Italien griff Napoleon nun in die Rechte der Kirche ein. Er verlangte vom Papst die Anerkennung der „Organischen Artikel", die Ernennung eines unabhängigen Patriarchen für Frankreich und unter den Kardinälen mindestens ein Drittel Franzosen. Als der Papst das nicht bewilligte, wurde am 2. Februar 1808 Rom durch den Kaiser besetzt, am 6. September 1808 der Amtssitz des Papstes von Soldaten umstellt; der Papst solle sich auf die Leitung der Seelen beschränken, erklärte Napoleon. Am 10. Juni 1809 veröffentlichte Pius daraufhin eine Bannbulle gegen den Kaiser, den „Räuber des → Patrimonium Petri". Vom 5. auf den 6. Juli 1809 wurde der Papst deshalb zusammen mit seinem Kardinalstaatssekretär Kardinal Pacca gefangengenommen und von Rom weggeführt. Über Florenz, Grenoble, Valence und Avignon brachte man ihn am 17. August 1809 nach Savona. Allerdings erreichte Napoleon damit nicht sein Ziel; das Ansehen des Papstes stieg infolge dieser Gewaltmaßnahmen sehr. Ende 1809 wurden die Kardinäle gezwungen, nach Paris überzusiedeln; am 17. Juni 1811 trat in der Kathedrale von Paris ein durch den Kaiser einberufenes Nationalkonzil zusammen, zu dem die deutschen, italienischen und natürlich die französischen Bischöfe eingeladen wurden. Aber das Konzil verlief nicht so, wie Napoleon es sich gedacht hatte: der Weihbischof von Münster stellte den Antrag, den Papst freizulassen, was allgemeine Zustimmung fand. Weil das Konzil nicht nach seinen Wünschen verlief, löste Napoleon es am 11. Juli auf und ließ drei Bischöfe verhaften. Er berief es dann zwar am 5. August noch einmal zusammen. Da es dabei aber wieder nicht seinem Willen und seinen Plänen folgte, wurde es erneut im Oktober 1811 aufgelöst, wobei der Kaiser das Konkordat von 1801 für aufgehoben erklärte. Am 19. Juni 1812 wurde der Papst auf Befehl des Kaisers insgeheim nach Fontainebleau gebracht. Als der Kaiser nach der vernichtenden Niederlage aus Rußland zurückkehrte, erstrebte er eine Aussöhnung mit dem Papst. Er besuchte am 19. Januar 1813 Pius, war sehr entgegenkommend und begann Verhandlungen für ein neues Konkordat, das dann in Fontainebleau geschlossen wurde. Darin gab der Papst dem Kaiser in vielen Punkten nach, was sehr bald den Unwillen bei kirchlich

Gesinnten, vor allem bei den Kardinälen, erregte; selbst der Papst kam zur Überzeugung, daß er dabei zu weit gegangen sei. Am 24. März 1813 schrieb Pius an Napoleon und nahm unter Hinweis auf ↗ Paschalis II., der dem Kaiser Heinrich V. (→Sachsen) gegenüber einen Widerruf geleistet hatte, seine Zugeständnisse zurück; er lud den Kaiser zu neuen Konkordatsverhandlungen ein. Infolge der militärischen Niederlagen war Napoleon dazu auch bereit. Im Januar 1814 ließ er den Papst nach Savona bringen, bis er ihm am 10. März 1814 die Freiheit gab. Am 24. Mai 1814 konnte Pius nach fünfjähriger Gefangenschaft wieder in Rom einziehen. Die Rückkehr Napoleons aus der Verbannung auf der Insel Elba brachte für den Papst noch einmal Schwierigkeiten: Napoleons Schwager, König Murat von Neapel, zwang den Papst zur Flucht aus Rom (am 22. März 1815); jedoch konnte der Papst am 7. Juli 1815 endgültig nach Rom zurückkehren. Durch Beschluß des Wiener Kongresses erhielt der Papst am 9. Juni 1815 den →Kirchenstaat zurück. Der →Jesuitenorden, der 1773 durch ↗ Clemens XIV. aufgehoben worden war, wurde durch Pius VII. wiederhergestellt. Schwierig war die Neuordnung der Kirche in fast allen europäischen Ländern, die durch die Französische Revolution in Mitleidenschaft gezogen worden waren. Vor allem in Deutschland waren dazu erhebliche Verhandlungen nötig: das Staatskirchentum wollte unbedingt seine Rechte wahren, die Kirche trat für ihre Unabhängigkeit von den Regierungen ein. Konkordate wurden mit zahlreichen Ländern in ganz Europa geschlossen. – Pius VII. tat viel für den Wiederaufbau Roms, dazu trieb er auch die Ausgrabungen des antiken Rom voran. Auch der Weltmission galt seine Sorge: 1822 wurde das Werk der Glaubensverbreitung in Rom gegründet und 1823 durch den Papst genehmigt. Nach einem Pontifikat von 23 Jahren starb Pius VII. am 20. August 1823. Er war ein Mann von ausgeprägter Selbstlosigkeit, voll Frömmigkeit und Güte; in den Leiden seines Pontifikates bewährte sich große Standhaftigkeit. Sein Wirken hat – nach dem scheinbaren Erliegen des Papsttums am Ende des Pontifikates ↗ Pius' VI. – viel zum Wiederaufstieg beigetragen.

## Leo XII. 1823–1829

Nach dem Tod ↗ Pius' VII. wählten die Kardinäle Annibale della Genga zum Papst (am 28. September 1823). Er war am 22. August 1760 geboren, verbrachte mehrere Jahre als Nuntius in Deutschland und Frankreich, wurde 1816 zum Kardinal und Bischof von Sinigaglia, 1818 zum Bischof von Spoleto ernannt und 1820 als Kardinalvikar nach Rom berufen. Als Folge der Französischen Revolution und der →Säkularisation waren die kirchlichen Verhältnisse in Deutschland vielfach ungeordnet: Bistümer waren aufgehoben, manche waren unbesetzt, andere mußten neu umschrieben werden, Klöster waren säkularisiert; die Landesherren versuchten, für sich größere Rechte (z. B. bei Bischofsernennungen) zu erringen. Hier griff Leo ordnend ein. – 1825 feierte er das →Heilige Jahr, das 1800 nicht hatte gefeiert werden können (↗ Pius VI., ↗ Pius VII.): Rom wurde wieder der religiöse Mittelpunkt der Welt. – Die Vatikanische Bibliothek ließ er erweitern, die unter ↗ Pius VII. abgebrannte Basilika St. Paul vor den Mauern wiederaufbauen. – Auch um die Weltmission zeigte er sich sehr besorgt. Der Papst starb am 10. Februar 1829. Er war ein Mann von vorbildlicher Frömmigkeit und einfachster Lebensweise. Seine Tätigkeit fand in Italien (wegen der politischen Streitigkeiten) wenig Beifall, umso mehr aber in der Weltkirche. „Dank seines Reformeifers kann er zu den bedeutendsten Päpsten des 19. Jahrhunderts gerechnet werden" (Franzen/Bäumer).

## Pius VIII. 1829–1830

Der am 31. März 1829 gewählte Francesco Saverio Castiglioni konnte nur 20 Monate lang regieren. Er war 1761 geboren, 1800 Bischof von Montalto und 1816 Kardinal geworden, seit 1821 Bischof von Frascati. In der kurzen Zeit seines Pontifikates bemühte er sich um die Vertiefung des Glaubens gegenüber religiöser Gleichgültigkeit. Pius VIII. starb am 30. November 1830.

## Gregor XVI. 1831–1846

Mehr als zwei Monate dauerte das →Konklave, aus dem am 2. Februar 1831 Bartolomeo Cappellari als Gregor XVI. hervorging. Er war am 28. September 1765 in Belluno geboren und trat in jungen Jahren in den Orden der Kamaldulenser ein. 1805 wurde er Abt dieses Ordens im römischen Kloster, 1825 Kardinal und seit 1826 Präfekt der Propagandakongregation, die sich der Weltmission widmete. 1799 hatte er eine Schrift verfaßt: „Triumph des Heiligen Stuhles", in welcher er zur Zeit der großen Umwälzungen (die durch die Französische Revolution 1789 hervorgerufen waren) die Monarchie und die päpstliche →Unfehlbarkeit verteidigte; gegen alle Bemühungen der →Gallikaner und der →Febronianisten setzte er sich darin zur Wehr. Er sprach vom kommenden Triumph des Heiligen Stuhles – und das in einer Zeit, da das Papsttum am Boden lag und viele sein Ende sahen. – Auch als Papst blieb Gregor der bedürfnislose Mönch. Am Anfang seines Pontifikates standen Aufruhrbewegungen in verschiedenen italienischen Städten, die die Priesterherrschaft als mit der Heiligen Schrift unvereinbar erklärten. Bereits 1821 hatten die europäischen Mächte Vorschläge zu einer Reform des →Kirchenstaates gemacht. Am 31. Mai 1831 legten sie ein Memorandum vor, in welchem eine stärkere Beteiligung der Laien an der Verwaltung und der Rechtspflege gefordert wurde. Jedoch erkärte sich die Kurie zu einschneidenden Veränderungen nicht bereit. Das nationale Anliegen der Einigung Italiens, das damals sehr viel besprochen wurde, nahm der Papst nicht auf. Dagegen führte er die Weltkirche mit tatkräftiger Hand: In einem Rundschreiben rief er 1832 die Bischöfe der Welt zur festen Bindung an den Mittelpunkt der Kirche, den Stuhl Petri, auf. Am 1. Juni 1846 starb der Papst. Er wird als frommer, kluger, gebildeter Mann gerühmt, der sich für die Stellung des Papsttums in der Kirche energisch einsetzte. Weniger glücklich war er als Fürst des Kirchenstaates. Die revolutionäre Bewegung wuchs hier und in ganz Italien während seines Pontifikates.

## Pius IX. 1846–1878

Nach dem Tod ↗ Gregors XVI. wählten die Kardinäle am 16. Juni 1846 Giovanni Conte Mastai-Ferretti: Pius IX. Er war am 13. Mai 1792 in Senigallia geboren, empfing 1819 die Priesterweihe, wurde 1827 Erzbischof von Spoleto, 1832 von Imola, 1840 Kardinal. Er war von unbedingter Hingabe an seine Aufgabe erfüllt, fromm, verbindlich und geprägt von Wohltätigkeit. Im →Kirchenstaat und in ganz Italien gab es – wie in anderen europäischen Ländern – revolutionäre Bewegungen, die mit dem Jahr „1848“ gekennzeichnet sind und auf größere Beteiligung des Volkes an der Regierung abzielten. Als der Papst im italienischen Befreiungs- und Einigungskampf Neutralität wahrte, weil er für alle Völker in gleicher Weise als Hirte berufen sei, wurde er als Feind des Vaterlandes beschimpft und verlor an Popularität. Die Aufrührer forderten die Kriegserklärung des Papstes an Österreich und belagerten ihn zu diesem Zweck im Quirinal. Am 24. November 1848 mußte der Papst aus Rom nach Gaeta fliehen, wohin ihm die Kardinäle folgten. In Rom wurde am 9. Februar 1849 die Republik ausgerufen. Am 12. April 1850 kehrte der Papst, auf französische Truppen gestützt, nach Rom zurück. Die italienischen Truppen eroberten weite Gebiete des →Kirchenstaates; man bot dem Papst die Souveränität der Stadt Rom und eine feste Dotation an, wenn er auf den Verzicht des Kirchenstaates eingehe. Pius lehnte ab. Deshalb regelte die italienische Regierung von sich aus das Verhältnis zur Kirche: 1871 wurde dem Papst Unverletzlichkeit und Souveränität bestätigt, eine Jahresrente ausgesetzt und die Gewähr für die Überlassung der Paläste des →Vatikan und des →Lateran (sowie der Villa in Castelgandolfo) übernommen. Bereits am 15. Mai 1871 verwarf der Papst dieses Gesetz. Seitdem lebten die Päpste als „Gefangene im Vatikan“. Bis zum Jahr 1929, als es zu einer Regelung der Römischen Frage kam, haben die Päpste den Vatikan nicht mehr verlassen. – Diese äußere Ereignisse ließen bei manchen die innerkirchliche Bedeutung dieses Pontifikates (das übrigens das längste in der ganzen Papstgeschichte war) in den Hintergrund treten. Bezeichnend war die Ausbildung des päpstlichen Zentralismus, den man als „Ultramontanismus“ bezeichnete und vielfach bekämpfte. Pius IX. wußte sich auch als Lehrer der Christenheit: 1849 hatte er bei den Bischöfen der Welt angefragt, ob sie die Dogmatisierung der Lehre von der Unbefleckten Empfängnis Mariens für möglich hielten. Mit großer Mehrheit stimmten die Bischöfe zu. Im November 1854 wurde dieser Glaubenssatz (in Gegenwart von 200 Bischöfen aus aller Welt) feierlich verkündigt. 1864 veröffentlichte der Papst eine Enzyklika, der vom Kardinalstaatssekretär eine Zusammenstellung („Syllabus") der hauptsächlichsten Irrtümer der Zeit beigefügt war: Pantheismus, Naturalismus, Rationalismus, Indifferentismus, Sozialismus und Kommunismus sowie falsche Lehren über die christliche Ehe und die christliche Sittenlehre waren hier zusammengestellt. – Das bedeutendste innerkirchliche Ereignis in diesem Pontifikat war die Einberufung und Durchführung des I. Vatikanischen →Konzils. Am 6. Dezember 1864 sprach der Papst vor den Kardinälen von diesem Plan. 1865 wurde eine Kommission zur Vorberatung der Konzilsthemen berufen und das Konzil am 26. Juni 1867 feierlich angekündigt. Offiziell einberufen wurde es am 29. Juni 1868: Das Konzil, zu dem auch die Kirchen des Ostens eingeladen waren, sollte die katholische Wahrheit deutlich darlegen und die kirchliche Disziplin den Erfordernissen der Zeit angleichen. Bei der feierlichen Eröffnung am 8. Dezember 1869 waren bereits 642 stimmberechtigte Konzilsväter anwesend, die Gesamtzahl belief sich auf über 700. So war das Konzil eine echte Versammlung der Weltkirche. Gegen den Widerspruch einer Minderheit von Bischöfen, die sich gegen die Opportunität einer Dogmatisierung der päpstlichen →Unfehlbarkeit wandten, nahm das Konzil am 13. Juli 1870 den Antrag auf deren Dogmatisierung mit großer Mehrheit an: Am 18. Juli 1870 bestätigte der Papst den Konzilsbeschluß und verkündete die dogmatische Konstitution zu dieser Frage. Auch die Minderheit der Bischöfe, die z. T. noch vor der Verkündigung abgereist waren, nahm den Konzilsbeschluß und die Verkündigung durch den Papst an. Am 19. Juli 1870 war der Krieg zwischen Deutschland und Frankreich ausgebrochen; deshalb reisten viele Bischöfe nach Hause. Am 20. September besetzten italienische Truppen die Stadt Rom, wodurch das Ende des →Kirchenstaates gekommen war. Am 20. Oktober 1870 verkündete der Papst die Vertagung des Konzils. Durch diesen erzwungenen frühen Abschluß der Beratungen waren wichtige Fragen über die Kirche, die die Unfehlbarkeitsdefinition hätten verdeutlichen können, nicht mehr zur Sprache gekommen. Das Konzil wurde nicht mehr fortgesetzt. – Das Konzil hatte die innere Geschlossenheit des Katholizismus und Rom als Mittelpunkt der Weltkirche deutlich sichtbar gemacht. In manchen Ländern kam es zur Abspaltung der →Altkatholiken, die aber keine größere Bedeutung erlangen konnten. – Für die Weltkirche hatte das Pontifikat Pius' IX. große Bedeutung: In England wurde die katholische Hierarchie wieder errichtet; auch in den Niederlanden erneuerte der Papst die in der

Reformationszeit zerstörte Hierarchie. In Amerika entwickelte sich der Katholizismus sehr lebhaft; auch hier entstanden immer neue Kirchenprovinzen und Bistümer. Der Papst förderte auch die Arbeit der Weltmission sehr stark. Konkordate mit Rußland (1847), Spanien (1851), Österreich (1855), Portugal (1857) und mit verschiedenen mittelamerikanischen Staaten konnten abgeschlossen werden. In Deutschland kam es zu dieser Zeit zum Zusammenschluß der Katholiken im sog. Piusverein und zur Generalversammlung der katholischen Vereine Deutschlands, den Vorläufern der späteren Katholikentage. Seit 1848 tagte die Versammlung der deutschen Bischöfe regelmäßig jährlich. Zwar entwickelte sich auch in Deutschland die kirchenpolitische Lage zunächst günstig, 1870 wurde das „Zentrum", die politische Vertretung der deutschen Katholiken, gegründet. Jedoch zerstörte in dieser Zeit der von Fürst v. Bismarck begonnene → „Kulturkampf" (seit 1871) alle Hoffnungen auf eine Versöhnung von Kirche und Staat. 1872 waren die Jesuiten, Redemptoristen und Lazaristen in Deutschland verboten, was im Widerspruch zur Verfassung des Reiches stand. Dagegen protestierte der Papst wie auch gegen die 1873 verabschiedeten „Mai-Gesetze", die die Bischöfe und Pfarrer unter staatliche Bevormundung stellten. Otto v. Bismarck wollte eine deutsche Nationalkirche. Der Verwerfung dieser Gesetze durch den Papst in einer Enzyklika vom 5. Februar 1875 folgten neue Gesetze gegen die Kirche. 1878 waren in Preußen zwei Drittel der Bischöfe von der Regierung „abgesetzt", über 1 000 Pfarreien waren ohne Seelsorger, die Priesterseminare geschlossen. Aber immer mehr stellte sich der Kulturkampf als ein politischer Fehlschlag heraus: Er spaltete die Kirche nicht – wie erhofft –, sondern band sie stärker in sich und um den Papst zusammen. Pius IX. starb am 7. Februar 1878. Kein Papst im 19. Jahrhundert hatte bei den Katholiken in aller Welt einen so starken Rückhalt. In weiten Kreisen der deutschen Kirche wurde er als „Dulderpapst" verehrt, der den Weg des Kreuzes zu gehen bereit gewesen war.

## Leo XIII. 1878–1903

Nach dem Tod ↗ Pius IX. wählten die Kardinäle in einem dreitägigen → Konklave am 20. Februar 1878 Gioacchino Vincenzo de' Pecci zum Papst: Leo XIII. Er war am 2. März 1810 bei Anagni geboren, 1837 Priester geworden und hatte sich u. a. als Nuntius in Brüssel (seit 1843) und als Bischof von Perugia (seit 1846) bewährt. 1853 wurde er Kardinal. Durch seine Tätigkeit in Belgien lernte er die Probleme der Industrialisierung kennen sowie die parlamentarische Regierungsform. Er war ein Mann von glänzender Bildung und verbindlichem Wesen. In seiner ersten Enzyklika vom 21. April 1878 nannte er die Versöhnung von Kirche und Kultur unter den wichtigsten Aufgaben seines Pontifikates. – Der Wechsel auf dem Päpstlichen Stuhl bot in Deutschland v. Bismarck die Möglichkeit, den → Kulturkampf (↗ Pius IX.) abzubauen; seinem Beispiel folgten auch die deutschen Landesfürsten. – Das Verhältnis der Kirche zu Frankreich wurde durch verschiedene antikirchliche Gesetze sehr beeinträchtigt, obwohl der Papst sich vor allem am Anfang seiner Regierungszeit sehr franzosenfreundlich zeigte. Insgesamt war sein Bemühen um die Kirche in Frankreich ein Fehlschlag. – In Italien war 1870/71 die nationale Einigung unter einem italienischen König erreicht worden; der → Kirchenstaat war aufgehoben, der Papst lebte – wie sein Vorgänger – als „Gefangener im Vatikan" (die Päpste verließen mehrere Jahrzehnte hindurch den Vatikan nicht mehr zu größeren Reisen). Als in der Nacht zum 13. Juli 1881 die sterblichen Überreste ↗ Pius' IX. von St. Peter nach San Lorenzo vor den Mauern übertragen werden sollten, überfielen nationalistische Fanatiker den Zug und versuchten, die Leiche des Papstes in den Tiber zu werfen. Leo hoffte weiterhin auf eine Einigung mit dem Quirinal, wobei er auch Unterstützung durch v. Bismarck erhielt; jedoch vergeblich. Eine Einigung kam nicht zustande; ja, seit 1890 verschlechterte sich das Verhältnis noch. – Innerkirchlich versuchte Leo, die Reformarbeit, die durch das I. Vatikanische → Konzil angestoßen war, weiterzuführen. In verschiedenen Enzykliken nahm er zu den Fragen der theologischen Wissenschaft Stellung: so empfahl er den heiligen → Thomas von Aquin als Vorbild bei den theologischen und philosophischen Studien, betonte die Notwendigkeit des Studiums der Heiligen Schrift und errichtete 1902 die Päpstliche Bibelkommission zur Pflege und Überwachung des Bibelstudiums. Bekannt wurde der Name des Papstes vor allem auch durch die erste → Sozialenzyklika „Rerum novarum" 1891, in welcher er eine vermittelnde Position zwischen Arbeitern und Arbeitgebern zu erreichen suchte. – Auch die Wiedervereinigung der im Glauben getrennten Christen sah er als seine wichtige Aufgabe an; so veröffentlichte er 1896 eine Enzyklika über die Einheit der Kirche. – Den Wissenschaften ließ er eine großzügige Förderung zuteil werden. Als der Papst am 20. Juli 1903 93jährig starb, hatte er – seltenes Fest(!), – noch sein 25jähriges Papstjubiläum gefeiert. Leo gehört zu den einflußreichsten Päpsten seines Jahrhunderts. Er hat der katholischen Kirche in der ganzen Welt großes Ansehen verschaffen können und durch sein verbindliches Wesen manche Differenzen zwischen der Kirche und einzelnen Staaten verhindert bzw. beigelegt. Die Versöhnung der modernen Menschheit mit der Kirche wird von den Historikern als sein bleibendes Verdienst bezeichnet.

## Pius X. 1903–1914

Im → Konklave nach dem Tod ↗ Leos XIII. war der letzte Kardinalstaatssekretär des Papstes, Kardinal Rampolla, aussichtsreichster Kandidat; er wurde von den meisten italienischen, französischen und spanischen Kardinälen unterstützt. Im Namen des Kaisers Franz Joseph von Österreich sprach der Kardinal von Krakau, als die Wahl Rampollas immer deutlicher wurde, sein Veto aus. Die meisten Kardinäle protestierten zwar gegen diese Einmischung Österreichs, jedoch war eine Wahl Rampollas nicht mehr möglich. Im siebten Wahlgang wurde dann am 4. August 1903 der Kardinal und Patriarch von Venedig, Giuseppe Sarto, zum Papst gewählt: Pius X. Er war am 2. Juni 1835 als Sohn eines Kleinbauern in Venetien geboren, wurde nach einer Tätigkeit als Kaplan und Pfarrer 1875 Domherr von Treviso, 1884 Bischof von Mantua, 1893 Patriarch von Venedig und Kardinal. Hier förderte er die Reform der Diözese, der er als Seelsorger dienen wollte. So galt ihm auch als Papst die innerkirchliche Erneuerung als Hauptaufgabe: „Alles in Christus erneuern", war sein Wahlspruch. Seine vielseitigen Reformen begann er bei der Kirchenmusik; es folgte die Neuverfassung des kirchlichen Rechtsbuches. Durch ein Dekret vom 20. Dezember 1905 empfahl der Papst den bereits vom → Konzil von Trient gewünschten häufigen, ja täglichen Empfang der heiligen Kommunion; dieses Dekret wurde am 8. August 1910 durch ein weiteres über die frühe Erstkommunion der Kinder ergänzt. Starke Impulse erhielt der Papst durch die Liturgische Bewegung, die eine „tätige Teilnahme" der Gläubigen bei der Feier der heiligen Messe erstrebte. 1911 erfolgte eine Brevier-Reform. – 1904 verbot der Papst – in Erinnerung an die Vorgänge im Konklave von 1903 – jede Einmischung staatlicher Stellen in die → Papstwahl unter Strafe der Exkommunikation. 1904 wurden die Bestimmungen über die Papstwahl zusammengefaßt und ergänzt. 1908 wurde die Kurie reformiert, die Zahl der Kongregationen vermindert und ihre Aufgaben neu verteilt. In den „Acta Apostolicae Sedis" schuf der Papst ein Amtsblatt, in welchem seit dem 1. Januar 1909 alle päpstlichen Erlasse veröffentlicht wurden. 1909 wurde die Pflicht der Bischöfe zum fünfjährigen „Ad-limina"-Besuch in Rom neu geordnet, der kirchliche Gerichtshof, die Rota Romana, wurde neu organisiert. Am 7. Mai 1909 gründete Pius X. das Bibel-Institut in Rom, um die Bedeutung des Bibelstudiums zu unterstreichen; 1907 hatte er den Benediktinerorden mit einer Revision der → Vulgata beauftragt. Auch die theologischen Studien an den italienischen Priesterseminaren wurden verbessert; die Priester wurden (mindestens alle drei Jahre) zur Teilnahme an Exerzitien verpflichtet; ein neuer Katechismus sollte dem Religionsunterricht Hilfe leisten. – Tiefgreifend waren in diesem Pontifikat die Auseinandersetzungen über Reformkatholizismus und → Modernismus. Manche Theologie-Professoren in Deutschland erstrebten eine zeitgemäße Erneuerung des deutschen Katholizismus (wobei man sie fälschlich „Modernisten" nannte); sie gerieten dabei mit dem kirchlichen Lehramt in Konflikt. Die wirklichen „Modernisten" erklärten die Glaubenssätze der Kirche für wandelbare Symbole der religiösen Wahrheit; ihre

Vertreter fanden sich vor allem in Frankreich, England und Italien. Pius X. verurteilte ihre Auffassung in einem Dekret vom 3. Juli 1907; in der Enzyklika „Pascendi dominici gregis" vom 8. September 1907 wurde der Modernismus als Sammelbecken aller Häresien bezeichnet; vom 1. September 1910 an mußten alle Weihekandidaten und Seelsorgsgeistlichen den Antimodernisteneid ablegen. – Die letzten Tage des Pontifikates waren vom drohenden Ausbruch des 1. Weltkriegs überschattet: Am 2. August 1914 hatte der Papst die Völker zum Frieden und zum Gebet für den Frieden aufgerufen. „Ich würde gern mein Leben opfern, wenn ich dadurch den Frieden Europas erkaufen könnte", schrieb der Papst. In der Nacht vom 19. auf den 20. August 1914 starb Pius X. Sein Pontifikat war geprägt durch die beeindruckende Persönlichkeit des Papstes, der als Papst der Liturgie, als eucharistischer Papst in die Geschichte einging. 1954 wurde er von ↗ Pius XII. heiliggesprochen; sein Gedenktag ist der 21. August.

## Benedikt XV. 1914–1922

Giacomo Marchese della Chiesa, am 21. November 1854 in Genua geboren, 1878 Priester, seit 1882 im päpstlichen diplomatischen Dienst, 1907 Erzbischof von Bologna, 1914 Kardinal. Am 3. September 1914 wurde er als Nachfolger ↗ Pius' X. zum Papst gewählt. Sein Pontifikat ist belastend geprägt vom 1. Weltkrieg, in dem er strikte Neutralität bewahrte. Besonders schwierig wurde die Lage des Papstes, als Italien 1915 in den Krieg eintrat und der Vatikan noch nicht als selbständiger Staat anerkannt war. Die Bemühungen um die Wiederherstellung des Friedens fanden u. a. ihren Ausdruck in einem im Januar 1917 an Kaiser Wilhelm II. übersandten Handschreiben des Papstes, das der Kaiser jedoch mit dem handschriftlichen Vermerk versah, der Papst und der amerikanische Präsident Wilson seien beide gleichermaßen weltfremd. Am 1. August 1917 richtete der Papst eine Note an die Regierungen der kriegführenden Länder, die zwar heftige Debatten in allen Ländern auslöste, aber zu keinem Erfolg führte. So suchte Benedikt wenigstens die schlimmste Not des Krieges zu lindern: Austausch von Verwundeten, Sorge für die Kriegsgefangenen, Bereitstellung von Lebensmitteln usw. Ebenso bemühte er sich um Linderung der großen Nachkriegsnot. 1917 hatte der Papst den jungen Eugenio Pacelli, den späteren Papst ↗ Pius XII., als Nuntius nach München gesandt. – Innerkirchlich war die Veröffentlichung des neuen Codex Juris Canonici, des Rechtsbuches der Kirche, 1917 von großer Bedeutung; er blieb bis 1983 in Geltung. – Besondere Sorge galt auch der Weltmission, die infolge der Kriegsereignisse sehr zurückgefallen war. In den letzten Monaten seines Lebens versuchte Benedikt vor allem die außerordentlich große Hungersnot in Rußland zu lindern, fand jedoch in der Weltöffentlichkeit dafür nicht allzuviel Gehör. – Benedikt starb am 22. Januar 1922; seine letzten Worte: „Wir wollen unser Leben gern opfern für den Frieden der Welt". Als Papst der Gerechtigkeit und des Friedens war er allgemein anerkannt.

## Pius XI. 1922–1939

Achille Kardinal Ratti, Erzbischof von Mailand, wurde im → Konklave am 6. Februar 1922 zum Papst gewählt: Pius XI. Er war am 31. Mai 1857 in Desio bei Monza geboren, wirkte als Professor am Mailänder Priesterseminar, wurde 1907 Präfekt der Ambrosianischen und 1914 Präfekt der Vatikanischen Bibliothek. 1918 ernannte ihn ↗ Benedikt XV. zum Apostolischen Visitator in Polen und 1919 zum dortigen Nuntius. 1921 wurde er Erzbischof von Mailand und Kardinal. Sein Programm war, wie er selbst formulierte, „Der Friede Christi im Reich Christi". Deshalb wollte er nach den Schrecken des Weltkrieges den Frieden unter den Völkern fördern. Diesem Ziel ordnete er auch das → Heilige Jahr unter, das 1925 gefeiert wurde. Christus, der König, als Friedensfürst – das schien dem Papst in der damaligen Weltlage die entscheidende Aussage; deshalb führte er 1925 das Christkönigsfest ein, das zunächst jeweils am letzten Oktobersonntag gefeiert wurde. Zwei weitere Heilige Jahre hielt der Papst: 1929 aus Anlaß seines Goldenen Priesterjubiläums und 1933 zur 1900. Wiederkehr des Todesjahres Christi. – Um die ganze menschliche Gesellschaft im Geiste Christi zu erneuern, rief Pius XI. zur Katholischen Aktion auf, in der – unpolitisch – die Gläubigen aller Stände und Altersgruppen sich vereinigen sollten. – Seine Enzykliken sind Auswirkung seines Lehramtes: 1930 „Über die christliche Ehe"; 1931 „Quadragesimo anno", eine → Sozialenzyklika 40 Jahre nach dem Erscheinen der ersten Sozialenzyklika Leos XIII.; 1926 über die Weltmission; 1931 über die christliche Erziehung; 1935 über das Priestertum; 1937 über den atheistischen Kommunismus und ebenfalls 1937 gegen den Nationalsozialismus „Mit brennnender Sorge". – 1937 errichtete der Papst die „Päpstliche Akademie der Wissenschaften". – Man hat Pius XI. einen Missionspapst genannt: Die Sorge um einen einheimischen Klerus und eine einheimische Hierarchie schlug sich u. a. in der von ihm gespendeten Bischofsweihe an zahlreiche Priester aus den Missionsländern nieder. – Mit der → Orthodoxen Kirche und mit den Anglikanern nahm er Gespräche auf; sie scheiterten jedoch am gegensätzlichen Kirchenbegriff. – Pius XI. nahm 500 Selig- und 33 Heiligsprechungen vor, u. a. Theresia vom Kinde Jesu, Petrus Canisius, Don Bosco, Albert den Großen, Bruder Konrad von Parzham, den Pfarrer von Ars, die englischen Märtyrer Thomas Morus und John Fisher. – Unter seinem Pontifikat begann – nach dem Zusammenbruch infolge des Weltkriegs – eine neue Serie von Konkordaten, u. a. 1924 mit Bayern, 1929 mit Preußen, 1932 mit Baden, 1933 mit Deutschland. – Von besonderer Bedeutung war die Lösung der Römischen Frage: Am 11. Februar 1929 wurden die sog. Lateranverträge abgeschlossen, in denen die Souveränität der → Vatikanstadt verbrieft, ein Finanzabkommen und ein Konkordat vereinbart wurden. Diese Verträge leiteten eine Versöhnung des Papstes mit dem italienischen Staat ein, woran Benito Mussolini, der damalige „Duce" Italiens, wesentlichen Anteil hatte. – In Deutschland entwickelten sich die Verhältnisse zwischen Kirche und Staat zunächst positiv, bis mit der Machtübernahme durch Adolf Hitler am 30. Januar 1933 eine neue Epoche begann: die Zeit der Kirchenverfolgung – trotz der im Parteiprogramm ausgesprochenen „Freiheit aller religiösen Bekenntnisse". Am 10. September 1933 wurde ein (schon länger vorbereitetes) Konkordat mit dem Deutschen Reich abgeschlossen, jedoch wies Pius XI. in seiner Enzyklika „Mit brennender Sorge" 1937 zahlreiche willkürliche Verstöße der Reichsregierung gegen den Konkordatstext nach; mehrere Schreiben des Papstes an Hitler und alle Versuche, ihn zur Einhaltung des Konkordates zu bewegen, schlugen fehl. Führende Bischöfe in diesem Kirchenkampf waren Kardinal Faulhaber von München und Bischof (später Kardinal) Graf von Galen in Münster. Mit dem Ausbruch des 2. Weltkriegs milderte sich die Verfolgung etwas, weil die Reichsregierung alle Kräfte zur Führung des Krieges und zur Erringung des Sieges brauchte; die Abrechnung mit der Kirche sollte bis zum „Endsieg" aufgeschoben sein. – In manchen Ländern der Erde mußte die Kirche unter dem Pontifikat Pius' XI. Verfolgung hinnehmen: in Rußland und in Mexiko. – Die letzten Jahre dieses Pontifikates waren überschattet vom drohenden Ausbruch eines Krieges, den man voraussehen zu können glaubte. Pius XI. starb am 10. Februar 1939, wenige Monate vor Kriegsausbruch. Am 14. Februar wurde er in den Grotten von St. Peter beigesetzt. Das Pontifikat Pius' XI. stellt einen Höhepunkt in der neueren Papst- und Kirchengeschichte dar: Die Lösung der „Römischen Frage", der Abschluß zahlreicher Konkordate, die Förderung des Laienapostolates und des einheimischen Klerus in den Missionsländern waren für die folgende Zeit wegweisend.

## Pius XII. 1939–1958

Nach dem Tod ↗ Pius' XI. wurde im dritten Wahlgang des → Konklaves, am 2. März 1939 der bisherige Kardinalstaatssekretär Eugenio Pacelli gewählt: Pius XII. Er war am 2. März 1876 in Rom geboren und seit 1901 im Päpstlichen Staatssekretariat tätig. 1917 wurde er Nuntius in München und 1920 in Berlin. Während dieser Jahre erwarb er sich eine gründliche Kenntnis des deutschen Lebens, der deutschen Kultur und der Kirche in Deutschland. Sein Wahlspruch als Papst lautete: „Der Friede ist das Werk der Gerechtigkeit". Schon kurz nach seiner Krönung am 12. März erklärte er die Rettung des bedrohten Friedens als seine Hauptaufgabe. Eine durch den Nuntius in Deutschland, Orsenigo, am 5. Mai an Hitler übergebene Note mit dem Ziel der Aufrechterhaltung des Friedens wurde dahingehend beantwortet, daß es im Augenblick keine Kriegsgefahr gäbe. Auch die an Mussolini ausgesprochene Bitte, sich bei Hitler für die Erhaltung des Friedens einzusetzen, blieb erfolglos. Am 24. August 1939 richtete der Papst einen eindringlichen Friedensappell (der von Montini, dem späteren ↗ Paul VI. abgefaßt war) an die Völker. Am 1. September 1939 brach der 2. Weltkrieg aus. Auch während des Krieges mahnte der Papst immer wieder zum Frieden und betonte die rechtlichen und religiösen Grundlagen eines dauerhaften Friedens; vor allem seine Weihnachtsansprachen dienten diesem Ziel. Pius war bemüht, Rom aus den Kämpfen herauszuhalten und vor Luftangriffen zu bewahren. Mehr als 5000 Juden gewährte er Asyl. Einen öffentlichen Protest gegen die Judenverfolgungen der deutschen Reichsregierung plante er; als er aber erkennen mußte, wie sich durch Vergeltungsmaßnahmen der Regierung die Lage der Juden dadurch nur noch mehr verschlechtert hätte, sah er davon ab – was man ihm nach dem Krieg als Feigheit und unentschlossene Haltung in der Rassenfrage ankreidete (zu Unrecht, wie sich herausstellte). Die Schrecken des Krieges suchte der Papst, soweit es in seiner Macht stand, zu lindern: Sofort richtete er einen Such- und Nachrichtendienst für Kriegsgefangene und Verwundete ein, der im Lauf der Jahre mehr als 11 Millionen Antworten vermitteln konnte. Nach dem Krieg stand die Übersendung von Liebesgaben im Vordergrund, um die Not der unmittelbaren Nachkriegszeit beheben zu helfen. Die damals mancherorts vertretene These von der Kollektivschuld aller Deutschen lehnte der Papst ab und wies auf die Gesetze hin, die auch für Besiegte zu gelten hätten. So ernannte er auch einen Apostolischen Visitator für Deutschland, den amerikanischen Militärbischof Aloisius Münch – eine Geste der Versöhnung gegenüber Deutschland. – Es gab kaum eine Frage dogmatischer oder ethischer Natur, zu der Pius nicht in seinen zahlreichen Ansprachen oder in seinen Enzykliken Stellung genommen hat. Theologisch bedeutsam war die Enzyklika „Mystici corporis“ (1943) über die Kirche, ebenso die große Bibelenzyklika „Divino afflante Spiritu“ (1943). „Mediator Dei“ heißt die Liturgieenzyklika (1947). Im Rundschreiben „Humani generis“ (1950) wandte sich der Papst gegen Irrtümer, die die Lehre der Kirche verfälschen. Ein Höhepunkt des Pontifikates war die Dogmatisierung der Leiblichen Aufnahme Mariens in den Himmel, die am 1. November 1950, während des →Heiligen Jahres, ausgesprochen wurde. 1954, während eines Marien-Jahres, setzte der Papst das Fest vom Königtum Marias ein. Auch der Herz-Jesu-Verehrung widmete er eine Enzyklika (1956). Wenn der Papst auch keine eigene → Sozialenzyklika veröffentlicht hat, so nahm er doch in vielen Ansprachen und Apostolischen Schreiben zur Sozialen Frage Stellung. – Diese lehramtliche Tätigkeit wird in ihrer Bedeutung sichtbar, wenn man bedenkt, wie das

II. Vatikanische → Konzil die Aussagen Pius' berücksichtigte. – Der Papst nahm 33 Heiligsprechungen vor, darunter ↗ Pius X. In seinen Kardinalsernennungen spiegelt sich seine Verbundenheit mit der Weltkirche, wobei die italienische Mehrheit im Kardinalskollegium aufgegeben wurde. – In den Herrschaftsgebieten des Kommunismus erlitt die Kirche während dieses Pontifikates schlimme Verfolgung: in China wie auch in Rußland, wo der Kampf besonders die mit Rom verbundene ukrainische Kirche traf. Fast 1 000 Priester und alle fünf Bischöfe wurden verhaftet und verurteilt. – Am 9. Oktober 1958 starb Pius XII. Die Sonderaufgabe dieses Papstes war es, die Kirche durch den 2. Weltkrieg und die Veränderungen der Nachkriegszeit hindurchzuführen. Diese Aufgabe erfüllte Pius, was die moralische Autorität des Papsttums sehr stärkte. Wenn es unter seinem Nachfolger ↗ Johannes XXIII. zu einer „Öffnung zur Welt hin" kam, so könnte der Eindruck entstehen, als habe dies vorher entscheidend gefehlt. Pius XII., eine zutiefst fromme und an seine Aufgabe hingegebene Persönlichkeit, hat das in seiner Zeit und in seinen Lebensumständen Mögliche geleistet.

## Johannes XXIII. 1958–1963

Das → Konklave nach dem Tod ↗ Pius' XII. begann am 25. Oktober 1958. Am 28. Oktober ging aus der Wahl Johannes XXIII. hervor. Er nahm diesen Namen an, obwohl es im Anfang des 15. Jahrhunderts bereits einen Papst ↗ Johannes mit der gleichen Zahl XXIII. gegeben hatte; dieser war, um das große abendländische → Schisma zu beenden, gewählt worden, obwohl es bereits zwei Päpste gab; das → Konzil von Konstanz hatte seine Absetzung verfügt. Da er in einigen Papstlisten nicht gezählt wird, nannte sich der 1958 gewählte Papst Johannes XXIII. – Angelo Giuseppe Roncalli, am 25. November 1881 in Sotto il Monte aus einer armen und kinderreichen Familie geboren, erhielt aufgrund seiner Begabung die Möglichkeit zum Studium. Dieses schloß er in Rom mit dem Doktor der Theologie ab; am 10. August des gleichen Jahres 1904 wurde er in Rom zum Priester geweiht. Der Bischof seines Heimatbistums Bergamo berief ihn zu seinem Sekretär und beauftragte ihn zugleich mit Vorlesungen am Priesterseminar in Kirchengeschichte, Patrologie und Apologetik. Im 1. Weltkrieg war er zunächst als Sanitätssoldat, später als Militärpfarrer eingezogen. 1921 wurde er an die Propagandakongregation in Rom berufen, zugleich dozierte er am Römischen Seminar Patrologie: 1925 ernannte ihn ↗ Pius XI. zum Apostolischen Visitator in Bulgarien, wobei er zum Bischof geweiht wurde. Nach neunjähriger Tätigkeit in Sofia wurde er Delegat für Griechenland und für die Türkei, zunächst in Istanbul, seit 1937 in Athen. Am 23. Dezember 1944 ernannte ihn ↗ Pius XII. zum Nuntius in Frankreich. Dort war nach dem Abzug der deutschen Truppen eine prekäre Situation entstanden: Der seitherige Nuntius hatte mit Marschall Petain kollaboriert, er war deshalb für die neue französische Regierung nicht mehr tragbar. Diese forderte auch die Absetzung von 33 französischen Bischöfen – mit der gleichen Anschuldigung. Der neue Nuntius Roncalli konnte dies verhindern und die Spannungen innerhalb Frankreichs mildern. Außerdem erreichte er bei den Behörden, daß die deutschen Kriegsgefangenen, die Theologie studieren wollten, in Chartres zusammengezogen wurden, wodurch ihr Weiterstudium möglich war. Seit 1951 war Roncalli zugleich Ständiger Beobachter des Papstes bei der UNESCO in Paris. Am 12. Januar 1953 wurde er Erzbischof (Patriarch) von Venedig und Kardinal. Wie in seinen seitherigen Stellungen betrachtete er auch hier seinen Seelsorgerdienst als vordringliche Aufgabe. – Bei der Wahl zum Papst am 28. Oktober 1958 war er der Welt weithin unbekannt. Er war auch „nur" als „Übergangspapst" gewählt worden. Das traf hinsichtlich der Dauer seines Pontifikates zu (er selbst wußte, daß in seinem Alter von 77 Jahren kein langes Pontifikat zu erwarten war); es traf aber nicht zu hinsichtlich seiner Bedeutung als Papst. Johannes XXIII. hat der Kirche neue und wichtige Wege in die Zukunft geöffnet. – Drei Aufgaben zeichnete er für sein Pontifikat an dessen Beginn vor: Die erste war die Abhaltung einer Synode für die Stadt Rom (der ersten überhaupt für diese Stadt), durch die er der Seelsorge und dem Glaubensleben der Römer neue Impulse geben wollte. Diese Diözesansynode fand vom 24. bis 31. Januar 1960 statt. – Die zweite Aufgabe sah er in der Schaffung eines neuen kirchlichen Rechtsbuches, des Codex Juris Canonici. Die Arbeiten dazu begannen bald nach seinem Amtsantritt; sie wurden 1983 durch die Unterzeichnung des neuen kirchlichen Gesetzbuches beendet. – Die dritte Aufgabe schließlich war die Einberufung des II. Vatikanischen → Konzils. Einer spontanen Eingebung folgend (wie er selbst sagte) überraschte er die Welt mit diesem Plan, als er ihn am 25. Januar 1959 den Kardinälen darlegte. Der Papst sprach bei der Ankündigung des Konzils – wie üblich – von einem „ökumenischen" Konzil: Das führte gelegentlich zu Mißverständnissen, da man „ökumenisch" im heute gebräuchlichen Sinn (= Einheit der Kirchen) auffaßte und nicht in dem Sinn, den das Wort im Zusammenhang mit den Konzilien hat (= Allgemein). Der Papst erläuterte denn auch das Ziel der Versammlung: Die Kirche müsse sich den Erfordernissen der Zeit anpassen; am 14. Juni 1959 gebrauchte er dann zum ersten Mal das Wort „aggiornamento", Öffnung der Kirche. Und er fügte hinzu: Wenn das Konzil diese Aufgabe löse, könne die Kirche die getrennten Brüder eher zur Einheit einladen. Bei der Ankündigung des Konzils hatte der Papst noch kein genaues Programm dafür. Er war sich der Tragweite wohl auch nicht voll bewußt, denn er rechnete mit einer Dauer des Konzils von etwa drei Monaten. An Pfingsten 1959 wurde die erste Vorbereitende Konzilskommission eingesetzt. An Pfingsten 1960 begann der zweite Abschnitt der Vorbereitung: Der Papst errichtete zehn Konzilskommissionen, die Zentralkommission und ein

Sekretariat zur Förderung der Einheit unter den Christen, dessen Leitung der deutsche Kurienkardinal Bea übernahm. Auf die Aufforderung des Papstes an die Bischöfe, die Orden, die katholischen Universitäten und die theologischen Fakultäten, Themenvorschläge für das Konzil zu machen, kam eine Überfülle von Antworten. Diese konnten gar nicht entsprechend ausgewertet werden, als der Papst schon am 25. Dezember 1961 das Konzil für das Jahr 1962 einberief, dessen Beginn dann auf den 11. Oktober 1962 festgesetzt wurde. Eine Woche vor Konzilsbeginn unternahm der Papst eine Wallfahrt nach Loretto und Assisi, um für das Gelingen des Konzils zu beten (es war die erste Reise, die ein Papst nach fast 100 Jahren „Gefangenschaft im Vatikan" unternahm; ↗ Pius IX.). Zur Eröffnungssitzung am 11. Oktober waren über 2 500 Konzilsväter in Rom versammelt (der Papst hatte auch die Weihbischöfe eingeladen); zum ersten Mal in der Geschichte folgten auch 18 nichtkatholische Kirchen der Einladung des Papstes, offizielle Konzilsbeobachter zu entsenden. Die erste Sitzungsperiode dauerte bis zum 8. Dezember 1962. – Das Ende der ersten Sitzungsperiode war überschattet von der ernsten Erkrankung des Papstes; die zweite Sitzungsperiode hat er nicht mehr erlebt. – Der Papst hat sich immer als Seelsorger gesehen; so besuchte er in Rom die Kirchen, Gefängnisse und Krankenhäuser; am Gründonnerstag vollzog er die Fußwaschung, am Karfreitag feierte er selbst den Gottesdienst. Er fand schnell und guten Kontakt zu den Menschen, seine Herzlichkeit und Güte strahlten Ruhe und Freude aus. – Aus diesem seinen seelsorglichen Anliegen sind auch die Ansprachen zu verstehen, die er an die Pilger hielt, ebenso die Verlautbarungen des kirchlichen Lehramtes, die er veröffentlichte: „Ad Petri Cathedram" war seine Antrittsenzyklika (29. Juni 1959); darin ist die offizielle Konzilsankündigung enthalten. Zur Erinnerung an den hundertsten Todestag des heiligen Pfarrers von Ars schrieb er seine zweite Enzyklika, die seine Sorge um die Priester kundtat (1. August 1959). Am 26. September 1959 erschien eine Enzyklika über das Rosenkranzgebet. Die vierte Enzyklika befaßt sich mit der Missionsfrage (29. November 1959). Die Notwendigkeit der einheimischen Hierarchie und die Bedeutung der Laien in der Missionsarbeit werden besonders hervorgehoben. Die → Sozialenzyklika „Mater et Magistra" (15. Mai 1961) fand starke Beachtung. Die sechste Enzyklika ist – aus Anlaß der 1 500. Wiederkehr des Todes von Papst Leo dem Großen – der Einheit der Kirche gewidmet. Am 1. Juni 1962 erschien eine Enzyklika, die die Buße zum Thema hat. Das letzte Rundschreiben des Papstes „Pacem in terris" (11. April 1963) über den Frieden unter allen Völkern in Freiheit und Gerechtigkeit übte großen Einfluß aus. – Die Öffnung zur Welt hin, die der Papst verkündigte, zeigte sich auch in Schritten auf die kommunistisch regierten Länder hin. Am 7. März 1962 empfing er deshalb Tochter und Schwiegersohn Chruschtschows. Daneben blieb natürlich die Sorge um die verfolgte Kirche ein Anliegen des Papstes. Für die „Kirche des Schweigens" verfaßte er selbst ein Gebet. – „Öffnung zur Welt hin" bedeutete für Johannes nicht den abrupten Bruch mit der Vergangenheit. Der Papst war selbst eher der Tradition verhaftet: Seine Weisungen zur Bibelauslegung, sein Beharren auf der lateinischen Sprache als eigentlicher Sprache der theologischen Studien und das Verbot der französischen Arbeiterpriester gehören in diese Linie. Auch die Frömmigkeit und tiefe Religiosität des Papstes waren von der Tradition geprägt, wie sein „Geistliches Tagebuch" und sein „Geistliches Testament" zeigen. – In dieser tiefreligiösen Einstellung lebte der Papst auch die letzten Monate, als er von der unheilbaren Krankheit wußte, an der er litt. Von Beginn des Jahres 1963 verschlechterte sich sein Gesundheitszustand. Am Pfingstmontag, dem 3. Juni 1963, starb er. – Der Beiname, den man ihm gab, „Johannes der Gute, der Gütige" zeigt das persönliche Wesen und Wirken des Papstes, ebenso auch die Sympathien, die man ihm allenthalben entgegenbrachte. – Als „Konzilspapst" begann mit seinem Pontifikat ein neuer Abschnitt der Papstgeschichte; so wird er in die Geschichte eingehen.

## Paul VI. 1963–1978

Beim Tod ↗ Johannes' XXIII. versammelten sich über 80 Kardinäle zum → Konklave; sie wählten im fünften Wahlgang am 21. Juni 1963 Giovanni Battista Montini: Paul VI. Am 26. September 1897 in der Nähe von Brescia geboren, wurde er 1920 zum Priester geweiht und trat nach weiteren Studien in den diplomatischen Dienst des Heiligen Stuhles ein. 1923 war er an der Nuntiatur in Warschau, 1924 kam er ins Staatssekretariat. Bis 1933 nahm er daneben die Aufgabe eines Geistlichen Assistenten bei der Union der katholischen Studenten Italiens wahr. 1937 wurde Montini Substitut (Unterstaatssekretär), wodurch er zu den engsten Mitarbeitern ↗ Pius' XII. gehörte. 1944 übernahm er die Abteilung für die ordentlichen (innerkirchlichen) Aufgaben im Staatssekretariat. Am 1. November 1954 wurde er Erzbischof von Mailand. Dort bemühte er sich um eine zeitgemäße Reform der Seelsorge, um liturgische Erneuerung und um Kontakt zu möglichst allen Schichten der Bevölkerung. Im ersten Konsistorium ↗ Johannes' XXIII. wurde er zum Kardinal ernannt. Als Erzbischof und Kardinal nahm er an der ersten Sitzungsperiode des II. Vatikanischen → Konzils teil. Unmittelbar nach seiner Wahl setzte er den Beginn der zweiten Sitzungsperiode des Konzils auf den 29. September 1963 fest; dessen Weiterführung bezeichnete er als die wichtigste Aufgabe seines Pontifikates. Am 30. Juni 1963 wurde Paul VI. gekrönt, die Zeremonie wurde durch Fernsehen in sehr viele Länder ausgestrahlt. Die am 14. September 1964 eröffnete dritte Sitzungsperiode brachte den Höhepunkt des Konzils: die dogmatische Konstitution über die Kirche. Neben seiner Sorge für das Konzil widmete sich der Papst auch der Reform der Kurie, die er internationalisieren wollte. Am 7. Dezember 1965 war die letzte Sitzung des Konzils, am 8. Dezember die festliche Schlußfeier. Sehr bald nach dem Konzil wurden die postkonziliaren Kommissionen gebildet. Von großer Bedeutung waren die Bestimmungen des Papstes über die →Papstwahl: Die Kardinäle verlieren mit 80 Jahren das Recht zur Papstwahl; für alle Kurienkardinäle gilt – wie für die Bischöfe – eine Altergrenze von 75 Jahren, zu welchem Zeitpunkt sie ihren Rücktritt anbieten sollen. – Bedeutungsvoll waren auch die Enzykliken des Papstes: „Ecclesiam suam" (vom 6. August 1964) über die Kirche; „Mysterium fidei" (vom 3. September 1965) über die Wesensverwandlung in der Eucharistie; „Sacerdotalis coelibatus" (vom 24. Juni 1967) über den priesterlichen Zölibat. Diskussionen entfachte das Rundschreiben „Humanae vitae" (vom 25. Juli 1968) über die Ehe, die eheliche Liebe und die Geburtenregelung. Bedeutungsvoll war die Entwicklungsenzyklika „Populorum progressio" (vom 26. März 1967). Zu den lehramtlichen Äußerungen des Papstes gehört auch das „Credo des Gottesvolkes", das am 30. Juni 1968 zum Abschluß eines Jahres des Glaubens veröffentlicht wurde. Deutliche Akzente setzte Paul bei den Kardinalsernennungen, so daß das Kardinalskollegium 1969 auf 136 Mitglieder anstieg: Damit sollte die Universalität der Kirche dargestellt und fruchtbar gemacht werden. 1964 errichtete er das Sekretariat für die nichtchristlichen Religionen, 1965 das für die Nichtglaubenden. Wenn auch Chruschtschow den Päpsten gegenüber von größerer diplomatischer Freundlichkeit war und Paul VI. den russischen Außenminister Gromyko (1966), das russische Staatsoberhaupt Podgorny (1967) und nochmals Gromyko (1970) empfing, so änderte sich grundsätzlich doch kaum etwas an der Kirchenpolitik der Ostblockstaaten. Das Verhältnis zur →Orthodoxen Kirche, das sich seit dem II. Vatikanischen Konzil entscheidend gebessert hatte, wurde unter Paul VI. vertieft: Der Papst traf sich mit dem Ökumenischen Patriarchen Athenagoras I. im Jahr 1964 in Jerusalem und 1967 in Konstantinopel. Am 7. Dezember 1965 wurde der große Bann über die Orthodoxe Kirche, der 1054 verhängt worden war (→Schisma), feierlich aufgehoben. Es zeigte sich, daß Paul VI. einen wesentlichen Schritt auf dem Weg zur Einheit der Kirchen im gegenseitigen Gespräch sah. Als erster Papst machte er Reisen in verschiedene Teile der Welt: 1964 ins Heilige Land, zu den Eucharistischen Kongressen in Bombay (1964) und Bogotá (1968), 1967 nach Fatima in Portugal, 1969 nach Genf und im gleichen Jahre nach Afrika. 1965 hielt er vor der UNO in New York eine viel beachtete Ansprache. Am Ende des Jahres 1970 besuchte er den Fernen Osten. – 1975 feierte der Papst das →Heilige Jahr, das unter dem Leitwort „Versöhnung, Erneuerung, Frieden" stand. Paul VI. starb am 6. August 1978. Er geht in die Geschichte ein als der Papst, der in unruhiger Zeit die Kirche mit großer Umsicht leitete. Der Tradition gegenüber war er genau so treu wie er offen war für neue Entwicklungen.

Unvergeßlich ist das Totenamt, das am 12. August 1978 in Rom gefeiert wurde: der einsame Sarg auf dem weiten Petersplatz vor dem Hintergrund der Peterskirche.

## Johannes Paul I. 1978

Der Nachfolger ↗ Pauls VI. wurde nach einem kurzen → Konklave bereits am 26. August 1978 gewählt: der Patriarch von Venedig Albino Luciani. Er nahm die Namen seiner beiden Vorgänger Johannes XXIII. und Paul VI. an. Luciani war am 17. Oktober 1912 in Canale d'Agordo in der Provinz Belluno geboren und stammte aus armen Verhältnissen; sein Vater war lange Jahre als „ausländischer Arbeitnehmer" im Ausland tätig, um seine Familie ernähren zu können. 1935 empfing Luciani die Priesterweihe, wurde nach zweijähriger Tätigkeit in der Seelsorge Dozent und Subregens am Priesterseminar in Belluno, 1958 Bischof von Vittorio Veneto und 1969 Erzbischof (Patriarch) von Venedig, 1973 Kardinal. Die Wahl seines Namens als Papst sollte ein Programm sein: Er wollte die Grundthemen der Pontifikate seiner beiden Vorgänger aufnehmen. Die Verkündigung des Glaubens sah er in der jetzigen Zeit als besonders dringend an. Sein Vorbild war ↗ Gregor der Große, der am 3. September 590 zum Papst gewählt worden war; der 3. September war der Tag der feierlichen Einführung Johannes Pauls I. Seine freundliche Lebensart, die Grundlinien seines priesterlichen Lebens und die Art seiner Glaubensverkündigung fanden ihren Niederschlag in seinen Briefen an bedeutende, längst verstorbene Persönlichkeiten: „Illustrissimi" (in deutscher Übersetzung: „Ihr sehr ergebener + Albino Luciani"). Durch seine Freundlichkeit und unbefangene Herzlichkeit gewann er bald die Herzen der Menschen. Jedoch starb er nach einem Pontifikat von nur 33 Tagen am 28. September 1978 und wurde in der Krypta von St. Peter beigesetzt. Die in Ländern hinter dem Eisernen Vorhang kolportierte Version, der Papst sei einem Attentat durch den amerikanischen Geheimdienst CIA zum Opfer gefallen, ist zu absurd, als daß sie ernstlich erwogen werden könnte.

## Johannes Paul II. 1978–2005

Die Wahl des Nachfolgers für ↗ Johannes Paul I. löste große Überraschung aus: Am 16. Oktober 1978 wurde zum ersten Mal nach 456 Jahren wieder ein Nichtitaliener Papst, der Erzbischof von Kraukau, Karol Kardinal Woityla. Er ist am 18. Mai 1920 in Wadowice geboren. Seine Gymnasial- und theologischen Studien konnte er wegen der deutschen Besetzung Polens infolge des 2. Weltkriegs nur unter großen Schwierigkeiten machen und beenden. Nach der Priesterweihe 1946 war er zunächst in der Seelsorge tätig, habilitierte sich 1953 an der Universität Krakau, wurde 1958 Weih- und 1964 Erzbischof von Kraukau; 1967 ernannte ihn ↗ Paul VI. zum

Kardinal. – Auch er sprach – wie sein Vorgänger – in der Wahl seines Namens ein Programm aus: Vertiefung des Lebens der Kirche und in der Kirche sowie Beihilfe zur Lösung der großen Zeitfragen: Frieden, Menschenrechte, Freiheit. Seine *Enzykliken* und Apostolischen Schreiben verweisen auf Christus, den Erlöser („Redemptor hominis" 1979) und auf die göttliche Barmherzigkeit („Dives in misericordia" 1980); dieses trinitarische Thema wurde abgeschlossen durch „Dominum et vivificantem" (1986) über den Heiligen Geist im Leben der Kirche und der Welt. – Andere Rundschreiben haben die soziale Gerechtigkeit zum Thema („Laborem exercens" 1981), das Leben der Familie („Familiaris consortio" 1981), die Katechese in unserer Zeit („Catechesi tradendae" 1979), Versöhnung und Buße in der Sendung der Kirche heute („Reconciliatio et paenitentia" 1984), das Leben der Jugendlichen (1985) bzw. die Slawenapostel Cyrill und Methodius („Slavorum apostoli" 1985). – Aus dieser Thematik wird deutlich, wie sehr sich Johannes Paul II. als *Seelsorger* sieht. So stellt er sich auch den Fragen der Zeit: In zahlreichen Aufrufen und Predigten sucht er die Welt dem *Frieden* zuzuführen. Einer Anregung aus der deutschen evangelischen Kirche folgend, die ein „Weltkonzil des Friedens" vorgeschlagen hatte, rief der Papst für den 27. Oktober 1986 zu einem „Weltgebetstreffen für den Frieden" alle Religionen der Welt nach Assisi zusammen. Nach einer Ansprache des Papstes zum Thema „Frieden" versammelten sich die Vertreter der Religionen zu Gottesdiensten nach ihrem eigenen Ritus an verschiedenen Plätzen der Stadt. – Auch das Thema *„Wiedervereinigung der christlichen Kirchen"* gehört zu den Anliegen des Papstes: Am Palmsonntag 1986 predigte er in Rom in einer evangelischen Kirche; auf seinen Reisen kommt es oft zu ökumenischen Gesprächen und Gottesdiensten. – Schwierig ist das Verhältnis zum *Judentum*. Während der Papst bei seiner ersten Deutschlandreise in Mainz mit Vertretern des Judentums in guter Atmosphäre zusammengetroffen war, wurden vom jüdischen Weltbund in den USA Vorwürfe gegen Johannes Paul erhoben (1987), weil er den österreichischen Bundespräsidenten Waldheim empfangen hatte; gegen diesen waren von jüdischer Seite Vorwürfe wegen seines militärischen Einsatzes im 2. Weltkrieg erhoben worden. Ein Gespräch zwischen Vertretern des Judentums und der römischen Kurie konnte – vor der Amerikareise des Papstes im Herbst 1987 – zwar einige Schwierigkeiten beseitigen; die diplomatische Nichtanerkennung des Staates Israel durch den Papst blieb aber als schweres Hindernis in den gegenseitigen Beziehungen bestehen. – Als Seelsorger will der Papst auch die Weltkirche kennen, um ihre Fragen beantworten zu können. Deshalb unternimmt er ausgedehnte *Reisen* in alle Teile der Welt (bis zum Herbst 1987 gab es annähernd 40 solcher Reisen). Auch wenn es Reisen in politische Krisengebiete sind, geht es immer um pastorale Besuche. Die Reisen stellen an den Papst außerordentliche Anforderungen: Gottesdienste, Predigten, Ansprachen, Konferenzen in dichtgedrängter Fülle – Am 13. Mai 1981 wurde auf dem Petersplatz ein Attentat auf den Papst verübt, durch das er schwer verletzt wurde. Nach seiner Ausheilung nahm er seine gewohnte Tätigkeit in vollem Umfang wieder auf. – Am 25. März 1983 eröffnete der Papst ein →Heiliges Jahr der Erlösung – zum Gedenken an die 1950. Wiederkehr des Todesjahres Christi. Zentrum des Heiligen Jahres soll nach dem Willen des Papstes nicht nur Rom sein, auch die Domkirchen und Wallfahrtsorte der Bistümer sollen dem Ziel des Heiligen Jahres und der Gewinnung des Jubiläumsablasses dienen. Dies legte der Papst im Apostolischen Schreiben „Aperite portas Redemptori" vom 6. Januar 1983 dar. – Bei aller Notwendigkeit der Erneuerung der Kirche versteht sich der Papst als Hüter der Glaubenstradition, die er in ihren grundlegenden und für die Kirche bedeutsamen Werten erhalten wissen will, auf sie verweist der Papst immer bei seinen Predigten und Reden. Dieses Ziel verfolgt Johannes Paul II. auch mit seinen jährlichen Schreiben zum Gründonnerstag an Bischöfe/Priester der Welt: 1979 „Über das Priestertum"; 1980 „Über das Geheimnis und die Verehrung der heiligsten Eucharistie"; 1982 „Gebet des Heiligen Vaters"; 1983 „Über das Geheimnis der Erlösung" (Zum Heiligen Jahr); 1984 „Homilie im Heiligen Jahr der Erlösung"; 1985 „Die Jugend im pastoralen Wirken der Priester"; 1986 „Der heilige Pfarrer von Ars"; 1987 „Das Gebet als Mitte der priesterlichen Existenz". – Zur Kirche in Deutschland hat der Papst ein enges Verhältnis: Noch als Kardinal von Krakau nahm er als Mitglied einer Delegation der polnischen Bischofskonferenz an einer Reise nach Deutschland teil; in Mainz erhielt er die Ehrendoktorwürde der Katholisch-Theologischen Fakultät. – Seine Verbundenheit mit Maria, die auch aus dem polnischen Marienheiligtum Tschenstochau gespeist ist, kommt in seinem Wappen zum Ausdruck (es zeigt ein großes M) und in seinem Wahlspruch: „Totus Tuus". Am 25. März 1987 veröffentlichte Johannes Paul II. die Enzyklika „Redemptoris Mater" „Über die selige Jungfrau Maria im Leben der pilgernden Kirche", in welcher er ein Marianisches Jahr ankündigte, das von Pfingsten 1987 bis zum 15. August 1988 dauert. – Johannes Paul II. reiste bislang 98 Mal ins Ausland, davon gingen 3 Reisen nach Deutschland in den Jahren 1980, 1987 und 1996. 1979 reiste er erstmals – und 2002 zum neunten Mal nach Polen. Im „Heiligen Jahr" 2000 besuchte er das Heilige Land. Er gab 13 Enzykliken heraus, worin sich die konservative Haltung seines Pontifikats in Glaubens- und Sittenfragen manifestiert, sprach bis Mai 2001 insgesamt 1.235 Menschen selig und 477 heilig – das sind mehr Kanonisierungen als in den fast 400 Jahren seit 1588, der Einführung des heute gültigen Verfahrens. Außerdem machte er sich insbesondere verdient um die Aussöhnung der katholischen Kirche mit anderen Religionen, vor allem dem Judentum, als er im März 2000 um die Vergebung der Fehler bat, die im Laufe der 2000-jährigen Kirchengeschichte von Christen begangen wurden.

Die letzten Jahre seines Pontifikats waren von seinem sich kontinuierlich verschlechternden Gesundheitszustand geprägt. Nachdem er wiederholt Spekulationen über seinen vorzeitigen Rücktritt eine indirekte, aber deutliche Absage erteilt hatte, verstarb der von schwerer Krankheit Gezeichnete schließlich am 2. April 2005 im Alter von 84 Jahren. Die Feierlichkeiten anläßlich seiner Beisetzung zogen Millionen Pilger nach Rom und wurden von der Weltöffentlichkeit mit großer Aufmerksamkeit und Anteilnahme verfolgt. Seine Beisetzung erfolgte unter dem Hauptaltar des Petersdoms an der Stelle der ehemaligen Grabstätte → Johannes' XXIII.

## Benedikt XVI. 2005 –

Als Nachfolger → Johannes Pauls II. wurde von den 115 zum Konklave versammelten Kardinälen am 19. April 2005 bereits nach einem Tag und vier Wahlgängen der bisherige Dekan des Kardinalskollegiums und Präfekt der Glaubenskongregation Joseph Ratzinger gewählt. Der 265. Papst in der Geschichte der römisch-katholischen Kirche und erste deutschstämmige Papst seit 482 Jahren (→ Hadrian VI.) ist geboren am 16. April 1927 als Sohn eines Gendarmeriemeisters in Marktl am Inn (Bayern). Nach dem Studium der Theologie und der Philosophie in Freising und München wurde er 1951 in Freising zum Priester geweiht und 1953 zum Doktor der Philosophie promoviert. 1957 erfolgte die Habilitation im Fach Fundamentaltheologie an der Universität München. Seit 1958 Dozent und Lehrstuhlinhaber in Freising, Bonn, München, Münster, Tübingen und Regensburg. 1962 Teilnahme am II. Vatikanischen Konzil als Berater des Kölner Erzbischofs Joseph Kardinal Frings. Kurz vor dem Abschluß der Konzilperiode wurde er zum offiziellen Konzilstheologen (Peritus) berufen. 1976 Verleihung des Titels eines Päpstlichen Ehrenprälaten. 1976–77 Vizepräsident der Universität Regensburg. Bereits im Alter von 50 Jahren erfolgte 1977 die Ernennung zum Erzbischof von München und Freising und die Erhebung zum Kardinal durch → Paul VI. Seit 1981 Präsident der Päpstlichen Bibelkommission und Präfekt der Kongregation für die Glaubenslehre, der höchsten und zentralen Instanz für die Interpretation und Verteidigung der katholischen Lehre. 1982 wurde er zum Mitglied der Kongregation für die Bischöfe und zum Mitglied des Päpstlichen Rats für die öffentlichen Angelegenheiten der Kirche ernannt und legte sein Amt als Erzbischof von München und Freising nieder. 1984 Berufung zum Mitglied der Kongregation für die Selig- und Heiligsprechung. 1986 Ernennung zum Vorsitzenden der Kommission für den Katechismus. Von 1986 bis 1992 arbeitete er als Leiter der Päpstlichen Kommission zur Erstellung des „Kathechismus der Katholischen Kirche". 1992 Erhebung zum Titularbischof der suburbikarischen Diözese Velletri-Segni. 1998 Subdekan des Kardinalskollegiums, das den Papst berät und bei einer Sedisvakanz seinen Nachfolger wählt. 1999 Mitwirkung an der „Gemeinsamen Erklärung zur Rechtfertigungslehre" zwischen katholischer Kirche und Lutherischem Weltbund. 2002 Wahl zum Dekan des Kardinalskollegiums und Titularbischof von Ostia. Der außergewöhnlich gelehrte und rethorisch brilliante Autor vieler theologischer Bücher und Aufsätze und Träger zahlreicher Ehrendoktorate und Auszeichnungen, der als die „rechte Hand" seines Vorgängers → Johannes Paul II. einen wesentlichen Anteil an der Formulierung der theologischen Standpunkte hatte, gilt als ein konservativer und traditionsgebundener Theologe. Im Kern seiner Vorstellung einer christusgemäßen Verwirklichung des Petrusdienstes steht die feste Überzeugung, die katholische Kirche müsse mit der Kraft des Glaubens dem relativistischen Zeitgeist trotzen. Im Selbstverständnis als Bezugspunkt persönlich vor dem Angesicht der Welt getragener und ausgedrückter Verantwortung für das Wort des Glaubens bezeichnete er sich bei seinem Amtsantritt als ein „einfacher, bescheidener Arbeiter im Weinberg des Herrn".

II. TEIL

# Die Päpste in alphabetischer Reihenfolge

III. TEIL

# Im Umfeld der Papstgeschichte. Namen und Fakten

## Adoptianismus

In den Auseinandersetzungen über die Stellung des Sohnes Gottes Jesus Christus innerhalb der Dreifaltigkeit lehrte Theodoret aus Byzanz, Jesus sei nur eine Erscheinungsweise der *einen* göttlichen Person. Theodoret wurde 192 von Papst ↗ Victor I. exkommuniziert. Die gleiche Lehre vertrat Artemas zur Zeit des Papstes ↗ Zephyrinus. Auch der Bischof von Antiochien, Paul von Samosata, verwarf die Gottheit Christi: Jesus sei nur ein gewöhnlicher Mensch gewesen, wenn auch auf übernatürliche Weise aus Maria geboren. Durch den ihm innewohnenden Logos habe er eine einzigartige Gnadenstellung erhalten und sei schließlich von Gott Vater adoptiert worden. Auf einer Synode 269 wurde Paul der Irrlehre überführt, exkommuniziert und abgesetzt. Seine Lehre erhielt sich bis ins 4. Jahrhundert. Sie tauchte später unter Papst ↗ Hadrian I. noch einmal auf: Kaiser Karl der Große (→Karolinger) hatte 794 eine Synode nach Frankfurt berufen, die er gern als „Allgemeines Konzil" gefeiert hätte: im →Bilderstreit fand sich der Kaiser im Widerspruch zum Papst; die Beschlüsse des II. →Konzils von Nicaea (787) lehnte er ab, da er sie nur in falscher Übersetzung kennengelernt und deshalb mißverstanden hatte. Auf der Frankfurter Synode 794 wurde auch der Adoptianismus der beiden spanischen Bischöfe Elipandus von Toledo und Felix von Urgel verworfen.

## Albigenser

Eine einflußreiche Irrlehre im 12. Jahrhundert vertraten die →Katharer. Ihre Lehre war dualistisch: sie anerkannten neben Gott ein ewiges Prinzip des Bösen (die Materie) und verwarfen daher alles, was mit der Materie zusammenhing (Ehe, Fleischgenuß, Privateigentum) →Gnosis. Auch die christliche Heilsgeschichte änderten sie nach ihren Ideen: sie leugneten die Auferstehung Jesu; dieser habe nur einen Scheinleib gehabt (→Doketismus). Der Gott des Alten Testamentes sei das eigentliche Prinzip des Bösen. Auch hinsichtlich der Wirksamkeit und Spendung der Sakramente vertraten sie irrige Auffassungen. Ihr hauptsächlichstes Wirkungsgebiet fanden die Katharer um 1150 in der südfranzösischen Stadt Albi (woher sie ihren Namen haben). Ihre wesentlichste Anziehungskraft bestand in der Kritik am Reichtum und der Macht der Kirche sowie an der Verweltlichung mancher Bischöfe und Priester. Durch ihre Grundsätze griffen die Albigenser auch die staatliche Ordnung an. Ihr Hauptgegner innerhalb der Kirche war →Bernhard von Clairvaux; seine Predigt in Albi sowie von den Päpsten ↗ Alexander III. und ↗ Innocenz III. gesandte Ordensleute (u. a. →Dominikaner) sollten die Albigenser von der Falschheit ihrer Lehre überzeugen – ohne Erfolg. So kam es zu den teilweise ganz unchristlich grausamen Albigenserkriegen. Was von der Sekte noch übrigblieb, fiel der →Inquisition zum Opfer.

## Altkatholiken

Die Altkatholische Kirche ist eine Religionsgemeinschaft, die sich 1871 aus Opposition gegen das I. Vatikanische →Konzil, speziell gegen die dort verkündete Lehre von der →Unfehlbarkeit des Papstes bildete. Sofort nach ihrer Gründung traten ihr mehrere deutsche Theologieprofessoren bei, die in der Gelehrtenwelt hohes Ansehen genossen. Die Gemeinschaft konstituierte sich auf dem Altkatholikenkongreß 1871 in München; auf einem zweiten Kongreß in Köln 1872 beschloß man die Aufstellung eines Bischofs. Nach der Zustimmung durch Reichskanzler Fürst v. Bismarck wurde am 4. Juli 1873 der ehemalige Breslauer Professor Josef Hubert Reinkens zum Bischof gewählt und in Rotterdam vom →jansenistischen Bischof Heykamp von Deventer geweiht. – Die Altkatholische Kirche bildet in jedem Land eine eigene Nationalkirche. An den christlichen Hauptlehren halten die Altkatholiken fest: Gott, Schöpfung, Dreifaltigkeit, Christus, Erlösung. Der →Primat des Papstes gilt nur im historischen Sinn: Der Papst ist „Primus inter pares" (der Erste unter Gleichgestellten). Abgelehnt wird die päpstliche Unfehlbarkeit, wie sie auf dem Konzil im Vatikan 1870 definiert worden war. Der sakramentale Charakter des Bischofs- und des Priesteramtes wird grundsätzlich anerkannt, ebenso werden die Sakramente im Sinn der katholischen Kirche gedeutet. Anerkannt wird ferner die Lehre vom Fegfeuer und vom Nutzen des Gebetes für die Verstorbenen. Abgelehnt werden Wallfahrten, Bilder- und Reliquienverehrung. Die Liturgie wurde von Anfang an in der Landessprache gefeiert. Die höchste Autorität in allgemeinen Angelegenheiten besitzt eine aus Geistlichen und Laien zusammengesetzte Synode.

## Apokrisiar

(Ständiger) Gesandter des Papstes am Hof des Kaisers in →Byzanz; er war der päpstliche Geschäftsträger.

## Appellation

Anrufung einer höheren Instanz zwecks Entscheidung in einem Rechtsstreit. Der Streit um die Frage, welche Instanz die höhere (= höchste) ist, spielte sich in der Kirche auf zwei Ebenen ab:
Die erste Ebene ist gekennzeichnet durch einen Vorfall in Nordafrika im Anfang des 5. Jahrhunderts: Dort war ein Priester wegen seines unsittlichen Lebenswandels von seinem Bischof seines Amtes enthoben worden; dieser Priester wandte sich an Papst ↗Zosimus. Ohne genaue Nachprü-

fung der gesamten Angelegenheit verlangte der Papst vom Bischof, er müsse den Priester rehabilitieren. Der Bischof gab dem päpstlichen Wunsch zwar nach; aber ein afrikanisches Plenarkonzil (418) verbot die Appellation der Geistlichen an eine Instanz „in Übersee". Auch Papst ↗ Coelestin I. hatte sich noch mit diesem Vorfall zu befassen, denn der Priester hatte erneut gegen seinen Bischof an den Papst appelliert. Jetzt ging es aber nicht mehr nur um den einzelnen Fall, sondern um die grundsätzliche Frage nach der „höheren Instanz". Der Papst verteidigte das grundlegende Recht der Appellation an Rom, während die afrikanischen Bischöfe auf einer Synode von Karthago (426) sich selbst als höchste Instanz ansahen. (Der sich abzeichnende Streit wurde sehr schnell bei der über Nordafrika hereinbrechenden Katastrophe durch die →Vandalen beendet.) Letztlich ging es also darum, ob der Papst eine den Bischöfen übergeordnete Entscheidungsgewalt habe. Die Afrikaner wollten diese ihrem →Metropoliten zugestehen; im Lauf der Zeit setzte sich aber – mit der Entwicklung des →Primatsgedankens – das Papsttum als letzte Instanz durch.

Der Streit auf der zweiten Ebene brach viel später auf; er ist gekennzeichnet durch das Wort →Konziliarismus. Nun ging es nicht mehr um die Frage, ob dem Einzelbischof bzw. seinem Metropoliten oder dem Papst die höchste Entscheidungsvollmacht zukomme. Jetzt wurde das Konzil als die höchste, also auch über dem Papst stehende Instanz genannt; man konnte an ein Konzil gegen den Papst appellieren. Allerdings haben die Päpste (und auch spätere Konzilien) eindeutig den Konziliarismus verworfen.

## Arianismus

Im zweiten und vor allem im dritten Jahrhundert gab es heftige Diskussionen über das Verhältnis Christi zum Vater. Der →Subordinatianismus lehrte eine irgendwie geartete Unterordnung des Sohnes unter den Vater; diese Lehre wurde vor allem in Antiochien vertreten. Der Gründer der dortigen Exegetenschule Lucian übte sehr großen Einfluß auf den in Antiochia geborenen Priester *Arius* (gestorben 336) aus, der in Alexandria lebte. In Anlehnung an die Lehre des →Adoptianismus verkündete Arius 318 auf einer Synode: Der Logos (Sohn Gottes) geht nicht von Ewigkeit her vom Vater aus, es gab vielmehr eine Zeit, in welcher er noch nicht existierte: er wurde vom Vater vor der Weltschöpfung durch einen göttlichen Willensakt aus dem Nichts hervorgebracht. Erst seitdem kann man Gott „Vater" nennen. Der Sohn Gottes ist jedoch vom Vater über alle Geschöpfe erhoben; wie durch ein Werkzeug hat Gott alles durch ihn erschaffen. In einer freien Entscheidung für oder gegen Gott stellte sich der Sohn auf die Seite des Vaters; er ist deshalb durch ihn zu göttlichen Ehren erhoben worden und kann insofern auch Gott genannt werden. Dieser

Lehre des Arius stimmten – außer den Gläubigen in Alexandrien – viele Bischöfe und Priester zu. Vor allem zwei Bischöfe traten auf die Seite des Arius: →Eusebius von Caesarea, der bekannte Kirchenschriftsteller, und Eusebius von Nikomedien, der auch aus der antiochenischen Gelehrtenschule kam. Die schärfste Ablehnung fand Arius bei Bischof Alexander von Alexandrien, bei dessen Diakon Athanasius und beim Klerus der Stadt; sie verkündeten die wahre Gottheit Christi. Der Streit griff bald auf die ganze Kirche über. Kaiser Konstantin brauchte aber die Einheit der Kirche – aus politischen Gründen. Deshalb versuchte er durch einen Brief an die beiden Hauptgegner Arius und Alexander, den Streit zu beenden – ohne Erfolg. Nun lud der Kaiser die Bischöfe des ganzen Reiches nach Nicaea zu einem Allgemeinen →Konzil (325) ein. 250 Bischöfe tagten zwei Monate lang, Arius konnte seine Lehre selbst verteidigen. Aber die Mehrheit der Bischöfe wandte sich gegen ihn. Unter Führung des Diakons Athanasius wurde das in der Kirche von Caesarea bei der Taufspendung verwendete Glaubensbekenntnis als „Nicaenisches Glaubensbekenntnis" angenommen: es schloß jede Unterordnung des Sohnes unter den Vater aus. Jesus ist „Gott von Gott, Licht vom Licht, wahrer Gott vom wahren Gott, gezeugt, nicht geschaffen, eines Wesens mit dem Vater". Arius wurde aus der Kirche ausgeschlossen. Der Kaiser verkündete das Glaubensbekenntnis als Reichsgesetz. Allerdings war der Streit damit noch nicht beendet. Vor allem die inkonsequente Haltung des Kaisers führte in der Folgezeit zu einer Stärkung der Irrlehre. Kaiser Konstantin ließ Arius aus der Verbannung zurückkehren und verbannte Athanasius als Friedensstörer. Der oströmische Kaiser Konstantius versuchte unter dem Einfluß des Bischofs Eusebius von Nikomedien, die arianische Lehre wie in Konstantinopel so auch im Abendland einzuführen. Rom hielt jedoch am Nicaenischen Glaubensbekenntnis fest. Athanasius, seit 328 Bischof von Alexandrien, floh nach Rom; ebenso wandte sich der arianisch gesinnte Bischof Eusebius an Papst ↗ Julius I. Der Papst versammelte Anfang 341 eine Synode in Rom, bei welcher sich die mehr als 50 anwesenden Bischöfe hinter Athanasius stellten. Papst Julius schrieb an die Bischöfe des Ostens und verurteilte ihr gewaltsames Vorgehen gegen Athanasius: Um ein gerechtes Urteil über Athanasius zu finden, hätte man sich erst an Rom wenden müssen. Denn es sei alte Rechtsgewohnheit, daß erst nach Rom geschrieben und danach ein gerechtes Urteil gesprochen werde. Dieses Schreiben und die Beschlüsse der römischen Synode erregten in Antiochien große Unruhe. Die beiden kaiserlichen Brüder Konstantius (für den Osten des Reiches) und Konstans (für den Westen) beriefen für 342 auf Wunsch des Papstes ein Konzil nach Sardika (dem heutigen Sofia), wo 300 westliche und 76 östliche Bischöfe erschienen. Die Oströmer forderten den Ausschluß des Athanasius von den Verhandlungen; da dem nicht stattgegeben wurde, spaltete sich die Versammlung, noch bevor sie zusammengetreten war.

Die östlichen Bischöfe sprachen über Julius und andere führende Bischöfe des Westens den Bann aus, die westlichen Bischöfe taten das Gleiche in umgekehrter Richtung. Athanasius mußte seiner Standhaftigkeit wegen insgesamt fünfmal, von den Kaisern vertrieben, in die Verbannung gehen: nach Rom, nach Trier und dreimal nach Ägypten. – In der Folgezeit gab es Spaltungen unter den Arianern: die einen lehrten die völlige Ungleichheit des Sohnes mit dem Vater, andere (die → Semiarianer) gaben eine Ähnlichkeit des Sohnes mit dem Vater zu (sie schlossen sich schließlich wieder der Kirche an). Theologisch brachte diese Selbstauflösung den Untergang der Irrlehre, die aber politisch noch bedeutungsvoll blieb. Denn in Germanien erlebte der Arianismus starken Auftrieb. Katholische → Goten, die um 350 von den → Hunnen verfolgt wurden, hatten sich an den römischen Kaiser um Schutz gewandt. Der Kaiser wollte ihn gewähren, jedoch nur unter der Auflage, daß sie den arianischen Glauben annähmen. Der Führer dieser Goten war der in Konstantinopel geweihte Bischof Wulfilas, dessen Übersetzung der Bibel ins Gotische die erste deutsche Bibelübersetzung darstellt. Diese Germanen brachten im Zug der Völkerwanderung den Arianismus auch nach Südgallien und Spanien sowie nach Nordafrika. Auch das 2. Allgemeine → Konzil von Konstantinopel 381 beschäftigte sich noch einmal mit den Arianern, deren Irrlehre verworfen wurde. – Die arianische Irrlehre hatte viel Unruhe und Unsicherheit in die Kirche der damaligen Zeit gebracht. Andererseits trug sie auch zur Stärkung der Kirche bei: man suchte nach einer Instanz, die in solchen Streitfragen letztgültig entscheiden könne: man fand sie im Papsttum.

## Arnold von Brescia

Nach Studien in Paris kehrte er als Augustinerchorherr 1136 in seine Heimatstadt zurück, erfüllt von neuen Ideen über Religion und Kirche. Auch in Frankreich, wohin er 1139 fliehen mußte, fand er bald zahlreiche Anhänger. Später verkündete er seine Lehren in Zürich, seit 1144 in Rom, wo er die Wiederherstellung der römischen Republik forderte und das Volk zu Gewaltausbrüchen gegen die geistlichen Machthaber aufputschte. Arnold wandte sich besonders gegen die Kardinäle; das Kardinalskollegium nannte er wegen seines Stolzes und seiner Verderbnis eine Räuberhöhle. Der Papst sei kein apostolischer Mensch und kein Seelenhirte, sondern ein Blutmensch, dem man keinen Gehorsam leisten dürfe. Rom sei die Quelle der Freiheit, es dürfe sich nicht vom Papst unterjochen lassen. Papst ↗ Eugen III. (1145–1153) sprach den Bann über Arnold aus und verbot dem römischen Klerus jegliche Verbindung mit ihm. Papst ↗ Hadrian IV. konnte 1154 nach seiner Wahl nicht vom Lateran Besitz ergreifen, er mußte seinen Sitz in der → Leostadt aufschlagen. Als ein Kardinal auf dem Weg zu Hadrian von Anhängern Arnolds erschlagen wurde, belegte der

Papst 1155 die Stadt Rom mit dem →Interdikt. Zum ersten Mal in der Geschichte kam es zur Einstellung aller Gottesdienste in Rom. Die Bevölkerung wurde darüber unwillig, Arnold mußte die Stadt verlassen. Kaiser Friedrich I. Barbarossa (→Staufer) ergriff den Flüchtigen und lieferte ihn dem Papst aus; er wurde 1155 als Ketzer verurteilt und auf dem Scheiterhaufen verbrannt.

## Augsburger Bekenntnis

Auf dem Reichstag in Augsburg im Jahr 1530 wurde das Augsburger Bekenntnis („Confessio Augustana") vorgelegt. Kaiser Karl V. hatte den Reichstag einberufen, um – angesichts der drohenden →Türkengefahr – das Reich wieder zu einigen. Dazu sollte der Zwiespalt zwischen Katholiken und Lutheranern beseitigt werden. Von Kurfürst Johann von Sachsen, einem Freund →Luthers, wurden Luther und Melanchthon beauftragt, in einem Gutachten die Grundartikel des reformatorischen Bekenntnisses und die Grundzüge der ihm entsprechenden Praxis darzulegen. Die endgültige Fassung lieferte Melanchthon, zum Teil noch während des Reichstages. Im ersten Teil werden 21 Artikel behandelt, die weder von der Schrift oder der Lehre der Väter noch vom katholischen Glauben abwichen. Im zweiten Teil werden in sieben Artikeln „Mißbräuche" behandelt, die die Reformatoren nicht billigen konnten. Dabei wird das Abendmahl unter beiden Gestalten gefordert, die Aufhebung des →Zölibates, die Abschaffung der Wallfahrten usw. Das Augsburger Bekenntnis wollte sich am Glauben der römisch-katholischen Kirche und ihrer Tradition halten. Der Kaiser aber ließ durch die in Augsburg vertretenen katholischen Theologen (vor allem Eck und Cochlaeus) eine Widerlegung anfertigen. Sie stimmte dem ersten Teil der Darlegungen im Augsburger Bekenntnis zu, vertrat aber gegenüber dem zweiten Teil eine verschärfte Position der Widerlegung, indem sie die bestehenden Bräuche verteidigte. Der Kaiser hielt dadurch das Augsburger Bekenntnis für widerlegt. Es kam zwar noch zu verschiedenen Ausgleichsverhandlungen, die jedoch ergebnislos verliefen. Der Plan des Kaisers, die Einheit der Kirche durch ein Allgemeines →Konzil wiederherzustellen, scheiterte am Widerstand des Papstes ↗ Clemens VII., der bei einem Konzil das Wiederaufleben des →Konziliarismus fürchtete.

## Augustinus von Hippo

Augustinus wurde am 13. November 354 in Tagaste (Numidien/Nordafrika) geboren; sein Vater war Heide, seine Mutter Monika Christin. Er wurde zwar christlich erzogen, hatte jedoch die Taufe nicht empfangen. In seiner Studienzeit, die er in Italien verbrachte, war er zeitweilig Anhänger des →Manichäismus; dem Glauben wurde er mehr und mehr entfremdet. Als

Professor für Rhetorik in Mailand lernte er durch die Predigten des dortigen Bischofs, des heiligen Ambrosius, das Christentum neu sehen. An Ostern 387 wurde er getauft und kehrte 388 in seine Heimat zurück, wo er in klösterlicher Weise lebte. 391 wurde er Priester, 395 Bischof von Hippo. Während der Belagerung seiner Bischofsstadt durch die → Vandalen starb Augustinus am 28. August 430. – Vom Manichäismus hatte er sich noch vor seiner Taufe wieder abgewandt und bekämpfte als Bischof diese Irrlehre in mehreren Schriften. Ebenso war er ein beredter Verteidiger des Glaubens gegen die → Pelagianer und (seit 428/429) auch gegen die → Semipelagianer.

## Avignon, Exil der Päpste

Nach dem Tod des Papstes ↗ Benedikt XI. trat das → Konklave in Perugia zusammen. Das Kardinalskollegium war in einen französischen und einen italienischen Teil gespalten. Das Konklave dauerte 11 Monate. Gewählt wurde schließlich der Kandidat der Franzosen: ↗ Clemens V. Diese Wahl hatte den Beginn des Exils der Päpste in Avignon zur Folge, das 70 Jahre dauerte. Clemens erwies sich bald als gefügiges Werkzeug in der Hand des französischen Königs. Er traf zwar Vorbereitungen zur Reise nach Rom, lud dann aber die Kardinäle zur Krönung nach Lyon ein. Seine den Kardinälen gegenüber oft abgegebene Versicherung, nach Rom zurückzukehren, wurde nie verwirklicht. Dazu mag auch beigetragen haben, daß die schwierigen politischen Verhältnisse in Rom und im → Kirchenstaat nicht zur Übersiedlung nach Rom einluden. Seit 1309 residierte der Papst in Avignon. Nach dem Tod dieses Papstes dauerte das → Konklave zweieinviertel Jahre. 17 Franzosen und 7 Italiener bildeten das Kardinalskollegium; die Zahl der Franzosen war vor allem deshalb so hoch, weil Clemens während seines Pontifikates nur seine Landsleute zu Kardinälen erhoben hatte. Das Konklave wurde unter Drohungen gegen die italienischen Kardinäle gesprengt; deshalb trat man erst zwei Jahre später in Lyon zusammen. Am 7. August 1316 wurde ↗ Johannes XXII. gewählt. Auch er war Franzose. Seine Verbundenheit mit der Heimat wurde durch die Bevorzugung seiner Landsleute bei seinen Ernennungen deutlich. Nach der Krönung des Papstes in Lyon wünschte die Mehrheit der Kardinäle ein Verbleiben in Avignon; der Papst folgte diesem Wunsch, obwohl er selbst mehr für eine Übersiedlung nach Rom war. Am 4. Dezember 1334 starb Johannes XXII., am 20. Dezember wurde ↗ Benedikt XII. gewählt, ebenfalls ein Franzose. Auch er stellte den Abgesandten des römischen Volkes eine baldige Rückkehr nach Rom in Aussicht, begann aber schon in den ersten Monaten seines Pontifikates mit dem Bau des festungsartigen Papstpalastes in Avignon. Auch er blieb ganz von Frankreichs Politik abhängig. Sein Nachfolger, ↗ Clemens VI., war – wie sein Vorgänger –

Südfranzose. Er war am 7. Mai 1342 zum Papst gewählt worden. Auch sein Nachfolger, ↗ Innocenz VI., war Franzose. Er hatte eine Romfahrt geplant, starb jedoch vor ihrer Durchführung. Sein Nachfolger, ↗ Urban V., stammte aus der Nähe von Avignon. Er verschloß sich einer Rückkehr nach Rom nicht, vor allem da auch die heilige Birgitta von Schweden ihn darum bat. Auch die Gegenvorstellungen des französischen Hofes und der französischen Kardinäle brachten ihn nicht von seinem Plan ab. Am 30. April 1367 verließ er Avignon und hielt am 16. Oktober Einzug in Rom. Er konnte jedoch der inneren Schwierigkeiten im Kirchenstaat nicht Herr werden und kehrte im Herbst 1370 – trotz der Warnungen der heiligen Birgitta von Schweden und der heiligen → Katharina von Siena – nach Avignon zurück, wo er am 27. September ankam. Schon zwei Monate später starb er. Sein Nachfolger wurde ↗ Gregor XI., der seit 1372 wiederholt die Rückkehr nach Rom ankündigte und sie im Herbst 1376 auch vollzog. Mit 13 Kardinälen verließ der Papst am 13. September 1376 Avignon und zog feierlich in Rom ein. Die Rückführung der Kurie dauerte bis Januar 1377. Mit Gregor starb der letzte Franzose auf dem Papstthron. – Da der Aufenthalt der Päpste in Avignon fast 70 Jahre dauerte, spricht man – in Anlehnung an biblische Texte – auch von einer babylonischen Gefangenschaft der Päpste. Einschneidend war die Abhängigkeit der Päpste vom französischen Hof; das System der Stellenbesetzung mit Franzosen und der große Finanzbedarf der Päpste. So wurde der Ruf nach einer Reform der Kirche an Haupt und Gliedern immer lauter.

## Babylonische Gefangenschaft der Päpste

→ Avignon

## Bartholomäusnacht

In der Mitte des 16. Jahrhunderts tobten in Frankreich heftige Religionskämpfe zwischen Katholiken und calvinischen Protestanten, die Hugenotten genannt wurden. Eine Fürstenhochzeit sollte den Frieden zwischen beiden Parteien herstellen. Margaretha von Valois, die katholische Schwester des Königs Karl IX., und der calvinische Prinz Heinrich von Navarra (der spätere König Heinrich IV.) sollten heiraten. Die Trauung, die wegen der Konfessionsverschiedenheit von der Kirche verboten war, war gegen den Vorbehalt des Papstes und ohne kirchliche Dispens geplant. Die herrschsüchtige und skrupellose Mutter des jungen Königs, Katharina von Medici, benutzte die Gelegenheit der Hochzeit, einen vernichtenden Schlag gegen die Hugenotten zu führen, die in sehr großer Zahl zu den Hochzeitsfeierlichkeiten nach Paris gekommen waren. Unter Vorspiegelung falscher Tatsachen überredete sie ihren Sohn zur Vernichtung der Hugenotten: diese würden hochverräterische Ziele verfolgen. In der Nacht zum Fest des heiligen Bartholomäus (vom 23. auf den 24. August) 1572 wurden alle nach Paris gekommenen Hugenotten niedergemetzelt, darunter auch ihr greiser Führer, Admiral Coligny. Die Vernichtung der Hugenotten wurde in den französischen Provinzen weitergeführt; insgesamt sollen 5000 bis 10 000 den Tod gefunden haben. Der französische Gesandte in Rom erklärte Papst ↗ Gregor XIII. gegenüber, der König sei nur mit Mühe einer schrecklichen Verschwörung entronnen. Auf diese falsche Mitteilung hin ließ der Papst im Petersdom ein Te Deum zum Dank für die Errettung des Königs singen. Weder dieser Papst (noch sein Vorgänger ↗ Pius V.) hatten vor der Bluttat Kenntnis von dem Plan gehabt; deshalb haben sie sie auch nicht gebilligt, wie ihnen manchmal vorgeworfen wird.

## Benedikt von Nursia

Benedikt war um 480 in Nursia (Umbrien) geboren und lebte nach seinem Studium in Rom drei Jahre als Einsiedler in Subiaco. Später sammelte er Mönche um sich, die in 12 kleinen Klöstern unter seiner Leitung lebten. Um 529 siedelte er mit seinen Mönchen nach Montecassino über. Die dort entstandene Mönchsregel wurde die Grundlage nicht nur des benediktinischen Mönchstums, sondern des abendländischen Ordenswesens überhaupt. Benedikt starb am 21. März wohl 547 zu Montecassino. – In einer Zeit, in der Kirche und Papsttum von theologischen Streitigkeiten und politischen Auseinandersetzungen zerrissen waren, wurde er nicht nur der Vater des abendländischen Mönchstums, sondern auch – mittelbar – der Anstoß für eine Reform der Kirche. Der erste Benediktiner auf dem Papstthron, ↗ Gregor I. der Große, hatte aus seinem großen, vom Vater ererbten Besitz mehrere Klöster gegründet, darunter auch sein eigenes Haus in Rom in ein Kloster umgewandelt, in das er selbst als Mönch eintrat. Das ganze Pontifikat Gregors war beherrscht von benediktinischen Idealen. Den Prior seines römischen Klosters, Augustinus, sandte er 596 als ersten Missionar zu den Angelsachsen. Gregor erlebte die großen Erfolge der dortigen Mission und setzte Augustinus als Erzbischof in Canterbury ein. – Die Bedeutung des Benediktinerordens erreichte 400 Jahre später einen zweiten kirchengeschichtlichen Höhepunkt: Im Jahr 910 hatte Herzog Wilhelm von Aquitanien in → Cluny ein Benediktinerkloster gegründet, das durch die genaue Befolgung der benediktinischen Regel und durch den religiösen Ernst der Mönche bald zum Mittelpunkt der Reform wurde: nicht nur für den Benediktinerorden (der mancherorts von den Idealen der Gründung abgesunken war), sondern auch für die gesamte Kirche. Der erste Papst, der die von Cluny geforderte allgemeine Reform der Kirche in Angriff nahm, war ↗ Leo IX. Unterstützt wurde er dabei von → Hildebrand, dem späteren Papst ↗ Gregor VII., der auch

Mönch in Cluny gewesen war. Auch auf die folgenden Päpste wirkte sich der Geist von Cluny segensreich aus.

## Bernhard von Clairvaux

Bernhard war um 1090 aus burgundischem Adel geboren. 1112 trat er mit 30 Gefährten in das Reformkloster Citeaux ein. 1115 wurde er nach Clairvaux gesandt, um dort ein Kloster zu gründen und es als Abt zu leiten. Von hier aus gründete Bernhard noch 69 Klöster, so daß er als zweiter Gründer des →Zisterzienserordens bezeichnet wird. – In der Papstgeschichte spielte Bernhard zweimal eine wichtige Rolle: Im Jahr 1130 hatte eine Doppelwahl stattgefunden: ↗Innocenz II. und am gleichen Tag ↗ Anaklet II. Da Innocenz nur von einer Minderheit der Kardinäle und in aller Eile, d. h. ohne Einhaltung der üblichen Form bei der Papstwahl, gewählt worden war, gingen die Meinungen darüber auseinander, welcher Papst der rechtmäßige sei. Das römische Volk stand zu Anaklet, Bernhard von Clairvaux setzte sich für Innocenz ein. Es gelang ihm, auf einer Synode im Herbst 1130 in Etampes die Mehrheit der Synodalen unter Hinweis auf die Priorität der Erhebung und auf seine größere Würdigkeit für Innocenz zu gewinnen. Neben Frankreich nahmen auch England und Spanien Innocenz als rechtmäßigen Papst an. Ende 1137 glaubte Bernhard (aufgrund politischer Fakten), das Schisma beenden zu können: viertägige Erörterungen der Abgesandten beider Parteien führten aber zu keinem Erfolg. Im Januar 1138 starb Anaklet, er erhielt in ↗Victor IV. zwar noch einen Nachfolger, dieser aber unterwarf sich bereits am 29. Mai Innocenz. Bernhard von Clairvaux hatte in all diesen Jahren Innocenz treu zur Seite gestanden; jetzt konnte er in sein Kloster zurückkehren. – Noch einmal trat Bernhard in das Licht der Öffentlichkeit: ↗Eugen III. rief am 1. Dezember 1145 zu einem →Kreuzzug auf. Bernhard wurde mit der Werbung für den Kreuzzug beauftragt. Seine überzeugenden Predigten (nicht nur in Frankreich, sondern auch in Deutschland, vor allem in der Rheingegend) bewogen viele Freiwillige, sich das Kreuz als Zeichen ihrer Teilnahme anheften zu lassen. Der Kreuzzug begann an Pfingsten 1147, endete aber mit einem völligen Mißerfolg. Daraufhin wurden gegen Papst Eugen und gegen Bernhard – als die eigentlich für den Kreuzzug Verantwortlichen – heftige Klagen laut. – Bernhard starb am 20. August 1153 in Clairvaux, wo er auch beerdigt ist.

## Bilderstreit

Der oströmische Kaiser Leon III. (717–741) erließ 726 das erste Bilderverbot. Dahinter standen staatspolitische, aber auch theologische Gründe: Die bilderfeindlichen Araber blickten verächtlich auf den beim Volk und bei den Mönchen verbreiteten Bilderkult herab. Auch die Juden spotteten –

mit Blick auf das Verbot des Dekalogs, daß man sich keine Bilder machen dürfe – über die Bilderverehrung. Schließlich waren auch die lange währenden theologischen Auseinandersetzungen am Bilderverbot beteiligt: die →Monophysiten lehnten jedes Bild Christi ab, weil sie nicht an die wahre Menschheit Jesu glaubten; das Göttliche aber könne man nicht darstellen, deshalb komme man in die Nähe des →Nestorianismus und des →Arianismus, die die Gottheit Christi leugneten. Außerdem verehre das einfache Volk die Bilder abergläubisch. Mit dem ersten Bilderverbot ordnete Kaiser Leon die Zerstörung der hochverehrten Christus-Ikone am Chalketor zu Konstantinopel an. Ein Sturm der Entrüstung ergriff das Volk, die Armee meuterte gegen den Kaiser und man dachte an die Aufstellung eines Gegenkaisers. Leon versuchte, den →Patriarchen von Konstantinopel, Germanos, und Papst ↗ Gregor II. auf seine Seite zu ziehen; beide lehnten jedoch die Maßnahmen des Kaisers ab. Deshalb erließ er ein neues und verschärftes Verbot (am 17. Januar 730); daraufhin wurden im ganzen Reich sehr viele Bilder zerstört. Germanos wurde durch einen gefügigeren Bischof ersetzt; der Papst sollte umgebracht werden: fünfmal mußte ihn das römische Volk gegen Abgesandte des Kaisers, die dem Papst nach dem Leben trachteten, schützen (auch dies führte zur Abwendung der Päpste von →Byzanz und zur Hinwendung zu den Germanen). Auf einer römischen Synode im November 731, auf der mehrere Bischöfe des Abendlandes anwesend waren, verurteilte Papst ↗ Gregor III. die Bilderfeinde und schloß sie aus der kirchlichen Gemeinschaft aus. Kaiser Leon rächte sich durch politische Maßnahmen: er besetzte dem Kirchenstaat gehörige Güter, löste Unteritalien, Griechenland und Sizilien aus der römischen Kirche und unterstellte sie Konstantinopel. Kaiser Konstantin V. bereitete 752 ein Konzil vor, das seine bilderfeindlichen Maßnahmen bestätigen sollte; dies hielt er 754 in Hiereia am Bosporus mit dem gewünschten Erfolg ab. Daraufhin entfachte der Kaiser einen neuen Bildersturm, dem nicht nur die Bilder, sondern auch ihre Verteidiger (aufgrund von Folterungen, Verbannungen und Todesurteilen) zum Opfer fielen. Papst ↗ Hadrian I. gelang schließlich die Wiederherstellung der kirchlichen Einheit mit dem Osten. Die Kaiserin-Witwe Irene, die für ihren noch unmündigen Sohn Konstantin VI. die Regierung führte, berief zur Beilegung des Bilderstreites für das Jahr 787 das 7. Allgemeine →Konzil nach Nicaea ein. Das Konzil unterschied deutlich zwischen „Anbetung" und „Verehrung" (in der griechischen Sprache zwei verschiedene Worte): die erste kommt nur Gott zu, die zweite kann auch Geschöpfen erwiesen werden. „Wer ein Bild verehrt, verehrt damit den Gemalten"; der Sinn einer Ikone ruhe nicht in ihr selbst, sondern im Hinweis auf Christus oder die dargestellten Heiligen. Durch dieses Konzil von Nicaea war die kirchliche Einheit wiederhergestellt. Allerdings hatte es noch ein Nachspiel: Kaiser Karl der Große (→Karolinger) war nicht zum Konzil eingeladen worden, was er – als der mächtigste Herrscher des Abendlandes – als eine Schmach empfand. 790 ließ er deshalb durch seine Hoftheologen eine eigene Schrift über die Frage der Bilderverehrung ausarbeiten und verwarf die Beschlüsse des Konzils. Die Verfasser, die kein Griechisch kannten, hatten nur eine lateinische Übersetzung vor sich; hier war „Verehrung" und „Anbetung" durch das gleiche Wort wiedergegeben. So wandten sie sich gegen die angebliche „Anbetung" der Bilder in der Ostkirche. In Wirklichkeit ging es Karl dem Großen weniger um die theologische Frage, als vielmehr um einen Protest des Frankenreiches gegen den Führungsanspruch Konstantinopels auf kirchlichem und politischem Gebiet. Eine von Karl dem Großen 794 nach Frankfurt einberufene Synode verurteilte die Beschlüsse des Konzils von Nicaea (ohne sie allerdings richtig verstanden zu haben). Karl wollte aus dieser Synode ein Allgemeines Konzil machen; sie blieb aber – trotz der Anwesenheit von zwei päpstlichen Legaten – eine fränkische Reichssynode. Papst ↗ Hadrian I. war in einer schwierigen Lage: einerseits wollte er den Kaiser nicht vor den Kopf stoßen, andererseits konnte er die Verurteilung der Bilder nicht annehmen. Da die von Karl veranlaßten „Karolingischen Bücher" jedoch keine weitreichende Bedeutung erlangten, war der Bilderstreit für die abendländische Kirche beendet. – Anders jedoch in der Ostkirche: Kaiser Leon V. (813–820) erneuerte den Bildersturm und verfolgte die Verteidiger der Bilder. Michael II. (820–829) rief zwar die Verbannten zurück, hob aber die Gesetze seines Vorgängers nicht auf. Bald ergriff er für die Bilderfeinde Partei. Eine gemeinschaftliche Beratung beider Richtungen wurde von den Bilderfreunden abgelehnt, zumal Rom gesprochen habe; der Kaiser solle eine neue Erklärung durch den Papst anfordern. Dem kam der Kaiser nicht nach; 821 ernannte er einen der ärgsten Bilderfeinde zum Patriarchen von Konstantinopel und erneuerte damit den Bildersturm. Noch unter Theophilos (829–842) dauerte der Kampf der Bilderstürmer an, wenngleich auch mit verminderter Heftigkeit. Nach dem Tod dieses Kaisers bereitete seine Gattin Theodora klug und besonnen die Wiedereinführung des Bilderkultes vor. Gemeinsam mit dem inzwischen neu ernannten Patriarchen von Konstantinopel feierte sie eine Synode, in welcher die Bilderstürmer mit dem Bann belegt wurden; die Beschlüsse des Konzils von Nicaea erhielten wieder Gültigkeit. Damit war der Bilderstreit sowohl in Ost wie in West im wesentlichen beigelegt.

## Bischofsliste

Die älteste römische Bischofsliste ist durch →Irenäus von Lyon um das Jahr 180 überliefert. In der Auseinandersetzung mit den Irrlehren (→Gnosis) sah er in der fortlaufenden Linie der Bischöfe, den Bewahrern der rechten Lehre, einen Beweis für die ungebrochene Lehrtradition, die gleichbedeutend war mit Unverfälschtheit und Vollständigkeit der Lehre.

Irenäus betonte, daß in der apostolischen Überlieferung die Garantie für den wahren Glauben in seiner Vollständigkeit gegeben sei. Rom nennt er „die größte und älteste und allbekannte Kirche, die von den beiden ruhmreichen Aposteln Petrus und Paulus zu Rom gegründet und gebaut ist". „Deshalb muß mit der römischen Kirche wegen ihres besonderen Vorranges jede Kirche übereinstimmen, d. h. die Gläubigen von allerwärts; denn in ihr ist immer die apostolische Tradition bewahrt worden" (Adv. haer. III 3,3). Allerdings nennt Irenäus in seiner römischen Bischofsliste nur die Namen, keine Daten. Diese versuchte zuerst →Eusebius von Caesarea (gest. 339) zusammenzustellen; nach ihm fügte der →Catalogus Liberianus (336 bzw. 354) zu den Jahresdaten auch die Angaben über die Tage und Monate der Regierungszeit der Päpste hinzu.

## Bonifatius – Winfried

Winfried war um 672 in Wessex aus angelsächsischem Adel geboren. Er wurde Benediktiner-Mönch und Leiter einer Klosterschule. 716 ging er nach Friesland zur Missionierung, kehrte jedoch bald ohne Erfolg zurück. 719 wurde er von Papst ↗ Gregor II. mit der Germanenmission beauftragt, 722 vom Papst in Rom zum Bischof geweiht, 723 zum Erzbischof ernannt und 738 zum päpstlichen Legaten für Germanien bestellt. Der Papst hatte den Namen Winfried in Bonifatius geändert. 746 wurde Bonifatius Erzbischof von Mainz. 754 unternahm er eine Missionsreise zu den Friesen. Hier erlitt er am 5. Juni 754 bei Dokkum mit zahlreichen Gefährten den Martertod. In Fulda wurde er begraben. – Über seiner sehr erfolgreichen Wirksamkeit als Missionar, die ihm den Ehrennamen „Apostel der Deutschen" einbrachte, darf seine Bedeutung für die Papstgeschichte nicht übersehen werden. Die Zeit, in welcher sich Leben und Tätigkeit des Bonifatius vollzogen, war die Periode der allmählichen Abwendung der Päpste von →Byzanz und ihre Hinwendung zu den →Franken. Bei seiner Bischofsweihe am 30. November 722 legte Bonifatius einen besonderen Treueid ab, den die römischen Suffraganbischöfe dem Papst als ihrem Metropoliten leisteten. Dadurch wurde die gesamte Tätigkeit des Bonifatius aufs engste mit Rom verbunden. Sonst war mit diesem Treueid an den Papst auch eine Verpflichtung gegenüber dem Kaiser von Byzanz verbunden; diese wurde hier ersetzt durch die Bindung an den Papst. Der Empfehlungsbrief, den der Papst dem Bonifatius an Karl Martell mitgab, unterstrich diese Bindung und knüpfte damit zugleich ein neues Band zwischen Rom und den Franken. Die dem Bonifatius 732 von Papst ↗ Gregor III. übertragene Kirchenprovinz umfaßte die fränkischen Gebiete Germaniens rechts des Rheins. Als Bonifatius dann Legat für Germanien geworden war, reorganisierte er die deutschen Bistümer und hielt zahlreiche Reformsynoden im Frankenreich ab. Das alles zeigt das Ansehen und die Stellung, die das Papsttum durch Bonifatius im ganzen Frankenreich gewonnen hatte. So konnte sich die Hinwendung der Päpste zu den Germanen besser (wenn auch nicht ohne Schwierigkeiten) vollziehen.

## Byzanz

Die Regierungszeit des römischen Kaisers Konstantin (306–337) brachte für die alte Reichshauptstadt Rom tiefgreifende Veränderungen. Der Schwerpunkt des römischen Reiches hatte sich nach Osten verlagert, sowohl wirtschaftlich wie politisch. Konstantin war selbst am Hof des Kaisers Diokletian im Osten aufgewachsen. So wandte der Kaiser sein Interesse mehr und mehr dem Osten zu. Das betrachteten Senat und Adel von Rom mit Mißtrauen. Je mehr sich Konstantin dem Christentum zuneigte, umso fester hielt man in diesen Kreisen Roms am Heidentum fest. (326 fand zum 20jährigen Regierungsjubiläum Konstantins eine Feier mit großem Opfergang zum heidnischen Kapitol statt; der Kaiser nahm an den Feiern nicht teil, weil er den heidnischen Charakter dieses Festes ablehnte.) Der Haß des Senats gegen den Kaiser verschärfte sich, als Konstantin über dem Grab des heiligen Petrus und an der Via Ostia über dem Grab des heiligen Paulus Gedächtniskirchen errichten ließ. Seit 326 hat Konstantin Rom nicht mehr betreten; er begann, am Bosporus ein „Neues Rom" zu bauen, das von Anfang an ein christliches Aussehen haben sollte. Am 11. Mai 330 wurde die neue Residenz „Konstantinopel" eingeweiht. Das christliche Neu-Rom – das heidnische Alt-Rom: dieser Gegensatz berührte naturgemäß auch die Christengemeinden in diesen beiden Städten. Der Glanz des Kaisertums erstrahlte immer heller über dem Bischof und der Kirche von Konstantinopel; der Bischof von Alt-Rom trat mehr und mehr in den Hintergrund. Konstantin selbst hat jedoch dem Bischof von Alt-Rom nie den Ehrenvorrang genommen. Während der Bischof von Konstantinopel allmählich ganz in die Abhängigkeit von den oströmischen Kaisern geriet und zum Hofbischof degradiert wurde, konnte sich die Kirche des Westens in Freiheit entwickeln; die Unabhängigkeit des römischen → Primates von der kaiserlichen Oberhoheit war gerettet. Ohne den Weggang Konstantins nach Byzanz wäre die Kirche des Westens wohl in die gleiche Abhängigkeit und Unfreiheit geraten wie die Kirche Ostroms. Die Schwierigkeiten zeigten sich bald, als es um die Einflußsphäre des Bischofs von Konstantinopel innerhalb der Gesamtkirche ging: Auf dem 2. Allgemeinen → Konzil von Konstantinopel 381 wurde dem Bischof dieser Stadt ausdrücklich der Vorrang vor den → Patriarchen von Alexandrien und Antiochien eingeräumt; allerdings wurde die unangefochtene Stellung Roms noch anerkannt. Zunächst sollte die Hervorhebung des Bischofs der Kaiserstadt keine rechtlichen Folgen haben, sondern nur eine Ehrenstellung aussagen. Bald aber wurden die anderen beiden Patriarchate rangmäßig herabgesetzt – zugunsten Konstantinopels. Dabei kam dem Bischof von Rom zustatten, daß es im Abendland nur *einen* Patriarchen gab, eben den Bischof von Rom, während sich im Osten drei Bischofssitze (Konstantinopel, Alexandrien und Antiochien) um den Vorrang stritten. Papst ↗ Damasus I. lehnte es ab, die Kanones von Konstantinopel (381) anzuerkennen, die auf die Hervorhebung des Patriarchen von Konstantinopel zielten. Aber schon ein Jahr zuvor hatte der oströmische Kaiser Theodosius (zusammen mit dem weströmischen Kaiser Gratian) ein Edikt erlassen (am 28. Februar 380), das den Glauben der katholischen Kirche zum Reichsgesetz erhob und so die „Staatskirche" begründete. Dabei handelte es sich um ein folgenschweres Dokument, das eine neue Zeit der Kirchengeschichte einleitete, die Unterwerfung der Kirche des Ostens unter den Kaiser in Konstantinopel. Je mehr die Macht der weströmischen Kaiser zusammenschmolz, umso stärker suchte Ostrom seine kirchenpolitischen Ideen auch im Westen durchzusetzen: jeder neue Papst mußte seine Wahl dem Kaiser von Konstantinopel mitteilen und von ihm die Bestätigung erbitten (die gelegentlich aus politischen Gründen verweigert wurde); manche Päpste mußten sich, vor das Tribunal des Kaisers nach Konstantinopel zitiert, in die Hauptstadt begeben und wurden dort – aus politischen oder theologischen, nicht aus juristischen Gründen – abgeurteilt. (↗ Martin I. und ↗ Constantin I.). Mehrmals trachteten die römischen Kaiser den Päpsten nach dem Leben, weil sie sich den kaiserlichen Erlassen nicht widerspruchslos fügten (→ Bilderstreit). Mehrmals wurden Bischöfe verbannt oder hingerichtet, weil sie sich gegen die vom Kaiser vertretenen Irrlehren wandten (→ Arianismus). Die gleiche Behandlung erlitten dem Kaiser mißliebige → Patriarchen in der Hauptstadt selbst. Streit gab es auch um den Metropolitensitz von → Ravenna, der – obwohl im Westen gelegen – von den oströmischen Kaisern unter die Herrschaft des Patriarchen von Konstantinopel gebracht werden sollte (666); die gleiche Linie verfolgte Kaiser Leon III., als er (nach 731) Unteritalien, Sizilien, Illyrien und Griechenland aus dem römischen Patriarchatsverband löste und sie dem Patriarchen von Konstantinopel unterstellte. – Der Kaiser hatte eine Schutzpflicht gegenüber dem Papst übernommen; zu manchen Zeiten konnte er sie nicht wahrnehmen (da er selbst in kriegerische Auseinandersetzungen verwickelt war); manchmal wollte er sie nicht wahrnehmen (da er nach der Mehrung seines italienischen Besitzes auf Kosten des → Kirchenstaates strebte). Dies alles begünstigte die Entwicklung der Kirche des Westens zu größerer Unabhängigkeit und Freiheit; es war mitbegründend für die Abwendung des Papsttums von Byzanz und für die Hinwendung zu den → Franken.

## Calixtus-Katakombe

→Katakomben waren unterirdische Begräbnisstätten, die in Rom außerhalb der Stadtmauern angelegt waren. Die Calixtus →Katakombe wird nach Papst ↗ Calixtus I. genannt, der dort als Diakon tätig war. Sie ist die Begräbnisstätte mehrerer Päpste: ↗ Anterus (gest. 236), ↗ Cornelius (gest. 253), ↗ Sixtus II. (gest. 258), ↗ Felix I. (gest. 273) und ↗ Cajus (gest. 295).

## Canossa

Im →Investiturstreit war es zu Auseinandersetzungen zwischen dem deutschen König Heinrich IV. (→Sachsen) und ↗ Gregor VII. gekommen. Im Verlauf dieses Streites erklärten die deutschen Bischöfe auf Drängen des Königs den Papst für abgesetzt (am 24. Januar 1076), was der Papst auf der römischen Fastensynode 1076 mit der Exkommunikation des Königs beantwortete. 1076 sprachen sich die deutschen Fürsten für die Anerkennung Heinrichs aus, falls er innerhalb eines Jahres vom Bann gelöst werde; sie luden Gregor VII. für Lichtmeß 1077 nach Augsburg ein, wo er ihren Streit mit dem König schlichten solle. Der Papst nahm die Einladung der Fürsten an und brach nach Deutschland auf; der König zog nach Italien, um die Lossprechung vom Bann zu erlangen. In Canossa trafen beide aufeinander. Drei Tage lang erschien Heinrich im Büßergewand und leistete die vorgeschriebene Kirchenbuße. Am 28. Januar 1077 wurde der König vom Bann losgesprochen; der Papst reichte dem König die heilige Kommunion. „Canossa bedeutete zwar für Heinrich eine persönliche Demütigung, aber da der Papst durch die Buße des Königs zur Lossprechung genötigt war, erwies es sich tatsächlich für Heinrich als ein Erfolg. Rein politisch gesehen, war das Verhalten Gregors VII. unklug. Denn der König sprengte auf diese Weise den Kreis seiner Gegner und rettete sein Amt. Der Papst hingegen opferte die politischen Vorteile seinen priesterlichen Aufgaben" (Franzen/Bäumer).

## Catalogus Liberianus

In der ersten Hälfte des 4. Jahrhunderts (336 bzw. 354) entstand eine Liste der Päpste, die mit den Daten der Kaiser synchronisiert wurde. Sie fügte den Papstnamen Tages-, Monats- und Jahresangaben an, die alle unhistorisch und wertlos sind. Sie geben zwar gewisse Anhaltspunkte, aber vieles muß mit Fragezeichen versehen werden (wie es sich in der Liste der Päpste in der zeitlichen Reihenfolge, s. o. I. Teil, zeigt).

## Cathedra Petri

Für →unfehlbare Entscheidungen des Papstes wird der Ausdruck „ex cathedra" (= „vom Lehrstuhl aus") gebraucht, weil der Papst solche

Aussagen von seinem Thron aus macht (auch der bischöfliche Thron war ursprünglich ein Lehrstuhl). Deshalb spricht man auch davon, daß ein zum Papst Erwählter den „Päpstlichen Stuhl" besteigt; eine andere Bezeichnung im gleichen Sinn ist „der Apostolische Stuhl". In Rom wird in einem von Bernini geschaffenen und in der Apsis der → Peterskirche aufgestellten Bronce-Thron ein Holzsitz aufbewahrt, der als Cathedra des heiligen ↗ Petrus galt. Papst ↗ Alexander VII. (1655–1667) hatte Bernini die Anregung gegeben, die im Petersdom verehrte Cathedra in den Mittelpunkt der Apsis der Peterskirche zu stellen. Bernini griff die Anregung auf, schuf aber nicht ein einfaches „Reliquiar". In der hölzernen Cathedra sah er ein Symbol des Papsttums und stellte dessen Triumph über die Wirren der Reformationszeit dar: Die Gestalten von vier Kirchenlehrern stützen einen gewaltigen Bronce-Sessel, über dem die Taube als Symbol des Heiligen Geistes – in Glasmalerei ausgeführt – schwebt. In den gewaltigen Bronce-Sessel ist der Lehr- und Amtsstuhl des Petrus eingeschlossen. Auf Veranlassung ↗ Pauls VI. wurde 1968 dieser Holzstuhl untersucht; dabei wurde festgestellt, daß er erst Jahrhunderte nach der Zeit des Petrus angefertigt wurde. Wahrscheinlich hatte Kaiser Karl der Kahle den Stuhl 875 Papst ↗ Johannes VIII. geschenkt. Die Legende, daß es sich um den Thron des heiligen Petrus handle, soll erst im 12. Jahrhundert aufgekommen sein.

## Chlodwig

In der Abwendung des Papsttums von → Byzanz und der Hinwendung zu den Germanen spielte der → Frankenkönig Chlodwig eine entscheidende Rolle: an Weihnachten 496 wurde er in Reims durch den heiligen Bischof Remigius getauft. Die Taufe Chlodwigs war vorbereitet durch seine katholische Frau Chlotilde sowie vor allem durch das Zusammenleben der siegreichen Franken mit den katholischen Galliern. Chlodwig erkannte die religiöse und kulturelle Überlegenheit des Christentums; er erkannte auch die sehr großen politischen Vorteile, die es für sein Reich bringen könnte: Einheit des Staates, Autorität der Bischöfe, d. h. der Kirche. Das ganze Volk der Franken folgte dem Schritt des Königs. Die Taufe Chlodwigs ist von außerordentlicher kirchengeschichtlicher Tragweite: Sie bedeutete auch die Christianisierung der anderen germanischen Stämme, die die Franken ihrem Reich einverleibt hatten; so begann demnach die Christianisierung Deutschlands. Alle anderen germanischen Staaten hatten sich dem → Arianismus angeschlossen; sie alle sind untergegangen. Allein die → Franken (und ihre Nachfolger) haben im Bund mit der Weltkirche das Mittelalter beherrscht.

## Christenverfolgungen

Die Kirche teilte das Schicksal Jesu: „Wenn sie mich verfolgt haben, werden sie auch euch verfolgen" (Joh 15,20). Diese Vorhersage bezog sich zunächst auf den unmittelbaren Lebensraum der Urgemeinde in Jerusalem. Als Strafe für das Bekenntnis zu Jesus war der Ausschluß aus der religiösen Gemeinschaft der Synagoge vorgesehen, wie Jesus es (Joh 16,2) vorhergesagt hatte, und wie es sich noch zu Lebzeiten Jesu z. B. am geheilten Blindgeborenen bewahrheitete (Joh 9,35). – Einige Jahre nach der Aufnahme Jesu in den Himmel kam eine Verfolgung über die Gemeinde von Jerusalem, der der Diakon Stephanus zum Opfer fiel (Apg 7,57 ff) und die Glieder der Gemeinde nach Judäa und Samaria zerstreute (Apg 8,1 b ff). Auch dorthin wollte Saulus die Verfolgung tragen, er wurde jedoch auf dem Weg nach Damaskus von Jesus bekehrt (Apg 9,1 ff). – Im Zusammenhang mit einer Geschichte der Päpste interessieren vorrangig die Christenverfolgungen in Rom. Zunächst hielt man dort die Christen für eine jüdische Sekte; da die Juden das Recht freier Religionsausübung hatten, blieben auch die Christen unbehelligt. Das änderte sich, als Kaiser *Nero* im Jahr 64 nach einer Feuersbrunst, die fast ganz Rom zerstörte, den Verdacht der Brandstiftung auf die Christen lenkte; damit wollte er die empörten Bürger Roms von sich, den viele für den eigentlichen Brandstifter hielten, abwenden. Sehr viele Christen fielen der sich anschließenden Christenverfolgung zum Opfer, unter ihnen Petrus und Paulus. Vermutlich erließ Nero ein Gesetz, das die Zugehörigkeit zur christlichen Kirche unter Todesstrafe verbot; dieses Gesetz blieb auch nach Neros Ermordung in Geltung. Den Grund dafür bildeten die wahnsinnigsten Vorurteile, die man gegen die Christen ausstreute: Sie seien Atheisten und deshalb zu jeder Schandtat bereit, bei ihren Gottesdiensten würden Kinder geopfert und verzehrt, durch die Ablehnung der Verehrung des Kaisers als eines Gottes seien sie Majestätsverbrecher. Dadurch trügen sie die Schuld an allen Schwierigkeiten des römischen Reiches. – Während die unmittelbaren Nachfolger Neros dem Christentum nicht feindlich gegenüberstanden, kam es um das Jahr 95 unter Kaiser *Domitian* zu einer kurzen, aber sehr heftigen Verfolgung, der auch Verwandte des Kaisers zum Opfer fielen. Die Folgezeit blieb für die Christen zwar ruhig; da das Gesetz des Nero aber immer noch Gültigkeit hatte, gab es – je nach der Laune und Meinung der untergeordneten Beamten – in verschiedenen Gebieten des weiten römischen Reiches immer wieder Verfolgungen. Kaiser *Trajan* (98–117) hatte dem Statthalter von Bithynien, Plinius dem Jüngeren, auf seine Anfrage mitgeteilt: Von Amts wegen solle man die Christen nicht aufspüren; wo aber eine Anzeige erstattet werde, müsse man die Christen vor Gericht ziehen und mit dem Tod bestrafen, wenn sie ihrem Glauben treu blieben. Der berühmteste Blutzeuge unter Trajan war → Ignatius von Antiochien, unter Kaiser *Marc*

*Aurel* (161–180) der heilige Justinus. – Seit dem Ende des 2. Jahrhunderts schwanden allmählich die Vorurteile der heidnischen Bevölkerung gegenüber den Christen. Da aber die früheren Gesetze (z. B. des Nero) nicht aufgehoben waren, kam es vereinzelt auch weiterhin zu Verfolgungen, die unter Kaiser *Dezius* (249–251) eine besondere Schärfe erreichten. Er betrachtete die Ausrottung des Christentums als Hauptaufgabe seiner Regierung, da der Zorn der Götter das Reich bedrohe und Besserung nur von der Stärkung des altrömischen Götterkultes zu erwarten sei. Zu dieser Zeit hatte sich die römische Christengemeinde gefestigt und auch zahlenmäßig verstärkt: man schätzt die Zahl der damaligen Gemeindemitglieder auf etwa 30 000; die kirchliche Hierarchie war straff organisiert: an der Spitze standen 46 Kleriker, denen 7 Diakone, 7 Subdiakone und fast 100 Kleriker der unteren Ordnungen zur Seite standen. Diese straff organisierten Christen fürchtete Kaiser Dezius mehr als ihm ein Gegenkaiser hätte Schrekken einjagen können (so habe er sich selbst geäußert). Kaiser *Valerian* (253–260) verbot unter Todesstrafe den Besuch des christlichen Gottesdienstes und befahl die Verhaftung und Hinrichtung aller Bischöfe, Priester und Diakone. Die berühmtesten Opfer dieser Verfolgung waren in Rom Papst ↗ Sixtus II. und sein Diakon Laurentius (im August 258). Unter Valerians Sohn Galienus begann für die römische Gemeinde eine längere Zeit der Ruhe, bis 303 unter Kaiser *Diokletian* (284–305) die letzte und schlimmste Christenverfolgung ausbrach. Am 23. Februar 303 erließ er ein Edikt, demzufolge alle christlichen Kirchen niederzureißen und die Schriften der Christen zu vernichten seien. Die Ärmeren unter den Christen wurden als Sklaven verkauft, den übrigen wurden alle staatlichen Ämter entzogen. Schließlich befahl der Kaiser 304, alle Priester und schließlich alle Christen vor die Wahl zu stellen: Abfall vom Glauben oder Tod. Wie „wilde Tiere" wüteten Diokletian und seine Mitregenten; Massenhinrichtungen waren nicht selten. – Während in den östlichen Provinzen die Verfolgung ihre grausame Fortsetzung fand, wurde im Westen 306 *Konstantin* von den Truppen zum Kaiser ausgerufen. Vor der entscheidenden Schlacht zwischen Konstantin und Maxentius, seinem Mitbewerber um die Krone, sei ihm, wie Konstantin selbst seinem Biographen →Eusebius berichtete, am Himmel ein leuchtendes Kreuz mit der Umschrift erschienen: „Durch dieses Zeichen siege!" In der folgenden Nacht sei ihm Christus erschienen und habe ihn aufgefordert, das Zeichen des Kreuzes auf die Schilde seiner Soldaten anzubringen. Den Sieg, den Konstantin am 28. Oktober 312 an der Milvischen Brücke in Rom über Maxentius erfocht, führte er auf dieses Kreuz-Zeichen zurück. Für die Kirche war die wichtigste Folge dieses Sieges das sog. Mailänder →Toleranzedikt vom Februar 313, das das Recht des Übertritts zum Christentum und die freie Religionsausübung der Kirche gewährleistete. – Die – wenn auch von Ruhepausen unterbrochenen – Zeiten der Verfolgung stellten für die römische Gemeinde eine schwere Glaubens- und Belastungsprobe dar: einerseits wurde sie in relativ kurzen Abständen ihrer Leitung beraubt – es wird angenommen, daß fast alle römischen Bischöfe der frühen Zeit als Märtyrer gestorben sind –, andererseits erfuhr sie deutlich die Wahrheit des Satzes, daß „das Blut der Märtyrer der Same für neues Christentum" ist: Durch die Verfolgung nahm die Zahl der Christen nicht ab, sondern zu. – Die Märtyrer standen bald in besonderer Verehrung: man pries sie als Vollendete (Heilige) und feierte an ihrem Todestag (der als ihr Geburtstag für das ewige Leben galt) über ihren Gräbern den Gottesdienst. Neben diesen Blutzeugen gab es eine andere Gruppe, die „Bekenner": sie hatten für ihren Glauben Folter und Gefängnis, nicht aber den Tod erleiden müssen. Auch sie empfingen besondere Ehre durch die Gemeinde. – Neben den überaus zahlreichen Zeugnissen hervorragender Glaubenstreue und -festigkeit gab es auch andere, die angesichts der Marter und des Todes schwach wurden, den Glauben verleugneten und die Glaubens- und Gottesdienstbücher den Verfolgern auslieferten. Um sie gab es später Auseinandersetzungen in der Gemeinde: Konnten sie – wenn sie sich bekehrt hatten – wieder in die Gemeinde aufgenommen werden oder blieben sie für immer ausgeschlossen? Auch diese Auseinandersetzungen wurden zu einer Belastungsprobe für die Gemeinde (→ Novatianismus). – Die Christenverfolgungen begleiteten die Kirche durch ihre ganze Geschichte: im Gefolge der → Kreuzzüge im Heiligen Land, in der Geschichte der Weltmission (in China und Japan), zu unserer Zeit in den Ländern, die unter kommunistischer Herrschaft stehen, auch in manchen Ländern der Dritten Welt, in denen während der Kolonialzeit die Kirche auf der Seite der Kolonialherren gestanden zu haben schien und deshalb zusammen mit ihnen verdrängt wurde. Immer wieder haben die Päpste der neuesten Zeit auf diese Verfolgungen hingewiesen und Religionsfreiheit für alle gefordert. Seit einigen Jahren wird – auf Anordnung des Papstes – am 6. Sonntag der Osterzeit jährlich ein „Gebetstag für die verfolgte Kirche" gehalten.

## Clemensbrief

Um das Jahr 96 richtete der römische Bischof ↗ Clemens I., den die Tradition als dritten Nachfolger des ↗ Petrus nennt, ein Schreiben an die Gemeinde von Korinth. Es enthält das erste schriftliche Zeugnis über den Martertod der beiden Apostel Petrus und Paulus „bei uns", d. h. in Rom, der sich in der → Christenverfolgung unter Kaiser Nero ereignet habe. Für die Entwicklung des → Primates ist dieser Brief von besonderer Bedeutung: Clemens möchte die Streitigkeiten, die in der Gemeinde von Korinth ausgebrochen waren, beendet sehen. Der Ton ist brüderlich-bittend, aber doch mehr als nur eine brüderliche Ermahnung. Die Sonderstellung des römischen Bischofs ist deutlich erkennbar. Der Brief legt Wert darauf, daß seine Mahnung befolgt wird. Die Korinther nahmen dieses Schreiben ehrfürchtig auf. Bald wurde es auch in anderen christlichen Gemeinden wie eine inspirierte Schrift behandelt und im Gottesdienst verlesen; in Syrien und Ägypten wurde es sogar den Schriften des Neuen Testamentes zugerechnet. Die Vorrangstellung, die das Schreiben dem römischen Bischof zuweist, geht deutlich auf Petrus zurück und über diesen hinaus auf Christus. Die Leitungsgewalt des Gemeindevorstehers muß in ununterbrochener Reihenfolge (→Sukzession) auf Petrus zurückgeführt werden können. Clemens weiß sich in dieser Tradition als Bischof von Rom.

## Clementinischer Friede

→Jansenismus

## Cluny

→Benedikt von Nursia. Nach dem Ende des →Karolingerreiches sank das kirchliche Leben auf einen Tiefpunkt; große Mißstände hatten sich eingefressen. Der Hauptherd der *Erneuerung* war das 910 gegründete und direkt dem „heiligen Petrus" (dem Papst) unterstellte Benediktinerkloster Cluny (in Burgund). Hier erwachte das alte mönchische Ideal wieder zu vollem Leben. Eine Reihe großer Äbte mit langer Regierungszeit konnte die Reform einleiten und durchführen. Der Geist von Cluny wirkte bald über das eigene Kloster hinaus: In Frankreich, Italien und Deutschland blieben über 2000 Klöster in Verbindung mit Cluny; diese wurden in Form einer Kongregation von Cluny aus einheitlich geleitet. Aber auch Bischöfe und Priester, die nicht dem klösterlichen Leben verpflichtet waren, ließen sich von der Cluniacenser Reform prägen: die Mönchsreform bereitete den Weg für eine Klerusreform. Ja, es entstand die weitverzweigte, mächtige und für die Kirchengeschichte sehr wichtige „Partei" der Reformfreunde. Auch die deutschen Könige Otto III. wie Heinrich II. und Heinrich III. (→Sachsen) waren von Cluny angeregt. Vor allem aber drang durch Papst ↗ Leo IX., dem bedeutendsten der →deutschen Päpste, der Reformgedanke auch in die Leitung der Kirche ein. Als dieser Papst von Toul aus, wo er Bischof war, nach Rom zog, um den Stuhl Petri zu besteigen, nahm er von Cluny den Mönch →Hildebrand mit. Mit ihm kam zu der vorher schon begonnenen Reform des Mönchtums und des Klerus die Forderung nach Reform der Gesamtkirche: Sie sollte frei werden von staatlicher Bevormundung. Das wirkte sich sehr ernst im →Investiturstreit aus. Es gab zwar auch Gegner der cluniacensischen Reform: →Simonie und →Priesterehe, die nach Macht strebenden Adelsgeschlechter Roms (→Tusculaner, →Crescentier); nach ihrer Meinung sollte möglichst alles so bleiben, wie es war. Zum Schluß aber siegte die von Cluny ausgehende Reform, vor allem durch Papst ↗ Gregor VII., den ehemaligen Mönch Hildebrand. Erst Cluny und

Gregor VII. machten das Abendland zu einem wirklich christlichen Gebilde.

## Colonna

Aus der römischen Familie der Colonna gab es am Anfang des Mittelalters einige bedeutende Päpste: ↗ Sixtus III. (432–440), ↗ Hadrian I. (772–795), ↗ Stephan IV. (816–817), ↗ Sergius II. (844–847), ↗ Nikolaus I. (858–867), ↗ Hadrian II. (867–872) und ↗ Hadrian III. (884–885). – Jedoch traten unter ↗ Bonifaz VIII. am Ende des 13. Jahrhunderts Glieder dieser sehr mächtigen Familie in unguter Weise in das Leben des Papsttums ein. Die Brüder Peter und Jakob Colonna waren Kardinäle und standen zum Papst in feindseliger Opposition, da Bonifaz in einem Vermögensstreit gegen die beiden entschieden hatte. Sie traten daraufhin mit Schismatikern in Verbindung, knüpften hochverräterische Bande an und erklärten 1297 den Papst zum Pseudo-Papst (obwohl sie ihn in den ersten Jahren seines Pontifikates als rechtmäßig anerkannt hatten). Als alle Mahnungen des Papstes nichts fruchteten, wurden die beiden Brüder ihrer Kardinalswürde entkleidet und ihrer Güter beraubt. Als sie weiterhin dem Papst trotzten, ließ er ihre Hauptfeste Palestrina und ihre Besitzungen besetzen und verwüsten. Die Besiegten flohen nach Sizilien bzw. nach Frankreich, wo sie Asyl fanden. Am 7. September 1303 drang Sciarra Colonna, ein Bruder des früheren Kardinals Peter Colonna, mit einer Schar Freibeuter in den päpstlichen Palast in Anagni ein, plünderte diesen und beschimpfte und bedrohte den Papst. Am 9. September wurde der Papst von den Einwohnern Anagnis befreit, jedoch war seine Kraft gebrochen: Am 11. Oktober 1303 starb Bonifaz VIII. Nach dem Tod Bonifaz' durften die beiden Colonna-Kardinäle den Nachfolger nicht mitwählen, da sie ja ihrer Kardinalswürde entkleidet waren. Der jetzt gewählte ↗ Benedikt XI. restituierte teilweise den Besitz der beiden Brüder. Sein Nachfolger, ↗ Clemens V., der erste Papst im Exil von → Avignon, setzte die beiden Brüder wieder voll in ihre frühere Würde ein – auf Druck des französischen Königs, dem der Papst ganz hörig war. – Ein weiteres Glied dieser Familie war Odo Colonna, der als ↗ Martin V. 1417 zum Papst gewählt wurde. An den Vorbereitungen des → Konzils von Pisa hatte er regen Anteil genommen und war mit ↗ Johannes XXIII. auch beim → Konzil von Konstanz. Nach seiner Wahl zum Papst übernahm er die Leitung dieses Konzils, schloß es am 22. April 1418 erfolgreich ab und berief für 1423 eine neue Kirchenversammlung nach Pavia. Vor seiner Abreise von Konstanz hatte er noch das Verbot erlassen, gegen den Papst an ein Konzil zu appellieren (→ Konziliarismus), wodurch die in Konstanz ausgesprochene Oberhoheit des Konzils über den Papst verworfen wurde. Martin V. war von vorbildlicher Lebensweise und persönlich anspruchslos. Die Einnahmen des → Kirchenstaates und der

Kurie verwandte er für die Reorganisation des Kirchenstaates, weshalb man ihn den dritten Gründer des Kirchenstaates nennt. Der Vorwurf des →Nepotismus allerdings trifft ihn zurecht. Denn innerhalb kürzester Zeit befand sich ganz Latium im Besitz seiner Familie; diese Familie wuchs zu einer mächtigen Dynastie, die bis ins 16. Jahrhundert als Verfolger und Verfolgte dem Papsttum verbunden blieb.

## Constitutio Romana

Nach dem Tod ↗ Paschalis' I. gab es Schwierigkeiten mit der Papstwahl. Lothar I., ein Sohn Ludwigs des Frommen und Enkel Karls des Großen (→Karolinger), war in Italien, um die kaiserlichen Reformgesetze auch hier durchzusetzen. Er bemühte sich, die kaiserliche Machtstellung in Rom wiederherzustellen. Der neue Papst ↗ Eugen II. war Lothars Kandidat. Lothar und Eugen schlossen am 11. November 824 die Constitutio Romana (gelegentlich auch Constitutio Lothari genannt), in welcher alle päpstlichen und kaiserlichen Vertrauenspersonen für unantastbar erklärt wurden. Papst und Kaiser sollen durch eine gemeinsame Kommission die Verwaltung des →Kirchenstaates überwachen und jährlich dem Kaiser Rechenschaft ablegen. Die →Papstwahl sollte durch die Römer geschehen, jedoch hatte der Gewählte noch vor seiner Weihe dem kaiserlichen Abgesandten den Treueid zu leisten, wie ihn auch Eugen geleistet hatte. Lothar nahm selbst die oberste Gerichtsbarkeit in Rom wahr, wodurch der Kirchenstaat wieder fester an das Reich der →Karolinger eingebunden wurde. Eine römische Synode 826 nahm die Constitutio Romana an.

## Crescentier

Die Crescentier waren eine römische Adelsfamilie, die durch mehrere Jahrzehnte einen sehr ungünstigen Einfluß auf die Geschichte der Päpste und der Kirche ausübte. – Die Päpste konnten ihre Unabhängigkeit von den römischen Adelsfamilien, zu denen auch die →Tusculaner gehörten, nur unter dem Schutz der deutschen Könige durchsetzen. Sobald diese aber von Rom abwesend waren, erhoben sich die Crescentier. Das begann nach dem Tod des deutschen Königs Otto des Großen 973 (→Sachsen): die Crescentier nahmen Papst ↗ Benedikt VI. gefangen, hielten ihn in der →Engelsburg in Gefangenschaft und setzten an seiner Stelle ↗ Bonifaz VII. ein (974). Benedikt wurde in der Engelsburg ermordet. Als die Kaiserlichen wieder nach Rom zogen, floh Bonifaz nach Konstantinopel (wobei er den Schatz der Peterskirche mitnahm). Bonifaz wurde für abgesetzt erklärt, an seine Stelle trat ↗ Benedikt VII. Nach seinem Tod wurde ↗ Johannes XIV. Papst (983). Als Otto II. starb (983), kehrte Bonifaz wieder nach Rom zurück. Johannes XIV. wurde gefangengenommen und fand in der Engelsburg den Tod. Aber auch Bonifaz VII. wurde nach einem Jahr ermordet.

Sein Nachfolger, ↗ Johannes XV., verdankte sein Amt wiederum den Crescentiern, die auch für alle vorhergegangenen Wirrnisse verantwortlich waren. Später kam es zu Spannungen zwischen Johannes XV. und den Crescentiern, die jedoch durch den Tod des Papstes 996 beendet wurden. König Otto III. kam nach Rom und bestimmte seinen Vetter Brun von Kärnten zum neuen Papst: ↗ Gregor V., der erste → deutsche Papst. Als der Kaiser Rom wieder verlassen hatte, erhoben sich die Crescentier erneut. Gregor mußte aus Rom fliehen. Die Crescentier ernannten einen Gegenpapst: ↗ Johannes XVI., der schließlich von Otto ergriffen und verurteilt wurde (er wurde verstümmelt). Der Führer der Crescentier leistete Otto bei dessen neuer Anwesenheit in Rom Widerstand und verteidigte sich in der Engelsburg. Nach ihrer Eroberung ließ Otto den Crescentier enthaupten. Aber auch damit war die Ruhe in Rom noch nicht wiederhergestellt: der Sohn des Hingerichteten, Johannes, beherrschte Rom. Er bestimmte die nachfolgenden Päpste: ↗ Johannes XVII. (1003), ↗ Johannes XVIII. (1003/1004–1009) und ↗ Sergius IV. (1009–1012). Als Johannes Crescentius 1012 starb, konnten die Crescentier ihre seitherige Machtstellung in Rom nicht mehr behaupten. Ihr Platz blieb jedoch nicht unbesetzt: er wurde von den → Tusculanern eingenommen, die nacheinander drei Angehörige ihres Hauses zu Päpsten machten.

## Decretum Gelasianum

→ Zwei-Gewalten-Lehre

## Decretum Gratiani

Das kirchliche Recht war ursprünglich in den Kanones der → Konzilien festgelegt; auch hatten die Päpste in Briefen wichtige dogmatische Fragen entschieden. Als nun das „kanonische" Recht zusammengestellt werden sollte, nahm man selbstverständlich auch die päpstlichen Aussprüche mit auf. Das hatte schon → Pseudo-Isidor getan. Der eigentliche Begründer des kirchlichen Rechtes ist jedoch der Mönch *Gratian,* der eine Professur in Bologna innehatte und 1158 starb. Er hat um das Jahr 1140 eine Sammlung von Kanones und Dekreten zusammengestellt, die „Decretum Gratiani" genannt wird. Es enthält drei Teile: 101 distinctiones (Unterscheidungen), 36 causae (Rechtsfälle) und 5 distinctiones über die Weihe. Wegen seiner Vollständigkeit und sachgemäßen Gliederung erlangte das Werk bald hohes Ansehen. Es diente als Grundlage für weitere Dekretaliensammlungen, so durch Raimund von Pennaforte unter Papst ↗ Gregor IX. (1227–1241).

## Deutsche Päpste

In der langen Reihe gibt es acht deutsche Päpste:
↗ Gregor V. (996–999), ein deutscher Herzogssohn, der Otto III. zum Kaiser krönte.
↗ Clemens II. (1046–1047); vorher war Suitbert Erzbischof von Bamberg, wo er auch beigesetzt ist.
↗ Damasus II. (1048), vorher Bischof von Brixen.
↗ Leo IX. (1049–1054), ein Vetter des Kaisers Heinrich III. Er ist heiliggesprochen und wird der bedeutendste unter den deutschen Päpsten genannt.
↗ Stephan IX. (1057–1058), ein Bruder des Herzogs von Toscana-Lothringen.
↗ Victor II. (1055–1057), vorher Bischof von Eichstätt und Kanzler des Kaisers Heinrich III.
↗ Nikolaus II. (1058–1061); Gebhard war vorher Bischof von Florenz.
↗ Hadrian VI. (1522–1523), der letzte deutsche und – bis ↗ Johannes Paul II. – der letzte nichtitalienische Papst.
Bei der Bezeichnung „Deutsche Päpste" darf man allerdings nicht von den heutigen national-staatlichen Grenzen Deutschlands ausgehen; sie bezieht sich auf das ganze (damalige) Gebiet des deutschen Reiches.

## Dictatus Papae

Papst ↗ Gregor VII., vor seiner Erhebung zum Papst: →Hildebrand, war durch →Cluny vom Gedanken einer Kirchenreform durchdrungen. Dazu mußte auch das Verhältnis des Staates zur Kirche (und umgekehrt) neu durchdacht werden. Gregor nahm zu dieser Frage in mehreren Briefen Stellung. Er hat selbst sein Reformprogramm in 27 Sätzen zusammengefaßt, die als „Dictatus Papae" überliefert sind. Das Schriftstück, das wahrscheinlich vor der Fastensynode 1075 entstand, war wohl als Grundlage einer neuen kirchlichen Rechtssammlung gedacht. Gregor betont darin die Überordnung der geistlichen über die weltliche Gewalt; er geht von der Binde- und Lösegewalt aus, die Christus dem Petrus (Mt 16,18) übertragen hat. Kraft göttlichen Rechtes sei der Apostolische Stuhl – als Nachfolger des Petrus – Richter über die geistlichen Dinge. Christus habe Petrus aber auch zum Fürsten über die Königreiche der Welt eingesetzt. Der Papst habe deshalb die Macht, den Kaiser abzusetzen und die Untertanen vom Gehorsam zu entbinden. Diese Auffassung des Papstes spielte vor allem im →Investiturstreit eine große Rolle; sie findet sich auch in der →Zwei-Gewalten-Lehre. Der „Dictatus Papae" handelt jedoch nicht nur vom Verhältnis Kirche – Staat. Seine zweite These verkündet: Allein der römische Bischof wird zu Recht der Universalbischof genannt, dem entspricht – wie Gregor es praktizierte – auch seine Sorge für die *ganze* Kirche.

## Doketismus

Am Beginn des 2. Jahrhunderts versuchten griechisch gebildete Priester die christliche Glaubenslehre mit Gedanken der heidnischen Philosophie und der verschiedenen, vor allem der orientalischen Religionen zu einem System zu verschmelzen. Dabei ging es vor allem um die Befreiung des Geistes von der Materie. Denn alles, was mit der Materie zusammenhängt (wurde gelehrt), ist dem Bösen zuzuordnen; der höchste Gott ist der Ursprung aller geistigen Werte, er ist der Gott des Neuen Testamentes. Aufgrund ihrer totalen Ablehnung der Materie war es den Anhängern dieser Lehre dann auch unmöglich, an einer echten Menschwerdung Gottes im Gottmenschen Jesus Christus festzuhalten. Nach ihrem Denken hätte das einer Herabwürdigung des Geistes und einer Heiligung der Materie entsprochen. Man sah sich also in diesen Kreisen gezwungen, das Einwohnen Gottes im Menschen Jesus anders zu denken. Dafür wurden von den einzelnen doketischen Schulen verschiedene Modelle entworfen. Sie sprachen in veränderter Weise von einem Erlösungsgeschehen in Christus. Die einen sahen Christus nur als eine Erscheinungsform Gottes, welche einen Scheinleib angenommen und deswegen auch nur zum Schein gelitten, sich der bösen Materie also nicht unterworfen habe (griech. dokein = scheinen). Die Nähe zum Gedankengut der → Gnosis ist offenbar. Eine andere Gruppe der Doketen sprach zwar noch von einer Verbindung Gott – Mensch in Jesus, doch ließen sie das Einwohnen Gottes erst mit der Taufe Jesu beginnen und sahen es als vor dem Leidensbeginn beendet. Da die Doketen lehrten, daß Jesus Christus nur zum Schein gelitten habe und gestorben sei, konnten sie konsequenterweise auch die Auferstehung nicht anerkennen. Die Leugnung der Auferstehung wird bei den Doketen selbst noch nicht formuliert, findet sich dann aber ausdrücklich bei den → Katharern.

## Dominikus

Dominikus stammt – um 1170 in Kastilien geboren – aus der Familie der Gutmán, besuchte die Domschule zu Palencia, wurde 1195 Domherr in Osmia und 1201 Subprior des dortigen Domkapitels. Auf einer Reise nach Frankreich lernte er die Gefahren kennen, die durch die → Albigenser und → Waldenser drohten. Deshalb gründete er 1215 eine Gemeinschaft von Predigern, die sich der religiösen Unterweisung des Volkes und der Bekehrung der Irrlehrer widmen sollten. Die Voraussetzung für ihre Tätigkeit sah Dominikus in einem gründlichen theologischen Studium. Papst ↗ Honorius III. bestätigte 1216 den Orden und verlieh ihm 1217 den Namen „Predigerbrüder". Dominikus starb am 6. August 1221 in Bologna. Neben dem Kampf gegen die genannten Irrlehren wurden die Dominikaner später auch durch Papst ↗ Gregor IX. (1227–1241) innerhalb der →Inquisition eingesetzt.

## Donatisten

Ähnlich wie im →Ketzertaufstreit ging es auch beim Donatismus um die Frage nach der Gültigkeit der Sakramentenspendung. Diese Irrlehre hat eine lange Vorgeschichte: Im Jahr 312 war ein Streit um die Nachfolge des Bischofs Mensurinus von Karthago entstanden. Von der Mehrheit war Caecilian gewählt worden, von einer Minderheit Majorinus als Gegenbischof. Die Bischöfe Numidiens, die an der Wahl hatten beteiligt werden wollen, aber übergangen worden waren, schlugen sich auf die Seite der Minderheit. Man wollte Caecilians Stellung untergraben, indem man behauptete, er sei nicht gültig geweiht: einer seiner Konsekratoren sei in der letzten Verfolgung durch die Herausgabe der heiligen Bücher an die Verfolger, als „traditor", schuldig geworden; als Sünder habe er aber keine gültige Weihegewalt. Nach alter afrikanischer Tradition hänge aber die Gültigkeit einer Sakramentenspendung von der Würdigkeit des Spenders ab (allerdings war dies im →Ketzertaufstreit durch den Papst zurückgewiesen worden). 313 war dem Bischof der Minderheit, Majorinus, Donatus gefolgt; nach ihm wurde diese Irrlehre benannt, da er den Widerstand gegen Caecilian organisierte. Auf einer Synode taten sich 70 numidische Bischöfe mit Donatus zusammen. Aus Anlaß eines Geldgeschenkes an die afrikanischen Bischöfe fühlten sich die Donatisten durch den Papst übergangen; sie wandten sich deshalb an Kaiser Konstantin und riefen seinen Richterspruch an. Der Kaiser beauftragte den Bischof von Rom, ↗ Miltiades, zusammen mit den Bischöfen von Arles, von Autun und von Köln ein Schiedsgericht zu bilden. Vor dieses Gericht wurden sowohl Caecilian wie Donatus mit je 10 ihrer Anhänger nach Rom geladen. Die Verhandlung fand am 2. Oktober 313 statt; Miltiades hatte außer den Genannten noch 15 weitere Bischöfe aus der Umgebung Roms berufen. Das Schiedsgericht verwarf einstimmig die Klage der Donatisten und sprach sich für die Rechtmäßigkeit der Weihe Caecilians aus. Die Donatisten appellierten abermals an den Kaiser; dieser supendierte daraufhin die Beschlüsse des Schiedsgerichtes. Eine neue Verhandlung wurde von ihm festgesetzt: sie sollte 314 in Arles stattfinden. Dazu berief er selbst die hervorragendsten Bischöfe der abendländischen Kirche; so kam es zur ersten „kaiserlichen" Synode. Papst ↗ Silvester I., der Miltiades gefolgt war, war zwar nach Arles eingeladen, er ließ sich jedoch durch Legaten vertreten. Die 50 in Arles versammelten Bischöfe bestätigten das Urteil des römischen Schiedsgerichts und unterrichteten darüber den Papst. Die auch diesmal abgewiesenen Donatisten gaben immer noch keine Ruhe. Schließlich setzte Kaiser Konstantin 317 Militär gegen sie ein, wodurch er Märtyrer in ihren Reihen schuf und den Widerstand verhärtete. So blieb die afrikanische Kirche weiterhin gespalten; noch 100 Jahre später standen rund 400 katholischen fast ebenso viele schismatische Bischöfe gegenüber. Zu dieser Zeit (411) versuchte → Augustinus von Hippo einen Ausgleich mit den Donatisten, jedoch vergeblich. Augustinus wurde zum großen Verteidiger der Kirche gegen den Donatismus und den → Novatianismus. Diese beiden Irrlehren verkündeten: die wahre Kirche Christi sei nur dort, wo ihre Glieder heilig und sündenlos seien. Deshalb müsse die Kirche alle Sünder aus ihren Reihen ausschließen; die von Sündern gespendeten Sakramente seien ungültig, weswegen sie die zu ihnen Übergetretenen noch einmal tauften. Demgegenüber trat Augustinus in seinen Schriften für die objektive Heiligkeit der Kirche ein, die aus der Heilstat Christi kommt und nicht aus der persönlichen Heiligkeit ihrer Glieder.

## „Dunkles Jahrhundert"

Mit dem Mord an Papst ↗ Johannes VIII. 882 begann eine Zeit der Papstgeschichte, die man „das Dunkle Jahrhundert" nennt, eine Zeit jahrzehntelanger Abhängigkeit der Päpste von italienischen Adelsgeschlechtern, eine Zeit unwürdiger Erniedrigung. Papst ↗ Formosus hatte sich 893 an den deutschen König Arnulf von Kärnten mit der Bitte um Hilfe gewandt; dafür wurde er auf der → Leichensynode von ↗ Stephan VI. verurteilt: er wurde, obwohl bereits seit neun Monaten tot, aus dem Grab gerissen und für abgesetzt erklärt. Seinen Leichnam warf man in den Tiber. Aus Zorn über dieses Verhalten wurde Stephan gefangengenommen und 897 im Gefängnis erdrosselt. Spätere Nachfolger dieses Papstes hoben die Beschlüsse der Leichensynode wieder auf und rehabilitierten Formosus. – Papst ↗ Leo V. wurde 903 nach kurzem Pontifikat vom römischen Presbyter und späteren Papst ↗ Christophorus gestürzt und gefangengesetzt. Aber auch er wurde schon ein Jahr später eingekerkert und wahrscheinlich umgebracht. In dieser Zeit geriet das Papsttum in die völlige Abhängigkeit einer mächtigen römischen Adelspartei, deren Vertreter der römische Konsul Theophylakt, seine Frau Theodora und ihre Töchter Marozia und Theodora die Jüngere waren. Diese setzten die Wahl ↗ Johannes' X. durch. In völliger Abhängigkeit von Marozia standen die Päpste ↗ Leo VI. und ↗ Stephan VII. Ihm folgte Marozias eigener Sohn: ↗ Johannes XI. Jedoch erhob sich später ein Sohn Marozias, Alberich, gegen seine Mutter und setzte sie gefangen. Auch Johannes XI. wurde inhaftiert. – Es gab zwar in Papst ↗ Leo VII. (936–939) die Anfänge einer Reform der Kirche, die sich auf die Ideen von → Cluny stützte. Aber Alberich bestimmte, daß sein Sohn Octavian Papst werden müsse, was nach dem Tod ↗ Agapets II. (955) auch geschah. Er nannte sich ↗ Johannes XII. (vorher war ein Namenswechsel beim Antritt des päpstlichen Amtes die Ausnahme gewesen). Das Gesamturteil über dieses Pontifikat ist in jeder Hinsicht vernichtend, da Johannes die Lebensgewohnheiten, wie sie damals beim römischen Adel üblich waren, auch als Papst beibehielt. Allerdings bahnte sich jetzt eine Wende in der Papstgeschichte an: Johannes bat den deutschen König Otto I. den Großen (→ Ottonen) um Hilfe – wohl auf Veranlassung kirchlicher Reformer in Rom. Am 2. Februar 962 wurde Otto zusammen mit seiner Frau Adelhaid durch Johannes zum Kaiser gekrönt. Das „Dunkle Jahrhundert" hatte ein Ende gefunden – wenn auch die Zeit der Abhängigkeit des Papsttums von den römischen Adelsfamilien noch nicht zu Ende war: seit 973 übten die → Crescentier ihre Macht aus, ihnen folgten nach 1012 die → Tusculaner. Durch Otto und seine Nachfolger waren die Päpste jedoch nicht mehr hilflos den Machenschaften des römischen Adels ausgesetzt. – Der Vollständigkeit halber muß hinzugefügt werden, daß gerade in dieser „dunklen Zeit" auch die heilenden Kräfte erwuchsen: → Cluny.

## Emser Punktation

Papst ↗ Pius VI. errichtete 1785 auf Ersuchen des bayerischen Kurfürsten Karl Theodor in München eine päpstliche Nuntiatur. Es war dies zu einer Zeit, da die (deutschen) Bischöfe stark auf die Wahrung ihrer eigenen Rechte bedacht waren und dem Zentralismus der römischen Kurie mißtrauisch gegenüberstanden. Es war die Zeit, in der das Buch von → Febronius (dem Trierer Weihbischof Johann Nikolaus von Hontheim), 1763 erschienen, noch große Nachwirkungen zeigte. Die Kirche müsse auf ihre ursprüngliche Verfassung zurückgeführt werden, was bedeutete, daß die Bischöfe die Rechte, die sich der Papst angemaßt habe, wieder zurückerhalten sollten. Aus diesen Gedanken heraus protestierten die Erzbischöfe von Köln, Trier, Mainz und Salzburg gegen die Münchener Nuntiatur. In der „Emser Punktation" vom 25. August 1786 wollten sie die Beziehungen der Bistümer zu Rom neu regeln: päpstliche Erlasse sollten, um Gültigkeit zu erlangen, an das Placet (die Zustimmung) des jeweiligen Diözesanbischofs gebunden sein; besondere Dispens-Vollmachten, die seither der Papst jeweils auf fünf Jahre den Bischöfen übertrug, sollten abgeschafft werden und den Bischöfen ohne päpstliche Übertragung zustehen; der Kaiser sollte innerhalb von zwei Jahren ein deutsches Nationalkonzil einberufen, auf welchem über diese Fragen verhandelt werden solle. Der Kaiser nahm jedoch dieses Anliegen der Bischöfe nicht auf, so blieben die Forderungen der Emser Punktation ohne Wirkung. Sie wurden zwar in den folgenden Jahren noch mehrmals wiederholt, jedoch lenkte die Französische Revolution von 1789 die Blicke der Fürsten (und auch der Bischöfe) auf andere Probleme.

## Engelsburg

Ein monumentaler Bau am Tiber bei der Engelsbrücke, den Kaiser Hadrian 135 n. Chr. als sein Grabmal zu errichten begann. Er wurde schließlich in ein Mausoleum für die römischen Kaiser erweitert. Die Päpste benützten die Engelsburg als befestigten Stützpunkt gegen feindliche Angriffe. Manche Päpste erlitten dort aber Gefangenschaft und gewaltsamen Tod. – Die Engelsburg trägt ihren Namen vom heiligen Erzengel Michael, der im Jahr 590 bei einer Prozession dem Papst ↗ Gregor dem Großen das Ende einer herrschenden Pestepidemie dadurch anzeigte, daß er sein Schwert in die Scheide steckte. – Papst ↗ Paul III. beauftragte 1542 mehrere Maler mit der Dekoration der päpstlichen Wohnung in der Engelsburg. Bei dieser Ausgestaltung spielten religiöse Themen keine Rolle mehr, Pflanzenmotive und Tierornamente beherrschen die Wände. Während der Papst seine Räume mit reichem Kunstwerk, vergoldetem Schmuck und Bildern der Erinnerung an heidnisch-mythische Zeiten ausschmückte, wurde das → Konzil von Trient eröffnet, das über das bewegendste Problem der Zeit, die Glaubensspaltung, verhandelte. Mit seiner Hochschätzung der Kunst war Paul III. der letzte große Mäzen der Spät → Renaissance.

## Eusebius von Caesarea

Eusebius, Bischof von Caesarea, wird als „Vater der Kirchengeschichte" bezeichnet. Er schrieb eine Kirchengeschichte in 10 Büchern, die von Christus bis zum Jahr 324 reicht. Wegen der darin enthaltenen Aktenstükke, Urkunden und Fragmente sonst verlorener Werke ist sie von großer Bedeutung für die Rekonstruktion der frühen Kirchengeschichte. Eusebius versuchte, die Regierungszeiten der römischen Bischöfe in einer → Bischofsliste mit den Regierungsdaten der Kaiser zu synchronisieren. Die stark apologetische Tendenz jedoch rät, die persönlichen Ausführungen des Verfassers, was ihre historische Verläßlichkeit angeht, mit Vorsicht zu behandeln. Eusebius will mit seinem Werk vor allem den Sieg des Christentums über die heidnische Religiosität herausstellen und diesen zu einem Argument für die überlegene Wahrheit der Kirche machen. Seine Kirchengeschichte ist eine – wenn auch nicht immer historisch gesicherte – Quelle für die Päpste der ersten Jahrhunderte.
Eusebius gehörte zu den Anhängern und Verbreitern der Irrlehre des → Arianismus. Er starb wohl im Jahr 339.

## Febronianismus

Der gelehrte und fromme Trierer Weihbischof Johann Nikolaus von Hontheim veröffentlichte 1763 unter dem Pseudonym *Febronius* in Frankfurt ein Buch: „Über den Zustand der Kirche und die rechtmäßige Gewalt des römischen Bischofs". Wie im Untertitel angegeben, wollte Hontheim einen Beitrag zur Wiedervereinigung der Christen leisten. Nach Febronius hat Christus die Schlüsselgewalt der Gesamtkirche übergeben, die sie durch Papst und Bischöfe ausübt. Der Papst ist zwar das Zentrum der kirchlichen Einheit, aber im Verhältnis zu den Bischöfen nur primus inter pares (der Erste unter Gleichgestellten). Er stehe über den einzelnen Bischöfen, sei aber ihrer Gesamtheit untergeordnet. Er habe den Primat *in*, nicht *über* der Kirche. Für alle Entscheidungen sei der Papst an die Zustimmung der Bischöfe gebunden. Das Allgemeine Konzil stehe über dem Papst, weshalb man gegen den Papst an ein Konzil appellieren könne (→Konziliarismus). Nach der Meinung des Febronius wurde durch verschiedene Ursachen, vor allem durch →Pseudoisidor, die ursprüngliche Verfassung der Kirche entscheidend verändert: Die Päpste rissen bischöfliche Rechte an sich, die ihnen im Interesse einer Wiedervereinigung der Christen jetzt wieder genommen werden müßten. Die Bischöfe und die weltlichen Fürsten müßten den Papst nötigen, diese angemaßten Rechte wieder aufzugeben. Als Mittel dazu schlug Febronius die Belehrung des Volkes über die wahre Kirchenverfassung vor, außerdem Nationalkonzilien, die sich mit diesem Thema befassen sollten sowie die Bindung der päpstlichen Entscheidungen an die Zustimmung der Bischöfe. Das Buch des Febronius wurde bald in verschiedene Sprachen übersetzt; es übte zu seiner Zeit einen großen Einfluß aus. Jedoch waren die hier vorgetragenen Ideen nicht neu: schon 1326 waren sie in einer Schrift „Defensor pacis" vertreten worden, die von zwei ehemaligen Pariser Professoren, Johann von Jandun und Marsilius von Padua, verfaßt war. Das Werk des Febronius löste zahlreiche Gegenschriften aus, es wurde am 27. Februar 1764 durch ↗ Clemens XIII. auf den Index der verbotenen Bücher gesetzt. Im Jahr 1778 bekannte sich Hontheim zur Verfasserschaft des „Febronius" und leistete offiziellen Widerruf: die Autorität des Papstes, in welcher er die Autorität Christi erkenne, habe ihn von seinem Irrtum befreit. Der Verfasser legte daraufhin erneut seine Auffassungen über das Petrusamt dar, dem er nun die Fülle der Gewalt über die Gesamtkirche zumaß. Jedoch zeigte der Kommentar, den Hontheim drei Jahre später zu seinem Widerruf veröffentlichte, daß er seine ursprünglichen Auffassungen über die Kirchenverfassung nicht aufgegeben hatte. – Die Ideen des Febronius spielten bei der →Emser Punktation eine wichtige Rolle; sie waren auch beeinflußt vom →Gallikanismus.

## Filioque

Im Zusammenhang mit den Irrlehren des →Arianismus und des →Pelagianismus, welche die Lehre über den Gott-Menschen Christus verfälschten, gab es auch eine Lehre, die die Gottheit des Heiligen Geistes leugnete: die Pneumatomachen (griech. Kämpfer gegen den Geist). Ihnen gegenüber verkündete das Allgemeine → Konzil von Konstantinopel 381: Der Heilige Geist ist der Herr und Lebenspender, der vom Vater ausgeht, der mit dem Vater und Sohn angebetet und verherrlicht wird. Das Konzil nahm das Nicaeno-Konstantinopolitanische Glaubensbekenntnis an, das als „Großes Glaubensbekenntnis" in der Liturgie der Kirche eingeführt wurde. Im Jahr 589 wurde auf einer Synode in Toledo diesem Glaubensbekenntnis der Zusatz beigefügt: „der vom Vater *und vom Sohn* (filioque) ausgeht". Jedoch hat die griechische Kirche diesen Zusatz nicht angenommen. Die Griechen lehrten, der Heilige Geist gehe vom Vater *durch* den Sohn aus, während „filioque" bedeutet: vom Vater *und* dem Sohn. – Im 7. und 8. Jahrhundert wurde der Zusatz „Filioque" im fränkischen Reich, in England und Oberitalien angenommen. Die „Karolingischen Bücher" (→ Bilderstreit) rügten die Formel der Griechen, der Heilige Geist gehe durch den Sohn vom Vater aus. Papst ↗ Hadrian I. nahm sie jedoch in Schutz. In der Hofkapelle Karls des Großen wurde das „filioque" im Glaubensbekenntnis gesungen. Ein Streit darüber entstand 808 in Jerusalem: die dort ansässigen griechischen Mönche griffen die auf dem Ölberg angesiedelten fränkischen Mönche wegen des Gebrauches des „filioque" an; letztere berichteten nach Rom, wo Papst ↗ Leo III. die Akten an Karl den Großen übersandte. Dieser ließ eine Verteidigung des filioque ausarbeiten; eine Synode in Aachen sprach sich 809 dafür aus. Leo III. anerkannte die theologische Berechtigung des Wortes, wünschte aber seine Aufnahme in die Liturgie der Kirche nicht, weil es in Rom selbst nicht gebräuchlich war und deshalb den Griechen als eine Neuerung erscheinen müsse. Gegen diesen Rat wurde es unter ↗ Benedikt VIII. (1012–1024) auch in Rom in den Gottesdienst eingefügt. – Die Auseinandersetzungen, die auch beim → Schisma zwischen der Kirche des Ostens und des Westens eine Rolle spielten, wurden beigelegt auf dem 14. Allgemeinen → Konzil in Lyon 1274. Der oströmische Kaiser Michael VIII. Paläologus, der zur Teilnahme am Konzil eingeladen worden war, ließ durch eine Gesandtschaft einen Brief überbringen, in welchem er den Glauben der römischen Kirche, den Primat des Papstes und das filioque anerkannte. Der Kaiser bat jedoch, den seither in der Liturgie der Ostkirche üblichen Brauch beibehalten zu dürfen, nach dem man das filioque nicht im Credo sang. Allerdings hatte diese Einigung mit den Griechen wegen des Widerstandes aus dem Volk und dem Klerus nicht lange Bestand. Der Streit sollte endgültig beigelegt werden auf dem 17. Allgemeinen → Konzil in Basel/Ferrara/Florenz 1431–1445. Von ↗ Eugen IV. eingeladen, erschienen der oströmische Kaiser Johannes VII., der Patriarch von Konstantinopel und viele andere geistliche Würdenträger 1438 in Ferrara bzw. in Florenz, wohin das Konzil inzwischen verlegt worden war. Nach langen Diskussionen wurde am 6. Juli 1439 die Unionsurkunde unterzeichnet. Die Griechen hatten erklärt: Weil die lateinischen Väter lehrten, der Heilige Geist gehe vom

Vater und vom Sohn wie von *einem* Prinzip und durch *eine* Hauchung aus und da sie damit keinen anderen Sinn verbänden, wie jene Väter, welche lehrten, der Heilige Geist gehe vom Vater durch den Sohn aus, so stehe der Vereinigung kein Hindernis mehr im Weg. Nach Konstantinopel zurückgekehrt widerriefen die meisten griechischen Bischöfe ihre in Florenz gegebene Zustimmung wieder. Eine 1484 in Konstantinopel abgehaltene Synode verwarf das florentinische Glaubensbekenntnis schließlich formell und endgültig. Das nach langem Ringen erstellte Unionspapier von Florenz blieb also weitgehend wirkungslos.

## Franken, Kaiser und Könige aus dem Reich der

In der Mitte des 5. Jahrhunderts kamen im Zug der Völkerwanderung die Franken in das nördliche Gallien. Im Gegensatz z. B. zu den → Goten, die dem → Arianismus zuneigten, waren die Franken noch Heiden. Die Taufe ihres Königs → Chlodwig aus dem Geschlecht der Merowinger an Weihnachten 496 führte das Volk der katholischen Kirche zu. – Einen Höhepunkt erreichte dieses Merowingerreich unter dem König *Pippin* dem Jüngeren (dem Kleinen), der 751 die Regentschaft übernahm. Es war die Zeit, da die Päpste sich vom machtlosen, aber kirchenbeherrschenden Kaiser von → Byzanz abwandten; es war die Zeit, da → Bonifatius im Auftrag des Papstes als Päpstlicher Legat eine stärkere Bindung des Papsttums an die Franken erreichte. Pippin glaubte angesichts der starken religiösen Verankerung des germanischen Königtums einer Sanktionierung seiner Herrschaft zu bedürfen; er suchte das fehlende Geblütsrecht der Hausmeier durch eine religiöse Salbung zu ersetzen. Die Autorität dafür konnte nur der Papst sein. Nach der Absetzung des machtlosen Merowingerkönigs wandte sich Pippin an Papst ↗ Zacharias und fragte, ob es richtig sei, daß jemand ohne Macht König heiße, oder ob nicht besser derjenige König sei, der die Macht innehatte. Der Papst sprach sich für das Letztere aus. Daraufhin ließ sich Pippin, von der höchsten geistlichen Autorität gestützt, auf der Reichsversammlung in Soissons 751/752 zum König der Franken wählen. Durch einen fränkischen → Metropoliten wurde Pippin im Auftrag des Papstes zum König gesalbt. Zu dieser Zeit bedrohten die → Langobarden das Papsttum; der oströmische Kaiser konnte gegen sie keine Hilfe bringen. Papst ↗ Stephan II. bat deshalb Pippin um eine offizielle Einladung ins Frankenreich. Pippin entsprach dieser Bitte: Er wollte damit nicht nur seine Dankesschuld an den Papst abtragen, sondern auch seine Auffassung von den Pflichten des Königtums darlegen, zu denen auch der Schutz des „heiligen Petrus" allen Feinden gegenüber gehörte. Am 6. Januar 754 trafen sich König und Papst in Ponthion: der König erwies dem Papst die im byzantinischen Protokoll vorgeschriebene Proskynese, die kniefällige Verehrung. Bei den sofort beginnenden Verhandlungen wurde das Freundschaftsbündnis der Franken mit dem Papsttum geschlossen: Darin verpflichtete sich Pippin gegenüber dem Papst nicht nur zur Hilfeleistung in der Abwehr der Langobarden, sondern er versprach auch, alle Gebiete dem Heiligen Stuhl wieder zuzuführen, die diesem früher von den Langobarden entrissen worden waren. Das Versprechen wurde auch eingelöst und ging als →Pippinsche Schenkung in die Geschichte ein. Mit dieser Schenkung war der Grundstock des →Kirchenstaates gelegt. Am 28. Juli 754 wiederholte der Papst selbst die Königskrönung an Pippin und seinen beiden Söhnen Karl und Karlmann. Bei dieser Gelegenheit legte er dem König feierlich den Titel →Patricius Romanorum zu. Damit kam Pippin das Schutzamt nicht nur über die Stadt Rom, sondern auch über die römische Kirche zu. 756 wurde der Langobardenkönig endgültig durch Pippin besiegt, er mußte die eroberten Gebiete an den Papst zurückgeben. So wurde der Kirchenstaat Wirklichkeit. Die Abwendung des Papsttums von Byzanz wurde durch den →Bilderstreit noch verstärkt. Die unsichere Lage des Papsttums führte in jener Zeit zur →Konstantinischen Schenkung, die in Form einer Urkunde die Stellung des Papsttums im Westen begründen sollte. – *Karl der Große* (768–814) hat das von Bonifatius begonnene und von Pippin, seinem Vater, vertiefte Werk der Bindung zwischen Frankenreich und Papsttum forggesetzt. Auf der schon geschaffenen Grundlage errichtete er ein Universalreich, das ihn zum gewaltigsten Herrscher des Mittelalters machte. Zunächst mußte er die Herrschaft noch mit seinem Bruder Karlmann teilen. Als dieser jedoch schon 771 sehr jung starb, war Karl Alleinherrscher. Karl hatte außerdem Verbindung mit den Langobarden gesucht und eine Tochter des Langobardenkönigs geheiratet. Davon fürchtete Papst ↗ Stephan II. eine Stärkung der langobardischen Eroberungspolitik; deshalb knüpfte er Verbindung mit den Langobarden an. Als Karlmanns Witwe zu den Langobarden floh, um sich von ihnen die Erbansprüche ihrer beiden unmündigen Kinder sichern zu lassen, löste Karl seine Ehe mit seiner langobardischen Frau. Als die Langobarden 772/773 gegen den Kirchenstaat zogen und Rom belagerten, rief Papst ↗ Hadrian I. den Frankenkönig zu Hilfe, der die Langobarden besiegte. Ende März machte sich Karl von Pavia aus zu einer Pilgerfahrt nach Rom auf, wo er, von Hadrian feierlich empfangen, an den Osterfeierlichkeiten teilnahm und die →Pippinsche Schenkung von 754 erneut beschwor. Jedoch gab es Schwierigkeiten: Karl nahm den Titel Patricius Romanorum, den er von seinem Vater geerbt hatte, nicht nur im Sinn eines moralischen Schutzes, er gab ihm rechtliche Bedeutung und trat so in die Fußstapfen des Kaisers von →Byzanz. Damit schied der Kirchenstaat offiziell aus dem oströmischen Reichsverband aus. Der Papst wurde Herrscher im neuen Staatsgebilde, dem Kirchenstaat. Im Mai 778 erinnerte Hadrian Karl an die Erfüllung seiner Versprechen hinsichtlich des Schutzes gegen die Langobarden; der päpstliche Brief enthielt eine deutliche

Anspielung auf die „Konstantinische Schenkung". Bei einem erneuten Romzug 781 wurde dann das „Bündnis der Liebe und Treue" zwischen Kaiser und Papst neu gefestigt. Der Papst taufte den vierjährigen Sohn Karls, Pippin, und salbte ihn zum „König der Langobarden"; der jüngere Sohn Karls, Ludwig (der spätere König Ludwig der Fromme), wurde zum König von Aquitanien gesalbt. Bei einem weiteren Rombesuch Karls 787 wurde der Kirchenstaat dann noch um einige Gebiete erweitert; jetzt war er endgültig ins Leben getreten. Bei der Beilegung des → Bilderstreites hatte es erneut Zwistigkeiten gegeben: Karl war nicht zum 7. Allgemeinen → Konzil von Nicaea 787 eingeladen worden; er beantwortete diese von ihm als Schmach empfundene Zurücksetzung mit der Nichtanerkennung der Konzilsbeschlüsse; aufgrund einer falschen Übersetzung hatte er den Text des Konzils mißverstanden und mit den „Karolingischen Büchern" eine Gegenposition eingenommen. Nach der Meinung Karls kam der Kirche in seinem Reich eine zentrale Stellung zu; er betrachtete sich als den Lenker der Kirche durch die Fährnisse der Welt. Seine Übergriffe in das innerkirchliche Leben empfand er als verantwortliche Sorge um das Reich Gottes auf Erden; er erließ Bestimmungen über den Lebenswandel der Priester und hielt kirchliche Synoden ab. Die Grenzen zwischen Kirche und Staat waren fließend. Seine Aufgabe, so schrieb Karl 796 an Papst ↗ Leo III., sei es, mit Gottes Hilfe die Kirche nach außen mit den Waffen gegen die Einfälle der Heiden und die Verwüstungen der Ungläubigen zu verteidigen. Aufgabe des Papstes sei es, für den Sieg über die Feinde der Kirche zu beten. Sofort nach seiner Wahl übersandte Papst Leo III. 795 nicht nur die Anzeige über die geschehene Wahl, sondern auch die Schlüssel zum Petrusgrab und das Banner der Stadt Rom mit dem Angebot des Treueides der Römer. Das aber wollten die römischen Adelsfamilien nicht; sie erhoben deshalb Anklage gegen Leo. Leo mußte fliehen und wandte sich nach Paderborn zu Karl. Dieser beschloß, die Klärung der Angelegenheit, die auch „Meineid und Ehebruch" als Anklage enthielt, in Rom selbst vorzunehmen. Deshalb zog Leo unter kaiserlichem Geleit nach Rom, wohin Karl ihm folgte. Die Verhandlungen über die Anklagen gegen Leo wurden Ende 800 in der Peterskirche geführt; sie erwiesen ihre Unhaltbarkeit. Am Weihnachtstag 800 krönte Leo Karl in der Peterskirche zum Kaiser. Zeitgenossen berichten, Karl sei darüber keineswegs erfreut gewesen: Er habe ein Zwei-Kaisertum gewollt, Ost- und Westrom (wobei die Franken die frühere Stellung der Römer einnehmen sollten), in Rom aber wollte man am *einen* Kaisertum Konstantins I. festhalten. Karl schwebte demnach ein fränkisch-abendländisches Kaisertum vor, nicht ein Kaisertum von Roms Gnaden. 813 krönte Karl seinen Sohn Ludwig ohne päpstliche Mitwirkung in Aachen zum Kaiser, wodurch er bewußt die Eigenständigkeit des fränkischen Kaisertums betonte. Daß ↗ Stephan IV. diesen Ludwig im Oktober 816 in Reims noch einmal krönte, war mehr eine Befestigung des Freundschaftsbundes zwischen Kaiser und Papst. So hielten es auch die folgenden fränkischen Könige: Sie ließen sich zunächst von ihrem Vater die Krone aufsetzen und später vom Papst noch einmal krönen. – Papst ↗ Paschalis I. ließ sich 817 nach seiner Wahl zum Bischof weihen, ohne die kaiserliche Bestätigung eingeholt zu haben; König Ludwig der Fromme bestätigte auf Bitten des Papstes in einem eigenen Privileg die freie Papstwahl der Römer und begnügte sich mit einer Anzeige nach der vollzogenen Weihe. Ludwigs Sohn, *Lothar I.*, war 822 nach Italien gesandt worden, um die kaiserlichen Reformgesetze auch hier durchzusetzen. Er bemühte sich um die Rückgewinnung der kaiserlichen Herrschaft über Rom. So setzte er 824 die Wahl seines Kandidaten, ↗ Eugens II., durch und schloß mit ihm die → Constitutio Romana. Darin bestätigte er u. a. die freie → Papstwahl, forderte aber vom Gewählten noch vor der Weihe einen Treueid vor dem kaiserlichen Abgesandten. – Bereits 817 hatte Ludwig der Fromme sein Reich unter seine drei Söhne aus erster Ehe aufgeteilt: Lothar, als der älteste, erhielt mit der Kaiserwürde die Oberherrschaft, dazu das Herzstück des Reiches; Pippin wurde der Westen des Frankenreiches und Ludwig (später „der Deutsche" genannt) das Ostreich mit Bayern als Herzstück gegeben. Als dem Kaiser 823 aus seiner zweiten Ehe ein weiterer Sohn geboren wurde, Karl der Kahle, kam es zum Streit der Söhne mit dem Vater: Lothar rief den Papst als Schiedsrichter an, ↗ Gregor IV. entschied sich für den Vater, Ludwig. Doch wurde Ludwig schließlich von seinen Söhnen entmachtet und im Oktober 833 auf einer Reichsversammlung abgesetzt. 850 krönte ↗ Leo IV. Lothars Sohn Ludwig zum Kaiser. – Der Streit innerhalb der Familie der Frankenkaiser führte jedoch zum Verfall der Herrschaft dieser Familie und zur Auflösung des lange Zeit herrschenden Reiches der Franken (→ Karolinger).

## Franz von Assisi

Franz wurde 1182 in Assisi als Sohn eines reichen Tuchhändlers geboren. Kriegsgefangenschaft und schwere Krankheit brachten eine innere Krise seines Lebens; sie löste sich, als er in einer Predigt den Befehl Christi an seine Jünger hörte, *arm* auszuziehen und Buße zu predigen. Im Jahr 1209 kam er mit 12 Gefährten nach Rom zu Papst ↗ Innocenz III. Dieser bestätigte mündlich die Regel der Gemeinschaft; dieses Wort war für Franz ausreichend, er brauchte keine schriftliche Bestätigung. Das Generalkapitel der schnell wachsenden Gemeinschaft nahm 1219 die Mission zu den Aufgaben des Ordens hinzu; Franz reiste selbst ins Morgenland. Während seiner Abwesenheit brach jedoch in der Gemeinschaft ein heftiger Streit aus: manche hielten das Armutsideal des Franziskus für viel zu streng, sein Gottvertrauen für viel zu sorglos. Jetzt erst gab Franz 1221 seinem Orden eine vorläufige Regel, die 1223 durch eine endgültige ersetzt wurde.

Kardinal Hugolin, der spätere Papst ↗ Gregor IX., wirkte an der Abfassung dieser Regel entscheidend mit; sein Verdienst ist es, das charismatische Leben des Franziskus in eine feste Form gebracht und so für die Zukunft gerettet zu haben. Franz litt innerlich sehr unter der Milderung seines Armutsideals; er sah darin eine Gefährdung seines von Gott überkommenen Auftrags. Aber er unterwarf sich dem Vertreter des Papstes. Dieser sein Gehorsam und dieses sein Armutsideal brachten der Kirche reichen Segen: Während die →Albigenser und die →Waldenser das Armutsideal mit Gewalt zu erreichen suchten und zudem scharfe Kritik an Kirche und Klerus übten, lebten Franz und seine Gefährten die freiwillige Armut und den Gehorsam gegenüber der Kirche. So hat er die vom Verfall bedrohte Kirche gestützt – wie es der Überlieferung nach Innocenz III. in der Nacht vor der Genehmigung des Ordens in einer Vision sah. Franz von Assisi starb am 3. Oktober 1226.

## Freimaurer

In England hatten sich einige aus dem Mittelalter stammende Zusammenschlüsse von Bauhandwerkern, sog. Bauhütten, erhalten. Allerdings waren diese mit der Zeit immer weniger mit dem wirklichen als vielmehr mit einem geistigen Bau befaßt, mit der Errichtung eines geistigen Tempels im Herzen der Menschen. Diese Bünde schlossen sich am 24. Juni 1717 in London zu einer Großloge zusammen, die 1725 ihre erste Loge auf dem Festland in Frankreich gründete. Wie die Bauhandwerker des Mittelalters ihr Fachwissen geheimgehalten hatten, so bildeten auch die Logen eine Geheimgesellschaft. Grundlage der Freimaurer-Logen war ein auf allgemeine Menschheitsverbrüderung zielender Humanismus, verbunden mit einem ziemlich verschwommenen, dem Christentum und der Bibel kaum noch verpflichteten Deismus, im Sinne einer überkonfessionellen Religiosität. Geheimhaltung und humanistische Ideale führten zu einer großen Attraktivität der Logen, so daß zunächst auch Bischöfe und Priester ihnen beitraten. Papst ↗ Clemens XII. stellte 1738 die Zugehörigkeit zur Loge ebenso unter die Strafe der Exkommunikation wie 1751 Papst ↗ Benedikt XIV. Im Verlauf ihres Bestehens verlagerte sich der Schwerpunkt der Logen. Das ursprüngliche Humanitätsideal wurde in den Hintergrund gedrängt, während der weltanschauliche Liberalismus der Gruppe zu ihrem Charakteristikum wurde. Aus dieser Geisteshaltung heraus wurde – vor allem in den romanischen Ländern – der Kampf gegen die katholische Kirche ein Hauptziel der Loge.

## Gallikanismus

Im Frankreich des 17. Jahrhunderts blühte der Absolutismus: Er war von König Ludwig XIV. (1643–1715) in besonderer Weise verkörpert und von den Kardinälen Richelieu (1585–1642) und Mazarin (gestorben 1661) für die Kirche übernommen: Das Religiöse und das Kirchliche standen nicht neben, sondern unter dem Staat. Die Bedeutung der Kirche in Frankreich sollte – entgegen dem römischen Zentralismus – stärker ins Bewußtsein gehoben werden. – Diese Haltung war schon lange vorbereitet: durch das Exil von →Avignon, wo der französische Hof die Regierung der Päpste bestimmte, durch den →Konziliarismus, durch die Weigerung Frankreichs, die Reformdekrete des →Konzils von Trient zu veröffentlichen. – Der Gallikanismus hat eine doppelte Seite: dogmatisch geht er von der Oberhoheit des Konzils über dem Papst aus, kirchenpolitisch von einer weitgehenden Unabhängigkeit der Kirche Frankreichs von Rom. Sie forderte bestimmte Sonderrechte für die französische, die „gallikanische" Kirche. – ↗ Pius II. hatte 1460 den Konziliarismus verworfen; damit war er in Frankreich aber nicht beendet. Die Entwicklung zum (staatlichen) Absolutismus brachte weitere Ansprüche des Königtums an die Kirche. Dies zeigte sich im sog. *Regalienstreit*: Die französischen Könige nahmen für sich das Recht in Anspruch, in bestimmten Diözesen die Pfründen, die während einer →Sedisvakanz anfielen, für sich zu vereinnahmen und die frei gewordenen Stellen zu besetzen. Ludwig XIV. betrachtete dies als ein Recht des Königs und verordnete 1673 und 1675, daß es in allen der Krone Frankreichs zugehörigen Ländern gelten müsse. Als Papst ↗ Innocenz XI. davon erfuhr, schwieg er zunächst. Als dann aber zwei französische Bischöfe deswegen an den Papst appellierten, ermahnte er in zwei Breven 1678 und 1679 den König zum Verzicht auf dieses Recht; ein erneutes Breve 1680 drohte dem König mit dem göttlichen Strafgericht. Jedoch stellte sich die französische Klerusversammlung 1680 auf die Seite des Königs. Als sich der Papst 1681 erneut gegen den König wandte, berief dieser 1681 eine Generalversammlung des Klerus, die die Ausdehnung des Regalienrechtes auf alle Bistümer billigte. Anschließend wurden auf dieser Versammlung die sog. Gallikanischen Freiheiten diskutiert. Sie waren von Bischof Bossuet formuliert worden, um rigorosere Formen zu vermeiden. In den Gallikanischen Freiheiten wird erklärt: 1. Die Päpste hätten nur eine geistliche Gewalt von Gott erhalten, deshalb könnten sie Könige nicht absetzen; 2. Die Beschlüsse des →Konzils von Konstanz über die Vorrangstellung des Konzils gegenüber dem Papst wurden erneuert; 3. Die Sonderrechte der gallikanischen Kirche, die seit alters beständen, müßten beibehalten werden; 4. Eine päpstliche Entscheidung in Glaubensfragen habe nur nach Zustimmung durch die Gesamtkirche Gültigkeit. – Diese Gallikanischen Freiheiten oder auch Vier Gallikanischen Artikel wurden von der Mehrheit des französischen Klerus angenommen; Professoren der Theologie und des Kanonischen Rechtes wurden durch den König auf sie verpflichtet. Am 11. April 1682 verwarf der Papst in einem Breve die Beschlüsse der Klerusversammlung. Zur Überraschung aller suspendierte Ludwig XIV.

die Beschlüsse, weil er weiter mit Rom verhandeln wollte. Jedoch brachten die Verhandlungen kein Ergebnis. Es blieb die Schwierigkeit, daß manche französischen Bischöfe, die sich den Gallikanischen Freiheiten angeschlossen hatten, vom Papst keine Bestätigung in ihrem Amt erhielten. Es gab „die Annehmenden" und „die Verweigerer". Papst ↗ Innocenz XII. kam mit dem König zu einem Ausgleich: Die Teilnehmer an der Klerusversammlung von 1682 und Unterzeichner der Gallikanischen Freiheiten unterwarfen sich daraufhin dem Papst. Der König hob die Verpflichtung auf die Artikel auf. Die Bischöfe erhielten jetzt die päpstliche Bestätigung. Trotzdem ging Ludwig als Sieger aus diesem Streit hervor: Das Regalienrecht des Königs blieb bestehen. – Gedanken des Gallikanismus wurden bald danach im →Jansenismus lebendig, der die französische Kirche in zwei verfeindete Lager spaltete, ebenso im →Febronianismus.

## Gegenpapst

Im Verlauf der Geschichte des Papsttums kam es öfters dazu, daß einzelne Gruppen (wie etwa Minderheiten im Kardinalskollegium, Teile des römischen Klerus, weltliche Fürsten oder die römischen Adelsparteien) aus theologischen, politischen oder persönlichen Gründen die Wahl oder die Amtsführung eines Papstes ablehnten. Es kam zur Aufstellung und Wahl eines Gegenpapstes. Manche dieser Gegenpäpste waren nur kurze Zeit im Amt, andere konnten sich lange in ihrer Stellung halten, und erhielten nach ihrem Tod sogar noch Nachfolger. Am größten war die Verwirrung innerhalb der Kirche, als es zur Zeit des großen Abendländischen →Schismas nicht nur zwei, sondern drei Päpste gleichzeitig gab, die alle von der Rechtmäßigkeit ihrer Wahl überzeugt waren und deshalb die Regierung der Kirche für sich beanspruchten. – Der erste Gegenpapst war wohl ↗ Hippolyt (217–235), der letzte ↗ Felix V. (1439–1449).

## Gesamtzahl der Päpste

Die Zahl der Päpste lautet verschieden, je nachdem ob man die unrechtmäßig aufgestellten Gegenpäpste mitzählt oder nicht. Das Päpstliche Jahrbuch gibt zwar die Namen aller Päpste und Gegenpäpste an, sieht aber von einer Zählung ab. Die aufgrund gesicherter Ergebnisse der Geschichtswissenschaft zusammengestellte Papstliste nennt ↗ Johannes Paul II. den 266. Papst. – Die größten Schwierigkeiten ergeben sich bei der Zählung der Johannes-Päpste. ↗ Johannes XVI., der von 997 bis 998 regierte, war ein Gegenpapst, der also in der Reihenfolge der rechtmäßigen Päpste nicht hätte mitgezählt werden dürfen. Da sich sein Nachfolger ↗ Johannes XVII. nannte, haben auch die folgenden Johannes-Päpste in dieser Reihenfolge weitergezählt. Einen Johannes XX. hat es infolge verschiedener Zählungsfehler überhaupt nicht gegeben. Man hatte irrtümlich geglaubt, es habe im

10. Jahrhundert vor ↗ Johannes XV. noch einen weiteren Papst dieses Namens gegeben, der aber in Wirklichkeit nie existierte. Als sich später der Irrtum herausstellte, behielt man für ↗ Johannes XXI. und die nachfolgenden Johannes-Päpste die gewohnte Zählung bei, um keine Verwirrung aufkommen zu lassen. Denn der Name Johannes XXI. stand in vielen Urkunden, und es hätte große Unklarheit gegeben, wenn man ihn plötzlich umgeändert hätte. Das amtliche Päpstliche Jahrbuch hat bei Johannes XXI. deswegen die Bemerkung eingefügt: „Ein Papst, der den Namen Johannes XX. getragen hätte, hat nicht existiert." Als 250 Jahre nach Johannes XIX. der zum Papst gewählte Petrus Juliani wieder den Namen Johannes wählte, nannte er sich ↗ Johannes XXI., obwohl er streng genommen Johannes XIX. war, denn Johannes XVI. war ein Gegenpapst und durfte eigentlich nicht mitgezählt werden und Johannes XX. hat nie existiert.

## Gnosis, Gnostiker

„*Die* Gefahr für die junge heidenchristliche Kirche, die größte vielleicht, die ihr überhaupt bis heute entgegentrat, war die Gnosis" (J. Lortz). Die Gnosis ist wesentlich eine heidnische Erscheinung. Die Auseinandersetzung mit ihr hatte sich schon an einigen Stellen des Neuen Testamentes niedergeschlagen; sie erreichte im 2. Jahrhundert ihren Höhepunkt.
Gnosis heißt wörtlich Erkenntnis. In den heidnischen Religionen des 1. und 2. Jahrhunderts wie in der christlichen gnostischen Irrlehre bedeutet das Wort mehr als Erkenntnis schlechthin, es besagt *Heils*erkenntnis. Schon Paulus wollte die Christen seiner Gemeinden über die Fundamente des Glaubens hinaus zu einer höheren Erkenntnis des Evangeliums führen. Diese aber war *allen* Christen zugedacht. Demgegenüber verkündeten die gnostischen Irrlehrer, es gäbe eine besondere Heilserkenntnis, die nur wenigen (nämlich ihnen, den Gnostikern) zugänglich sei. Sie unterschieden deshalb zwischen dem (allgemeinen) Glauben und der Erkenntnis (in ihrem Sinn).
Es gibt sehr viele verschiedene Systeme der Gnosis, in denen sich Gedanken der jüdisch-christlichen Offenbarung mit Ideen griechisch-orientalischer Religionsphilosophie mischten (wobei diese Mischung oft sehr mannigfaltig war). *Inhaltlich* bemühten sich die gnostischen Systeme insgesamt um die Lösung der beiden Grundfragen: Woher kommt das Böse in der Welt? Wie kann es überwunden werden? Voraussetzung dieser Lehre ist ein Dualismus, der ein gutes und ein böses Prinzip als gleichberechtigt nebeneinander stehen sieht: Gott und die Materie.
Im einzelnen besagt die christlich-gnostische Irrlehre: Es gibt einen höchsten Gott, dem eine ewige Materie gegenübersteht. – Aus dem höchsten Gott gingen die Äonen oder Geister hervor, die zusammen mit Gott das Lichtreich bilden. – Aus der schon vorhandenen Materie wurde die sicht-

bare Welt gebildet. Sie ist das Werk eines Demiurgen, unter welchem manche Gnostiker einen guten, aber schwachen, andere einen Gott feindlichen Äon verstanden. Dieser Demiurg ist der Gott der Juden, der Gesetzgeber des Alten Bundes. Von ihm wurden auch die Menschen gebildet, deren Seelen göttlicher Abkunft sind, aber auf unnatürliche Weise mit den Leibern verbunden wurden. – Durch diese widernatürliche Verbindung der Geister mit der Materie entstand das Böse. – Um die gefangenen Geister zu erlösen, sandte Gott den Äon „Christus"; nach der Auffassung einiger Gnostiker verband er sich mit dem Menschen Jesus, nach anderen hatte er nur zum Schein einen menschlichen Leib angenommen (→ Doketismus). Die Aufgabe dieses Erlösers bestand darin, den gefangenen Geistern die Erkenntnis ihrer höheren Abstammung mitzuteilen und ihnen den Weg zur Erlösung, d. h. zur Befreiung von der Materie, zu zeigen. Christi Tod am Kreuz und seine Auferstehung sind deshalb ohne Bedeutung und unnütz. – Jesus hatte seine Lehre auf zweifache Weise mitgeteilt: die höhere Erkenntnis war nur den Aposteln für die Gnostiker zuteil geworden, eine niedere der Kirche für die große Masse der Christen. So stand die gnostische Irrlehre in direktem Widerspruch zur christlichen Lehre. Deshalb verstümmelten die Gnostiker die biblischen Bücher bzw. sie legten sie allegorisch aus, so daß sie in ihr System paßten; außerdem beriefen sie sich auf nur ihnen zuteil gewordene besondere Offenbarungen.
Im Kampf der Kirche gegen die Irrlehre unterlag die Gnosis, allerdings nicht ohne sich vorher in der Form des → Manichäismus von Nordafrika über Europa bis nach Asien ausgebreitet zu haben. Auch in den mittelalterlichen Sekten der → Albigenser und der → Katharer sind Elemente der weiterwirkenden Gnosis erkennbar.

## Goldene Bulle

Man unterscheidet eine zweifache Goldene Bulle (oder Goldbulle): Die erste wurde 1213 in Eger von Kaiser Friedrich II. (→ Staufer) als Dank seiner Kaiserkrönung durch ↗ Innocenz III. erlassen; sie bestätigte alle früheren Schenkungen und Versprechen, die Otto IV. gegeben hatte. Sie wurde auch von den deutschen Reichsfürsten anerkannt und somit Reichsgesetz. – Die zweite datiert aus dem Jahr 1356: König Karl IV. von Deutschland war an Ostern 1355 im Auftrag des Papstes ↗ Innocenz VI., der im Exil in → Avignon lebte, durch den Kardinalbischof von Ostia zum deutschen Kaiser gekrönt worden. Im Jahr 1356 lehnten die deutschen Fürsten in der „Goldenen Bulle", die als Reichsgesetz verkündet wurde, die Ansprüche der Päpste auf eine Bestätigung der deutschen Königswahl ab, ohne daß der Papst dagegen Protest erhoben hätte. Die Wahl zum König sollte – nach den Bestimmungen der Goldenen Bulle – künftig allein durch die Mehrheit der Stimmen der Kurfürsten entschieden werden.

## Goten, Die

*1. Die Ostgoten*

(Richtiger Ostrogoten). Sie waren einer der beiden gotischen Stämme und gründeten um 350 ein Reich nördlich des Schwarzen Meeres, das 375 von den → Hunnen erobert wurde. Nach dem Ende dieses Hunnenreiches 453 wurden die Ostgoten unter der Hoheit der Römer in der Donau-Theiss-Ebene angesiedelt. Theoderich der Große gründete 488 in Italien ein Reich, das → Ravenna zur Hauptstadt hatte. Dieses wurde 536 bis 552 unter den Königen Witigis, Totila und Teja durch die Feldherren von → Byzanz Belisar und Narses vernichtet.

*2. Die Westgoten*

Der → Arianismus hatte durch die Goten große Bedeutung erlangt: Vor 325 saßen am linken Ufer der unteren Donau katholische Goten. Von ihrem König um 348 verfolgt und dann von den → Hunnen bedrängt, bat der in → Byzanz geweihte Bischof Wulfilas den oströmischen Kaiser Konstantius für sich und sein Volk um Asyl im römischen Reich. Wenn sie Söldnerdienste zu leisten bereit seien, werde ihre Bitte um Land gewährt, war die Antwort des Kaisers. Der arianische Konstantius beeinflußte Wulfilas und das Volk im Sinne des Arianismus, sein Nachfolger Valens arbeitete noch intensiver in dieser Richtung. Diese arianischen Goten teilten ihren Glauben später auch ihren Nachbarvölkern mit, mit denen sie aufgrund der Völkerwanderung in Berührung kamen, u. a. den → Vandalen und den → Langobarden. Diese Westgoten waren am Anfang des 5. Jahrhunderts unter ihrem König Alarich nach Italien gezogen, blieben nach der Eroberung Roms 410 aber nicht dort, sondern wandten sich nach dem südlichen Gallien und gründeten dort ein Reich mit der Hauptstadt Tolosa (heute: Toulouse). Die Lage der Katholiken in diesem Reich war sehr schlecht: Der westgotische König war mehr das Haupt einer Sekte als der Führer seiner Untertanen. Seinem Nachfolger entrissen die → Franken 507 den größten Teil Südgalliens. Erst König Leovigild (569–586) trat wieder gegen die katholische Kirche auf: Sein Sohn Hermenegild, der in einer katholischen Schule erzogen worden war und dort eine Zuneigung zum Katholizismus erlebt hatte, wurde vom Vater als Vizekönig in Sevilla eingesetzt, wo er zur katholischen Kirche übertrat. In dem deshalb entstandenen Krieg zwischen Vater und Sohn wurde Hermenegild besiegt und enthauptet, weil er das Angebot der Freilassung unter der Bedingung, daß er zum arianischen Glauben zurückkehre, ablehnte. 589 trat ein völliger Wandel ein: auf einer Synode in Toledo entsagte König Reccared dem arianischen Bekenntnis, das feierlich verworfen wurde, und trat zur katholischen Kirche über. Ausgezeichnete Bischöfe (wie Isidor von Sevilla) und Theologen wirkten jetzt zur Hebung des religiösen Lebens. Am Anfang des 8. Jahrhunderts führten Thronstreitigkeiten zur Auflösung des Reiches. – Im Streit um den

→ Pelagianismus spielten die Goten insofern eine Rolle, als der Begründer dieser Lehre, Pelagius, bei der Einnahme Roms durch die Goten 410 aus dieser Stadt nach Afrika floh, wo er in → Augustinus von Hippo seinen entschiedensten Gegner fand.

## Gottesfrieden

→ Treuga Dei

## Griechische Kirche

→ Orthodoxe Kirche

## Heiliges Jahr

Das alttestamentliche Judentum kannte nach Lev 25,8–12 das Jubeljahr, das jeweils im 50. Jahr gehalten wurde und den Ausgleich bei sozialer Ungerechtigkeit brachte (Erlaß der Schulden und Rückgabe gekaufter Felder) als auch ein Hinweis darauf sein sollte, daß die Erde den Menschen nur als Lehen des Schöpfers übergeben ist. – Die Kirche hat den Gedanken an ein besonderes Gnadenjahr übernommen und mit dem Heiligen Jahr oder Jubeljahr verwirklicht. Zum ersten Mal in der Geschichte der Kirche schrieb Papst ↗ Bonifaz VIII. für 1300 ein solches Heiliges Jahr aus; es sollte alle 100 Jahre gefeiert werden. Papst ↗ Clemens VI. (1342–1352) verkürzte diese Zeit auf 50 Jahre, Papst ↗ Urban VI. (1378–1389) auf 33 Jahre (die Lebensjahre Christi) und ↗ Paul II. (1464–1471) auf 25 Jahre. Seither wird es, wenn die äußeren Umstände (Krieg ...) es zulassen, alle 25 Jahre gefeiert. Allerdings gibt es dazwischen auch Heilige Jahre aus besonderen Anlässen: ↗ Pius XI. schrieb es 1933 zur Erinnerung an die 1900. Wiederkehr des Erlösertodes Christi aus, ↗ Johannes Paul II. 1983 zur 1950. Wiederkehr dieses Heilsereignisses. Während der Jubiläumsablaß ursprünglich nur in Rom gewonnen werden konnte (Besuch der vier Hauptkirchen: St. Peter, St. Paul vor den Mauern, St. Johann im Lateran und St. Maria Maggiore), ist seine Gewinnung seit 1983 auch in den Domkirchen und den Wallfahrtsorten der Bistümer in der ganzen Welt möglich.

## Hieronymus

Hieronymus ist wohl um 342 in Dalmatien geboren, wurde Mönch und reiste um 373 ins Morgenland, um die griechische und hebräische Sprache zu lernen. Dort lebte er einige Jahre als Einsiedler und wurde 380 in Antiochien Priester. Gregor von Nazianz führte ihn (in Konstantinopel) in die tiefere Kenntnis der Heiligen Schrift ein. Papst ↗ Damasus I. beauftragte ihn mit der Revision der lateinischen Übersetzung der Psalmen und des Neuen Testamentes. Die von Hieronymus besorgte Ausgabe des Alten und des Neuen Testamentes in lateinischer Sprache wurde allgemein in der Kirche gebräuchlich, weshalb sie den Namen → Vulgata erhielt. 386 ließ sich Hieronymus in Bethlehem nieder, wo er eine klösterliche Gemeinschaft gründete und leitete. In dieser Zeit schrieb er viel beachtete Kommentare zu Büchern des Alten und des Neuen Testamentes. Wegen seiner Bedeutsamkeit auf literarischem und exegetischem Gebiet wird Hieronymus zu den Kirchenlehrern gezählt. Er starb am 30. September 419/420.

## Hildebrand

Hildebrand ist um 1020/1025 im südlichen Tuscien geboren, wurde wahrscheinlich im Kloster auf dem Aventin in Rom Benediktinermönch und trat später in das Kloster von → Cluny ein. Papst ↗ Gregor VI. war auf einer Synode in Sutri 1046 von Kaiser Heinrich III. (→ Sachsen) für abgesetzt erklärt und nach Köln verbannt worden. Dorthin begleitete Hildebrand den Papst. Nach dem Tod ↗ Damasus' II. (1048) bedrängte Hildebrand den Bischof Brun von Toul, auf den die Wahl des Kaisers Heinrich III. gefallen war, das päpstliche Amt zu übernehmen. Brun sagte zu und wurde als ↗ Leo IX. in Rom gewählt; dorthin hatte ihn Hildebrand begleitet. Nach dem Tod Leos wollten die Römer Hildebrand (1054) zum Papst haben. Dieser weigerte sich jedoch. Er begab sich nach Deutschland und bewog Heinrich III., der Erhebung des Bischofs Gebhard von Eichstätt zum Papst zuzustimmen. Dieser wurde dann in Rom als ↗ Victor II. gewählt. Papst ↗ Stephan IX. ließ vor seinem Tod (1058) die Römer schwören, nach seinem Tod erst dann zur Papstwahl zu schreiten, wenn Hildebrand, der gerade als Legat in Deutschland war, nach Rom zurückgekehrt sei. Da sich das Konklave aus diesem Grund mehrere Monate verzögerte, festigten die → Tusculaner ihre Macht in Rom. Es kam zu Unruhen und zu zwiespältiger Papstwahl: ↗ Benedikt X. und ↗ Nikolaus II. Bei der Beisetzung ↗ Alexanders II. rief das römische Volk: „Hildebrand soll Papst sein"; so wurde er am 22. April 1073 als ↗ Gregor VII. Papst. Diese Erhebung stand nicht im Einklang mit dem 1059 erlassenen Dekret zur → Papstwahl; man hatte auf den deutschen König keine Rücksicht genommen. Papst Gregor VII. starb im Jahr 1085. – Als Berater von fünf Päpsten hat er, der von den Ideen → Clunys tief durchdrungen war, schon vor seiner Wahl zum Papst Bedeutendes für die Reform der Kirche geleistet. Im → Investiturstreit war er um die Unabhängigkeit der Kirche von den deutschen Königen und weltlichen Fürsten besorgt (→ Canossa). Als Papst gehört er zu den bedeutendsten Persönlichkeiten des Mittelalters. Nicht nur seine Amtsführung, auch sein persönliches Leben stand ganz im Dienst seines Reform-Bewußtseins. 1606 wurde er von ↗ Paul V. heiliggesprochen. Sein liturgischer Gedenktag ist sein Todestag, der 25. Mai.

## Hippolyt

In den Auseinandersetzungen um die Irrlehre des → Sabellianismus, der Gott Sohn und Gott Heiligen Geist nur als Erscheinungsformen der Gottheit sah (als modi, weshalb er auch → Modalismus genannt wurde), war der gelehrte Hippolyt ein kenntnisreicher Verfechter des wahren Glaubens. Hippolyt stammte aus Kleinasien. Durch Papst ↗ Victor I. hatte er eine herausragende Stellung innerhalb der römischen Kirche erhalten. Der Nachfolger Victors, ↗ Zephyrinus, wandte sich mehr dem Priester Calixtus zu, der als ↗ Calixtus I. den päpstlichen Thron bestieg. Hippolyt glaubte sich in seinem Kampf gegen die Sabellianer vom Papst nicht genügend unterstützt. Deshalb warf er ihm Sympathie mit der Irrlehre vor und verstieg sich sogar zu üblen Verleumdungen. Dadurch geriet die römische Gemeinde in eine sehr starke Zerreißprobe. Es ist nicht sicher auszumachen, ob sich Hippolyt 217 als → Gegenpapst aufstellen ließ; immerhin wird er in den üblichen Papstlisten als Gegenpapst (von 217–235) geführt, der erste Gegenpapst der Papstgeschichte. Der Überlieferung nach soll Hippolyt zusammen mit Papst ↗ Pontianus 235 in der Verbannung als Märtyrer gestorben sein. Sein liturgischer Gedenktag ist der 13. August.

## Honoriusfrage

Um die → Monophysiten in Ägypten wieder mit der Kirche zu versöhnen, unternahm Patriarch Sergius von Konstantinopel einen neuen Versuch zur Klärung der Frage nach den beiden Naturen in Christus. An Stelle der von den Monophysiten gelehrten Einheit der Naturen setzte er die Willenseinheit (→ Monotheleten). Als er durch den Patriarchen Sophronius von Jerusalem Widerspruch gegenüber dieser Lehre erfuhr, wandte er sich an Papst ↗ Honorius I. (625–638). Der Papst verstand wenig von der griechischen Theologie. In einem Schreiben vertrat er die Meinung, man müsse an dem (moralisch) *einen* Willen Christi festhalten. Als Sergius daraufhin eine Glaubensformel verfaßte, die 638 durch den Kaiser von → Byzanz allgemein vorgeschrieben wurde, wandte sich das 6. Allgemeine → Konzil von Konstantinopel 681 dagegen und verurteilte diese Lehre als häretisch. In diese Verurteilung wurde Honorius ausdrücklich eingeschlossen. Papst ↗ Leo II. nahm diese Verurteilung an und machte seinem Vorgänger Honorius den Vorwurf, er habe die apostolische Lehrtradition des römischen Stuhles schmählich verleugnet und den wahren Glauben verletzt. Etwas später modifizierte Leo seine Auffassung: Honorius habe das Feuer der Irrlehre nicht frühzeitig genug erkannt und bekämpft. – In der Folgezeit mußte jeder neue Papst die Urheber der neuen Lehre *una cum Honorio* (Honorius eingeschlossen) verurteilen. Wohl war der Name des Honorius von nun an ständig mit dem Stigma des Ketzertums behaftet, die Information aber, daß es sich dabei um einen Papst gehandelt hatte, geriet im hohen Mittelalter in Vergessenheit. Die Tatsache, daß ein Papst von einem Allgemeinen Konzil als Häretiker verurteilt worden war, bot erneuten Konfliktstoff in der Zeit der Reformation und später noch einmal in der Unfehlbarkeitsdiskussion auf dem I. Vatikanischen →Konzil 1870/71. Dort sprach sich Bischof Hefele von Rottenburg unter Verweis auf die Honoriusfrage gegen die Opportunität der→Unfehlbarkeitserklärung aus. Die Frage, ob Papst Honorius damals eine Stellungnahme *ex → cathedra* abgegeben habe, wurde von Bischof Hefele bejaht, und so hatte sich für ihn ein Argument gegen päpstliche ex-cathedra-Entscheidungen ergeben. Eine genaue Untersuchung des Honoriusschreibens zeigt jedoch, daß man Papst Honorius lediglich bedenkliche Leichtfertigkeit anlasten kann. Aufgrund des Quellenbefundes ist nicht anzunehmen, daß Honorius in den beiden in Frage kommenden Briefen an Sergius eine offizielle kirchliche Stellungnahme zugunsten des Monotheletismus abgeben wollte. Aus diesen Gründen kann die Entscheidung des Honorius nicht mehr als ex-cathedra-Entscheidung gewertet werden. Demnach bietet die Honoriusfrage auch keine Grundlage für eine Infragestellung der päpstlichen Unfehlbarkeit bei ex-cathedra-Entscheidungen.

## Hunnen

Den Anstoß zur Völkerwanderung, der gewaltigen Wanderungsbewegung der germanischen Stämme, die seit 375 das römische Reich tief erschütterte, gaben die Hunnen, die in der zweiten Hälfte des 4. Jahrhunderts aus Innerasien nach Westen zogen. Zwischen Don und Donau gründeten sie ein großes Reich. Im Jahr 451 zogen sie unter Führung Attilas dann nach Westen; Deutschland und Gallien wurden verwüstet. Im Frühjahr 452 kamen sie nach Italien, wo sie keinen nennenswerten Widerstand fanden; der Weg nach Rom stand ihnen offen. Bei Mantua trat Papst ↗Leo der Große ihnen entgegen und bewog Attila zur Umkehr. Nach dem Tod Attilas 453 löste sich das gewaltige Hunnenreich auf. Papst Leo wurde als Retter Italiens und Roms gefeiert, das Ansehen des Papsttums wuchs kraft der Persönlichkeit des Papstes.

## Hus, Johannes

In England war in der Mitte des 14. Jahrhunderts eine Lehre entstanden, die sich an den Namen des Oxforder Professors Wiclif anschließt; er hatte u. a. die Oberhoheit des Konzils über dem Papst gelehrt (→Konziliarismus). – Diese Lehre übernahm Johannes Hus, um 1369 in Husinecz geboren, seit

1396 Magister an der Universität in Prag und seit 1403 Prediger an der tschechischen Bethlehemskirche in Prag. – Zur Lehre Hus' gehört die Aussage, das einzige Haupt der Kirche sei Christus, es brauche keinen Papst, besonders dann nicht, wenn er nicht im Stand der Gnade sei, (→ Katharer); die Kirche sei die Gemeinschaft der zur Seligkeit Vorherbestimmten, die Verworfenen gehörten nur äußerlich zu ihr. – Da Hus sich sehr für das Tschechentum einsetzte (und damit zum Feind der Deutschen wurde), fand seine Lehre bald großen Anklang. Auch gegenüber den Maßnahmen seines Erzbischofs blieb er bei seiner Auffassung. Hus appellierte an Papst ↗ Johannes XXIII., der jedoch 1412 den Bann über Hus und das → Interdikt über die Stadt Prag aussprach (solange Hus dort weile). Um größeren Streit im deutschen Reich zu verhindern, forderte Siegmund, der deutsche König, Hus auf, im Sommer 1414 seine Rechtgläubigkeit vor dem → Konzil von Konstanz zu beweisen; dabei sicherte er Hus freies Geleit zu. Hus war damit einverstanden und trat am 11. Oktober 1414 die Reise nach Konstanz an. Trotz Verbotes feierte Hus in Konstanz die heilige Messe und predigte. Das führte Anfang Dezember 1414 zu seiner Verhaftung. Seit Ende 1414 hatte sich eine vom Papst eingesetzte Kommission mit der Prüfung der Schriften Hus' befaßt. Am 5. Juni 1415 wurde Hus öffentlich verhört. Er anerkannte die meisten von der Kommission beanstandeten Sätze als aus seinen Schriften stammend, andere dagegen erklärte er für verfälscht und unterschoben. Hierauf verwarf das Konzil 30 Sätze von Hus. Trotz eifriger Bemühung der Konzilsteilnehmer verweigerte Hus den Widerruf. Deshalb wurde er am 6. Juli 1415 als hartnäckiger Ketzer exkommuniziert und der weltlichen Gewalt zur Bestrafung übergeben. Auch ein nochmaliger Versuch des Königs Siegmund, Hus zum Widerruf zu bewegen, schlug fehl; Hus erklärte das Konzil für eine Versammlung von Pharisäern. Er starb am 6. Juli 1415 in Konstanz auf dem Scheiterhaufen. – Die Bewegung, die Hus angestoßen hatte, blieb in Böhmen durch die Husiten lange lebendig.

## Inquisition

Die Auffassung der Kirche, daß Irrlehre ein schweres Verbrechen gegen ihre Einheit sei, machten sich die römischen Kaiser zu eigen, als sie im 4. Jahrhundert Christen wurden. Sie waren auf die Einheit des Reiches bedacht, die sie in der Einheit der Kirche gewährleistet sahen; da sie eine immer engere Verbindung des Staates mit der Kirche anstrebten, sahen sie in jedem Angriff auf die Einheit der kirchlichen Lehre eine schwere Gefährdung des staatlichen Lebens. Deshalb verhängten sie über Häretiker als Verbrecher gegen den Staat schwere Strafen. Diese Einschätzung der Strafwürdigkeit der Häresie beherrschte auch das Mittelalter; der Staat erließ strenge Strafbestimmungen gegen kirchliche Häretiker. (Häresie ist die Leugnung von Glaubenssätzen, wobei die Häretiker innerhalb der Kirche bleiben wollen). – Als die Irrlehre der →Katharer in der ersten Hälfte des 13. Jahrhunderts Südfrankreich und Oberitalien beherrschte, wurde die *römische* Inquisition ins Leben gerufen. Das III. Allgemeine →Konzil im Lateran (1179) sprach gegen die Irrlehrer den Bann aus. Papst ↗ Lucius III. bestimmte auf einer Synode 1184 in Verona, diese Bannandrohung sei bei allen kirchlichen Festen in allen Pfarreien zu verkünden. Da diese Bestimmungen aber wohl nicht überall durchgeführt wurden, wiederholte sie das IV. Allgemeine →Konzil im Lateran 1215 und verschärfte sie. Aber erst nach Beendigung der →Albigenserkriege wurde die Inquisition auf einem Konzil in Toulouse 1229 eingerichtet: Papst ↗ Gregor IX. übertrug 1233 die Durchführung der Inquisition dem Orden der →Dominikaner; diese Beauftragung wurde durch ↗ Innocenz IV. 1243 erneuert. In der Bulle Ad exstirpanda erließ er 1252 besondere Vorschriften über die Durchführung der Inquisition; dabei wurde auch die Folter als Prozeßmittel vorgeschrieben. – Von dieser römischen ist die *spanische* Inquisition zu unterscheiden: König Ferdinand ersuchte Papst ↗ Sixtus IV. um die Errichtung einer eigenen Inquisition. Durch eine Bulle genehmigte der Papst am 1. November 1478 die Ernennung mehrerer Prälaten zum Einschreiten gegen die Irrlehrer und übertrug ihnen die geistliche Gerichtsbarkeit. Bei diesen Irrlehrern handelte es sich zumeist um Juden, die sich öffentlich zum Christentum bekannten, innerlich aber am Judentum festhielten. Die Inquisitoren erhielten ihre Autorität vom Papst, ihre Ernennung aber von der weltlichen Gewalt. So war die spanische Inquisition ein staatlich-kirchliches Institut. 1480 wurde in Sevilla das erste Inquisitionsgericht zusammengestellt. Es ging mit solcher Grausamkeit vor, daß viele Klagen nach Rom kamen. Papst Sixtus ermahnte die Inquisitoren zu gerechtem Vorgehen und bestimmte den Erzbischof von Sevilla als Appellationsinstanz. Nachdem sich 1492 viele Mohammedaner zum Schein dem Christentum angeschlossen hatten (um ihr Leben zu retten), wurde die Inquisition auch auf sie ausgedehnt. – Die erste Ketzerverbrennung hatte König Peter II. von Aragonien 1197 angeordnet. Der deutsche Kaiser Friedrich II. (→Staufer) erließ 1220 ein Gesetz, durch welches die Strafe des Feuertodes für die Irrlehrer auf das ganze Reich ausgedehnt wurde. Tatsache ist also, daß die Ketzerverbrennung durch *staatliche* Gesetze angeordnet wurde. Tatsache ist aber ebenso, daß die Päpste diesem Gesetz zugestimmt und von den weltlichen Behörden seine Beobachtung gefordert haben. 1542 ordnete ↗ Paul III. die Arbeit der Inquisition neu: eine römische Zentralbehörde mit sechs Kardinälen, die später „Das Heilige Officium" genannt wurde, sollte für die Reinerhaltung des Glaubens in der Gesamtkirche sorgen. Im gleichen Jahr 1542 wurde die Inquisition in Spanien gegen die Reformatoren eingesetzt. Ihr Begründer war Johann Peter Caraffa, ein Neapolitaner, in welchem der fanatische Geist der spanischen Inquisition furchtbar weiterwirkte. Unter ihm, dem nachmaligen Papst ↗ Paul IV. (1555–1559), wütete die Inquisition am unbarmherzigsten in Italien und Spanien. – Wenn auch nicht unter diesem Namen hat sich die Idee der Inquisition auch in der Verfolgung und Verbrennung der *Hexen* gezeigt. Gegen Ende des 15. Jahrhunderts taten sich in Deutschland als Hexenverfolger besonders die Inquisitoren Institoris und Sprenger hervor. Papst ↗ Innocenz VIII., an den sich die beiden gewandt hatten, erließ aufgrund der von ihnen gelieferten düsteren Berichte über das Hexentreiben in Deutschland 1484 eine Bulle, in der er ihre Arbeit guthieß. Daraufhin verfaßten die beiden den „Hexenhammer" (1487), worin sie die Wirklichkeit der Hexerei aus der Bibel und den Gesetzbüchern nachzuweisen suchten. Erst die vom Jesuiten Friedrich von Spee (gestorben 1635) verfaßte und 1631 anonym erschienene Schrift „Cautio criminalis" machte dem unseligen Treiben ein Ende.

## Installation

Zunächst: Einweisung eines Kanonikers (Domkapitulars) in sein Amt durch Hinführung zu seinem Platz im Chorgestühl. Allgemein: die Übertragung eines Amtes in der Kirche; der Papst wird installiert, ebenso Bischof, Pfarrer und Abt.

## Interdikt

Man versteht darunter das vom Papst über eine Person, eine Stadt oder ein Land als Strafe verhängte Verbot, am Gottesdienst teilzunehmen bzw. im betroffenen Gebiet den Gottesdienst zu feiern. So belegte z. B. Papst ↗ Innocenz III. 1208 England mit dem Interdikt, weil der englische König gegen den vom Papst ernannten Erzbischof von Canterbury Einspruch erhoben hatte; zur Zeit des Exils von → Avignon und in den Auseinandersetzungen zwischen dem französischen König Philipp dem Schönen und dem deutschen König Ludwig dem Bayern hatte dieser an ein Konzil gegen den Papst appelliert (→ Konziliarismus). Deshalb belegte ↗ Johannes XXII. das Land Ludwigs 1324 mit dem Interdikt. Schließlich wurde im Zusammenhang mit dem Streit um → Hus 1412 das Interdikt über die Stadt Prag verhängt.

## Interregnum

Mit diesem Wort wird die Zeit bezeichnet, die zwischen der Regierungszeit zweier Könige oder Kaiser liegt. Da man sich mitunter auf keinen Nachfolger einigen konnte, dauerte das Interregnum teilweise sehr lang. Auch beim Tod von Päpsten gab es aus dem gleichen Grund manchmal lange Zeiten des Interregnums: die → Sedisvakanz, der „Sitz" war frei.

## Inthronisation

Das „Besteigen" des Thrones war das sichtbare Zeichen für die Übernahme eines Amtes. Manche Päpste, die bei ihrer Wahl noch nicht die Bischofsweihe empfangen hatten, wurden nach der Wahl geweiht und dann inthronisiert. Sie bestiegen den „päpstlichen Stuhl" (→ „Cathedra Petri").

## Investiturstreit

Unter Laieninvestitur versteht man die Belehnung mit einem Bistum oder einer Abtei durch einen weltlichen Fürsten; die Belehnung geschah durch Überreichung von Ring und Stab, den Zeichen der bischöflichen Würde. Diese Laieninvestitur reicht in ihren Wurzeln bis in das → Frankenreich zurück: Viele Bischofssitze waren „habgierigen Laien und eingedrungenen, der Unzucht oder dem Gelderwerb frönenden Klerikern lediglich zu weltlichem Genuß ausgeliefert", schrieb → Bonifatius an Papst ↗ Zacharias. Die Laieninvestitur war im 10. und 11. Jahrhundert zu einer allgemein geduldeten Praxis geworden. Oft war dabei auch → Simonie im Spiel: kirchliche Ämter wurden ver- und gekauft. → Hildebrand hatte, vom Reformgedanken von → Cluny ausgehend, als Berater der Päpste auf die Schattenseiten solcher Praxis hingewiesen. Nachdem er 1073 als ↗ Gregor VII. Papst geworden war, verbot er 1075 die simonistische Laieninvestitur und forderte die Absetzung aller, die auf diese Weise ein kirchliches Amt erlangt hätten. Gegen diese Maßnahme des Papstes erhob sich entschiedener Widerspruch: Lebenswichtige Interessen des Reiches standen dabei auf dem Spiel. Die Bischöfe besaßen den größten Teil des Reichsgutes als Lehen; auf den Bischöfen ruhte weitgehend die wirkliche Macht des Königs in Deutschland. Deshalb konnte der deutsche König nicht einfachhin auf sein Mitspracherecht bei der Besetzung so wichtiger Stellen verzichten. – Damals regierte in Deutschland Heinrich IV. (→ Salier). Gerade er war bei der Vergabe von Bistümern sehr simonistisch vorgegangen. Da er sich nicht an den päpstlichen Erlaß hielt, wurde er zunächst mit dem Bann bedroht. Dies beantwortete der König auf einer Synode in Worms mit der Absetzung des Papstes, worauf der Bann 1076 wirklich ausgesprochen wurde. Damit waren die Untertanen Heinrichs von ihrem Treueid und vom Gehorsam gegenüber dem König entbunden. Mit Rücksicht auf seine dadurch gefährdete Stellung in Deutschland (die Fürsten drohten wegen des Bannes mit der Absetzung), entschloß sich Heinrich zur Unterwerfung unter den Papst, die in → Canossa vollzogen wurde. Aber die Einigung war nur von kurzer Dauer: Von den Fürsten abgesetzt, vom Papst ein zweites Mal gebannt (1080), zog Heinrich nach Italien, erhob einen Gegenpapst (↗ Clemens III.) und belagerte Rom. Die → Normannen befreiten den Papst, verwüsteten aber die Stadt in ungeahntem Ausmaß. Gregor mußte fliehen und starb 1085 in Salerno in der Verbannung. – Im Jahr 1105 erhob sich Heinrichs Sohn gegen den Vater. Papst ↗ Paschalis II. nannte die Voraussetzungen für einen Frieden zwischen König und Papst: Heinrich V. müsse als gerechter König regieren, die Unabhängigkeit der Kirche garantieren und die Investitur einstellen. Heinrich V. hatte seinen Vater am 31. Dezember 1105 zur Abdankung gezwungen. Paschalis plante eine Reise nach Deutschland, um mit dem König zum Frieden zu kommen. Jedoch beharrte Heinrich V. auch nach dem Verbot der Laieninvestitur, das im Oktober 1106 erneut ausgesprochen worden war, auf seiner Praxis. Daraufhin änderte der Papst seinen Reiseplan: statt nach Deutschland kam er nach Frankreich. In Chalons sur Marne verhandelte er im Mai 1107 mit einer deutschen Gesandtschaft. Diese nannte als Recht des Königs die Zustimmung zu den in Aussicht genommenen Bischöfen und ihre Investitur in die „Regalien" mit Ring und Stab. Als Regalien wurden die Städte, Burgen, Märkte und Zölle bezeichnet sowie alles, was von der kaiserlichen Gewalt abhing. Das vom Reich stammende Kirchengut sollte also Gegenstand der Investitur sein. Diese Vorschläge lehnte Paschalis ab; er verwies dabei auf die Notwendigkeit der Freiheit der Kirche. Auf einer Synode von Troyes wurde die Investitur erneut abgelehnt. Auf weiteren Synoden (z. B. im Lateran 1110) wurde das Verbot eingeschärft, wobei jede Verfügung über Kirchengut als Sakrileg bezeichnet wurde. Heinrich V. hielt aber trotzdem an der Laieninvestitur fest, der Papst wagte nicht, gegen ihn vorzugehen. Im Sommer 1110 verhandelten Papst und Kaiser, der einen neuen Romzug vorbereitete. Bei diesen Verhandlungen verwarf Paschalis erneut die Investitur, bejahte jedoch einen königlichen Anspruch auf die Regalien; dafür solle Heinrich auf die Investitur verzichten. – Der Papst hatte bei seinen Vorschlägen übersehen, daß es sich dabei um eine radikale Trennung von Kirche und Staat gehandelt hätte; ebensowenig erkannte er die praktischen Schwierigkeiten, die sich bei der Durchführung seiner Pläne sowohl für die Kirche in Deutschland wie für das Reich ergeben müßten. Da Heinrich V. die Kaiserkrone erlangen wollte, nahm er den Vorschlag des Papstes an: Am 9. Februar 1111 wurde in Sutri ein Geheimvertrag unterzeichnet, der vor der Kaiserkrönung bekannt gegeben werden sollte. Bei der kurz darauf stattfindenden Krönungsfeierlichkeit in der Peterskirche in Rom ließ der Papst die Vereinbarung von Sutri verlesen, was den sofortigen Protest der deutschen Bischöfe auslöste. Sie waren nicht bereit, auf ihre Stellung als Reichsfürsten zu verzichten. Es kam zu einem Aufruhr, woraufhin der Papst die Kaiserkrönung verweigerte. Heinrich aber forderte sowohl Krönung wie Investitur. Als Paschalis beides verweigerte, kündigte Heinrich den Vertrag und ließ den Papst und die Kardinäle verhaften. Am nächsten Tag kam es zu heftigen Straßenkämpfen in Rom; Heinrich zog in die Umgebung der Stadt und hielt den Papst noch zwei Monate lang gefangen. Als auch der inzwischen erhobene

Gegenpapst ↗ Silvester IV. in das Lager des Königs kam, erklärte sich Paschalis zu Zugeständnissen bereit und bewilligte alle Forderungen Heinrichs. In einem Vertrag vom 11. April 1111 wurde die nach der Wahl und vor der Weihe eines Bischofs zu erteilende Investitur mit Ring und Stab vom Papst zugestanden: wer vom König nicht investiert sei, dürfe nicht geweiht werden. Dieses Zugeständnis mußte Paschalis durch ein Privileg brieflich besiegeln und durch 16 Kardinäle eidlich bestätigen lassen. Nun endlich wurde Heinrich am 13. April 1111 in St. Peter zum Kaiser gekrönt. – Die unter Druck zustandegekommenen Zusagen des Papstes erschienen vielen in der Kirche unerträglich. Die Lage des Papstes war schwierig: er ließ zwar einen genauen Bericht über die Vorgänge veröffentlichen, aber der Widerstand gegen ihn blieb. Auf der Fastensynode 1112 im Lateran gab Paschalis schließlich zu, daß die Erteilung des Investiturprivilegs ein Unrecht gewesen sei. Die Synode erklärte das Privileg für ungültig, da erzwungen. Auf einer Synode in Vienne 1112 wurde jede Laieninvestitur als Häresie bezeichnet und über den Kaiser der Bann ausgesprochen. Der Streit ging hin und her. Auch der Tod Paschalis' II. 1118 beendete ihn nicht. Der Nachfolger, ↗ Gelasius II., regierte nur sehr kurz. Dessen Nachfolger, ↗ Calixtus II., war von der Notwendigkeit, den Streit beizulegen, durchdrungen. Inzwischen war in zahlreichen theologischen Schriften die Frage der Investitur theoretisch geklärt worden; man erkannte deutlicher, daß die deutschen Bischöfe eine Doppelstellung hatten: Sie waren sowohl Inhaber des Bischofsamtes als auch weltliche Herren. 1119 kam es zu ersten Gesprächen zwischen Heinrich und Calixtus, die jedoch zu keinem Erfolg führten. Während eines Konzils in Reims 1119 belegten die Teilnehmer zwar Heinrich mit dem Bann, sie wollten aber – gegen den Vorschlag des Papstes – das Investiturrecht nicht auf den geistlichen Bereich ausdehnen. Im Herbst 1121 bemühte sich der Papst nun um endgültigen Frieden mit dem Kaiser, der im → Wormser Konkordat 1122 geschlossen wurde. Damit fand der Investiturstreit ein Ende.

## Irenäus von Lyon

Irenäus war um 140 in Kleinasien geboren und soll als junger Mensch noch die Predigten des heiligen Polykarp, eines Apostelschülers, gehört haben. Später kam er nach Gallien, wo er 178 Bischof von Lyon wurde. Sein wichtigstes literarisches Werk sind die Fünf Bücher „Gegen die Häresien", um 185 geschrieben mit dem Ziel, die → Gnosis als falsches Heilswissen zu entlarven. Gegenüber dem Anspruch der Gnosis, nur sie besitze die heilsentscheidenden Glaubenslehren, verwies Irenäus auf die apostolische Tradition: Die Gesamtkirche sei die Quelle des wahren Glaubens, da sie sich auf die Lehre der Apostel berufen könne. Der Kirche von Rom erkannte Irenäus eine leitende Lehrvollmacht zu, da sie von zwei Aposteln, Petrus und Paulus, gegründet sei. – Von Irenäus stammt auch die älteste erhaltene →Bischofsliste, in welcher er die Namen der römischen Bischöfe in ununterbrochener Folge bis zu seiner Zeit aufführt. Auch diese Bischofsliste steht im Kampf um die rechte Lehre und die Vorrangstellung der römischen Kirche: „Mit der römischen Kirche muß wegen ihres besonderen Vorranges jede Kirche übereinstimmen, d. h. die Gläubigen von allerwärts, denn in ihr ist immer die apostolische Tradition gewahrt worden" (→Primat). Irenäus starb 202 als Märtyrer.

## Jansenismus

Seit den Zeiten des →Augustinus von Hippo hat die Frage nach dem Zusammenwirken zwischen göttlicher Gnade und freiem menschlichem Willen die Theologen beschäftigt. Diese Frage war erneut akut geworden, als die Calvinisten die menschliche Vorherbestimmung lehrten (wobei sie die positive Vorherbestimmung des Menschen zur Verdammung miteinbezogen). Das →Konzil von Trient hatte zwar festgelegt, daß zu dem zum Heil dienenden Werk göttliche Gnade und menschlicher Wille zusammenwirken müßten, es hatte jedoch die Art dieses Zusammenwirkens offengelassen. Im Gegensatz zu den →Jesuiten, deren Auffassung in dieser Frage zu einer Minderung des religiösen Ernstes führen konnte, zeigte sich der Jansenismus als rigoristisches Lehrsystem. Er hat seinen Namen nach Jansenius, der Professor in Löwen gewesen war. Als Bischof von Ypern hinterließ er ein Buch, das nach seinem Tod (er starb 1638) unter dem Titel „Augustinus" veröffentlicht wurde. Sein Ausgangspunkt sind die späten, sehr strengen Auffassungen des Augustinus über Gnade und Vorherbestimmung, die von Jansenius überspitzt und deshalb falsch wiedergegeben wurden. Die Jesuiten widerlegten 1642 das Buch, Papst ↗Urban VIII. verbot es 1642. – Dieser theologische Streit hätte keine große Bedeutung erlangt, wenn daraus nicht eine weitausgreifende Frömmigkeitsbewegung geworden wäre. Deren berühmtester Mittelpunkt wurde das Zisterzienserinnenkloster Port-Royal in der Nähe von Versailles. Hier bejahte man die strenge Gnadenauffassung, aus welcher man eine ebenso strenge Lebensauffassung ableitete: Gott bestimmt das zukünftige Leben des Menschen völlig frei und schenkt nur einer kleinen Zahl von Menschen die Auserwählung durch die unwiderstehliche Gnade. Deshalb darf man zu Gott nur mit Furcht und Zittern aufsehen; angesichts der eigenen Unwürdigkeit darf man nur selten die heilige Kommunion empfangen und man muß die strenge altchristliche Bußzucht wieder verlebendigen. Papst ↗Innocenz X. verurteilte 1653 fünf Sätze aus dem „Augustinus" als häretisch. Die Jansenisten anerkannten, daß die vom Papst genannten Sätze häretisch seien; sie leugneten aber, daß diese Sätze der Lehre des Jansenius entsprächen. Papst ↗Alexander VII. verwarf 1656 diese Ausflüchte der

Jansenisten. Die französischen Bischöfe verlangten daraufhin von ihrem Klerus die Unterzeichnung eines Formulars, das gegen die Jansenisten gerichtet war. Als auch der Papst die Unterzeichnung eines ähnlich lautenden Formulars forderte, verweigerten einige Bischöfe die Unterschrift. Erst als sie von Rom mit kirchlichen Strafen bedroht wurden, unterwarfen sie sich 1669 Papst ↗ Clemens IX. (der sog. „Clementinische Friede"). Allerdings gaben sie zugleich vor ihrem Klerus Erklärungen ab, die ihre Unterwerfung faktisch zurücknahmen. So kam es zu neuen Streitigkeiten und zu neuer Verurteilung durch Papst ↗ Clemens XI. im Jahr 1705. Die Jansenisten fühlten sich durch →gallikanische Ideen der französischen Klerusversammlung bestärkt. Selbst die Aufhebung und Zerstörung von Port-Royal brachte kein Ende des Streites. Er erwachte aufs neue und noch heftiger durch die Bücher des jansenistisch ausgerichteten Quesnel. Auch eine neuerliche Verurteilung 1713 durch die Bulle „Unigenitus" durch den gleichen Papst blieb ohne Wirkung. In Holland, wohin viele Jansenisten ausgewandert waren, kam es zu einem wirklichen, wenn auch bedeutungslosen →Schisma. Schließlich spielte der Jansenismus noch einmal eine gewisse Rolle bei der Aufhebung des →Jesuitenordens; ebenso bei den →Altkatholiken, da deren erster Bischof durch einen jansenistischen Bischof aus den Niederlanden geweiht wurde.

## Jesuitenorden

Ignatius von Loyola wurde in einer altadligen Familie in Nordspanien geboren. Er schlug die Offizierslaufbahn ein und wurde bei einem Kampf um Pamplona schwer verwundet. In seiner Krankheit brachte die Lektüre von Heiligenbiographien eine innere Umwandlung in ihm hervor, die durch strenge Bußübungen und Meditation in einer Höhle bei Manresa noch vertieft wurden (1522). Eine Frucht dieser Zeit waren die „Geistlichen Übungen", die er – als Grundlage für Exerzitien – dort niederschrieb. Nach einer Wallfahrt ins Heilige Land wandte er sich zu Studien nach Paris, wo er Gefährten um sich sammelte. Am 15. August 1534 legten sie dort das Gelübde der Keuschheit und der Armut ab und verpflichteten sich zur Missionierung des Heiligen Landes. Diese Aufgabe wurde später insofern umgewandelt, als sich die Gemeinschaft zum besonderen Dienst unter dem Papst verpflichtete. Seit 1537 wirkten sie in Rom und in mehreren italienischen Städten in der Seelsorge und entwarfen gemeinsam die Grundzüge ihrer Ordensregel. Diese wurde 1540 von Papst ↗ Paul III. bestädigt. Ignatius blieb bis zu seinem Tod 1556 der erste General des Ordens, der sich bald sehr weit verbreitete. Den üblichen drei Gelübden hatte Ignatius ein viertes angefügt: den besonderen Gehorsam gegenüber dem Papst.

In der Mitte des 18. Jahrhunderts machten sich Bestrebungen stark, die auf

eine Aufhebung des Ordens zielten. Man verfolgte diese Absicht, um – aus kirchenfeindlichen Motiven – Kirche und Papsttum zu treffen. Gerade das vierte Gelübde erregte den besonderen Anstoß bei den Kirchenfeinden. Außerdem hatte die besondere Stellung, die die Jesuiten am päpstlichen Hof einnahmen, den Neid mancher erweckt.
Auch die Auseinandersetzungen um den →Jansenismus spielten hier herein. Portugal und Frankreich machten sich zu Vorkämpfern dieser Bestrebungen; in Frankreich wurde der Orden am 1. Dezember 1764 aufgehoben. 1769 stellten die katholischen Mächte einen Antrag an den Papst, er solle den Orden für die gesamte Kirche aufheben. Papst ↗ Clemens XIII. entsprach diesem Antrag jedoch nicht, da er eine so wichtige Frage nicht allein entscheiden könne. Deshalb berief er eine Kardinalskommission zur Prüfung der Angelegenheit ein. Aber der Papst starb einen Tag vor dem Zusammentritt dieser Kommission. Nach seinem Tod kamen die europäischen Mächte überein, daß nur ein Papst gewählt werden dürfe, der nicht als Freund der Jesuiten anzusehen sei. Kardinal Lorenzo Ganganelli erklärte, seiner Meinung nach könne der Papst aus wichtigen Gründen einen Orden aufheben. So wurde er 1769 einstimmig zum Papst gewählt: ↗ Clemens XIV. Am 22. Juli 1769 erneuerten die katholischen Mächte den Antrag auf Aufhebung des Ordens. Aus Furcht vor Frankreich, das mit dem Abbruch der diplomatischen Beziehungen drohte, gab Clemens nach: Im September 1769 sprach er die Aufhebung des Ordens aus, gab jedoch keinen Termin dafür an. Um eine offizielle Aufhebung zu umgehen, wollte der Papst die Aufnahme neuer Mitglieder in den Orden verbieten; so sollte der Orden von selbst aussterben. Dagegen wandte sich aber Spanien. Auf dessen Drängen wurde der Orden mit Breve vom 21. Juli 1773 aufgehoben. Die Reaktion darauf war in den einzelnen Ländern sehr verschieden. Im →Kirchenstaat ging man am schärfsten gegen die Jesuiten vor, der Ordensgeneral und die führenden Ordensmitglieder wurden inhaftiert. In Preußen dagegen, wo der (protestantische) König Friedrich II. regierte, und in Rußland wurde die Aufhebung des Ordens nicht anerkannt, um das katholische Schulwesen nicht zu gefährden. – Papst Clemens hatte drei Jahre lang versucht, die Aufhebung des Ordens zu umgehen, schließlich beugte er sich dem Willen der Staaten: So sehr waren Ansehen und geistige Macht des Papsttums gesunken! – Der Orden wurde am 7. August 1814 durch Papst ↗ Pius VII. wiederhergestellt. Er blieb jedoch auch weiterhin ein Streitpunkt im Blickfeld der Staaten: Im deutschen →Kulturkampf wurden 1875 alle Ordensniederlassungen (außer denen, die der Krankenpflege dienten) aufgehoben, die Jesuiten aber aus ganz Preußen verbannt.

## Jubeljahr

→Heiliges Jahr

## Kalenderreform

Papst ↗ Gregor XIII.

## Karolinger

Das Herrschergeschlecht der →Franken wird nach Karl dem Großen benannt. *Pippin* der Mittlere und sein Nachfolger wurden 687 Hausmeier im Reich der Franken, seit *Pippin* dem Jüngeren waren sie Könige. Durch die Enkel Karls des Großen wurde das Reich in drei Hauptlinien geteilt: Die älteste der Linien, von Kaiser *Lothar I.* gegründet, regierte in Lotharingien, wo sie 869 mit *Lothar II.*, und in Italien, wo sie 875 mit *Ludwig II.* ausstarb. Die zweite Linie war von *Ludwig dem Deutschen* gegründet; sie herrschte in Deutschland und starb 911 mit *Ludwig dem Kind* aus. *Karl der Kahle* gründete die dritte Linie, die in Frankreich bis 987 regierte und 1012 ausstarb.

## Katakomben

Die Katakomben waren unterirdische Begräbnisstätten, die vorschriftsmäßig außerhalb der Stadt lagen. Die Christen wurden zunächst auf heidnischen Begräbnisstätten beigesetzt. Seit dem 9. Jahrhundert tauchte für die christlichen Begräbnisstätten der früheren Jahrhunderte der Name Katakomben auf; er beruht auf der Ähnlichkeit aller dieser Anlagen mit dem einzigen stets zugänglich gebliebenen Friedhof bei der Basilika S. Sebastiano in Rom, der den antiken Ortsnamen cata cumbas (bei der Schlucht) behalten hatte. Die unterirdischen Begräbnisstätten reichen vier bis sechs Stockwerke tief in die Erde hinab; sie ziehen sich wie ein unentwirrbares Labyrinth dahin. In drei Jahrhunderten erreichten die Stollen eine Gesamtlänge von mehr als 900 Kilometern; Millionen von Nischengräbern nahmen die Toten ganzer Generationen auf. Die gelegentliche Ausweitung der Gänge zu Räumen, die eine größere Menschenmenge aufnehmen konnten, die Anordnung dieser Räume und ihre Ausschmückung mit Sinnbildern legt die Vermutung nahe, daß die Katakomben auch Kultstätten waren. Die Verehrung dort bestatteter Märtyrer zog zahlreiche Beter an, die hier auch Eucharistie feierten; vor allem in Zeiten der Verfolgung waren die Katakomben geeignete Plätze für die gottesdienstlichen Feiern, dies um so mehr, da nach römischem Recht die Begräbnisstätten unverletzlich waren. Am Anfang des 5. Jahrhunderts verloren die Katakomben ihre Bedeutung als Begräbnisstätten; die Toten wurden jetzt bei den Kirchen beigesetzt. Nur an den Sterbetagen der Märtyrer zog man in feierlicher Prozession zu den Katakomben, um Gottesdienst zu feiern. Da aber mehr und mehr der Brauch aufkam, die Reliquien der Märtyrer in den Altären der Kirchen zu bergen, hörten auch die Gedächtnisfeiern in den Katakomben auf und die

Katakomben gerieten in Vergessenheit. Im 16. Jahrhundert wurden die unterirdischen Totenstädte durch einen Zufall wieder entdeckt und in den folgenden Jahrhunderten wissenschaftlich erforscht. →Calixtus-Katakombe.

## Katharer

Der Name leitet sich vom griechischen Wort katharos = rein ab. Die Katharer vertraten eine „Kirche der Heiligen" (wie es schon im →Novatianismus gelehrt worden war), Sünder gehören nicht zur Kirche. In ihrer Lehre anerkannten sie neben Gott auch ein Prinzip des Bösen, auf welches die Erschaffung der Materie zurückgeht (→Gnosis). Deshalb wird alles, was mit der Materie zusammenhängt, abgelehnt: Ehe, Fleischgenuß, Privateigentum. Die Katharer leugneten die Auferstehung Jesu bzw. deren Bedeutung für die Erlösung der Menschen. Außerdem lehrten sie, Christus habe nur einen Scheinleib gehabt (→Doketismus). Das Hauptgnadenmittel war das Consolamentum, die Handauflegung durch ein Mitglied, das die Vorschriften streng beobachtete. Im Lauf ihres Bestehens erlebte die Bewegung verschiedene Spaltungen. Nur die südfranzösische Gruppe, die in der Nähe der Stadt Albi lebte und deshalb →Albigenser hieß, blieb in sich geschlossen. Sie stand in Verbindung mit den →Waldensern und erlebte um 1150 in Südfrankreich ihre stärkste Verbreitung. Ihre Anziehungskraft rührte auch vom wenig beispielhaften Leben des Klerus her, dem die Katharer ihre Ideale entgegensetzten. →Bernhard von Clairvaux predigte gegen die Irrlehre, ↗ Innocenz III. versuchte es mit einer Bekehrungsgesandtschaft – ergebnislos. Schließlich wurde zu einem Kreuzzug gegen die Irrlehrer aufgerufen, in dem die Katharer 1213 entscheidend geschlagen wurden. Jedoch dauerten ihr Einfluß und ihr Ansehen bei der Bevölkerung fort. Erst die →Inquisition machte der Irrlehre in grausamen Kriegen ein furchtbares Ende. – Vom Wort „Katharer" leitet sich das deutsche Wort für Irrlehrer „*Ketzer*" ab.

## Katharina von Siena

Katharina war 1347 in Siena als Tochter eines Wollhändlers geboren, trat mit 18 Jahren bei den Bußschwestern des heiligen →Dominikus ein und erkrankte 1374 bei der Pflege von Pestkranken. Nach ihrer Genesung setzte sie sich vor allem für die Rückkehr der Päpste aus dem Exil von →Avignon ein. Auf Wunsch des Papstes ↗ Urban VI. nahm sie 1378 ihren Wohnsitz in Rom, wo sie für die Reform und für die Einheit der Kirche betete und wirkte. Katharina starb am 29. April 1380 in Rom.

## Ketzertaufstreit

Von Anfang an galt die Taufe als ein Sakrament, das nur *einmal* gespendet werden konnte; die Wiederholung einer gültig gespendeten Taufe war (und ist) verboten. Im 3. Jahrhundert kam die Frage nach den Bedingungen einer gültigen Spendung der Taufe auf. Der Hintergrund dieser Frage: Anhänger verschiedener Häresien hatten um Aufnahme in die Kirche gebeten. Waren sie ursprünglich katholisch getauft und später von der Kirche abgefallen, so durften sie nicht mehr getauft werden. Wenn sie aber nur bei den Häretikern die Taufe empfangen hatten? Konnten auch Häretiker gültig taufen? Hier bildete sich eine verschiedene Praxis heraus: In Afrika und in den meisten Kirchen des Ostens wurde die Taufe wiederholt (da Häretiker nicht gültig taufen konnten); in Rom und Alexandrien dagegen ließ man die Taufe gelten. Tertullian forderte die nochmalige Taufe von Christen, die aus einer häretischen Gemeinschaft zur Kirche gekommen waren. Ebenso erklärte eine Synode in Karthago 255 unter Vorsitz des Bischofs Cyprian jede außerhalb der Kirche gespendete Taufe für ungültig. Den gleichen Beschluß faßte eine Synode in Karthago 256 und wandte sich an Papst ↗ Stephan I. mit der Bitte um Anerkennung dieses Beschlusses. Der Papst verbot jedoch die Wiederholung einer durch Häretiker gespendeten Taufe. Da Cyprian und die ihn unterstützenden afrikanischen Bischöfe an ihrem Beschluß festhielten, brach Stephan die Verbindung mit ihnen ab. Stephans Nachfolger, ↗ Sixtus II., nahm später die Verbindung mit Cyprian wieder auf, ohne den Verzicht auf die abweichende Meinung zu fordern. Die Synode von Arles 314 und das I. →Konzil von Nicaea 325 entschieden jedoch: die Taufe sei nur dann zu wiederholen, wenn sie von Häretikern gespendet worden sei, die nicht an die Dreifaltigkeit glauben. →Augustinus von Hippo begründete die Gültigkeit der von Ketzern gespendeten Taufe theologisch mit dem Hinweis, daß jede innerhalb oder außerhalb der Kirche gespendete Taufe gültig sei, denn der eigentliche Spender der Taufe sei Jesus selbst. Wer bei der Spendung der Taufe das tue, was Jesus mit der Taufe will (und wenn er die von der Kirche vorgeschriebene Form einhält), taufe gültig. Die Frage der Gültigkeit eines Sakraments in Abhängigkeit vom Sakramentenspender wurde auf dem →Konzil von Trient erneut aufgegriffen und beantwortet.

## Kirchenstaat

Man versteht darunter das ehemalige Staatsgebiet, das im Mittelalter unter päpstlicher Oberhoheit stand. Der Kern war das →Patrimonium Petri: Am Ende des Altertums hatten manche Familien ihren Grundbesitz dem Päpstlichen Stuhl, dem „heiligen Petrus" geschenkt. Diese Schenkungen betrafen vor allem Güter in Süd- und Mittelitalien und auf Sizilien.

Diese Gebiete standen bis zum 8. Jahrhundert unter der politischen Oberhoheit von →Byzanz; es gab heftige Kämpfe um das Herrschaftsrecht darüber. 754 kam durch die →Pippinsche Schenkung, die Karl der Große (→Franken) bestätigte, das Exarchat →Ravenna und die „Pentapolis" (Rimini, Pesaro, Ancona ...) hinzu. Während des ganzen Mittelalters dauerten die Kämpfe um die Oberhoheit in diesem Gebiet an. Trotz der →Konstantinischen Schenkung kam das Gebiet des Kirchenstaates unter den Schutz des deutschen Kaisers. Es war immer wieder von den →Langobarden und →Normannen bedroht, weshalb die Kaiser ihre Schutzpflicht wahrnehmen mußten. Der Kirchenstaat wuchs durch die in Mittelitalien gelegenen Güter der Markgräfin Mathilde von Tuscien (gestorben 1115), auf deren Burg →Canossa Heinrich IV. (→Sachsen) mit ↗ Gregor VII. zusammengetroffen war. 1213 wurde der Kirchenstaat in diesem Umfang durch Kaiser Friedrich II. (→Staufer) dem Papst ↗ Innocenz III. verbrieft. Aber neue Kämpfe, vor allem mit den römischen Adelsgeschlechtern, machten die Lage im Kirchenstaat auf die Dauer sehr unsicher. Erst Papst ↗ Julius II. (1503–1513) konnte den Kirchenstaat festigen und sogar Parma und Perugia dazugewinnen. Durch den →Nepotismus der Päpste gingen einzelne Teile des Kirchenstaates in die Hände verschiedener Familien über, doch waren nur Parma und Modena für immer verloren. Im Jahr 1809 verleibte Napoleon I. den Kirchenstaat dem Königreich Italien ein; in Folge der Französischen Revolution hatten sich die Besitzrechte der Fürsten und Staaten geändert, der Kirchenstaat war kleiner geworden. Der Wiener Kongreß, der den Frieden nach den napoleonischen Kriegen brachte, stellte 1815 den Kirchenstaat wieder her. Allerdings ging er aufgrund der Einigungsbestrebungen in Italien 1866 (bis auf das Patrimonium Petri) verloren. 1870 wurde er ein Teil des neuen Staates Italien. Von da an betrachteten sich die Päpste als „Gefangene im Vatikan"; von ↗ Pius IX. an bis ↗ Johannes XXIII. haben sie die →Vatikanstadt nicht mehr verlassen.

## Konklave

Für die →Papstwahl, die im Lauf der ersten Zeit vom römischen Klerus und Volk, später von den Kardinälen vollzogen wurde, gab es zunächst keine rechtlichen Normen. Das führte mehrmals zur gleichzeitigen Wahl von Papst und →Gegenpapst. Und es führte zu lang andauernder →Sedisvakanz, da sich die Kardinäle, oft auch unter dem Druck der weltlichen Fürsten, nicht auf einen Kandidaten einigen konnten. Am 21. August 1241 war Papst ↗ Gregor IX. gestorben. Das Kardinalskollegium bestand aus nur 12 Mitgliedern, von denen sich zwei in der Gefangenschaft des Kaisers befanden; man konnte sich über die Politik gegenüber dem deutschen Kaiser Friedrich II. (→Staufer) nicht einigen. Infolgedessen war die erforderliche Zweidrittelmehrheit bei der Wahl nicht zu erwarten. Damals kam

es zum ersten Konklave der Geschichte: Die Kardinäle wurden in der Südostecke des Palatin eingeschlossen, um sie zu einer schnelleren Einigung zu zwingen. Jedoch konnten auch dadurch die tiefen Gegensätze innerhalb des Kardinalskollegiums nicht beseitigt werden. Erst am 25. Oktober 1241 fand nach brutalen Drohungen die Wahl statt: ↗ Coelestin IV. wurde gewählt. – Das 14. Allgemeine → Konzil in Lyon hatte 1274 eine Union mit der Ostkirche (→ Schisma) sowie die Ausrufung eines neuen → Kreuzzugs zum Thema. Sein drittes Thema war die Reform der Kirche. Das Konzil erließ dazu eine Reihe von Reformbestimmungen, deren wichtigste die Konstitution „Ubi periculum" war: Sie regelte die Papstwahl und bestimmte: Nach dem Tod eines Papstes dürfen die an der Kurie weilenden Kardinäle nicht länger als zehn Tage auf das Eintreffen auswärtiger Kardinäle warten. Dann müssen sie einen von der Außenwelt abgeschnittenen Raum beziehen, in welchem die Wahl vollzogen wird. Während des Aufenthaltes im Konklave ist jeder Verkehr mit der Außenwelt untersagt. Je länger sich die Wahl hinzieht, umso kärglicher sollen die Lebensbedingungen im Konklave werden; außerdem verlieren die Kardinäle während der → Sedisvakanz alle ihre Einkünfte. Die Einhaltung dieser Bestimmungen sollen die Behörden der Stadt überwachen, in welcher das Konklave stattfindet.
Obwohl sich die auf dem Konzil in Lyon anwesenden Kardinäle diesen harten Bestimmungen widersetzten, wurde die Konstitution durch die Konzilsväter in Kraft gesetzt. Diese Vorschriften über das Konklave haben in ihren wesentlichen Teilen bis heute Gültigkeit behalten.
Es ist von Interesse, die Dauer der Konklave in einer kurzen Übersicht darzustellen. Die *längsten* Konklave gab es vor ↗ Johannes XXII. 1316 (es dauerte 2¼ Jahre), vor ↗ Clemens V. 1305 (es dauerte 11 Monate); vor ↗ Nikolaus IV. 1288 (es dauerte ebenfalls 11 Monate); vor ↗ Victor III. 1085/1086 (es dauerte 12 Monate); vor ↗ Benedikt XIV. 1740 und vor ↗ Nikolaus III. 1277 dauerte das Konklave jeweils 6 Monate.

## Konstantinische Schenkung

Papst ↗ Paul I. (757–767) war der erste Papst, der die Nachricht von seiner Wahl nicht mehr, wie seither, an den Kaiser in → Byzanz, sondern an den König der → Franken richtete. Die oströmischen Kaiser, die sich zugleich als Herren über die dortige Kirche betrachteten, hatten den Schutz des Papstes und des → Kirchenstaates nicht mehr gewährleistet – die Hinwendung des Papsttums zu den Franken war notwendig. Eine Hinwendung zu ihnen hatte sich schon durch → Bonifatius angebahnt. Sie sollte nun endgültig vollzogen werden. Die unsichere Rechtslage in Italien verlangte schon im 7. Jahrhundert eine neue Klärung des Verhältnisses von Kirche und Staat. Als die → Pippinsche Schenkung 751 und 754 erfolgt und somit

der Kirchenstaat grundlegend errichtet war (756 und 774–781), als ferner Karl der Große (→ Franken) an Weihnachten 800 die Kaiserkrone durch den Papst erhielt, war die Frage von aktueller Bedeutung. – In dem Bestreben, die neue Rechtsauffassung über die Stellung des Papstes zwischen dem Ost- und dem Westreich zu klären, entstand die (gefälschte) Konstantinische Schenkung. Sie sollte in Form einer Urkunde die Stellung des Papsttums im Westen begründen. Wann diese Fälschung entstand, ist bei den Historikern umstritten, die Datierung schwankt zwischen 750 und 800, wobei man heute mehr für den früheren Termin eintritt. Der direkte Anlaß für die Schaffung dieser Urkunde ist ungewiß. Wörtlich taucht die Konstantinische Schenkung zum ersten Mal in den um 850 im Westfrankenreich entstandenen → Pseudoisidorischen Fälschungen auf und erlangte dadurch für das ganze Mittelalter eine entscheidende Bedeutung. Bald wurde sie sowohl in Rom wie in Byzanz als echt angesehen; sie diente zur rechtlichen Begründung des Kirchenstaates wie auch des päpstlichen → Primates und der päpstlichen Herrschaft über die Reiche der Welt. ↗ Gregor VII., ↗ Innocenz III. und ↗ Bonifaz VIII. hegten keinen Zweifel an der Echtheit des Dokumentes: Es stellte sich als eine Urkunde mit Datum und Unterschrift des Kaisers Konstantin dar, vollzogen am Grab des heiligen Petrus. Erst im 15. Jahrhundert wurde ihre Unechtheit durch Kardinal Nikolaus von Cues und durch Laurentius Valla erkannt. – Der Kern des Schriftstückes ist die aus dem 5. Jahrhundert stammende → Silvesterlegende. Ihr zufolge setzte Kaiser Konstantin Papst ↗ Silvester I. als Herrscher ein, da er selbst seinen Regierungssitz nach Byzanz verlegte. Außerdem habe Konstantin Rom als Kirche des Apostels Petrus über alle anderen Kirchen erhoben und den römischen Kardinal-Priestern den Rang von Senatoren verliehen. – Die Verfasser der Konstantinischen Schenkung waren wohl von dem Verlangen geleitet, aufgrund der Silvesterlegende den schon seit dem Untergang des weströmischen Kaisertums 496 bestehenden Zustand festzulegen, daß nämlich dem Papst der Führungsanspruch im Westen nicht nur kirchlich, sondern auch politisch zukomme; dieser Zustand war angesichts der unsicheren Lage auch vom römischen Volk im Lauf der Zeit mehr und mehr gebilligt worden.
So erscheint die Konstantinische Schenkung weniger als eine neue Rechtsschöpfung; sie ist vielmehr die Begründung eines bestehenden Rechtes mit gefälschten Belegen und verlieh dem Bund zwischen Papsttum und fränkischem Kaiserreich eine neue, zwar unrechtmäßige, jedoch wirksame Rechtsgrundlage.

## Konstantinische Wende

Die von Kaiser Konstantin 313 gewährte Freiheit nach den Jahrhunderten der → Christenverfolgung brachte der Kirche eine weltgeschichtliche

Wende, die man in der Kirchengeschichte wegen des Zusammenhangs mit dem genannten Kaiser als „Konstantinische Wende" bezeichnet. Das auffallendste äußere Ereignis: Die Kirche war jetzt nicht mehr benachteiligt und unterdrückt, sie stand gleichberechtigt neben den übrigen Religionen. Sie konnte sich frei entfalten und ihren Heilsdienst frei vollziehen. Sie konnte – unangefochten von der Angst vor künftiger Zerstörung – Kirchen bauen. Sie erhielt das vom Staat während der Verfolgungszeit konfiszierte Eigentum zurück. Der Sonntag war als staatlicher Ruhetag eingeführt. Und vor allem: Die Kirche wurde vom Kaiser mit Ehren überhäuft. Zahlenmäßig noch immer eine kleine Minderheit im römischen Reich, konnte die Kirche ihren Glauben nun frei und ungehindert bekennen. – Die Konstantinische Wende hatte verschiedene Wirkungen: Als positiv sah man in der römischen Gemeinde die Tatsache, daß sich nun ein größerer Einfluß auf die „Welt" und ihre Christianisierung abzuzeichnen begann. Kaiser Konstantin erschien als das Beispiel eines „christlichen Herrschers", mit ihm sei eine neue Blütezeit für die Kirche angebrochen (so urteilt der zeitgenössische Kirchenhistoriker → Eusebius von Caesarea in seiner Lebensbeschreibung des Kaisers). Sicher ist die Hinwendung des Kaisers zum Christentum nicht nur aus rein religiösen Gründen erfolgt. Auch er hatte den Mut und die Standhaftigkeit der Christen in der Verfolgungszeit erlebt und war davon beeindruckt. Der universale Charakter des Christentums kam ihm in seiner universalen Reichspolitik sehr zustatten. Offenbar war Konstantin von der Person Jesu Christi, wie er sie aus den Evangelien kennenlernte, sehr angetan. Auch die sittlichen Normen der christlichen Religion führten ihn zum Christentum. Seine politische Klarsicht ließ ihn in diesen Normen eine gediegene Grundlage für den Neuaufbau des Reiches in seinem Sinn erkennen. – Das Ansehen der Kirche in der Öffentlichkeit wuchs: Durch die – teilweise sehr grausamen – Christenverfolgungen hatte sich die Christengemeinde immer wieder erneuert; wer sich in solchen Zeiten zu ihr bekannte, war zum ganzen Einsatz bereit. Die hohen sittlichen Qualitäten der Gemeindemitglieder, die breit gestreute Liebestätigkeit der Kirche und ihre Ausbreitung über alle gesellschaftlichen und rassischen Schranken hinweg zog die Menschen an. So kam es, daß die Massen zur Kirche strömten. Sicher waren dabei nicht alle von religiösen Motiven geleitet (auch das Streben nach persönlichen, politischen und finanziellen Vorteilen war nicht auszuschließen). Es wäre aber völlig falsch, die Mehrheit der zur Kirche Kommenden als Opportunisten zu verurteilen. Aus vielen Quellen ist bekannt, daß die ersten Jahrzehnte des 4. Jahrhunderts eine Zeit religiösen Suchens war; hier bot sich das Christentum als Antwort an. – Dieser Zustrom zur Kirche schuf seelsorgliche Probleme. Es konnte ja nicht um die Taufe als solche gehen; der eigentlichen Vorbereitungszeit, dem Katechumenat, als Hinführung zur Taufe, kam große Bedeutung zu, ebenso der Heilsverkündigung in der Predigt. Dies führte notwendigerweise zu einer vertieften Beschäftigung mit der Theologie und mit den Aussagen des Glaubens über Jesus Christus, und zu Irrlehren (wie z. B. zum →Arianismus). – Die „Konstantinische Wende" hatte aber auch negative Auswirkungen: Der enge Bund der Kirche mit dem Staat wurde schon von den Zeitgenossen sehr verschieden bewertet. Die beiden Gegenpositionen sind durch die Worte gekennzeichnet: Verchristlichung des Staates – Verweltlichung der Kirche. Was die einen erhofften, befürchteten die anderen. Für die Kirchenreformer im 11. bis 14. Jahrhundert (und später) führte die Entwicklung der Kirche, die durch Konstantin ausgelöst war, zu einem steten Niedergang, den man nur durch die Rückkehr zu den Idealen der Urkirche aufhalten könne. – Luther schrieb die Schuld an diesem Niedergang den Päpsten und Bischöfen zu, die, von der Sonne der kaiserlichen Gunst beschienen und geblendet, den eigentlichen Auftrag der Kirche verraten hätten; von daher ist Luthers Auffassung vom Papst als „Antichrist" gespeist. – Eine Gefahr für die Kirche kam aus der Persönlichkeit Konstantins. Er fühlte sich als Christ (wenn er sich auch erst ganz am Ende seines Lebens taufen ließ); aber er war zugleich und vor allem Kaiser mit den alten (heidnischen) Herrschaftsauffassungen. Auch den Bischöfen und Priestern gegenüber fühlte er sich als Herr und verlangte absoluten Gehorsam gegenüber seinen kirchlichen und religiösen Anordnungen. Der Kaiser maßte sich theologische Entscheidungen an – beim völligen Fehlen der persönlichen oder amtlichen Eignung dafür. So schickte Konstantin den Bischof Athanasius in die Verbannung, weil er sich – gegen den kaiserlichen Befehl – weigerte, den Häretiker →Arius wieder in die kirchliche Gemeinschaft aufzunehmen. Noch viel härter griff Konstantins Sohn, Konstantius, in innerkirchliche Angelegenheiten ein. – Im Zusammenleben der Kirche mit dem Staat wurde ihre Situation immer schwieriger. Nach dem Widerstand gegen den Staat aus der Verfolgungszeit war weithin ein Optimismus lebendig geworden, nun endlich den Missionsauftrag Christi mit Hilfe des Staates erfüllen zu können. Das Einströmen der Massen, die nicht nur aus religiös Überzeugten bestanden, und das Drängen angesehener und einflußreicher Familien auf das Bischofsamt brachten Gefahren für die Kirche mit sich. Daß die Kirche diesen Gefahren völlig erlegen sei, können nur oberflächliche Beobachter oder voreingenommene Kritiker behaupten. Natürlich sind die negativen Auswirkungen der „Konstantinischen Wende" nicht zu leugnen (wobei sie aus der Komplexität der Zeitumstände und des Lebens der Kirche in diesen Zeitumständen zu erklären sind). Aber ihnen stehen doch auch sehr positive Beobachtungen gegenüber: Die lebendige Entwicklung des Mönchtums im 4. Jahrhundert und die große Zahl der Heiligen in dieser Zeitspanne sind nicht zu übersehen; ferner die große und allgemeine Leidenschaft, mit der religiöse Fragen behandelt wurden (wie es sich im Zusammenhang mit den →Konzilien zeigte). „Man kann dem Jahrhundert

Konstantins des Großen trotz vieler Schwächen und Mängel den Charakter einer großen Epoche der Kirchengeschichte voll innerer Dynamik und christlicher Lebenskraft nicht absprechen" (Franzen/Bäumer). – Für die römische Gemeinde hatte die „Konstantinische Wende" noch eine weitere Auswirkung. Konstantin war im Osten des Reiches aufgewachsen. Schon seit langer Zeit hatte sich der Schwerpunkt des politischen und wirtschaftlichen Lebens dorthin verlagert. Je deutlicher der Kaiser seine Distanz gegenüber der Stadt Rom und zugleich seine Hinneigung zur christlichen Religion zeigte, umso fester hielten Senat und Adel von Rom an den Traditionen der Hauptstadt fest, auch an der (heidnischen) Staatsreligion. So kam in Konstantin der Wunsch auf, sich an Stelle der seitherigen heidnischen Reichshauptstadt eine christliche Residenz im Osten zu schaffen. Ein aus Anlaß seines 20jährigen Regierungsjubiläums 326 vom Senat veranstalteter Opfergang zum heidnischen Kapitol erbitterte den Kaiser so sehr, daß er den Feiern fernblieb. Daß er in diesem Jahr eine Kirche zu Ehren des heiligen Petrus am Vatikanischen Hügel und eine weitere zu Ehren des heiligen Paulus an der Straße nach Ostia errichten ließ, schürte den Haß des Senats und der Volksmassen in Rom noch mehr. Seit 326 war der Kaiser nicht mehr in Rom gewesen. Er begann, sich im Osten, in →Byzanz am Bosporus, ein „Neues Rom" zu errichten, das ein christliches Aussehen erhalten sollte. Natürlich blieb die Verlegung der kaiserlichen Residenz von Rom nach „Konstantinopel" (= Stadt Konstantins), wie die Stadt seit 330 hieß, nicht ohne nachhaltige Folgen auf die Kirchengemeinden in den beiden Städten. Der Bischof von Alt-Rom trat mehr und mehr in den Schatten des vom Licht der kaiserlichen Gunst erhellten Bischofs von Neu-Rom. Zwar spielte sich der Kampf um die Stellung des Bischofs von Konstantinopel zunächst in Auseinandersetzungen mit den seither im Osten bestehenden →Patriarchaten von Alexandrien und Antiochien ab; Konstantinopel erreichte, daß auf dem 2. Allgemeinen →Konzil von Konstantinopel 381 dem Bischof dieser Stadt der Vorrang vor den beiden anderen Patriarchen zuerkannt wurde. Jedoch blieb die Stellung des Bischofs von Alt-Rom, dem die erste Stellung zuerkannt wurde, noch unangefochten. Die Entwicklung des römischen Primates war in der Folgezeit eng mit den theologischen Auseinandersetzungen und den Konzilien verknüpft. – Diese Wirkung der „Konstantinischen Wende" hatte für den Bischof von Alt-Rom den Vorteil, daß sich die Kirche hier frei und selbständig entwickeln konnte, während die Kirche Konstantinopels stark in die Abhängigkeit vom Kaiser und seinen Nachfolgern geriet. Ohne die Freiheit von der Bevormundung durch den Staat, die durch den Weggang Konstantins nach Neu-Rom ausgelöst wurde, hätte es im Westen keine Entwicklung zu kirchlicher Selbständigkeit gegeben.

## Konstanzer Vertrag

Unter Papst ↗ Eugen III. (1145–1153) gab es in Rom Aufruhr durch → Arnold von Brescia. Um diesen zu beenden, verhandelte der Papst mit dem König der → Normannen. Die Anlehnung an diesen verschlechterte das Verhältnis des Papstes zum deutschen König Konrad III. (→ Staufer). Nach dessen Tod am 15. Februar 1152 wurde Friedrich I. Barbarossa (→ Staufer) deutscher König. Er zeigte seine Wahl durch eine Gesandtschaft dem Papst an und versprach ihm und der römischen Kirche Schutz. In Beantwortung dieser Anzeige bot Eugen dem König die Kaiserkrönung an. Jedoch kam es bald zu Zerwürfnissen zwischen Papst und König wegen der von Friedrich durchgesetzten Erhebung des Bischofs Wichmann von Naumburg zum Erzbischof von Magdeburg; der Papst verweigerte die Anerkennung, da die Wahl den Bestimmungen des → Wormser Konkordates widerspreche. Im November/Dezember 1152 begannen daraufhin Verhandlungen einer deutschen Gesandtschaft mit dem Papst. Ihr Ergebnis war ein Vertrag, der im März 1153 von Friedrich in Konstanz bestätigt wurde. In diesem Konstanzer Vertrag erklärte Friedrich, er werde ohne Wissen des Papstes keinen Frieden mit den Normannen schließen und er werde die Römer dem Papst unterwerfen. Eugen versprach, den König zum Kaiser zu krönen, sobald dieser nach Rom komme. Außerdem sicherte er dem König die Hilfe der Kurie gegen die Feinde des Reiches zu. Allerdings starb Eugen III. am 8. Juli 1153, noch bevor Friedrich nach Rom gekommen war.

## Konziliarismus

Mit diesem Wort werden um 1400 aufgekommene Bestrebungen gekennzeichnet, die das Verhältnis des Konzils zum Papst neu regeln wollten. Allerdings entstand der Konziliarismus schon früher, er hatte seine Wurzeln im Mittelalter. – Deutlich sichtbar wurde er in den Auseinandersetzungen um die Rechtmäßigkeit der Päpste ↗ Benedikt XIII. und ↗ Gregor XII. Um das Nebeneinander der beiden Päpste zu beenden, schrieben Kardinäle aus beiden Lagern für Anfang 1409 ein Allgemeines → Konzil nach Pisa aus. Sie formulierten dabei zum ersten Mal die von Wilhelm von Occam (gestorben 1350) veröffentlichte Lehre, das Allgemeine Konzil stehe über dem Papst und es sei berechtigt, auch ohne oder gegen ihn Entscheidungen zu treffen, die für die Reform der Kirche nötig seien. Die Auffassungen Occams hatten – vor allem an der Pariser Universität – am Ende des 14. und zu Beginn des 15. Jahrhunderts viel Beifall gefunden. Viele Glieder der Kirche waren angesichts des lange andauernden → Schismas der Meinung, nur ein Konzil könne Abhilfe schaffen, auch die meisten europäischen Herrscher teilten diese Auffassung. Auf dem Konzil von Pisa (1409) wurden Benedikt XIII. und Gregor XII. für abgesetzt erklärt, ein neuer Papst wurde gewählt: ↗ Alexander V. So war das Schisma faktisch nicht beendet, sondern vermehrt. Die Lage der Kirche war so traurig geworden, daß König Siegmund zusammen mit Papst ↗ Johannes XXIII. die Einberufung eines Allgemeinen → Konzils nach Konstanz vorbereitete, das am 5. November 1414 eröffnet wurde. Dieses Konzil verkündigte in seiner vierten und fünften Sitzung (am 30. März und 6. April 1415) die Hauptsätze des Konziliarismus als Synodalbeschlüsse: Das Konzil hat seine Gewalt unmittelbar von Gott – es steht über dem Papst – dieser ist in Fragen des Glaubens, der Wiederherstellung der kirchlichen Einheit und der Reform der Kirche „an Haupt und Gliedern" dem Konzil unterworfen. Papst ↗ Martin V. schloß das Konzil am 22. April 1418. Er bestätigte die Konzilsbeschlüsse außer der Aussage über die Stellung des Konzils gegenüber dem Papst. Am 10. Mai 1418 verurteilte er den Satz, es könne eine Appellation an ein Konzil gegen den Papst geben. (Auch keiner der Nachfolger Martins V. hat je die konziliaren Beschlüsse von Konstanz bestätigt.) – 1431 wurde ein neues → Konzil in Basel eröffnet, das aber Ende 1431 von Papst ↗ Eugen IV. nach Bologna verlegt wurde. Trotzdem tagte die Versammlung in Basel weiter und erneuerte die konziliaren Beschlüsse von Konstanz, wobei sie die Unterstützung vieler europäischer Fürsten erhielt. Die Basler Konzilsteilnehmer erklärten das inzwischen nach Ferrara verlegte Konzil für ungültig. Sie erhoben im Mai 1439 die Sätze: „Das Allgemeine Konzil steht über dem Papst; es kann von ihm weder verlegt noch vertagt werden" zu Glaubenssätzen. – Die konziliare Idee von der Oberhoheit des Konzils über den Papst spielte auch in der Lehre des Johannes → Hus eine Rolle, ebenso beim → Gallikanismus und → Jansenismus. Auf die Dauer konnte sie sich aber nicht durchsetzen. Den Schlußpunkt in dieser Entwicklung setzte das 20. Allgemeine → Konzil im Vatikan 1870 mit der Definition der päpstlichen → Unfehlbarkeit unter Papst ↗ Pius IX.

## Konzilien, Allgemeine

*a) Begriffsbestimmung*

„Die Ordnung der Bischöfe, die dem Kollegium der Apostel im Lehr- und Hirtenamt nachfolgt, ja, in welcher die Körperschaft der Apostel immer weiter besteht, ist gemeinsam mit ihrem Haupt, dem Bischof von Rom, und niemals ohne dieses Haupt gleichfalls Träger der höchsten und vollen Gewalt über die ganze Kirche ... Diese wird in feierlicher Weise im ökumenischen Konzil ausgeübt. Ein ökumenisches Konzil gibt es nur dann, wenn es vom Nachfolger Petri als solches bestätigt oder wenigstens angenommen wird; der Bischof von Rom hat das Vorrecht, diese Konzilien zu berufen, auf ihnen den Vorsitz zu führen und sie zu bestätigen" (II. Vat. Konzil; Kirchenkonstitution 22). Mit dieser Aussage sind die Auffassungen des → Konziliarismus abgelehnt. – Die Konzilien werden als *„ökume-*

*nische"* Kirchenversammlungen bezeichnet (auch Heilige Synode genannt). Dieses Wort ist nicht im heute vielfach gebräuchlichen Sinn zu verstehen (als Bemühen um die Einheit der verschiedenen christlichen Kirchen). Es bedeutet vielmehr „allgemein". Christus spricht (Lk 21,26) von „Dingen, die über die Erde kommen"; hier steht das griechische Wort „Oikumene"; im gleichen Sinn und mit der Verwendung des gleichen Wortes wird in Apg 17,31 das Jüngste Gericht als Gericht über den ganzen „Erdkreis" beschrieben. „Ökumenisches Konzil" bedeutet also, daß die Bischöfe des ganzen Erdkreises versammelt sind.

*b) Die einzelnen Konzilien*
Die Kirche zählt in ihrer seitherigen Geschichte 21 Allgemeine Konzilien. Sie gehen alle auf ein Urbild zurück, das Apostelkonzil in Jerusalem (vgl. Gal 2,1–10), bei dem die anwesenden Apostel die Frage zu entscheiden hatten, ob die Heiden erst in die jüdische Religion aufgenommen werden müßten, bevor man sie taufen könne. Damit ist ein wichtiger Sachverhalt festzustellen, der für alle Konzilien gilt: Daß Konzilien gefeiert wurden und daß sie gerade zu dieser Zeit gefeiert wurden, ging zumeist nicht von der Kirche und ihrem innersten Wesen aus. Den Anstoß gab eine Streitfrage, die entschieden werden mußte, eine Erneuerung des kirchlichen Lebens, die notwendig geworden war. Der Anlaß für die Konzilien kam meist von außen.

*Das 1. Konzil: in Nicaea (I.) 325*

Als das theologische Forschen am Ende des 2. Jahrhunderts einsetzte, wandte es sich der Frage zu, wie die Gottheit Jesu mit der Glaubensaussage von dem *einen* Gott vereinbar sei. →Arius erklärte, Jesus sei ein „Geschöpf des Vaters"; er sei nicht ewig, „es gab eine Zeit, da er noch nicht war". Arius hob Jesus zwar so nahe wie möglich an Gott heran, sah aber in ihm ein (wenn auch mit göttlichen Kräften ausgestattetes) Geschöpf, das erste Geschöpf, das Gott aus dem Nichts gebildet hat. 318 wurde Arius wegen dieser falschen Lehre auf einer Synode aus der Kirche ausgeschlossen, aber sein Anhang war so groß, daß seine Lehre nicht mehr zum Schweigen gebracht werden konnte. Deshalb lud Kaiser Konstantin die Bischöfe des ganzen Reiches nach Nicaea, einer Stadt im nordwestlichen Kleinasien, ein. Für die Verhandlungen stellte der Kaiser seinen eigenen Palast zur Verfügung; er erschien selbst beim Konzil, bei welchem 250 Bischöfe zwei Monate lang tagten. Papst ↗ Silvester I. ließ sich durch Legaten auf dem Konzil vertreten. Arius verteidigte seine Lehre selbst, aber in langen Beratungen wandte sich die Mehrheit der Bischöfe gegen ihn. Unter der Führung des Athanasius, eines Diakons, wurde das in der Kirche von Caesarea bei der Taufspendung verwendete Glaubensbekenntnis zum Nicaenischen Glaubensbekenntnis, das jede Unterordnung des Sohnes unter den Vater ausschloß: Jesus ist „Gott von Gott, Licht vom Licht, wahrer Gott vom wahren Gott, gezeugt, nicht geschaffen, eines Wesens mit dem Vater". Am 19. Juni 325 nahm das Konzil bei nur zwei Gegenstimmen dieses Glaubensbekenntnis an. Arius wurde aus der Kirchengemeinschaft ausgeschlossen. Der Kaiser verkündete das Glaubensbekenntnis als Reichsgesetz. Allerdings war damit der Einfluß des →Arianismus noch nicht beendet; die Auseinandersetzungen gingen noch lange Zeit weiter.

*Das 2. Konzil: in Konstantinopel (I.) 381*

Wenige Jahre nach dem Konzil von Nicaea gewann die unterlegene Partei des →Arius Einfluß auf Kaiser Konstantin, der gegen Athanasius, das Haupt der Rechtgläubigen auf dem Konzil (inzwischen Bischof von Alexandrien) mit Gewalt und Verbannung vorging. Auch Konstantius, der Sohn und Nachfolger Konstantins, begünstigte die Arianer. Um die noch schwelenden Streitigkeiten zu beenden, wollte Kaiser Theodosius I. ein Reichskonzil einberufen, auf welchem über die Gottheit des Heiligen Geistes entschieden werden sollte; die Arianer hatten konsequenterweise auch ihn als Geschöpf, als Geschöpf des Sohnes, bezeichnet. 381 trat das Konzil in Konstantinopel zusammen; es waren aber nur die oströmischen Bischöfe erschienen. Die 36 Irrlehrer, die ihre Ansichten vor dem Konzil vertreten konnten, verließen die Stadt, als sie sahen, daß ihre Bemühungen vergeblich waren. Die Bischöfe beschlossen nun ein Glaubensbekenntnis, das ursprünglich als Taufbekenntnis in Jerusalem gebräuchlich war. Gegenüber dem in Nicaea beschlossenen Glaubensbekenntnis enthielt es einen Zusatz, der die Gottheit des Heiligen Geistes bekräftigte: „den Herrn und Lebenspender, der vom Vater ausgeht, der mit dem Vater und dem Sohn in gleicher Weise angebetet und verherrlicht wird, der durch die Propheten gesprochen hat". Dieses Glaubensbekenntnis ging unter dem Namen „nicaeno-konstantinopolitanisches Glaubensbekenntnis" in die Kirche ein. Obwohl nur von Bischöfen der Ostkirche beschlossen, wurde es auch in der abendländischen Kirche angenommen, allerdings mit einem kleinen Zusatz, der geschichtlich eine verhängnisvolle Rolle spielte: „Der vom Vater ausgeht", so hatte der ursprüngliche Text gelautet; später war hier ein Zusatz erfolgt: „Der vom Vater und vom Sohn ausgeht" (→Filioque). Die Griechen wehrten sich dagegen; sie lehrten, der Heilige Geist gehe vom Vater *durch* den Sohn aus, während die Abendländer den Hervorgang des Heiligen Geistes vom Vater *und* dem Sohn lehrten. Das sahen die Griechen als eine Verfälschung des Textes an.

*Das 3. Konzil: in Ephesus 431*

Die Lehre über die Dreifaltigkeit war auf den beiden ersten Konzilien in ihren Grundzügen definiert worden. Damit waren aber noch nicht alle theologischen Streitigkeiten geklärt. Zu Beginn des 5. Jahrhunderts wollte man die Verbindung von Gottheit und Menschheit in Jesus genauer darstellen. Theologen aus Alexandria, einer Großstadt in Oberägypten mit gelehrten und heiligen Bischöfen, sprachen von der „*einen*" Natur des menschgewordenen Wortes; ihr Haupt war Bischof Cyrill. Demgegenüber nahm die theologische Schule in Antiochia (Kleinasien) das Menschsein Jesu so ernst, daß sie in Gefahr geriet, die Verbindung zwischen Gottheit und Menschheit zu lockern. Sie lehrten, das ewige Wort Gottes wohne im Menschen Jesus wie in einem Tempel. Der wichtigste Vertreter dieser Schule war →Nestorius, seit 428 Bischof von Konstantinopel. Dieser theologische Gegensatz verschärfte sich noch durch die Rivalität zwischen den beiden →Patriarchaten. In seinen Predigten wandte sich Nestorius gegen den Ehrentitel, den die Gläubigen der Mutter Jesu gegeben hatten: „Gottesgebärerin". Man dürfe, sagte Nestorius, sie nur „Christusgebärerin" nennen, da sie den Menschen Jesus geboren habe, in dem Gott wie in einem Tempel wohne. Cyrill, der diese Lehre verwarf, wandte sich zwecks Klärung an Papst ↗ Coelestin I., der sich gegen Nestorius entschied. Dieser wurde zum Nachgeben aufgefordert, beharrte aber bei seiner Auffassung. Deshalb berief Kaiser Theodosius II. durch ein Rundschreiben an alle →Metropoliten des Ostens und des Westens für das Pfingstfest 431 ein Konzil nach Ephesus ein. Nestorius lehnte, trotz seiner Anwesenheit in Ephesus, die Teilnahme an den Konzilsverhandlungen ab. Bei der Eröffnungssitzung wurde ein Lehrschreiben Cyrills verlesen, ebenso eine Sammlung von einschlägigen Stellen aus den Kirchenvätern und, um den Gegensatz deutlich zu machen, 20 Sätze aus den Schriften des Nestorius. Dann schritt man „zweifellos übereilt" (Jedin) zum Urteil: Nestorius wurde der erzbischöflichen Würde entkleidet und von aller priesterlichen Gemeinschaft ausgeschlossen. Cyrill verkündete die Entscheidung des Konzils: „Maria ist in Wahrheit Gottesmutter und Gottesgebärerin". Die Anhänger des Nestorius nahmen die Entscheidung nicht an; erst verspätet eingetroffen, versammelten sie sich zu einem Gegenkonzil, schlossen Cyrill und den Bischof von Ephesus aus der Kirche aus und wandten sich an den Kaiser mit der Bitte um Entscheidung. Dieser erklärte alles seither Geschehene für ungültig. Weitere Sitzungen des Konzils folgten, bei welchen drei päpstliche Legaten empfangen, die Beschlüsse des Gegenkonzils für ungültig erklärt und einige gegen Nestorius gerichtete Sätze angenommen wurden. Schließlich erklärte der Kaiser sowohl Cyrill und den Bischof von Ephesus wie auch Nestorius für abgesetzt und ließ die beiden ersten ins Gefängnis werfen. Dann aber wandte er sich von Nestorius ab und ließ die Konzilsväter, auch Cyrill, nach Haus zurückkehren. Papst ↗ Sixtus III. bestätigte die Entscheidungen des Konzils von Ephesus und ließ zur Erinnerung daran am Triumphbogen der von ihm erbauten Kirche St. Maria Maggiore in Rom die – noch erhaltenen – Marienmosaiken anbringen.

*Das 4. Konzil: in Chalcedon 451*

Die Entscheidung von Ephesus hatte die Stellung Marias als „Gottesgebärerin" bestätigt. Der eigentliche Streitpunkt jedoch, die Verbindung von Gottheit und Menschheit in Jesus, war noch ungeklärt: Die Anhänger der Aussage von Ephesus wollten die Gottheit Christi stark herausstellen und gerieten dabei in eine Übertreibung; Eutyches, Abt eines Klosters in Konstantinopel, lehrte, die Menschheit Jesu sei nach der Verbindung der beiden Naturen in ihm von der göttlichen so aufgesogen worden, daß man nur von *einer* Natur sprechen könne (→Monophysitismus). Eutyches leugnete damit die wahre Menschheit Jesu und nahm der Erlösung ihre Grundlage. Auf einer von Kaiser Theodosius wieder nach Ephesus einberufenen Reichssynode wurde die Lehre des Eutyches für richtig erklärt. Papst ↗ Leo I. der Große wollte den Vorsitz auf diesem Konzil durch Legaten wahrnehmen, wurde aber daran gehindert; sein klärendes Schreiben durfte nicht verlesen werden. Als der Papst genauen Bericht über die Versammlung erhielt, verwarf er ihre Beschlüsse und bezeichnete sie als „Räubersynode von Ephesus". Der Papst bat deshalb den Kaiser, zugleich im Namen der abendländischen Bischöfe, um Einberufung eines neuen Konzils nach Italien. Auch die zweimal wiederholte Bitte des Papstes blieb ohne Erfolg. Erst nach dem Tod des Kaisers (450) wurde durch seinen Nachfolger, Kaiser Marcian, ein neues Konzil berufen, jedoch nicht nach Italien, sondern nach Ephesus. Allerdings wurde es noch vor der Eröffnung nach Chalcedon, einer Stadt auf der kleinasiatischen Seite des Bosporus, verlegt. Wenn auch vom Kaiser berufen, stand das Konzil doch ganz unter dem Einfluß des Papstes, der durch drei Bischöfe und zwei Priester vertreten war. Der Überlieferung nach nahmen 600 Bischöfe daran teil. Schon in der ersten Sitzung mußte der Veranstalter der „Räubersynode", Dioskur, Patriarch von Alexandrien, auf der Anklagebank Platz nehmen; in der dritten Sitzung wurde er für abgesetzt erklärt. Auf der zweiten Sitzung war das Glaubensbekenntnis von Nicaea und ein „dogmatischer Brief" des Papstes verlesen worden, der an den beiden Naturen in Christus festhielt: Christus ist wahrer Gott und wahrer Mensch. „Das ist der Glaube der Väter. Das ist der Glaube der Apostel. So glauben wir alle. Durch Leo hat Petrus gesprochen", das war die Reaktion der Konzilsteilnehmer. In der fünften Sitzung wurde eine Glaubensformel angenommen: „Wir lehren alle einstimmig einen und denselben Sohn, unseren Herrn Jesus Christus, vollständig der Gottheit und vollständig der Menschheit nach, *in* (nicht *aus*) zwei Naturen, unvermischt und unverwandelt, ungetrennt und ungesondert, die beide in einer Person zusammenkommen." Damit war die eigentliche Entscheidung des Konzils gefallen. Jedoch wünschte der Kaiser die Behandlung weiterer Fragen: er wollte „Neu-Rom" (Konstantinopel) und seinem Bischofsstuhl die gleichen Rechte wie dem von Alt-Rom zugestanden wissen; dieses →Patriarchat sollte die zweite Stelle nach Rom einnehmen. Der Papst verweigerte jedoch die Zustimmung zu diesem Satz.

*Das 5. Konzil: in Konstantinopel (II.) 553*

Das Konzil von Chalcedon hatte die Irrlehre des →Monophysitismus verurteilt. Das besagte jedoch nichts über das faktische Weiterbestehen der Lehre, vor allem in Oberägypten; dort gab es noch einige Bischöfe und vor allem Mönche, die der Lehre anhingen. Der oströmische Kaiser Justinian wollte – aus politischen Gründen – die Monophysiten für sich gewinnen. Religionsgespräche zwischen ihnen und Katholiken, die auf seine Veranlassung hin stattfanden, brachten kein Ergebnis. Justinians Ehefrau, Theodora, begünstigte die Irrlehre und versuchte, einen Anhänger der Irrlehre zum Papst zu machen. Der Diakon des Papstes ↗ Agapet I. versprach, sich für die Irrlehre einzusetzen, wenn sie ihm das Papsttum verschaffe. An Stelle des vom oströmischen Feldherrn vertriebenen Papstes ↗ Silverius wurde daraufhin ↗ Vigilius Papst. Er hat sich jedoch nie für die Irrlehre bzw. gegen Chalcedon festgelegt. Das führte zum sog. Drei-Kapitel-Streit: Kaiser Justinian ließ 543 die „drei Kapitel" (= Häupter) der antiochenischen Schule Theodor von Mopsuestia, Theodoret von Cyrus und Ibas von Edessa verurteilen (die allerdings alle schon lange tot waren!) und verlangte von den Bischöfen ebenfalls deren Verurteilung. In der abendländischen Kirche wehrte man sich dagegen, da die Verurteilung den Beschlüssen des Konzils von Chalcedon widerspreche. Papst Vigilius sollte die westlichen Bischöfe beeinflussen, deshalb wurde er nach Konstantinopel befohlen, kam 547 auch dorthin und verurteilte 548 die „Drei Kapitel". Als sich daraufhin in Nordafrika eine heftige Gegenreaktion anbahnte, nahm er seine Entscheidung wieder zurück. Kaiser und Papst beschlossen deshalb die Einberufung eines Konzils. Bevor es zusammentreten konnte, erneuerte der Kaiser die frühere Verurteilung. Obwohl sich der Papst nun völlig vom Kaiser zurückzog, eröffnete Justinian am 6. Mai 553 in Konstantinopel ein Konzil, das ganz nach dem Wunsch des Kaisers verlief. Obwohl Vigilius in Konstantinopel anwesend war, nahm er am Konzil nicht teil und ließ sich auch nicht vertreten. Unter dem Druck des Kaisers sprach das Konzil den Bann über den Papst aus. Durch erneute Mißhandlungen und durch die angedrohte Verbannung zwang der Kaiser den schwachen und nachgiebigen Papst zur Zustimmung: Vigilius verurteilte nun auch seinerseits die Drei Kapitel und anerkannte das Konzil als 5. Allgemeines Konzil. Daraufhin wurde der Bann zurückgenommen, Vigilius durfte nach Rom zurückkehren, starb aber auf der Heimreise in Syrakus. Dieses Pontifikat gehört zu den „bedrückendsten der Kirchengeschichte" (Baus).

*Das 6. Konzil: in Konstantinopel (III.) 680/681*

Um die →Monophysiten Ägyptens wieder für die Kirche zu gewinnen, wollte der →Patriarch Sergius von Konstantinopel das Verhältnis der beiden Naturen in Christus neu klären, ohne aber vom Konzil von Chalcedon abzuweichen. Er sprach nicht mehr (wie die Monophysiten) von der Einheit der Naturen, sondern von der Willenseinheit. Beide Naturen seien so innig miteinander verbunden, daß man in Wirklichkeit nur von einer gott-menschlichen Energie sprechen könne (→Monenergismus). Durch diese Formel gewann er zwar manche Monophysiten zurück, doch erhob sich gegen seine Lehre Widerspruch. Deshalb wandte er sich an Papst ↗ Honorius I., der allerdings in der griechischen Theologie nur wenig bewandert war. Er verstand die Einheit nicht so sehr als eine physische Einheit der Naturen, sondern als eine moralische Übereinstimmung des göttlichen und des menschlichen Willens in Christus (→Monotheletismus). Der Patriarch von Konstantinopel verfaßte daraufhin eine Glaubensformel, die von Kaiser Heraklius allgemein vorgeschrieben wurde: in Christus sei nur *ein* Wille gewesen, nämlich der göttliche. So war, um den Monophysiten entgegenzukommen, aus dem →Monenergismus der →Monotheletismus geworden. Wenn man diese Einheit der Willen seinsmäßig (und nicht moralisch) verstand, war es eine Irrlehre. Auf dem 6. Allgemeinen Konzil (Konstantinopel III), das vom November 680 bis September 681 tagte, wurde der Monotheletismus verworfen, die Anhänger der Irrlehre verloren ihre Ämter, der Patriarch von Konstantinopel wurde mit dem Bann belegt. In diesen Bann wurde auch Papst ↗ Honorius einbeschlossen. Papst ↗ Leo II. bestätigte dieses Urteil. Er machte Honorius den Vorwurf, daß er mit seiner Haltung die apostolische Lehrtradition des Papsttums verleugnet habe. Etwas später milderte er seinen Vorwurf insofern ab, daß er erklärte, Honorius habe „das Feuer der häretischen Lehre nicht, wie es seiner apostolischen Autorität geziemt habe, gleich im Anfang erstickt, sondern durch seine Nachlässigkeit begünstigt". Die Schwierigkeiten mit der Entscheidung des Papstes Honorius zeigten sich in der →Honoriusfrage.

*Das 7. Konzil: in Nicaea (II.) 787*

Die Päpste hatten sich im 8. Jahrhundert von →Byzanz ab- und den →Franken zugewandt. Zur Trennung der beiden Kirchen in Ost und West trugen auch die kirchenpolitischen Maßnahmen der oströmischen Kaiser bei, die die Kirche ganz unter ihren Einfluß bringen wollten. Der Gegensatz wurde verschärft, als Kaiser Leon III. im Jahr 726 ein Edikt erließ, das jegliche Verehrung der Heiligenbilder verbot und 730 auch die Bilder Christi in dieses Verbot einbezog (→Bilderstreit). Die Päpste wandten sich gegen dieses Verbot. Da sie aber ohne Einfluß auf die Ostkirche waren,

blieb ihr Protest ohne Wirkung. 754 erklärte eine Bischofsversammlung in Konstantinopel die Bilderverehrung für Götzendienst. Die Situation änderte sich, als nach dem Tod des Kaisers Konstantin V. seine Witwe Irene für ihren unmündigen Sohn die Regentschaft übernahm. Sie erlaubte sofort wieder die Verehrung der Bilder und stellte 785 auch die Verbindung mit Rom wieder her. Mit Zustimmung des Papstes ↗ Hadrian I. rief sie ein Konzil nach Konstantinopel zusammen, das im Sommer 786 zusammentrat. Weil es aber schon bald durch Soldaten gesprengt wurde, konnte es erst im Herbst 787 in Nicaea gefeiert werden. Der Papst war durch ein eigenes Handschreiben der Kaiserin zum Konzil eingeladen worden. Er ließ sich durch zwei Legaten vertreten und anerkannte später die Konzilsbeschlüsse, denn erst durch den Beitritt des Patriarchen von Rom werde das Konzil „ökumenisch", erklärte er. Die Beschlüsse des Konzils unterscheiden deutlich zwischen „Anbetung", die nur Gott zukommt, und „Verehrung", die auch Geschöpfen erwiesen werden kann. Der Sinn der Ikone – so wurde gelehrt – liege nicht in ihr selbst, sondern im Hinweis auf Christus bzw. die Heiligen, die sie darstellen.
Kaiser Karl der Große war nicht zum Konzil eingeladen worden, was er als persönliche Zurücksetzung empfand. Deshalb berief er für 794 eine Synode nach Frankfurt, die er gern als „Konzil" bezeichnet hätte; doch sie war, obwohl Vertreter des Papstes teilnahmen, nur eine Reichssynode der Franken. Da Karl die Beschlüsse des Konzils von Nicaea nur in einer Übersetzung vorlagen, diese aber das Wort „adoratio" nur mit „Anbetung" wiedergab (obwohl es sowohl „Anbetung" wie „Verehrung" bedeutet), wandte sich Karl gegen das Konzil, jedoch war sein vermeintlich religiöser Protest nur ein Vorwand für seinen – politischen – Protest gegen Byzanz.

### *Das 8. Konzil: in Konstantinopel (IV.) 869/870*

Ein weiterer Streit in und mit → Byzanz führte zum 8. Allgemeinen Konzil. Im Jahr 858 war der Patriarch von Konstantinopel, Ignatios, abgesetzt worden; Photios trat an seine Stelle. Papst ↗ Nikolaus I. exkommunizierte Photios auf Betreiben einiger Anhänger des Ignatios und setzte diesen wieder ein. Jedoch war der Papst getäuscht worden: Ignatios war freiwillig zurückgetreten, Photios war rechtmäßig gewählt worden und hatte seine Wahl zudem dem Papst mitgeteilt. Legaten des Papstes, die auf Bitten des Photios nach Konstantinopel gekommen waren, um die Angelegenheit zu klären, hatten auf einer Synode 861 die Rechtmäßigkeit der Wahl des Photios bestätigt. Dennoch hatte sich Nikolaus 863 täuschen lassen und den verhängnisvollen Schritt der Verurteilung des Photios getan. Auf einer Synode in Byzanz 867 wurde Nikolaus für abgesetzt erklärt und exkommuniziert (allerdings erhielt er diese Nachricht nicht mehr, da er am 13. November 867 gestorben war). Inzwischen hatte es in Byzanz einen Herrscherwechsel gegeben: der neue Kaiser vertrieb Photios und setzte Ignatios wieder in sein Amt ein. Um diese Entscheidung zu legitimieren, wurde eine Synode einberufen, zu welcher auch der Papst eingeladen war: das 8. Allgemeine Konzil in Konstantinopel. Es bekräftigte die Absetzung des Photios und stellte die Einheit mit dem Westen wieder her. Es tagte vom Oktober 869 bis zum Februar 870. Photios wurde in ein Kloster verbannt, wo er bis zu seinem Tod blieb.

*Das 9. Konzil: im Lateran (I.) 1123*

Der →Investiturstreit hatte Deutschland und der Kirche tiefe Wunden geschlagen: deutsche Kaiser und Fürsten nahmen – als Laien – das Recht der Einsetzung (Investitur) von Bischöfen und Äbten in das kirchliche Amt für sich in Anspruch. Die Päpste wehrten sich dagegen, manche deutschen Bischöfe standen auf der Seite der Kaiser. So wurden Kaiser gebannt und abgesetzt, neue Kaiser gewählt; so wurden Päpste für abgesetzt erklärt und Gegenpäpste aufgestellt. Kaiser Heinrich V. (→Sachsen) hielt an der seitherigen Praxis fest; die in Deutschland entstehende Verbitterung über die Kirchenpolitik Heinrichs bewog diesen, Verhandlungen mit Rom aufzunehmen. Legaten des Papstes kamen nach Deutschland und schlossen im September 1122 mit Heinrich V. das →Wormser Konkordat. Der Kaiser verzichtete darin auf die Investitur und gestattete die freie Wahl der Bischöfe; als Gegenleistung wurde er vom Bann losgesprochen. Auch sollte in Deutschland niemand Bischof werden, bevor der Kaiser ihm durch das Zepter die Reichsgüter seiner Kirche verliehen habe. So war das erste förmliche Konkordat zwischen dem Papst und einem Staatsoberhaupt geschlossen worden. Zur feierlichen Verkündigung dieses Vertrages hielt Papst ↗ Calixtus II. im März 1123 im Lateran in Rom das 9. Allgemeine Konzil. Mehr als 300 Bischöfe waren versammelt; sie stimmten der Übereinkunft von Worms zu. Dieses Konzil ist das erste, das im Abendland stattfand. Neben der Bestätigung des Wormser Konkordates erließ das Konzil Kanones gegen →Simonie und →Priesterehe, über den →Gottesfrieden, über den Schutz der Rompilger und über die Rechte und Pflichten der →Kreuzzugsteilnehmer. Auf dem Konzil nahm der Papst die Heiligsprechung des 975 verstorbenen Bischofs Konrad von Konstanz vor. Das Konzil wurde am 6. April beendet.

*Das 10. Konzil: im Lateran (II.) 1139*

Wie oft in der damaligen Zeit gab es auch nach dem Tod des Papstes ↗ Honorius II. (1130) eine Doppelwahl: Einige Kardinäle wählten den Kardinaldiakon Gregor, der sich ↗ Innocenz II. nannte; die Mehrheit der Kardinäle, die über diese Wahl nicht informiert war, wählte am gleichen

Tag den Kardinalpriester Pierleone, der sich ↗ Anaklet II. nannte. Dieser Wahl stimmte die Mehrheit des römischen Klerus und Volkes zu. So waren innerhalb weniger Stunden in Rom zwei Päpste gewählt worden. Welche Wahl war nun gültig? Da Anaklet in Rom war, mußte Innocenz nach Frankreich fliehen, wo er – vor allem aufgrund seiner Freundschaft mit →Bernhard von Clairvaux – bald die Anerkennung als Papst fand. Auch England und Spanien anerkannten ihn. Anaklet hatte sich an den deutschen König Lothar III. (→Sachsen) um Anerkennung gewandt. Eine Synode in Würzburg 1130 sprach sich jedoch für Innocenz aus. Inzwischen hatte sich Anaklets Stellung in Rom gefestigt. So zog Lothar mit Innocenz im Mai 1133 in Rom ein; aber die →Leostadt, die →Engelsburg und →St. Peter blieben in der Hand Anaklets. Als Lothar später nach Deutschland zurückkehrte, konnte sich Innocenz in Rom nicht mehr halten; er ging nach Pisa. So dauerte das →Schisma fort. Am 25. Januar 1138 starb Anaklet. Er erhielt zwar in ↗ Victor IV. einen Nachfolger, dieser aber unterwarf sich bereits am 28. Mai 1138 Innocenz. Die Folgen, die dieses Schisma ausgelöst hatte, sollten auf einem Konzil beseitigt werden. Es fand im April 1139 im Lateran statt und wird als das II. Laterankonzil gezählt. Über die Anhänger Anaklets wurde Bann und Absetzung ausgesprochen. Das Konzil erließ ferner eine Reihe von Reformdekreten, u. a. gegen →Simonie und gegen →Priesterehe.

### *Das 11. Konzil: im Lateran (III.) 1179*

18 Jahre dauerte der Streit zwischen Kaiser Friedrich I. Barbarossa (→Staufer) und Papst ↗ Alexander III. Bei der Wahl nach dem Tod ↗ Hadrians IV. 1159 war es zur Doppelwahl gekommen: Alexander III. wollte die Kirchenpolitik seines Vorgängers fortsetzen, der Gegenkandidat ↗ Victor IV. bejahte die Italienpolitik des Kaisers. Als Victor 1164 starb, erhielt er in ↗ Paschalis III. einen Nachfolger. Zahlreiche deutsche Bischöfe gingen zu Alexander über, der Kaiser aber hielt am Gegenpapst fest. Die Römer hatten sich für Alexander entschieden, sie luden ihn zum Kommen ein: am 23. November 1165 hielt er Einzug in Rom. Aber Barbarossa brachte mit Waffengewalt Paschalis nach Rom, ließ ihn dort in St. Peter feierlich inthronisieren, wofür sich Paschalis mit der Kaiserkrönung Friedrichs bedankte. 1168 starb Paschalis, aber wieder erhielt er einen Nachfolger: Gegenpapst ↗ Calixtus III. Der Kaiser war zu Verhandlungen über eine Beilegung des →Schismas bereit, jedoch brachten diese keinen Erfolg. Als der Kaiser bei seinem fünften Italienzug 1176 in der Nähe von Mailand geschlagen wurde, schloß er mit Alexander in Anagni einen Vorvertrag (Oktober/November 1176) und erklärte sich bereit, die Unterstützung des Gegenpapstes aufzugeben. Im Mai und Juni 1177 wurden in Venedig die weiteren Verhandlungen geführt, sie endeten mit der Anerkennung des

Vertrags von Anagni. Am 24. Juli 1178 empfing der Papst den Kaiser vor dem Markusdom in Venedig; er gab ihm den Friedenskuß, nachdem er ihn vorher vom Bann gelöst hatte. In den Vorbesprechungen zu dem Vertrag von Venedig war auch die Abhaltung eines Allgemeinen Konzils vereinbart worden. Dieses trat am 5. März 1179 im Lateran (Lateran III.) zusammen. Etwa 300 Bischöfe aus ganz Europa nahmen daran teil. Inzwischen hatte der am 29. August 1178 verstorbene Gegenpapst Calixtus III. noch einen Nachfolger erhalten: ↗ Innocenz III., der sich jedoch nur wenige Monate halten konnte und sich bereits im Januar 1180 dem Papst unterwarf. In der Eröffnungssitzung des Konzils verteidigte der Bischof von Assisi den Primat des Papstes und feierte Persönlichkeit und Werk Alexanders III. Das Konzil erließ einige Reformdekrete: jede Kathedralkirche müsse eine Schule haben, der Bischof müsse für seinen Klerus sorgen. Weitere Kanones richteten sich gegen → Simonie und → Priesterehe. Am bedeutendsten war der Kanon 1 über die → Papstwahl: für die Gültigkeit einer Wahl solle künftig eine Zweidrittelmehrheit vorgeschrieben sein, ferner wurde die Wahl dem Kardinalskollegium vorbehalten.

*Das 12. Konzil: im Lateran (IV.) 1215*

Als Krönung seines Pontifikates feierte Papst ↗ Innocenz III., einer der bedeutendsten Päpste in der Geschichte der Kirche, im November 1215 im Lateran das IV. Laterankonzil. Es war von mehr als 400 Bischöfen aus ganz Europa besucht (die Bischöfe hatten die Pflicht, am Konzil teilzunehmen), außerdem von etwa 800 Äbten. So wurde es zur größten Synode des Mittelalters. Innocenz hatte schon bald nach dem Beginn seines Pontifikates den Plan für ein Konzil gefaßt. Er wollte eine → Union der Ost- und der Westkirche herbeiführen, weil nur so ein für notwendig gehaltener → Kreuzzug Aussicht auf Erfolg hatte. Der Papst erwartete die Rückkehr der Ostkirche zur römischen Kirche; deshalb wurden auch die Griechen zum Konzil eingeladen. Der → Patriarch von Konstantinopel wies zwar auf die beim Konzil zu klärenden Fragen (z. B. den Kirchenbegriff) hin, aber die Griechen nahmen am Konzil nicht teil. Neben diesen beiden Themen – Union und Kreuzzug – sollte das Konzil auch über die seitherige Reform der Kirche berichten und zugleich das Modell für die weitere Arbeit in dieser Hinsicht anbieten. Die Aufgabe des Konzils nannte der Papst im Einladungsschreiben: das Wohl der ganzen Christenheit, die Ausrottung der Laster, die Abstellung der Mißbräuche, die Erneuerung der Sitten, die Unterdrückung der Häresien, die Stärkung des Glaubens und die Sicherung des Friedens. Am 1. November 1215 trat das Konzil zusammen, es tagte in drei Sitzungen. Die Erhebung einer dreijährigen Kreuzzugssteuer wurde beschlossen und den Bischöfen die Pflicht auferlegt, den Kreuzzug predigen zu lassen. Hinsichtlich der Glaubenswahrheit wurde die Lehre des

Berengar von Tours über die Eucharistie verworfen. Dieser hatte die wirkliche Gegenwart Christi in der heiligen Kommunion geleugnet und die Eucharistie nur als ein Mahl der Erinnerung an den Leib und das Blut Christi erklärt. Demgegenüber gebrauchte das Konzil den Begriff der „Wesensverwandlung" der eucharistischen Gestalten in Leib und Blut Christi. Die Lehre der Kirche über Taufe, Buße und Ehe wurde erneut festgestellt, den Gläubigen die Verpflichtung eingeschärft, in der Osterzeit die Sakramente der Buße und des Altares zu empfangen. Ferner beschloß man Maßnahmen gegen die Ausbreitung der Häresien (→Albigenser, →Waldenser) und betonte die Verantwortung der Bischöfe für die Glaubensverkündigung und die Seelsorge. Als Beginn des geplanten →Kreuzzuges legte das Konzil das Jahr 1217 fest. Bevor der Kreuzzug aber verwirklicht wurde, starb Innocenz III. am 16. Juli 1216 in Perugia.

*Das 13. Konzil: in Lyon (I.) 1245*

Am 27. Dezember 1244 kündigte Papst ↗ Innocenz IV. ein Konzil an, das in Lyon zusammentreten sollte. Aus Furcht vor dem deutschen Kaiser Friedrich II. (→Staufer) war der Papst im Juni 1244 aus Italien geflohen und erreichte Anfang Dezember Lyon. Als Aufgabe des Konzils nannte er die Reform der römischen Kirche, den →Kreuzzug, die Hilfe für Konstantinopel, Maßnahmen gegen die von Osten her nach Europa vordringenden Mongolen und den Konflikt zwischen Kaiser und Papst. Das Konzil trat wie angekündigt zusammen: am 26. Juni 1245 fand im Kloster Saint-Just, wo der Papst wohnte, eine vorbereitende Sitzung statt. Aus Deutschland waren nur wenige Bischöfe gekommen; dagegen waren die Teilnehmer aus dem übrigen Europa zahlreich. In dieser ersten Sitzung schilderte der →Patriarch von Konstantinopel die bedrückende Lage seiner Kirche. Im Namen des Kaisers Friedrich erklärte dessen Großhofrichter Thaddaeus von Suessa: der Kaiser wolle gegen die →Sarazenen und Mongolen kämpfen, er wolle das Heilige Land zurückerobern und allen der Kirche geraubten Besitz zurückgeben. Der Papst hielt das aber für leere Versprechungen, durch welche das Konzil nur getäuscht werden solle. Auf der ersten Hauptsitzung des Konzils, die am 28. Juni 1245 in der Kathedrale von Lyon stattfand, hielt der Papst eine Rede zu den vorgesehenen Konzilsthemen. In der zweiten Sitzung wurden scharfe Anklagen gegen Friedrich erhoben. Die dritte, die Schlußsitzung, wurde auf den 17. Juli verschoben, weil man die Ankunft des Kaisers abwarten wollte. Da dieser aber nicht erschien, verlas der Papst eine schon vorher vorbereitete Erklärung mit der Absetzung des Kaisers: der Kaiser wurde aller seiner Würden entkleidet, die Untertanen von ihrer Bindung an den Gehorsamseid entbunden und die Unterstützung des Kaisers mit dem Bann bedroht. Thaddaeus von Suessa protestierte dagegen und zog die Rechtmäßigkeit dieses Konzils in Zweifel: der Kaiser habe keine Einladung erhalten, außerdem sei der Papst Ankläger und Richter in einer Person. Innocenz erwiderte demgegenüber, der Kaiser sei wie alle geistlichen und weltlichen Fürsten eingeladen worden, er sei aber nicht erschienen und habe darüber hinaus die Geladenen, die aus seinem Herrschaftsbereich zum Konzil kommen wollten, am Erscheinen gehindert.

*Das 14. Konzil: in Lyon (II.) 1274*

Papst ↗ Gregor X. befand sich zur Zeit seiner Wahl im Heiligen Land, wo er ein Gelübde erfüllte. Das zeigt sein inneres Interesse an der Lösung der Probleme, die sich mit der Idee eines →Kreuzzuges stellten. Schon seine ersten Reden betrafen die Situation im Heiligen Land. Am 13. April 1273 berief er ein Allgemeines Konzil ein, das wieder in Lyon tagen sollte. Er erhoffte sich davon: Reform der Kirche, →Union mit den Griechen und Hilfe für das Heilige Land. Allerdings sah er mit Recht die letztgenannte Aufgabe eng mit der Union verbunden. Deshalb lud der Papst auch den griechischen Kaiser Michael VIII. Paläologus zum Konzil ein. Am 7. Mai 1274 wurde das Konzil in der Kathedrale von Lyon eröffnet. Fast 300 Bischöfe, zahlreiche Äbte und Theologen nahmen daran teil. Ende Juni kam auch die griechische Gesandtschaft nach Lyon und überbrachte ein Schreiben des Kaisers, in welchem er den Glauben der römischen Kirche, den Primat des Papstes und den Ausgang des Heiligen Geistes von Vater und Sohn (→Filioque) anerkannte. Der Kaiser bat jedoch, das seither in der Ostkirche gebräuchliche Glaubensbekenntnis und die Sonderriten seiner Kirche beibehalten zu dürfen. Auch der Patriarch von Bulgarien und der Primas von Serbien hatten den Vorschlägen des Kaisers zugestimmt. Bereits am 29. Juni verlas man beim feierlichen Gottesdienst Lesung und Evangelium sowohl in lateinischer wie in griechischer Sprache. Am 6. Juli gab der Papst die →Union mit den Griechen bekannt, die das seit 1054 bestehende →Schisma beendete. (Allerdings hatte diese Union keine Dauer: Widerstände kamen vom griechischen Volk und Klerus.) Die Union war für den Papst die Voraussetzung für die Erledigung seines zweiten Anliegens: die Befreiung des Heiligen Landes. In der zweiten Konzilssitzung am 18. Mai 1274 wurde hinsichtlich der Finanzierung eines Kreuzzugs beschlossen: Von allen kirchlichen Einkünften soll sechs Jahre lang ein Zehnt erhoben werden. Ein drittes Konzilsanliegen war die Reform der Kirche, die vor allem eine Neuordnung der →Papstwahl nötig machte. Dieses Thema konnte aus Zeitmangel nicht mehr ausführlich behandelt werden, es wurden jedoch einige Reformbestimmungen erlassen: Nach dem Tod eines Papstes dürfen die in Rom anwesenden Kardinäle nicht länger als 10 Tage auf die Ankunft weiterer Kardinäle warten; sie müssen ein abgeschlossenes Gemach (→Konklave) beziehen, um so von der Außenwelt unbeeinflußt zu sein. Je länger sich eine Wahl hinzöge, umso kärglicher sollten die Lebensbedingungen der Wählenden werden; außerdem verloren sie während der →Sedisvakanz alle ihre Einkünfte. Diese Bestimmungen, die im Wesentlichen bis heute Gültigkeit haben, wurden von der Mehrheit der Konzilsväter angenommen, obwohl die anwesenden Kardinäle sich dagegen ausgesprochen hatten. In seiner Schlußansprache ermahnte der Papst die Bischöfe zur Reform der Pfarrseelsorge und zu einer Erneuerung der Kirche.

*Das 15. Konzil: in Vienne 1311/1312*

Mit Papst ↗ Clemens V. begann 1305 das Exil der Päpste in →Avignon, das etwa 70 Jahre dauerte und die Päpste in eine für die Kirche sehr ungünstige Abhängigkeit von den französischen Königen brachte. Diese seine Macht spielte gleich am Anfang König Philipp der Schöne aus: er verlangte vom Papst u. a. die Aufhebung des →Templerordens, eines Ritterordens, der am Anfang der →Kreuzzüge zum Schutz des Heiligen Landes gegründet worden war. Der eigentliche Anlaß für die Abneigung des Königs gegen die Templer ist weitgehend unbekannt: Vielleicht hat der Reichtum des Ordens den König verlockt (die Templer waren eine Geldmacht von internationaler Bedeutung). Zur Begründung seiner Forderung nannte der König Anschuldigungen, die, schon als sie erhoben wurden, widersinnig erscheinen mußten: Beim Eintritt in den Orden müsse man Christus verleugnen und sich unsittlichen Zeremonien unterziehen. Am 13. Oktober 1307 wurden in Frankreich alle Templer verhaftet und unter Folterung zu Geständnissen gezwungen. Daraufhin ließ der Papst die Templer in allen Ländern gefangennehmen. Als er dann den wahren Sachverhalt über diese erzwungenen Geständnisse erfuhr, nahm er alle Vollmachten, die gegen den Orden gerichtet waren, zurück. Der König ließ aber nicht locker und zwang den Papst zu erneuten Maßnahmen gegen den Orden. Der Papst zitierte die Templer vor ein Konzil, das auf den 1. Oktober 1310 nach Vienne einberufen wurde, das aber erst im Oktober 1311 zusammentreten konnte. Etwa 120 Bischöfe und Äbte, insgesamt etwa 300 Teilnehmer, besuchten das Konzil. Bei der Eröffnung am 16. Oktober nannte der Papst die Regelung der Templer-Frage als wichtigste Aufgabe des Konzils, daneben noch einen →Kreuzzug und die Reform der Kirche. Mit Rücksicht auf den König wollte der Papst den Orden auflösen, die Mehrheit der Konzilsteilnehmer hielt die Anklagen jedoch nicht für bewiesen; sie wollte dem Orden die Möglichkeit zur Verteidigung geben. Deshalb wurde der Orden am 22. März 1312 durch den Papst nur durch einen Verwaltungsakt aufgehoben; diesen verkündete Clemens auf der zweiten öffentlichen Sitzung am 3. April. Das Eigentum der Templer wurde den anderen Ritterorden übergeben. Allerdings kam Philipp der

Schöne gerade dieser Regelung nicht nach: Er behielt einen Großteil des Ordenseigentums für sich. Durch seine Entscheidung hat Clemens V. unzweifelhaft eine schwere Schuld auf sich geladen. – Die Verhandlungen über einen Kreuzzug führten in Vienne zum Beschluß, einen sechsjährigen Zehnt zu diesem Zweck zu erheben; die Fürsten machten hinsichtlich einer Teilnahme am Kreuzzug nur unverbindliche Zusagen. – Auch die Beratungen über die Reform der Kirche verliefen im wesentlichen ergebnislos: am 6. Mai wurden auf der Schlußsitzung nur einige wenige Reformdekrete erlassen.

*Das 16. Konzil: in Konstanz 1414–1418*

Das große abendländische → Schisma schlug der Kirche tiefe Wunden und richtete viel Verwirrung an: es gab gleichzeitig Päpste und Gegenpäpste, die einander absetzten und trotzdem im Amt blieben. Wer nun der wirklich rechtmäßige Papst war, konnte in der Christenheit oft nur schwer festgestellt werden. So war 1406 ↗ Gregor XII. gewählt worden; zu dieser Zeit aber gab es bereits einen Gegenpapst, ↗ Benedikt XIII., der seit 1394 sein Amt innehatte. Gregor hatte sofort nach seiner Wahl erklärt, er werde zurücktreten, wenn auch Benedikt dies tue. 1407 gingen viele Anhänger Benedikts zu Gregor über. Als Benedikt 1408 ein Konzil nach Perpignan einberief, kamen nicht einmal seine eigenen Anhänger. Gregor hatte seinerseits ein Konzil geplant, das die Einheit der Kirche wiederherstellen sollte. Es war für 1409 vorgesehen, der Konzilsort sollte Pisa sein. Dieses Konzil war aber nicht vom Papst, sondern von den Kardinälen einberufen worden, die sich um die Einheit der Kirche Sorge machten. Auf dem Konzil in Perpignan gab Benedikt eine ausführliche Darstellung seiner Bemühungen um die Beendigung des Schismas. Aber er weigerte sich, zurückzutreten. Am 26. März 1409 wurde das Konzil in Perpignan unterbrochen, da am 25. März das Konzil in Pisa eröffnet worden war. Annähernd 100 Bischöfe waren anwesend, ferner Gesandte von 100 weiteren Bischöfen, außerdem Äbte und die Generaloberen der großen Orden. In der ersten Sitzung verteidigte der Patriarch von Mailand die Einberufung des Konzils durch die Kardinäle: da keiner der beiden Päpste seine wichtigste Aufgabe, den Rücktritt, erfüllt habe, hätten die Kardinäle das Recht und die Pflicht, das Konzil einzuberufen. Am 4. Mai ernannte man eine Kommission, die die ganze Frage untersuchen sollte. Die beiden Päpste wurden vor das Konzil zitiert und in der 15. Sitzung am 5. Juni 1409 als notorische Schismatiker, Begünstiger des Schismas, als notorische Häretiker und Eidbrecher abgesetzt. Am 26. Juni 1409 wählte man – da beide Päpste abgesetzt waren – den Kardinal von Mailand als ↗ Alexander V. zum Papst. So war aus der seitherigen „verruchten Zweiheit" eine „verruchte Dreiheit" geworden. Die meisten Konzilsteilnehmer reisten nun ab. Sie hatten zwar eine

Reformkommission gebildet, aber der Reform der Kirche, die nun in langsamen Schritten hätte vorangetrieben werden können, keinen Weg geebnet. Am 7. August 1409 wurde das Konzil in Pisa beendet. Der in Pisa gewählte Alexander V. nahm seinen Sitz in Bologna; er wurde zwar von einem großen Teil der Christenheit anerkannt, der deutsche König hielt jedoch an Gregor XII. fest und auch Benedikt XIII. festigte seine Stellung. Als Alexander V. im Mai 1410 starb, wurde für ihn ↗ Johannes XXIII. als Nachfolger gewählt. Der deutsche König Siegmund kündigte schließlich am 30. Oktober 1413 ein Konzil in Deutschland an, das am 1. November 1414 in Konstanz zusammentreten sollte. Am 9. Dezember erließ der Papst die Berufungsbulle für dieses Konzil. Aufgabe des Konzils sollte die Beseitigung des Schismas, die Reform der Kirche an Haupt und Gliedern und die Überwindung der Irrlehren sein. Am 28. Oktober 1414 hielt Johannes XXIII. feierlichen Einzug in Konstanz. Am 5. November verkündete er beim Eröffnungsgottesdienst, das Konstanzer Konzil solle das Konzil von Pisa bestätigen und weiterführen; vor allem müsse es eine Stellungnahme gegen die beiden anderen Päpste Gregor und Benedikt herbeiführen. Bei der Eröffnungssitzung am 16. November erneuerte er diese seine Vorstellung von der Aufgabe des Konzils; es waren allerdings nur 16 Kardinäle und 32 Bischöfe anwesend. Mitte November kamen die Gesandten der beiden anderen Päpste, wobei es Streit darüber gab, ob sie berechtigt seien, das päpstliche Wappen zu führen. Schon bald wurde deutlich, daß nach der Meinung der Konzilsteilnehmer nur ein Rücktritt aller Päpste die Frage lösen könne, deren Beantwortung dem Konzil aufgetragen war. Ende Dezember war auch König Siegmund in Konstanz eingetroffen. Dem König gegenüber erklärte sich Papst Gregor zum Rücktritt bereit, wenn auch die beiden anderen Päpste den gleichen Schritt vollzögen. Der Gedanke an einen Rücktritt aller Päpste gewann im Konzil immer mehr Anhang. Jedoch reagierten die Betroffenen darauf sehr verschieden: Johannes XXIII. hatte sich ursprünglich zur Abdankung bereiterklärt, mußte jetzt aber durch einen förmlichen Prozeß abgesetzt werden; er war nämlich heimlich aus Konstanz nach Schaffhausen und schließlich nach Laufenburg geflohen. Am 30. März 1415 widerrief er das dem Konzil gegebene Versprechen des Rücktritts als erzwungen und deshalb ungültig. In seiner fünften Sitzung (am 6. April 1415) beschloß das Konzil: es repräsentiere die gesamte Kirche und habe seine Gewalt unmittelbar von Gott; deshalb müsse jedermann, auch der Papst, dem Konzil in Fragen des Glaubens, der Beilegung des Schismas und der Reform der Kirche Gehorsam leisten. Da Johannes sich weigerte, vor dem Konzil zu erscheinen, wurde am 14. Mai 1415 die Absetzung des Papstes ausgesprochen, der er schließlich zustimmte. Seine tatsächliche Absetzung erfolgte am 29. Mai 1415. Der zweite Papst, Gregor XII., war zum Verzicht bereit; dies ließ er durch seine Gesandten am 4. Juli 1415 vor dem Konzil erklären. Am schwierigsten waren die Verhandlungen mit Benedikt XIII. Im Dezember 1415 entschloß sich der größte Teil seiner Anhänger zur Unterwerfung unter das Konzil, während er selbst an der Rechtmäßigkeit seiner Wahl festhielt. Schließlich wurde Benedikt am 26. Juli 1417 abgesetzt. Vorher hatte er seinerseits die Teilnehmer des Konzils exkommuniziert. Da er von seiner Absetzung keine Kenntnis nahm, blieb das Schisma bestehen. Als Benedikt am 23. Mai 1423 starb, wählte man als Nachfolger ↗ Clemens VIII., der jedoch am 26. Juli 1429 resignierte, womit das Schisma beendet war. Auf dem Konzil war jedoch die Streitfrage aufgeworfen worden, ob man erst einen neuen Papst wählen oder erst die Reform der Kirche vorantreiben solle. Am 9. Oktober 1417 wurden fünf der vorbereiteten Reformdekrete beschlossen und veröffentlicht. Die wichtigste Entscheidung darin bestimmte, daß das nächste Konzil nach fünf, das zweite nach sieben und die weiteren Konzilien im Abstand von je zehn Jahren gehalten werden sollten. So wollte man die Konzilien zu einer ständigen Einrichtung in der Kirche machen. Es kam aufgrund dieses Dekretes zwar zur Berufung der Konzilien von Pavia-Siena (1423) und Basel (1431), jedoch hat das Konstanzer Konzil sein eigentliches Ziel nicht erreicht; eine päpstliche Konzilsberufung gab es erst wieder 1512 zum V. Laterankonzil. Weitere Reformdekrete versuchten, ein künftiges Schisma zu verhindern; außerdem wandten sie sich gegen den päpstlichen Zentralismus. In der 40. Sitzung wurde beschlossen, der neue Papst müsse die Reform der Kirche noch auf dem Konzil entscheiden lassen. Daraufhin wurde am 11. November 1417 ↗ Martin V. zum Papst gewählt. Nach rund 40 Jahren hatte die Kirche wieder einen Papst, der fast allgemein anerkannt war. – Auf diesem Konzil von Konstanz war auch Johannes → Hus verhört und verurteilt worden.

*Das 17. Konzil: in Basel / Ferrara / Florenz 1431–1445*

Den Beschlüssen des Konzils von Konstanz zufolge berief ↗ Martin V. das nächste Konzil für das Jahr 1423 nach Pavia, nachdem er am 22. April 1418 das Konstanzer Konzil geschlossen hatte. Am 10. Mai 1418 verbot der Papst die Appellation gegen den Papst an ein Konzil; darin sah man mit Recht eine Verwerfung der Konstanzer Beschlüsse von der Oberhoheit des Konzils (→ Konziliarismus). Das Konzil von Pavia trat termingerecht am 23. März 1423 zusammen, wurde jedoch vom Papst wegen einer dort herrschenden ansteckenden Krankheit nach Siena verlegt. Die Gesandten des Papstes, die den Verlegungsbeschluß überbrachten, konnten die Auflösung des Konzils erreichen, noch bevor es im antipäpstlichen Sinn aktiv geworden war. Allerdings fanden sich in Siena wie in Pavia nur sehr wenige Konzilsteilnehmer ein, und diese waren sich über die Reform der Kirche so uneinig, daß kein Beschluß zustandekam. Vor der Konzilsauflösung hatten die Konzilsväter als neuen Konzilsort Basel bestimmt. – Kurz vor seinem Tod (am 20. Februar 1431) berief Martin V. ein Konzil nach Basel. Sein Nachfolger, ↗ Eugen IV., bestätigte wenige Tage nach seiner Wahl den von seinem Vorgänger bestimmten Konzilspräsidenten, Kardinal Cesarini. Das Konzil wurde in Basel am 23. Juli 1431 eröffnet. Aber auch hier waren nur wenige Konzilsteilnehmer erschienen. Am 12. November 1431 löste der Papst das Basler Konzil auf und berief ein neues Konzil, das nach 18 Monaten in Bologna zusammentreten sollte. Bevor Eugen IV. am 18. Dezember 1431 eine zweite Fassung der Auflösungsbulle veröffentlicht hatte, war das Konzil in Basel am 14. Dezember zur ersten feierlichen Sitzung zusammengetreten. Der Konzilspräsident lehnte die Verkündigung der Auflösungsbulle ab, und die Konzilsväter baten am 15. Februar 1432 den Papst dringend, die Auflösung zu widerrufen. Dabei erneuerten sie die Konstanzer Beschlüsse von der Oberhoheit des Konzils über dem Papst und verlangten das Erscheinen des Papstes sowie der Kardinäle in Basel. (Die Mehrheit der Kardinäle vertrat diesen Standpunkt.) Am 15. Dezember 1433 nahm Eugen die Auflösung zurück. Jedoch kam es bald danach bei der Beratung über die Reform der Kirche zu erneutem Streit zwischen Papst und Konzil: Das Konzil beschloß nämlich eine Neuordnung der → Papstwahl und beschränkte die Zahl der Kardinäle auf vierundzwanzig. Die Frage einer → Union mit der griechischen Kirche führte zum offenen Bruch zwischen Konzil und Papst: Die Mehrheit der Konzilsväter wünschte für ein Unionskonzil Basel oder Avignon, während sich die papstfreundliche Minderheit für einen italienischen Konzilsort aussprach. Diesen Beschluß bestätigte Eugen am 30. Mai 1437. Als der Papst daraufhin am 18. September 1437 das Konzil nach Ferrara verlegte, zitierten die Teilnehmer des Konzils in Basel den Papst vor ihr Gericht: er habe gegen die Konstanzer Beschlüsse verstoßen. Der deutsche König Siegmund (und mit ihm die anderen europäischen Fürsten) fürchteten ein nochmaliges Schisma und forderten: das Konzil solle nicht gegen den Papst vorgehen, dieser solle die Autorität des Konzils anerkennen und die Verlegung nach Ferrara zurücknehmen. Papst und Konzil nahmen den kaiserlichen Vermittlungsvorschlag an. Als der deutsche Kaiser im November 1437 gestorben war, glaubte sich der Papst nicht mehr an die Abmachung gebunden; er setzte am 30. Dezember 1437 den Beginn des Konzils in Ferrara auf den 8. Januar 1438 fest. Dort wurde es auch zu diesem Zeitpunkt eröffnet, während die Gesandtschaft der Griechen erst im März eintraf. Die Griechen wollten die Ankunft der Fürsten abwarten, deshalb vertagte sich das Konzil für vier Monate. Seit Ende Januar 1438 nahm der Papst selbst am Konzil teil. Schließlich wurde das Konzil am 10. Januar 1439 nach Florenz verlegt (diese Stadt hatte sich zur Vorlage der Konzilskosten bereiterklärt). Nach langen Verhandlungen wurde am 6. Juli 1439 das Unionsdekret „Laetentur coeli" unterzeichnet. Auch nach der Abreise der Griechen blieb das Konzil beisammen; es konnte im November 1439 eine Union mit den Armeniern und 1442 mit den Jakobiten in Äthiopien und Ägypten erreichen. Im Februar 1443 verlegte der Papst das Konzil in den Lateran (der Papst selbst kehrte nach Rom zurück), wo im September 1444 die Union mit den ostsyrischen Jakobiten in Mesopotamien und im August 1445 mit Gruppen der →Nestorianer und der →Monotheleten (Maroniten) geschlossen wurde. Inzwischen aber hatte das Konzil in Basel eine scharfe antipäpstliche Haltung gezeigt: Am 24. Januar 1438 wurde die Amtsenthebung über Eugen ausgesprochen, was der Papst mit dem Bann über die Basler Konzilsteilnehmer beantwortete. Das Vorgehen des Konzils fand nur wenig Anklang, der Konzilspräsident Cesarini und Kardinal Nikolaus von Cues wandten sich vom Konzil ab und kamen zum Unionskonzil. Die deutschen Kurfürsten versuchten eine Vermittlung zwischen Basel und dem Papst und schlugen Verhandlungen über ein „drittes Konzil" vor, das über die Beendigung des Schismas verhandeln sollte. Die Basler wehrten sich gegen einen solchen Vorschlag; der Papst erklärte, das in Ferrara tagende Konzil könne bei einer Verlegung die Union mit den Griechen gefährden. Trotz aller Vermittlungsversuche verschärfte sich der Konflikt: Am 16. Mai 1439 verkündeten die Basler Konzilsteilnehmer folgende Wahrheiten als Wahrheiten des katholischen Glaubens: Das Allgemeine Konzil stehe über dem Papst – Dieser könne kein Konzil auflösen oder verlegen – Wer diesen Wahrheiten widerspreche, sei ein Häretiker. Man wollte ganz offensichtlich Eugen absetzen und schuf in der genannten Erklärung die Voraussetzungen dafür; da der Papst diese Wahrheiten ablehnte, war er Häretiker. Bei der Verkündigung dieser Glaubenswahrheiten waren nur 19 Bischöfe anwesend, auch Nikolaus von Cues hielt sie für nicht definitionsreif. Trotzdem wurde Eugen IV. in Basel am 25. Juni 1439 für abgesetzt erklärt. Als der Papst den Bann gegen die Basler erneuerte, wählte man dort als Gegenpapst ↗Felix V. (am 5. November 1439), der jedoch nur wenige Anhänger fand. Durch dieses Vorgehen verlor das Konzil von Basel noch mehr an Ansehen und Gefolgschaft, zumal Eugen IV. am 5. Februar 1447 die Berufung eines „dritten Konzils" sowie die Anerkennung der Autorität der Allgemeinen Konzilien und die Kirchenreform versprach. Später fügte Eugen eine Erklärung an: durch seine Krankheit verhindert, habe er nicht alle Fragen gründlich genug prüfen können; jedenfalls habe er die Autorität des Apostolischen Stuhles nicht verletzen und die Lehre der Väter nicht aufgeben wollen. Als Eugen am 23. Februar 1447 starb, war der →Konziliarismus machtpolitisch und theologisch weitgehend überwunden, wenn er auch an verschiedenen Orten weiterlebte und beim späteren Wiederaufleben schwierige Situationen für die Päpste heraufführte. Der Nachfolger Eugens, ↗Nikolaus V., konnte den Gegenpapst Felix zum Verzicht bewegen. Das völlig bedeutungslos gewordene Basler Konzil wählte in seiner letzten Sitzung ebenfalls Nikolaus V. zum Papst und löste sich am 25. April 1449 selbst auf.

*Das 18. Konzil: im Lateran (V.) 1512–1517*

Papst ↗ Sixtus IV. (1471–1484) hatte in seiner →Wahlkapitulation die Einberufung eines Konzils beschworen, jedoch kam er dieser Forderung nicht nach. Deshalb berief im März 1482 Erzbischof Andreas Zamometič im Münster zu Basel ein Konzil ein. Dazu sei er als Christ, als Nachfolger der Apostel und aufgrund der Konstanzer Beschlüsse berechtigt. Außer der Stadt Basel unterstützte kaum jemand diese Konzilsankündigung. Der Erzbischof plante die Absetzung des Papstes und eine Reform der Kurie. Der Papst verhängte daraufhin über die Stadt Basel das →Interdikt; das Konzil trat erst gar nicht zusammen. – Immerhin blieb die Konzilsidee lebendig; sie wurde mehr und mehr zu einem politischen Macht- und Drohinstrument. So verlangte der französische König Ludwig XII. von den französischen Kardinälen die Einberufung eines Konzils, das am 1. September 1511 in Pisa zusammentreten sollte. Die Einberufung eines Konzils – so wurde in einem vom König bestellten Rechtsgutachten festgestellt – sei zwar in der Regel Sache des Papstes; wenn dieser aber angeklagt und gerichtet werden müsse, sei seine Autorität nicht nötig; wenn der Papst kein Konzil einberufe, sei er der Häresie verdächtig, die Kardinäle könnten dann ein Konzil einberufen. Als Papst ↗ Julius II. selbst für den 19. April 1512 ein Konzil in den Lateran einberief, sank die Versammlung in Pisa zur Bedeutungslosigkeit herab; sie hatte sich bereits im Dezember 1511 nach Mailand, im Juni 1512 nach Asti und später nach Lyon verlegt. Doch anerkannte Frankreich schließlich das V. Laterankonzil. Am 3. Mai 1512 eröffnete Julius II. das Konzil im Lateran, an dem in der Mehrheit nur Italiener teilnahmen. Das Konzil hatte eine Reihe von Reformvorschlägen besprochen und angenommen, aber keiner davon wurde je verwirklicht. Vor allem wurde die so drängende Frage der Kurienreform, der bischöflichen Residenzpflicht wie der Ämter- und Pfründenhäufung überhaupt nicht angegangen. So kam es zum letzten kirchlichen Reformversuch vor der Reformation – jedoch blieb auch er ohne Wirkung. Noch vor Beendigung des Konzils starb Julius II. (am 20. Februar 1513). Sein Nachfolger, ↗ Leo X., führte es weiter. Er verurteilte den →Konziliarismus: Nur der Papst habe über Einberufung, Verlegung und Auflösung eines Konzils zu entscheiden. Am 16. März 1517 wurde das Konzil geschlossen; die Möglichkeit einer Reform der Kirche von innen her war vertan.

*Das 19. Konzil: in Trient 1545–1563*

Am 31. Oktober 1517 hatte Martin →Luther 95 Thesen über den Ablaß veröffentlicht. Am 15. Juni 1520 unterzeichnete Papst ↗ Leo X. die Bannandrohungsbulle gegen Luther, der Bann wurde am 3. Januar 1521 verhängt. Dadurch war Deutschland religiös (und politisch) gespalten. – Auf dem Reichstag von Nürnberg 1524 verlangten die Deutschen Reichsstände die Einberufung eines Allgemeinen Konzils. Kaiser Karl V. wollte Trient, das zum deutschen Reich gehörte, als Konzilsort. Papst ↗ Clemens VII. verhinderte – in Erinnerung an die Konzilien von Konstanz und Basel – eine Einberufung. 1527 versuchte der Kaiser, den Papst noch einmal für seine Idee zu gewinnen; er wollte die Einberufung eines Allgemeinen Konzils, die Reform der Kirche und die Überwindung der Spaltung erreichen. Selbst bei einem persönlichen Zusammentreffen zwischen Papst und Kaiser am 5. November 1529 blieb der Papst bei seiner Ablehnung. Auf dem Augsburger Reichstag 1530 waren die Einigungsbemühungen des Kaisers gescheitert (→ Augsburger Bekenntnis). Wieder verwies er den Papst auf ein Allgemeines Konzil; die Nichteinberufung könne größere Schäden zur Folge haben als die vom Papst befürchteten Auswirkungen. Anders als Clemens VII. reagierte sein Nachfolger, ↗ Paul III. (1534–1549). Sofort nach seinem Amtsantritt trat er einem Konzil positiv gegenüber und versuchte von Frühjahr 1535 an, seine Konzilspläne zu verwirklichen. 1536 wurde das Konzil dann zunächst nach Mantua, 1537 nach Vicenza berufen, es trat aber wegen politischer Schwierigkeiten nicht zusammen. Außerdem konnte es beidemale nicht eröffnet werden, da die Konzilsteilnehmer ausblieben; die protestantischen Fürsten hatten ohnedies die Konzilseinladung abgelehnt. 1539 wurde das Konzil schließlich auf unbestimmte Zeit vertagt. – Bei einem persönlichen Zusammentreffen mit dem Papst schlug der Kaiser 1541 erneut Trient als Konzilsort vor. Dorthin berief der Papst auch das Konzil für den 1. November 1542. Da es im Sommer 1542 aber zu einem Krieg zwischen Deutschland und Frankreich gekommen war, war auch diese Einberufung hinfällig. Am 29. September 1543 suspendierte der Papst deshalb das Konzil, hob aber am 30. November 1544 die Suspension wieder auf und setzte den 15. März 1545 als erneuten Eröffnungstermin fest. Jedoch waren an diesem Tag außer den beiden päpstlichen Legaten noch keine Konzilsteilnehmer eingetroffen. So konnte das Konzil faktisch erst am 13. Dezember 1545 eröffnet werden. Jetzt waren 4 Erzbischöfe, 21 Bischöfe und 5 Ordensgenerale anwesend; im Frühsommer stieg die Teilnehmerzahl auf 66, wovon ein Drittel Italiener war. – Die erste Tagungsperiode dauerte vom 13. Dezember 1545 bis zum 2. Juni 1547. Gegen den Willen des Kaisers wollte man Glaubens- und Reformfragen gleichzeitig behandeln. In der vierten Sitzung wurde das Dekret über die Glaubensquellen besprochen. In der fünften Sitzung verabschiedete man das Dekret über die Erbsünde, in der sechsten Sitzung das über die Rechtfertigung. Auf dieses Dekret hatte man besondere Sorgfalt verwandt, so wurde es zum bedeutendsten dogmatischen Dekret des Konzils. Auch Reformvorschläge behandelte man in dieser Sitzungsperiode, so die Residenzpflicht der Bischöfe. Außerdem wurden die allgemeine Sakramentenlehre und die Sakramente Taufe und Firmung besprochen. Im Frühjahr 1547 verlegte sich das Konzil nach Bologna, da in Trient Fleckfieber ausgebrochen war. Allerdings hatte der Papst noch einen anderen Grund: er wollte das Konzil aus dem Machtbereich des Kaisers lösen. Paul bestätigte deshalb den am 11. März 1547 mit Zweidrittelmehrheit gefaßten Verlegungsbeschluß. Der Kaiser forderte die Rückverlegung, vor allem deshalb, weil die Protestanten wohl kaum in eine Stadt des Kirchenstaates – Bologna – kämen. Der Papst verweigerte die Erfüllung der kaiserlichen Forderung; das Konzil habe selbst über seine Verlegung zu entscheiden und entschieden. In Bologna hatte das Konzil inzwischen die Beratungen über Eucharistie, Buße, Krankensalbung, Weihe und Ehe weitergeführt. Ferner wurde die Lehre vom Meßopfer, vom Fegfeuer und vom Ablaß erörtert. Am 13. September 1549 suspendierte der Papst das Konzil; er starb am 10. November 1549. Sein Nachfolger, ↗ Julius III. (1550–1555) verlegte das Konzil wieder nach Trient zurück, wo es am 1. Mai 1551 feierlich eröffnet wurde. Ende 1551 und Anfang 1552 erschienen Gesandte protestantischer Reichsstände auf dem Konzil; ihre Forderung, alle seitherigen Glaubensaussagen des Konzils müßten rückgängig gemacht werden, war kaum erfüllbar. Die Dekrete über die in Bologna erörterten Sakramente wurden veröffentlicht, ferner Reformdekrete über die Amtsführung der Bischöfe und die Lebensführung der Geistlichen. Politische Gründe führten am 28. April 1552 zur erneuten Suspension des Konzils, das erst 1562 wiedereröffnet wurde. Inzwischen waren aber außer Julius III. auch seine Nachfolger ↗ Marcellus II. und ↗ Paul IV. gestorben. ↗ Pius IV. (1559–1565) setzte schließlich das Konzil fort. Am 18. Januar 1562 fand in Anwesenheit von 109 Kardinälen und Bischöfen die Eröffnung statt. Am 11. März wurde die Residenzpflicht der Bischöfe erörtert, was zu gegenteiligen Auffassungen und zu einer längeren Konzilspause führte, bis der Papst am 11. Mai die Debatte über dieses Thema verbot. Anschließend wurden die Dekrete über die restlichen Sakramente verabschiedet, zugleich auch Reformdekrete erlassen, u. a. die Forderung nach Aufhebung des → Zölibates zurückgewiesen. Die 22. Sitzung vom 17. September 1562 wandte sich gegen Mißstände in den Diözesen. Bei der erneut aufgenommenen Aussprache über die bischöfliche Residenzpflicht flammten die Gegensätze wieder so heftig auf, daß die Sprengung des Konzils befürchtet werden mußte. Der Streit bezog schließlich auch das Verhältnis von Papst und Konzil in die Debatten ein, jedoch konnte der neue Konzilspräsident Morone das Konzil retten und einen Kompromiß in den strittigen Punkten erreichen: Es wurde nur die protestantische Lehre vom Bischofsamt zurückgewiesen. In dieser Sitzung wurde auch die Verpflichtung der Bischöfe, in ihren Diözesen Seminare für die Ausbildung der Priester zu errichten, für verbindlich erklärt. In der 24. Sitzung veröffentlichte das Konzil mehre-

re Reformdekrete und beschloß in der Schlußsitzung am 3. und 4. Dezember 1563 die Dekrete über Fegfeuer, Ablaß und Heiligenverehrung. Mehrere Reformen waren unerledigt geblieben, so vor allem die Reform des Meßbuches und des Breviers und die Ausgabe eines allgemeinen Katechismus. Diese Aufgaben übertrugen die Konzilsväter dem Papst. Am 26. Januar 1564 bestätigte der Papst die Konzilsdekrete. Eine Zusammenfassung der dogmatischen Entscheidungen, das Tridentinische Glaubensbekenntnis, wurde vom Papst für alle Bischöfe, Ordensoberen und Doktoren verpflichtend gemacht.
Das Konzil konnte die ihm vom Kaiser gestellte Aufgabe, die Wiedervereinigung im Glauben, nicht erfüllen; es hat aber die katholische Glaubensauffassung gegenüber der Reformation abgegrenzt. Pius IV. starb am 9. Dezember 1565. Sein Nachfolger, ↗ Pius V., erließ den vom Konzil beschlossenen Katechismus (1566), das reformierte Brevier (1568) und das reformierte Meßbuch (1570).

*Das 20. Konzil: im Vatikan (I.) 1869–1870*

Nach dem Konzil von Trient hat über 300 Jahre kein Konzil mehr stattgefunden. Deshalb waren die Kardinäle überrascht, als ↗ Pius IX. am 6. Dezember 1864 ihnen seine Absicht erklärte, ein Konzil einzuberufen. Alle Mitglieder des Kardinalskollegiums sollten – unter strenger Schweigepflicht – den Plan prüfen und ihre Meinung dem Papst kundtun. Im Frühjahr 1865 wurde eine Kommission von fünf Kardinälen zur Vorprüfung der Konzilsthemen berufen. Die offizielle Ankündigung des Konzils erfolgte am 26. Juni 1867. Die in Rom aus Anlaß des 18. Säkularfeier des Martyriums von Petrus und Paulus versammelten über 500 Bischöfe sprachen ihre Hoffnung aus, das Konzil möge zu Einheit, Heiligung und Frieden beitragen. Der Papst stellte in seiner Antwort an die Bischöfe das Konzil unter den Schutz Mariens. Die amtliche Einberufung des Konzils erfolgte am 29. Juni 1868, wobei auch die getrennten Kirchen der Orthodoxie eine Einladung erhielten. Der Papst wollte – das erklärte er als Aufgabe des Konzils – die katholische Welt zu einer machtvollen Offenlegung der katholischen Wahrheit versammeln und die kirchliche Disziplin den veränderten Zeitverhältnissen anpassen. Große Auseinandersetzungen gab es schon vor Beginn des Konzils wegen der Frage der päpstlichen Unfehlbarkeit. Einerseits erklärte man in Zeitschriften die Erwartung einer solchen Definition, andererseits wandten sich – vor allem in Deutschland – manche Theologen heftig dagegen. Im September 1869 erließen die deutschen Bischöfe von Fulda aus einen beruhigenden Hirtenbrief, der jedoch die aufgebrachten Gemüter kaum mehr besänftigen konnte; selbst die Regierung des Deutschen Reiches sollte in diesen Streit einbezogen werden, was sie jedoch ablehnte. Am 8. Dezember 1869 wurde das Konzil in der Peterskirche feierlich eröffnet. Die Zahl der zu Beginn anwesenden Konzilsväter – 642 – erhöhte sich bald auf über 700. Somit wies das I. Vatikanische Konzil die größte Teilnehmerzahl aller seitherigen Konzilien auf. Aus Deutschland nahmen 20 Bischöfe teil, von denen 15 zur sog. Minderheit gehörten, die eine Definition der päpstlichen Unfehlbarkeit zum damaligen Zeitpunkt für inopportun hielt. Von Mitte Dezember 1869 bis Mitte Januar 1870 wählten die Konzilsväter vier Deputationen: für Fragen des Glaubens – für Fragen der Kirchendisziplin – für Ordensangelegenheiten – für Fragen der orientalischen Riten und der Missionen. Diese Deputationen mußten die Vorlagen für die Vollversammlungen vorbereiten. Bereits vor dem Konzil hatte man sich auf 51 Dekretentwürfe, „Schemata", geeinigt, von denen allerdings nur zwei zur Verabschiedung kamen: die über den katholischen Glauben (am 24. April 1870 in der dritten öffentlichen Sitzung) und die über die Kirche Christi. Deren Verabschiedung gestaltete sich allerdings sehr schwierig. Bereits im Januar 1870 hatten 380 Konzilsväter die Einfügung der Lehre von der Unfehlbarkeit in den Entwurf beantragt. Darüber wurde am 6. März beraten, wobei sich zeigte, daß die Zahl der Gegner gering war. In der Debatte hatte Bischof Hefele von Rottenburg auch die → Honoriusfrage angeschnitten, jedoch gab es nur wenige ernsthafte Gründe für die Auffassung der Minorität. Die Abstimmungen zur Unfehlbarkeitsfrage brachten eindeutige Mehrheiten: Am 13. Juli 1870 sprachen sich 451 Konzilsväter für die Definition der Unfehlbarkeit aus, 62 stimmten „bedingt" zu, nur 88 lehnten ab. In der vierten öffentlichen Sitzung am 18. Juli 1870 waren die Zahlenverhältnisse noch deutlicher: 533 bejahten die Vorlage, zwei sprachen dagegen; allerdings waren 57 Gegner der Definition mit Erlaubnis des Papstes bereits vorher abgereist. Aber auch diese unterwarfen sich nachher der Entscheidung des Konzils; Bischof v. Ketteler von Mainz hatte bereits vor seiner Abreise dem Papst in einem Brief versichert, daß er die Beschlüsse des Konzils annehme. Das Konzil hatte in der Frage der päpstlichen → Unfehlbarkeit festgelegt: Die Gewalt des Papstes sei eine unmittelbare und höchste Jurisdiktionsgewalt über die Gesamtkirche in Fragen des Glaubens, der Sitten und der Leitung der Kirche. (Das war gegen den → Gallikanismus und den → Febronianismus gerichtet.) Weiter: wenn der Papst ex → cathedra spricht, d. h. wenn er in Ausübung seines Amtes als Hirte und Lehrer eine Lehre, die den Glauben und die Sitte betrifft, als von der ganzen Kirche festzuhalten definiert, dann besitze er, durch den göttlichen Beistand, der ihm im heiligen Petrus verheißen ist, jene Unfehlbarkeit, mit der der göttliche Erlöser seine Kirche bei der Definition einer Lehre über Glaubens- und Sittenfragen ausgestattet haben wollte. Deshalb sind solche Definitionen aus sich selbst und nicht aus der Zustimmung der Gesamtkirche unabänderlich. (Damit war der → Gallikanismus zurückgewiesen.) – Am 19. Juli 1870 brach der Krieg zwischen Frankreich und

Deutschland aus; viele Bischöfe kehrten deshalb nach Haus zurück. Außerdem wurden die französischen Schutztruppen aus Rom abgezogen, Soldaten aus Piemont besetzten die Stadt. Am 20. Oktober 1870 verkündete der Papst, das Konzil sei auf einen günstigeren Zeitpunkt vertagt. Durch dieses von außen erzwungene Ende des Konzils konnten wichtige Entwürfe nicht mehr behandelt werden: neben den vorgesehenen restlichen 49 Entwürfen auch der Gesamt-Entwurf über „die Kirche Christi".

*Das 21. Konzil: im Vatikan (II.) 1962–1965*

↗ Johannes XXIII. nannte im Konsistorium vom 25. Januar 1959 (er war am 4. November 1958 zum Papst gekrönt worden) als eine unter den drei wichtigsten Aufgaben seines Pontifikates die Einberufung eines Allgemeinen Konzils. Gerade dies war eine Überraschung; das I. Vatikanum war nie beendet, sondern wegen der politischen Schwierigkeiten verschoben worden. Die Konzilsankündigung weckte vielfach hochgespannte Erwartungen, die man an das Wort „ökumenisch" knüpfte: die Wiedervereinigung der Kirche sei wohl das Hauptthema, so wurde vermutet. Johannes XXIII. erklärte zwar, man wolle zusammenkommen und der Spaltung ein Ende machen, aber bald danach spezifizierte er seine Absicht hinsichtlich des Konzils: es solle eine pastorale Bischofsversammlung sein. Der Papst hatte wahrscheinlich zunächst keine klaren Vorstellungen vom Konzil; so rechnete er anfangs mit einer Dauer von drei Monaten. Zwar hatte der Papst noch als Kardinal von Venedig mit seinem Vorgänger, ↗ Pius XII., über die Möglichkeit eines Konzils gesprochen; jetzt aber war seine Konzilsankündigung wohl eher einer plötzlichen Eingebung entsprungen. An Pfingsten 1959 wurde die erste Vorbereitende Konzilskommission eingesetzt. In seiner Antrittsenzyklika „Ad Petri cathedram" vom 29. Juni 1959 ist zugleich die offizielle Konzilsankündigung enthalten. Seine Hauptziele seien: die Entwicklung des katholischen Glaubens – die Erneuerung des christlichen Lebens der Gläubigen – die Anpassung der kirchlichen Disziplin an die Erfordernisse der Zeit. (Am 14. Juni 1959 hatte der Papst zum ersten Mal das Wort „aggiornamento" ausgesprochen: Anpassung.) An Pfingsten 1960 begann der zweite Abschnitt der Konzilsvorbereitungen: Der Papst bestellte zehn Konzilskommissionen, eine Zentralkommission und ein Sekretariat zur Förderung der Einheit der Christen (dessen Leiter der deutsche Kurienkardinal Bea wurde). Auf Veranlassung des Papstes reichten die Bischöfe, die Orden, die Katholischen Universitäten und die Theologischen Fakultäten aus aller Welt Vorschläge zu den Konzilsthemen ein; allerdings war die Bearbeitung des sehr breit gestreuten Materials gar nicht möglich. Am 25. Dezember 1961 berief Johannes das Konzil für 1962 ein; dazu waren auch die Weihbischöfe eingeladen. Am 2. Februar setzte er den Konzilsbeginn auf den 11. Oktober 1962 fest. Dementsprechend fand die erste Sitzungsperiode vom 11. Oktober bis zum 8. Dezember 1962 statt. Über 2500 Konzilsteilnehmer hatten sich dazu versammelt. Zum ersten Mal in der Geschichte waren auch 18 nichtkatholische Kirchen durch offizielle Konzilsbeobachter vertreten. In der Eröffnungsrede erklärte der Papst, das Konzil solle die Wahrheit des katholischen Glaubens strahlender aufleuchten lassen und deshalb auf Verwerfungsurteile verzichten. Als erstes Thema wurde die Liturgie behandelt. Zum Schema über die Offenbarungsquellen erhoben fast zwei Drittel der Konzilsväter Einspruch. Deshalb entschied der Papst, das Schema vorerst abzusetzen, damit es neu bearbeitet würde. Die öffentlichen Kommunikationsmittel waren das dritte Thema. Die Lehre über die Kirche wurde noch erörtert, sie konnte jedoch bis zum 8. Dezember nicht mehr abgeschlossen werden. Schon am Ende der Sitzungsperiode hatte sich gezeigt, daß der Papst an einer unheilbaren Krankheit litt; den Beginn der zweiten Sitzungsperiode hat er nicht mehr erlebt. Am 21. Juni 1963 wurde ↗ Paul VI. gewählt. Als vordringlichste Aufgabe bezeichnete er die Weiterführung des Konzils. So wurde am 23. September 1963 die zweite Sitzungsperiode eröffnet, sie führte (vom 30. September an) die Erörterung des Kirchen-Schemas weiter. Schließlich begann die Besprechung des Ökumenismus-Schemas. In der öffentlichen Schlußsitzung vom 4. Dezember 1963 wurden die in der ersten Sitzungsperiode behandelten Dekrete über die Liturgie und über die Öffentlichen Kommunikationsmittel verabschiedet. Am 14. September 1964 begann die dritte Sitzungsperiode, die das wichtigste Konzilsthema, die Lehre über die Kirche, verabschiedete. In dieser Sitzungsperiode gab es lebhafte Debatten: über das Hirtenamt und die Kollegialität der Bischöfe (worin manche eine Beschränkung der päpstlichen Autorität sahen), über die Religionsfreiheit und über die Judenfrage. Am 21. November 1964 war diese Sitzungsperiode beendet. In der vierten, die am 14. September 1965 begann, wurde vor allem über das Schema „Die Kirche in der Welt von heute" beraten. Am 7. Dezember 1965 fand die letzte Sitzung des Konzils statt. Der Papst richtete beim feierlichen Schlußgottesdienst am 8. Dezember 1965 Botschaften an die Regierenden, die Wissenschaftler, die Künstler, die Frauen, die Armen, Kranken und Leidenden sowie an die Arbeiter und die Jugend. Den Abschluß bildete die Verlesung des päpstlichen Schlußdokumentes. – Die einzelnen Konzilsdekrete tragen verschiedene Namen und haben so auch verschiedenes Gewicht: Eine *Konstitution* ist ein umfassendes Dokument, das grundlegende Aussagen über eine Frage macht und sie möglichst wesentlich und vollständig darlegt. – Ein *Dekret* ist ein Dokument, das allgemeine und besondere Anweisungen für das Leben bestimmter Personenkreise enthält. – Eine *Deklaration* ist eine Erklärung der Kirche, die zu ganz bestimmten Fragen Stellung nimmt. Das Konzil verzichtete bewußt auf dogmatische Festlegungen und auf die Verkündigung von Glaubenssätzen. Es wollte nicht diese oder jene Wahrheit herausstellen, sondern das gesamte Leben der Kirche und der Welt von heute in Beziehung bringen. Darum war der pastorale Gesichtspunkt bei allen Beratungen und Veröffentlichungen ausschlaggebend. „Das Konzil ist der große Katechismus der neuen Zeit" (Paul VI. am 23. Juni 1966).

## Kreuzzüge

In der Auseinandersetzung zwischen Kaiser Heinrich IV. (→Sachsen) und Papst ↗ Gregor VII. (→Investiturstreit) ging es letztlich um die Frage, wer künftig Führer in der Welt sein solle, die Kirche oder der Staat. Aufgrund des höheren Wertes, der dem Prinzip des Religiösen zukommt, erstrebte der Papst die Führung. Die Geschichte hat ihm recht gegeben: zehn Jahre nach Gregors Tod wurde ↗ Urban II. der Führer des gegen den vordringenden Islam kämpfenden Europa. – Der Kalif Omar eroberte 637 Palästina. Die Christen durften, wenn auch unter Einschränkungen, ihren Gottesdienst feiern und Wallfahrten nach Jerusalem halten. Die Lage änderte sich völlig, als in der zweiten Hälfte des 10. Jahrhunderts neue Herrscher die Oberhoheit über das Heilige Land übernahmen: 1075 eroberten die Seldschucken Jerusalem, zerstörten die Kirchen und ermordeten die Pilger. Damals richtete Gregor VII. an die Christen einen Aufruf zur Verteidigung des Heiligen Landes; doch ließ der Investiturstreit den Plan nicht Wirklichkeit werden. 1086 wurde Jerusalem bei einer erneuten Besetzung Schauplatz noch größerer Greuel. So konnte Urban II. auf der Synode von Clermont 1095 zum ersten Kreuzzug aufrufen.

### *Der erste Kreuzzug*

Er setzte sich 1096 in Marsch. Gottfried von Bouillon hatte die Führung. 1097 wurde Nicaea erobert. Die Kreuzfahrer kamen 1098 nach Antiochien und erstürmten am 15. Juli 1099 Jerusalem. Sofort wurde hier ein christliches Königreich errichtet und Gottfried zum ersten König gewählt. Dieses Königreich bestand keine 100 Jahre. Zwar bildete sich sofort nach dem Ende des 1. Kreuzzugs ein Heer, das sogar Bagdad, den Sitz des Kalifen, erobern wollte, aber es ging 1101 in Kleinasien zugrunde. Auch die beiden Ritterorden, die Johanniter und die →Templer, die sich am Anfang des 12. Jahrhunderts bildeten, konnten den ständigen Angriffen der Sarazenen nicht standhalten. 1144 fiel Edessa, danach wurden die einzelnen Provinzen vom christlichen Königreich losgerissen, der Bestand Jerusalems war gefährdet.

### *Der zweite Kreuzzug*

Nach Bekanntwerden dieser Nachrichten ließ Papst ↗ Eugen III. sofort durch →Bernhard von Clairvaux einen neuen Kreuzzug predigen. Der französische König Ludwig VII. und der deutsche König Konrad III. schlossen sich der Kreuzzugsbewegung an. Jedoch wurde das Kreuzfahrerheer in den Schluchten des Taurus von den Türken geschlagen. Die Überreste des Heeres unternahmen, nach Eintreffen von Verstärkungen, 1184 einen Angriff auf Damaskus und Askalon; aber auch sie hatten keinen Erfolg. Am 4. Juli 1187 unterlagen die Reste des christlichen Heeres bei Hattin der vielfachen Übermacht des Sultans Saladin von Ägypten, der am 3. Oktober 1187 auch Jerusalem eroberte.

*Der dritte Kreuzzug*

Rom unternahm die größten Anstrengungen, einen weiteren Kreuzzug zu bewerkstelligen. Bei der allgemeinen Begeisterung, die im Abendland für die heiligen Stätten herrschte, erklärten sich bald auch Deutschland, Frankreich und England zur Teilnahme bereit. Friedrich I. Barbarossa (→ Staufer) trat im Mai 1189 als erster den Zug in den Osten an. Das Heer hatte auch gute Erfolge, jedoch ertrank Friedrich am 10. Juni 1190 in den Fluten des Salef in Cilicien. Viele deutsche Kreuzfahrer kehrten daraufhin in die Heimat zurück. Friedrichs Sohn, Herzog Friedrich von Schwaben, führte die Verbliebenen weiter; am 20. Januar 1191 wurde der Herzog jedoch krank und starb, nachdem er vorher noch den Grund zum Deutschen Ritterorden gelegt hatte. Erst nach seinem Tod kamen die Franzosen und die Engländer (unter Richard Löwenherz) ins Heilige Land. Zwistigkeiten im Heer verhinderten weitere Erfolge. Ende Juli 1191 verließen die Franzosen (und mit ihnen die noch verbliebenen Deutschen) das Heilige Land. Am 1. September 1192 schloß Richard Löwenherz mit Sultan Saladin einen Waffenstillstand auf drei Jahre. Die Christen sollten den Küstenstreifen von Joppe bis Tyrus erhalten und die Erlaubnis zu Pilgerfahrten haben.

*Der vierte Kreuzzug*

Am Anfang des 13. Jahrhunderts kam es durch ↗ Innocenz III. zum vierten Kreuzzug, an welchem sich vor allem französische Ritter beteiligten. Sie ließen sich aber überlisten, vor dem Zug ins Heilige Land Konstantinopel zu erobern. Sie eroberten 1203 die Stadt und setzten Isaak Angelus als König wieder ein. Wegen Zwistigkeiten unter den Herren von Konstantinopel eroberten die Kreuzfahrer 1204 zum zweiten Mal die Stadt und errichteten dort ein lateinisches Kaisertum. Der Haß der → Oströmer erhielt dadurch neue Nahrung. Innocenz gab, trotz dieses Fehlschlages, seinen Plan zur Befreiung des Heiligen Landes nicht auf. Er starb jedoch, bevor er seinen Plan in die Tat umsetzen konnte.

*Der Kinderkreuzzug*

1212 trat in Deutschland und in Frankreich je ein Knabe auf, sie wirkten als Kreuzzugsprediger unter der Jugend. Bald schlossen sich ihnen insgesamt 40 000 Kinder an, die im festen Vertrauen auf den Schutz Gottes ihre Heimat verließen. Keines der Kinder kam bis ins Heilige Land: Manche starben an den Strapazen des Marsches, andere wurden von Menschenhändlern an die Mohammedaner verkauft, wieder andere ertranken im Meer.

*Der fünfte Kreuzzug*

Erst ↗ Honorius III. brachte den fünften Kreuzzug zustande. Am 5. November 1219 fiel die sehr wichtige Festung Damiette, der Schlüssel zu Ägypten, in die Hände der Kreuzfahrer, ging aber nach zwei Jahren wieder verloren. Auch diese Opfer waren also vergeblich gewesen. Kaiser Friedrich II. (→Staufer) hatte zwar schon bei seiner Krönung in Aachen 1215 einen Kreuzzug versprochen und dieses Versprechen bei seiner Kaiserkrönung 1220 in Rom wiederholt, aber er verzögerte das Einhalten seines Versprechens. Erst als ↗ Gregor IX. den Kaiser mit dem Bann belegte, weil er sein Versprechen nicht gehalten habe, ließ Friedrich sich zum Aufbruch bewegen. Mit einem kleinen Heer kam er 1228 nach Akkon. Dort verkündete er einen Waffenstillstand mit dem Sultan, der 10 Jahre gelten sollte: Jerusalem, Bethlehem und Nazareth wurden den Christen wieder eingeräumt. Im März 1229 zog Friedrich selbst nach Jerusalem und kehrte im Mai 1229 nach Italien zurück. Als der Waffenstillstand abgelaufen war, begannen neue Kämpfe um den Besitz der heiligen Stätten. Die im Heiligen Land verbliebenen Christen wurden vollständig geschlagen, Jerusalem wurde von den Türken erobert und für immer die Herrschaft des Islam dort gefestigt.

*Der sechste Kreuzzug*

Auf dem Allgemeinen →Konzil von Lyon 1245 warb ↗ Innocenz IV. erneut um die Befreiung des Heiligen Landes. Die allgemeine Begeisterung war aber merklich abgeflaut. Nur König Ludwig IX. von Frankreich ließ sich durch die Bitten des Papstes zum Kreuzzug bewegen. Der Schauplatz der Kämpfe war Ägypten. Die Christen waren anfangs siegreich, selbst Damiette fiel 1249 wieder in ihre Hand. Als sie dann 1250 ein sehr großes Heer des Sultans angriffen, wurden sie vollständig geschlagen. König Ludwig geriet in die Gefangenschaft des Sultans, wurde jedoch gegen ein hohes Lösegeld und die Rückgabe aller eroberten Gebiete wieder freigelassen. Mit dem Rest seines Heeres zog er nach Palästina weiter, wo er vier Jahre blieb, aber keine nennenswerten Erfolge zu verzeichnen hatte.

*Der siebte Kreuzzug*

Ludwig IX. von Frankreich unternahm 1270 den siebten Kreuzzug. Er wollte Tunis erobern; bevor dies gelang, starb Ludwig jedoch 1270 an einer im Lager ausgebrochenen Seuche. Obwohl ↗ Gregor X. auf dem Allgemeinen →Konzil von Lyon 1274 nochmals zum Kreuzzug aufrief, gingen die Heiligen Stätten bald ganz verloren. 1291 fiel Akkon, das letzte Bollwerk der Abendländer. Nur in Zypern und Armenien herrschten noch christliche Fürsten. – Die vielen Mißerfolge der Kreuzzugsheere hatten den Kreuzzugsgedanken allmählich zum Erliegen gebracht. Hand in Hand ging ein Irrewerden an Gott, der seine Sache offenbar im Stich gelassen hatte, und ein Nachlassen der Bindung an die Kirche, die sich für die Eroberung des Heiligen Landes stark gemacht hatte. Auch die Ritterkultur des Abendlandes, die den „Streiter Gottes" in den Mittelpunkt gestellt hatte, litt unter dem Mißerfolg der Kreuzzüge; sie war von innen her ausgehöhlt. Dagegen stieg das Selbstbewußtsein des Islam sehr; die Idee des „Heiligen Krieges" hatte durch die Erfolge neuen Auftrieb erhalten.

## Kulturkampf

Mit diesem Wort bezeichnet man die Auseinandersetzung zwischen dem Staat und der katholischen Kirche im 19. Jahrhundert, vor allem in Preußen, aber auch in anderen deutschen Ländern. – Die *Ursachen* in Preußen waren vielfältig: v. Bismarck wollte Priester und Laien, die sich nicht dem I. Vatikanischen →Konzil unterwarfen, schützen; er unterstützte deshalb wiederholt Priester und ganze Gemeinden gegen die rechtmäßige bischöfliche Autorität. Dazu kam sein politischer Kampf gegen das Zentrum und seine persönliche Gegnerschaft gegen den Zentrumspolitiker Windthorst. Schließlich spielten weltanschauliche Fragen und Fragen der Politik (die großdeutsche Idee beim Zentrum, die v. Bismarck als eine Bedrohung Preußens ansah) eine Rolle. – Durch eine Reihe von Gesetzen suchte man jeden Einfluß der Kirche zu erdrosseln und sie selbst lebensunfähig zu machen. Zu diesen Maßnahmen gehörte: Die Aufhebung der katholischen Abteilung im Kultusministerium (1871); der Kanzelparagraph (1871), wonach Geistliche mit Gefängnis oder Festungshaft bis zu zwei Jahren bestraft wurden, wenn sie in Ausübung ihres Berufes öffentliche Staatsangelegenheiten in einer den Frieden gefährdenden Weise zum Gegenstand der Verkündigung oder Erörterung machten; das →Jesuitengesetz (1872), das die Niederlassungen der Jesuiten und der ihnen „verwandten" Orden im ganzen Reich auflöste und die Mitglieder aus dem Reich verbannte; die berüchtigten Maigesetze (1873), welche die Ausbildung und Anstellung der Geistlichen und die kirchliche Zucht in kirchenfeindlichem Geist regelten und hohe Geld- und Gefängnisstrafen für Nichtbeobachtung vorschrieben; das Schulaufsichtsgesetz, das dem Staat allein das Aufsichtsrecht über sämtliche Schulen zuwies, auch über den Religionsunterricht; das sog. Sperr- und Brotkorbgesetz (1874 und 1875), das die Einstellung der staatlichen Zahlungen an die Kirche vorsah; die Aufhebung der preußischen Gesandtschaft beim Vatikan; das Verbot aller Orden und Kongregationen, die nicht der Krankenpflege dienten. – Die Folge dieses Kampfes war, daß 1878 nur noch ein Drittel der Bischofssitze besetzt war. Die Erzbischöfe von Posen und Köln, die Bischöfe von Breslau, Münster, Limburg und Paderborn waren abgesetzt; der durch den Tod von Bischof v. Ketteler freigewordene Mainzer Bischofsstuhl konnte nicht besetzt werden; die Priesterseminarien waren geschlossen, gegen 1000 Pfarreien hatten keine ordentlichen Seelsorger mehr, über 100 Priester waren ausgewiesen, viele saßen als „Sperrlinge" im Gefängnis. – Stärkste Hilfe erhielten die Katholiken durch Papst ↗ Pius IX., der die kirchenfeindlichen Gesetze für null und nichtig erklärte und die Ungerechtigkeit in zahlreichen Kundgebungen öffentlich brandmarkte. Die Hauptlast des Kampfes trug das Zentrum mit seinen großen Führern Windthorst, Mallinckrodt und den Brüdern Reichensperger. – Der geschlossene Widerstand der Katholiken blieb nicht ohne Einfluß auf v. Bismarck und seine Berater. Auch verschiedene innenpolitische Erwägungen ließen es v. Bismarck wünschenswert erscheinen, bei seiner Politik sich der Unterstützung des Zentrums zu versichern und von sich aus den Kampf zu beenden. Die Beilegung des Konflikts wurde dem Kanzler dadurch sehr erleichtert, daß 1878 mit ↗ Leo XIII. ein Mann den päpstlichen Stuhl bestieg, der mit höchstem diplomatischem Geschick und katholischer Grundsatztreue große Besonnenheit und Klugheit, Milde und Versöhnlichkeit verband. Es kam zu vorbereitenden Besprechungen mit den päpstlichen Nuntien in München und Wien, die dann schließlich zu einem allmählichen Abbau der Kulturkampfgesetze führten. Trotz der Wunden, die ihr geschlagen worden waren, ging die Kirche erneuert und gestärkt aus der harten Auseinandersetzung hervor.

## Laieninvestitur

→ Investiturstreit

## Langobarden

Ein germanisches Volk, das ursprünglich an der Unterelbe saß und im 4. Jahrhundert in die Donau-Ebene zog. Unter König Alboin eroberten die Langobarden 568 Oberitalien (die Lombardei) und Teile von Mittel- und Süditalien. Die römischen Bischöfe waren sehr darauf bedacht, die Not der italienischen Bevölkerung zu lindern und die Langobarden für die Kirche zu gewinnen. Besonderen Eifer zeigte dabei ↗ Gregor der Große, dessen Bemühungen nach und nach zur Bekehrung der Langobarden führten. Der

Höhepunkt der Macht der Langobarden lag in der ersten Hälfte des 8. Jahrhunderts. Dadurch kam es zu Spannungen mit den Päpsten: 754 rief ↗ Stephan II. die →Franken gegen die Langobarden zu Hilfe, 756 half Pippin erneut dem Papst bei der Langobardengefahr, nachdem der Papst vorher vergeblich den Kaiser von →Byzanz um Schutz gebeten hatte. Die Hilfe der Franken gegen die Langobarden, die in der Lombardei vernichtend geschlagen wurden, machte den Papst zum unabhängigen Herrn im →Kirchenstaat.

## Lateran

Die *Kirche* im Lateran, ursprünglich Christus, dem Erlöser, geweiht (später wurde das Patrozinium des heiligen Johannes des Täufers und des heiligen Apostels Johannes beigefügt) wurde von Kaiser Konstantin erbaut und prachtvoll ausgestattet. Infolge von Zerstörungen, Bränden, Plünderungen und Erdbeben mußte sie wiederholt neu aufgebaut werden. 1585 wurde die Vorhalle des Querhauses angebaut; anläßlich des →Heiligen Jahres 1650 erfuhr die Kirche eine Barockisierung; 1773 erhielt sie eine spätbarocke Fassade und 1886 wurde das Chor neugebaut. – Vom alten *Papstpalast* (→Silvesterlegende) ist heute nichts mehr vorhanden: Dort hatten die Päpste fast 1000 Jahre lang (von Konstantin bis zum Exil von →Avignon) residiert; dort fanden fünf Allgemeine →Konzilien statt. Der heutige Lateranpalast stammt aus dem Jahr 1586, er ist durch ↗ Sixtus V. errichtet worden. Aus dem früheren Papstpalast ist nur die ehemalige päpstliche Privatkapelle „Sancta Sanctorum" erhalten (sie hat ihren Namen von einem sehr reichen Reliquienschatz und von einer in Rom hochberühmten Christus-Ikone). Zu dieser Kapelle führt heute die „Heilige Stiege": Nach alter Überlieferung sei sie die Treppe der Burg Antonia in Jerusalem gewesen, über die Jesus während seiner Passion gegangen ist, Konstantins Mutter Helena habe sie nach Rom gebracht. – Das *Baptisterium* stammt wie die Basilika aus konstantinischer Zeit (435 wurde die ursprünglich runde Anlage zum Achteck umgebaut). Im 5. bis 7. Jahrhundert wurden Nebenkapellen angebaut. Die ganze Anlage wurde im 16./17. Jahrhundert barockisiert.

## Leichensynode

Papst ↗ Formosus (891–896) bat den deutschen König Arnulf von Kärnten um Hilfe gegen Herzog Lambert von Spoleto, der ihn bedrängte. Der Nach-Nachfolger des Formosus, ↗ Stephan VI., war ein Werkzeug in der Hand der Spoletiner. Auf einer Synode ließ er Gericht über Formosus halten (der bereits neun Monate tot war). Die Leiche wurde aus dem Grab gerissen, für abgesetzt erklärt und der Leichnam danach in den Tiber geworfen. Diese Synode, die über die Leiche des Formosus geurteilt hatte, wird „Leichensynode" genannt. Papst ↗ Theodor II. hob 897 die Beschlüsse der Leichensynode wieder auf und ließ Formosus, dessen Leiche man aus dem Tiber geborgen hatte, ehrenvoll in der Peterskirche begraben. Auch sein Nachfolger, ↗ Johannes IX., rehabilitierte Formosus und konfiszierte die Akten der „Leichensynode".

## Leostadt

Im Jahr 846 waren die → Sarazenen den Tiber hinauf bis Rom vorgedrungen und hatten die Basilika St. Paul vor den Mauern geplündert und verwüstet. Kaiser Lothar I. wollte zwar Hilfe leisten, kam jedoch zu spät. Jedenfalls befahl er eine Verstärkung der Mauern Roms. Papst ↗ Leo IV. machte sich sofort an die Arbeit: Den Vatikanischen Hügel mit der Peterskirche umschloß er mit einer festen Mauer. Nach ihm wurde die Vorstadt später „Leostadt" genannt, die in den Auseinandersetzungen der Päpste mit den römischen Adelsparteien und mit anderen Eindringlingen in die Stadt Rom eine große Rolle spielte.

## Liber Pontificalis

In der Regierungszeit des Papstes ↗ Bonifaz II. entstand wahrscheinlich die erste Niederschrift einer „Papstgeschichte", die in Form von aneinandergereihten Biographien von ↗ Petrus bis ↗ Felix III. (526–530) gehalten ist. Wie jeder Papst hieß, welchen Namen sein Vater trug, aus welcher Stadt oder aus welchem Land er kam und wie lange er Bischof von Rom war, wird in stereotyper Anordnung angegeben. Auch die Disziplinargesetze und die liturgischen Bestimmungen werden genannt, ebenso die Bautätigkeit und die von ihnen gespendeten Weihen sowie die dazugehörigen Zeitereignisse. Die allgemeinen Angaben sind kurz und zumeist historisch unzuverlässig, vom vierten Jahrhundert an werden sie ausführlicher. Erst von ↗ Anastasius II. (496–498) an sind sie zuverlässiger und bieten ein Material, das der Zusammensteller, ein römischer Priester, wohl aus eigenem Erleben kannte. Aber auch die älteren Angaben beruhen teilweise auf guten Quellen. Für die nach Bonifaz II. folgenden Zeiten wurden diese Biographien fortgesetzt (ihre Verfasser kennen wir nicht). Schließlich wurden offizielle Biographien noch zu Lebzeiten der betreffenden Päpste bis zu ↗ Hadrian II. (867–872) bzw. ↗ Stephan V. (885–891) angefügt. Über das → „Dunkle Jahrhundert" gibt es im Liber Pontificalis keine Angaben. Erst danach wird die Berichterstattung wieder aufgenommen und bis ↗ Martin V. (1417–1431) weitergeführt. Auf diesem Papstbuch beruht die erste zusammenfassende Papstgeschichte, die 1479 erschienen ist. Manche Berichte sind parteipolitisch gefärbt, trotzdem stellen sie angesichts des sonstigen Quellenmangels eine wertvolle Geschichtsquelle dar.

## Luther, Martin

Martin Luther ist am 10. November 1483 in Eisleben geboren. Seit 1505 studierte er Rechtswissenschaft in Erfurt. Am 2. Juli 1505 gelobte er nach einem Gewitter, das sein Leben bedroht hatte, Mönch zu werden, und trat in den Orden der Augustiner-Eremiten ein. 1507 empfing er die Priesterweihe und machte danach weitere Studien in Erfurt, wo er auch als Lektor tätig war. 1508 erhielt er ein Lektorat für Moraltheologie an der neugegründeten Universität Wittenberg, kehrte dann aber nach Erfurt zurück. 1512 wurde er dort zum theologischen Doktor promoviert und erhielt eine Professur für Bibelwissenschaften in Wittenberg. In diese Zeit fällt das „Turmerlebnis", das ihn von seiner Heilsangst befreite. – Papst ↗ Julius II. hatte zu Beginn des 16. Jahrhunderts einen Ablaß ausgeschrieben, dessen Einnahmen dem Neubau der →Peterskirche in Rom zugutekommen sollten. ↗ Leo X. erneuerte in seiner Ablaßbulle vom 31. März 1515 diesen Ablaß. Zum päpstlichen Ablaßkommissar für Deutschland wurde Erzbischof Albrecht von Brandenburg bestimmt; er war 1513 Erzbischof von Magdeburg und 1514 Erzbischof von Mainz geworden, außerdem war er Bischof von Halberstadt. Zur Erlangung dieser Ämter mußte er Gebühren nach Rom entrichten, die ihn zur Aufnahme eines Kredits in Höhe von 29 000 Rheinischen Goldgulden beim Bankhaus Fugger in Augsburg zwangen. Rom übergab Albrecht für acht Jahre die Einnahmen aus der Ablaßpredigt, um seinen Kredit abzutragen. Zum Ablaßprediger in Deutschland wurde der Dominikanermönch Tetzel bestimmt. Aus seiner Predigt (und nicht aus dem päpstlichen Ablaßbullen) konnten Mißverständnisse bei den Gläubigen über die Wirksamkeit des Ablasses aufkommen. – Am 4. September 1517 wurden Thesen gegen die scholastische Theologie, die Luther veröffentlicht hatte (und deren Original 1983 wieder aufgefunden wurde) diskutiert: „Disputatio contra scholasticam theologiam". Diese Thesen fanden damals weder bei den Wissenschaftlern noch bei den Politikern Widerhall, obwohl sich Luther viel von ihnen versprochen hatte. Sie führten einen Generalangriff gegen alle Richtungen der damaligen Theologie. In ihnen ist zusammengefaßt, was sich später als Kern der reformatorischen Lehre entfaltete. Aber Wittenberg lag am Rand der bekannten Welt, die Universität war noch sehr jung. So nahm niemand Notiz von den Thesen. Einen sehr viel stärkeren Nachhall fanden die folgenden Thesen (obwohl sie sich nicht gegen die gesamte damalige Theologie, sondern nur gegen einen Punkt, den Ablaß, wandten). Der größere Nachhall resultiert aus dem anderen Empfängerkreis. Am 31. Oktober 1517 übersandte Luther 95 lateinische Thesen über die Kraft des Ablasses an die zuständigen Bischöfe: den Erzbischof von Magdeburg/Mainz als päpstlichen Ablaßkommissar und den Bischof von Brandenburg als zuständigen Diözesanbischof. Zugleich forderte er zu einer theologischen Disputation über dieses Thema auf. Seinem Ordensoberen Staupitz übersandte Luther die Thesen zusammen mit einem Brief an den Papst und erklärte ausdrücklich seine Bereitschaft, die 95 Thesen der Entscheidung des Papstes zu unterwerfen. Albrecht von Brandenburg unterrichtete Rom über die Thesen, was automatisch einen Prozeß wegen Häresieverdacht auslöste. Im Oktober 1518 wurde Luther auf dem Reichstag in Augsburg durch den päpstlichen Legaten Cajetan verhört, ohne daß es zu einer Verständigung gekommen wäre. Am 16. Oktober 1518 appellierte Luther an den Papst und am 28. November an ein Allgemeines Konzil (→ Konziliarismus). Das bedeutendste Ereignis des Jahres 1519 bildete die Disputation in Leipzig zwischen Luther und Eck. Hier leugnete Luther die Verbindlichkeit Allgemeiner Konzilien wie auch anderer Autoritäten (Staatsgewalt, Universitäten) hinsichtlich seiner Lehre. In seinen Kampfschriften 1520 lehnte Luther dann das Lehramt des Papstes, die heilige Messe und die Wesensverwandlung bei der heiligen Wandlung ab, wenn er auch an der Gegenwart Christi im Sakrament festhielt. Sakramente in seinem Sinn waren nur noch Taufe und Abendmahl sowie (mit Vorbehalt) die Buße. Im November 1519 wurde in Rom der Prozeß gegen Luther erneut aufgenommen. Am 15. Juni 1520 unterzeichnete Leo X. die Bannandrohungsbulle gegen Luther, die mit den Worten „Exsurge Domine" („Erhebe dich, Herr") beginnt und 41 Sätze aus den Schriften Luthers als gegen die Lehre der Kirche gerichtet wörtlich anführt. Am 10. Dezember 1520 verbrannte Luther diese Bulle öffentlich in Wittenberg, woraufhin der Papst am 3. Januar 1521 den Bann über Luther verhängte. Am 17. und 18. April 1521 wurde Luther auf dem Reichstag in Worms erneut verhört, er lehnte einen Widerruf seiner Lehre ab. Daraufhin erklärte Kaiser Karl V. am 19. April 1521, er sei fest entschlossen, den Glauben und die Kirche zu verteidigen. Am 26. Mai 1521 unterzeichnete der Kaiser das sog. Wormser Edikt; darin heißt es, die seit drei Jahren aufgekommenen falschen Lehren seien bereits früher von der Kirche verurteilt worden. Der Papst habe vergeblich versucht, Luther von seiner Häresie abzubringen. Ferner wird jedermann aufgefordert, den Vollzug der Ablaßbulle zu unterstützen. Da das Wormser Edikt aber nicht durchgeführt wurde, konnte sich Luthers Lehre ungehindert ausbreiten. – Zum Reichstag in Nürnberg, der am 17. November 1522 begann, hatte ↗ Hadrian VI. Francesco Chieregati als seinen Legaten gesandt. Am 10. Dezember wurde die Lutherfrage behandelt; bei dieser Gelegenheit erklärte der päpstliche Legat, der Papst habe ihn beauftragt, auf die Bedrohlichkeit der Irrlehre hinzuweisen. Am 3. Januar 1523 verlas er ein Breve des Papstes, in welchem der Irrtum Luthers und die Spaltung der Kirche verurteilt, zugleich aber die Mitschuld der Kurie daran bekannt wird. Diese päpstliche Erklärung hatte nicht die beabsichtigte Wirkung: Die auf dem Reichstag versammelten Deutschen Reichsstände erklärten vielmehr am 5. Februar 1523, Maßnahmen gegen Luther würden schwerste Unruhen auslösen, eine Reform der Kirche und die Einberufung eines Allgemeinen Konzils wurden gefordert. Da Hadrian an der Kurie keine Unterstützung hinsichtlich der Reform der Kirche fand, breitete sich Luthers Lehre immer weiter aus, wozu auch Luthers Bibelübersetzung beitrug, die großen Anklang fand. Die Ausbreitung der reformatorischen Lehre war zu dieser Zeit in Deutschland mit sozialen Unruhen verbunden, die man als „Bauernkriege" bezeichnet. An der Spitze der Forderungen, die die Bauern erhoben, stand die freie Predigt des Evangeliums und die Freilassung von Predigern, die die neue Lehre verkündet hatten. Luther wandte sich dann aber gegen die aufständischen Bauern und forderte die Fürsten auf, sie „wie tolle Hunde" totzuschlagen. Die Niederlage der Bauern brachte das Ende der neuen Lehre als Volksbewegung, die Reformation durch die Fürsten begann. Luther betonte immer stärker, es sei Sache der Fürsten, den Widerstand gegen die neue Lehre zu brechen und die Feier der Messe zu verhindern. Dadurch erhielten die Landesfürsten bald das Wächteramt in der Kirche. Das Staatskirchentum hatte sich gebildet. Der Nachfolger Hadrians, ↗ Clemens VII., hatte sofort nach seiner Wahl die Frage der Glaubensspaltung in Deutschland als wichtigstes Problem seines Pontifikates bezeichnet. Deshalb ernannte er am 8. Januar 1524 Lorenzo Campeggio zu seinem Kardinallegaten für Deutschland. Auf dem Reichstag zu Nürnberg 1524 kündigte der päpstliche Nuntius Girolamo Rorario den Besuch Campeggios an. Die Stände forderten jedoch erneut die Einberufung eines Konzils, was der Papst aber (in Erinnerung an den → Konziliarismus und das → Konzil von Basel) ablehnte. Auf dem Reichstag zu Speyer hatten die Stände am 27. August 1526 vereinbart, bis zur Berufung eines Konzils solle jeder so handeln, wie er es vor seinem Gewissen und vor dem Kaiser verantworten könne. Damit war das Wormser Edikt praktisch aufgehoben. Clemens VII. hoffte, auf dem Reichstag zu Augsburg, den der Kaiser für den 8. April 1530 ausgeschrieben hatte, zu einer Einigung in der Glaubensfrage zu kommen, da er eine Einigung zwischen den katholischen und den protestantischen Ständen für möglich hielt. Wieder fungierte Lorenzo Campeggio als päpstlicher Legat. Aber schon bald zeichnete sich ab, daß die protestantischen Stände die im Auftrag des Kaisers erarbeitete Widerlegung des → Augsburger Bekenntnisses nicht annehmen würden. Deshalb empfahl der Kaiser erneut die dringend notwendige Einberufung eines Allgemeinen Konzils. Auf diesem Reichstag wurde das Wormser Edikt erneuert, ferner wurde den Protestanten eine Frist bis zum 15. April 1531 zur Unterwerfung gewährt. Am 30. Oktober 1530 informierte der Kaiser den Papst, daß die Einigungsbemühungen gescheitert waren. Der Nachfolger Clemens' VII., ↗ Paul III., traf sofort nach seinem Amtsantritt die Vorbereitungen für die Einberufung eines Konzils. 1536 wurde das Konzil zunächst nach Mantua, 1537 nach Vicenza berufen; es trat aber wegen politischer Schwierigkeiten nicht zusammen. Außerdem hatten die

protestantischen Fürsten die Annahme einer Einladung zum Konzil abgelehnt. Da auch die katholischen Bischöfe ausblieben, wurde das Konzil zweimal verschoben und 1539 auf unbestimmte Zeit vertagt. Der Kaiser versuchte daraufhin, die Einigung durch Religionsgespräche zu gewinnen; jedoch zeigten sich schon 1541 bei einem solchen Gespräch in Regensburg große Schwierigkeiten. Deshalb schlug der Kaiser im September 1541 Trient als Konzilsort vor, das auf deutschem Reichsgebiet lag und deshalb der Forderung der deutschen Stände nach einem Konzilsort in Deutschland entgegenkam. Die Einberufung des Konzils für den 1. November 1542 blieb erfolglos, weil der französische König und der deutsche Kaiser seit Sommer 1542 im Krieg lagen. Nach Beendigung dieses Krieges wurde der Beginn des Allgemeinen →Konzils von Trient auf den 15. März 1545 festgesetzt. Da zu diesem Zeitpunkt außer dem päpstlichen Legaten, den Kardinälen Del Monte, Cervini und Pole kein auswärtiger Teilnehmer in Trient anwesend war, konnte das Konzil erst am 13. Dezember 1545 eröffnet werden. Martin Luther starb am 18. Februar 1546 in Eisleben.
(Zu „Luthers Bedeutung für den Ökumenischen Dialog" vgl. H. Fr. Geisser/ G. Heintze/ E. Iserloh/ H. L. Martensen/ G. Müller/ J. Panagopoulos/ H. O. Pesch: Weder Ketzer noch Heiliger. Verlag Friedrich Pustet Regensburg 1982.)

## Manichäismus

Im Jahr 242 trat in Persien *Mani* auf, der sich „der große Prophet" nannte und behauptete, er sei der letzte Träger der Offenbarung nach Noa, Abraham, Zoroaster, Buddha und Christus. Die wesentlichen Züge seiner Lehre waren: Von allem Anfang an standen sich das Reich des Lichtes, das gut ist, und das Reich der Finsternis, der Inbegriff des Bösen, in unversöhnlichem Kampf gegenüber (→Gnosis). Der Satan griff das Reich des Lichtes an. In diesem Kampf vermischten sich die beiden Reiche, aus dem Gemisch bildete der Engel des Lichtes Sonne, Mond und Sterne, während der Herrscher des Reiches der Finsternis die ersten Menschen zeugte, Adam und Eva. Jede menschliche Zeugung trägt dazu bei, das Licht in die Finsternis hineinzubannen. Deshalb soll sich der Mensch – neben dem Verzicht auf „unreine" Speisen – auch vom Geschlechtsverkehr fernhalten. An diese Bestimmungen waren jedoch nur die „Auserwählten" gebunden; die große Masse der Anhänger hatte nur an Mani zu glauben. Außerdem mußten sie für den Unterhalt der Auserwählten sorgen, öfters (vor allem am Sonntag) fasten und täglich bestimmte Gebete verrichten. Mani wurde 276 vom persischen König gekreuzigt. – Die Lehre Manis breitete sich (nun als Geheimlehre) in Persien aus. Im 3. Jahrhundert kam sie auch ins römische Reich, wo jedoch Kaiser Diokletian 292 und 295 die Lehre unter Androhung strenger Strafen verbot. Die Lehre Manis blieb auch dann

Geheimlehre, als das Christentum unter Kaiser Konstantin Staatsreligion geworden war. Im Jahr 374 schloß sich →Augustinus von Hippo dem Manichäismus an, wandte sich jedoch 383 (noch vor seiner Taufe) wieder davon ab. Als Bischof von Hippo bekämpfte er die Lehre in mehreren Schriften. Unter Papst ↗Leo I. ergriff der Manichäismus auch manche Christen in Rom; es gab einen Zusammenhang zwischen dem Manichäismus und dem →Priszillianismus. Leo I. hielt mehrere Synoden gegen die Irrlehre; zu ihrer Überwindung nahm er auch staatliche Hilfe in Anspruch: Der Kaiser erließ am 19. Juni 449 eine Verordnung, die die strenge Handhabung des Gesetzes gegen die Irrlehrer bekräftigte. Unter verschiedenen Namen hielt sich der Manichäismus noch einige Zeit und beeinflußte z. B. mancherorts die Lehre der Kirche über die Ehe.

## Metropoliten

Die Metropoliten sind die Bischöfe in wichtigen „Mittelpunkt-Städten", denen andere Bischöfe als Suffragane unterstellt sind. So bilden sie ein Mittelglied zwischen dem Papst und dem einzelnen Bischof (→Patriarchen). Nachdem Kaiser Konstantin der Kirche die Freiheit gegeben hatte (→Toleranzedikt von Mailand), besorgte er auch die notwendig gewordene Organisation der Kirche. Der Kirchenverfassung wurde die staatliche Provinzeinteilung zugrunde gelegt. Der Bischof der Provinzhauptstadt, der *Metropolit,* erhielt das Recht, über die Ablehnung oder Anerkennung eines Bischofs zu entscheiden, der von der Provinzsynode gewählt worden war. Dabei wurden die „alten Gewohnheitsrechte" des Bischofs von Rom auch auf die →Patriarchen von Alexandrien und Antiochien übertragen. – Die Ausbreitung und Festigung der Kirche im Reich der →Franken unter →Bonifatius lebte sehr stark von der Organisation der Diözesen und der Metropolitanverbände, die aus der Zeit des römischen Gallien übriggeblieben waren. Die Bischöfe dieser Diözesen arbeiteten eng zusammen. Ein Mittel zur Gemeinsamkeit waren die Provinzialsynoden und die Reichssynoden, die zumeist vom Kaiser einberufen wurden; diese Synoden zeigten im 6. Jahrhundert eine ungewöhnliche innere religiöse Fruchtbarkeit. Vor allem hatte Karl der Große (→Franken) ein Interesse an einer fest geregelten kirchlichen Verwaltung. Zu seiner Zeit entstanden die Metropolitansitze (= Erzbistümer) Köln, Trier, Mainz, Salzburg. Später kamen noch Hamburg–Bremen und Magdeburg hinzu. Diesen sechs Erzbistümern unterstanden im Mittelalter 40 Bistümer. Diese erhielten das Reichsgut als kaiserliches Lehen (wodurch es später zum →Investiturstreit kam). Das äußere Abzeichen der Metropolitenwürde war das →Pallium, ein weißes Wollband mit schwarzen Kreuzen, das der Papst den Erzbischöfen verlieh. – Gelegentlich kam es zu Auseinandersetzungen zwischen den Päpsten und den Metropoliten: sie fürchteten päpstliche

Eingriffe in ihre Eigenrechte, die sie streng hüteten (Reims unter ↗ Leo IV.). Gelegentlich haben sich dann auch die weltlichen Fürsten der Interessen dieser Metropoliten bedient, um ihre Pläne von einer evtl. „Nationalkirche" zu verwirklichen (→ Gallikanismus). Auf die Dauer hat sich jedoch die päpstliche Oberhoheit durchgesetzt; das 21. Allgemeine → Konzil im Vatikan (II. Vatikanum) hat die Kollegialität der Bischöfe mit und unter dem Papst hervorgehoben.

## Modalismus

→ Sabellianismus

## Modernismus

In der Theologie versteht man unter Modernismus eine Richtung, die sich um das bessere Verständnis der Bibel und der Kirche bemühte. Ausgelöst wurden die Auseinandersetzungen um den Modernismus durch den französischen Priester Alfred Loisy (1857–1940), der, angeregt von der protestantischen Bibelkritik in Deutschland, die Prinzipien der historischen Methode auf die Heilige Schrift und die urchristlichen Quellen anwandte. Er erklärte die Dogmen der Kirche als „nicht vom Himmel gefallene Wahrheiten"; sie seien je nach dem Verständnis der einzelnen Zeitalter entwicklungsfähig. Deshalb forderte er die Unabhängigkeit der Wissenschaft vom kirchlichen Lehramt. – 1903 wurden Loisys Schriften auf den Index der verbotenen Bücher gesetzt; Loisy unterwarf sich dem Urteil. Als jedoch ↗ Pius X. in der Enzyklika „Pascendi" im September 1907 die Lehren des Modernismus feierlich verurteilte, verweigerte Loisy die von Rom geforderte Unterwerfung. Daraufhin wurde er mit dem Bann belegt, also aus der Gemeinschaft der Kirche ausgeschlossen. In seinen 1930 erschienenen Memoiren erklärte Loisy, er habe schon in sehr frühen Jahren eine von jedem positiven Glauben losgelöste Position eingenommen; sie sei nicht die Frucht der Studien in seinen letzten Lebensjahren. Allerdings blieb diese Meinung von Kennern seiner Schriften nicht unwidersprochen. – Einerseits gab Loisy wichtige Denkanstöße für die theologische Wissenschaft. Andererseits sah man die Gefahr einer Auflösung der Übernatürlichkeit des Glaubens; das innere Erlebnis trete an die Stelle eines äußerlich festlegbaren Glaubens; außerdem werde die Offenbarung und die kirchliche Überlieferung ausgehöhlt. Im Anschluß an die genannte Enzyklika wurde 1910 der Antimodernisteneid vorgeschrieben, den alle Priester vor ihrer Weihe und jeweils bei der Übernahme einer neuen kirchlichen Aufgabe leisten mußten. Darin waren die katholischen Glaubenswahrheiten gegenüber dem Modernismus ausgesprochen. Im Jahr 1968 entfiel der Antimodernisteneid in seiner seitherigen Form.

## Molinismus

Die →Jesuiten hatten die Bedeutung des menschlichen Willens im Heilsprozeß stark betont. Ihnen trat der →Jansenismus entgegen, außerdem die →Dominikaner. Der Streit ging darum, wie man das Zusammenwirken von Gnade und freiem Willen im menschlichen Wirken erkläre. Der spanische Jesuit Ludwig *Molina* (gestorben 1600) hatte 1588 ein Werk veröffentlicht „Über die Harmonie des freien Willens mit der Gnade", das bald den lebhaftesten Widerspruch der Dominikaner hervorrief: sie erklärten die Auffassung des Molina für →semipelagianisch, worauf die Jesuiten die gegenteilige Lehre als calvinistisch bezeichneten. Da in diesen Streit mit der Zeit auch Bischöfe und andere Orden hineingezogen wurden, schuf ↗ Clemens VIII. eine „Kongregation für die Hilfen der Gnade", die von 1598–1607 – ohne Ergebnis – tagte. ↗ Paul V. verbot 1611 die Veröffentlichung von Schriften zu diesem Thema ohne päpstliche Erlaubnis. – Der Molinismus war die Wurzel einer anderen Lehre, die – wiederum im Gegensatz zu den Jesuiten – in der Hingabe des Menschen an Gott völlige Passivität forderte, der Quietismus: Gott wirke seine Gnade unter Ausschaltung der menschlichen Person. Das eigentliche Ziel Molinas war die Pflege des religiösen Lebens und vor allem des beschaulichen Gebetes. ↗ Innocenz XI. verurteilte 1679 durch das Heilige Offizium (→Inquisition) die Lehren Molinas und des Quietismus. Das Verfahren gegen Molina wurde 1687 abgeschlossen und endete mit der Verurteilung von 68 Sätzen aus seinen Werken. – Am Ende des 17. Jahrhunderts setzte sich dieser Streit auch in die Bereiche der Gestaltung persönlicher Frömmigkeit fort: Bischof Fenelon (gestorben 1715) und Bischof Bossuet (gestorben 1704) standen sich in Frankreich gegenüber. Dabei ging es auch um Glaubensinhalte: Beim Quietismus ist der Gottesbegriff einer völligen Verflüchtigung preisgegeben. ↗ Innocenz XII. verurteilte die Auffassungen Fenelons 1699, der sich der päpstlichen Entscheidung unterwarf.

## Monarchianismus

Die Juden glauben an den *einen* Gott, die Christen an den einen Gott in drei Personen. Die Frage, wie die Einheit Gottes mit der Dreiheit der Personen zu vereinen sei, führte zu manchen Irrlehren. Der →Adoptianismus erklärte Jesus als von Gott adoptiertes Geschöpf des Vaters; der →Sabellianismus und der →Modalismus lehrten, die beiden Personen (der Sohn und der Heilige Geist) seien nur Erscheinungsformen des einen Gottes: die Dreiheit der Personen sei nicht vom göttlichen Wesen, sondern von den Beziehungen Gottes zur Welt und zur Menschheit begründet. Diese Irrlehren, die sich gegen die Dreifaltigkeit aussprachen, wurden unter dem gemeinsamen Wort Monarchianismus zusammengefaßt, da sie an der „Monarchie" des Vaters festhalten wollten.

## Monenergismus

Wer ist Jesus Christus? Diese Frage beschäftigte die Theologie und das kirchliche Lehramt in den ersten drei Jahrhunderten sehr intensiv: Ist er nur Gott, der zum Schein einen menschlichen Leib annahm (→Doketismus)? Ist er von Gott erschaffen und dann besonders hervorgehoben worden (→Arianismus)? Ist er nur eine Erscheinungsweise des *einen* Gottes (→Modalismus)? Die →Monophysiten hatten auf diese Fragen eine Antwort versucht, die aber in die Irre führte: sie hatten die beiden Naturen in Christus (die auf dem Allgemeinen →Konzil von Ephesus definiert worden waren) so eng miteinander verschmolzen, daß faktisch nur eine einzige, die göttliche Natur übrigblieb. Um die Monophysiten wieder mit der Kirche zu vereinen, versuchte Patriarch Sergius von Konstantinopel, das Verhältnis der beiden Naturen in Christus neu zu erklären, wobei er an den Festlegungen des Allgemeinen →Konzils von Chalcedon festhalten wollte. Anstelle der von den Monophysiten vertretenen Naturen-Einheit lehrte er die Willenseinheit: Die beiden Naturen in Christus seien so eng miteinander verbunden, daß man in Wirklichkeit nur von einer einzigen gottmenschlichen Energie sprechen könne: Monenergismus. Es gelang Sergius mit dieser Formel, eine Reihe von Monophysiten für die Kirche zurückzugewinnen. Die Formel war aber in sich falsch: Sie wurde zum →Monotheletismus hin erläutert und erweitert und durch das 6. Allgemeine →Konzil in Konstantinopel 681 verurteilt.

## Monophysitismus

Die christologischen Streitigkeiten erschütterten die Kirche in den ersten drei Jahrhunderten sehr: Wer ist Jesus Christus? Ist er ein Geschöpf des Vaters (→Arianismus)? Ist er eine Erscheinungsform des einen Gottes (→Modalismus)? Das I. Allgemeine →Konzil von Nicaea 325 hatte den Arianismus als Irrlehre verworfen und gelehrt, Christus sei Gott von Gott, Licht vom Licht, eines Wesens mit dem Vater. Gegen die →Nestorianer, die lehrten, Gott wohne in Jesus wie in einem Tempel, entschied das Allgemeine →Konzil von Ephesus 431. Damit war jedoch der Streit um die genaue Bestimmung des Verhältnisses von Gottheit und Menschheit in Christus nicht beendet. Eutyches, Abt eines Klosters nahe bei Konstantinopel und entschiedener Gegner des Nestorianismus, hatte die beiden Naturen in Christus so eng miteinander verbunden, daß faktisch nur noch eine einzige, die göttliche übrigblieb. Damit war die Menschheit Jesu in Frage gestellt, zugleich das eigentliche Wesen seiner Erlösertätigkeit und das Heilsmysterium der Kirche. Die Lehre des Eutyches wurde Monophysitismus genannt (*eine* Natur = physis in Christus). Auf einer Synode verurteilte der Patriarch von Konstantinopel Eutyches, da dieser nicht widerrufen wollte, als Häretiker. Dieser wurde jedoch vom Patriarchen von Alexandrien unterstützt, der ähnliche Gedanken wie Eutyches vertrat. Darum berief Kaiser Theodosius II. ein Reichskonzil nach Ephesus (449), das ganz unter dem Einfluß des Patriarchen von Alexandrien stand und unter tumultartigen Umständen Eutyches rehabilitierte. Papst ↗ Leo I., dessen Gesandte man nicht hatte zu Wort kommen lassen, bezeichnete diese Versammlung als „Räubersynode". Schon vorher hatten sich Eutyches und der alexandrinische Patriarch an Papst Leo gewandt. In einem berühmten Brief hatte dieser die Lehre von den zwei Naturen in Christus dargelegt, die ungemischt und ungetrennt in der *einen* Person Christi verbunden sind. Für die abendländische Theologie waren mit dieser Klarstellung durch den Papst die Linien für die weitere theologische Entwicklung gegeben, zumal das Allgemeine → Konzil von Chalcedon 451 im gleichen Sinn entschied. In der Kirche von → Byzanz ging der Kampf um den Monophysitismus aber weiter: Bei der Wahl des Nachfolgers für den Patriarchen von Alexandrien kam es zu einer Spaltung der Kirche: Der orthodoxe Kandidat wurde vom Pöbel in seiner Bischofskirche erschlagen, der Monophysit gewann die Wahl. Manche der oströmischen Kaiser neigten sehr zum Monophysitismus und unterstützten seine Anhänger. Schließlich führte der Streit um die beiden Naturen in Christus (also auch um den Monophysitismus) zum → Monenergismus und zum → Monotheletismus mit allen unguten Folgen für die Kirche.

## Monotheletismus

Die Frage nach den beiden Naturen in Christus beschäftigte die Theologie und das kirchliche Lehramt lange Zeit. Nachdem das I. Allgemeine → Konzil von Nicaea 325 die Irrlehre des → Arianismus verworfen und die Einheit der beiden Naturen verkündet hatte, entschied das Allgemeine → Konzil von Chalcedon 451, diese beiden Naturen seien unvermischt und ungetrennt in der *einen* Person Christi. Es verwarf damit die Lehre der → Monophysiten, die nur von *einer* Natur in Christus sprachen. Um die Monophysiten wieder an die kirchliche Lehre zu binden, lehrte Sergius, Patriarch von Konstantinopel, die Einheit bestehe in der Einheit des Willens, so daß man nur von einer einzigen gottmenschlichen Energie sprechen könne (→ Monenergismus). Demgegenüber machte der Theologe Sophronius, seit 634 Patriarch von Jerusalem, zu recht geltend, diese Lehre leiste dem Monophysitismus Vorschub. Sergius wandte sich deshalb an Papst ↗ Honorius I., der in der griechischen Theologie jedoch kaum bewandert war. Er verstand die Einheit der beiden Naturen in Christus nicht physisch, sondern moralisch: man könne nur von *einem* Willen in

Christus sprechen (Monotheletismus), da die menschliche Natur in Christus sündenlos gewesen sei. „Wir bekennen den *einen* Willen Christi", schrieb er in einem Brief an Sergius; und in einem weiteren Schreiben bezeichnete er es als „ärgerniserregende neue Erfindung", von einer oder zwei Energien zu sprechen, es sei an dem (moralisch!) einen Willen in Christus festzuhalten. Diese – theologisch falsche – Antwort hat zur →Honoriusfrage geführt, die bis ins I. Vatikanische Konzil die Gemüter erregte. Honorius wurde der Irrlehre angeklagt, von seinen Nachfolgern jedoch insofern in Schutz genommen, als sie erklärten, Honorius habe das Feuer der Irrlehre nicht frühzeitig und intensiv genug ausgelöscht.

## Montanismus

Der Irrlehrer Montanus (um das Jahr 150) verkündete das baldige Erscheinen des Heiligen Geistes und forderte die Christen auf, alles zu verlassen und in Phrygien, wohin sie sich begeben sollten, die Ankunft des neuen Zeitalters zu erwarten. Der Endzeitstimmung, die in dieser Häresie vorherrschte, entsprach ein ethischer Rigorismus. Über das Zeugnis Tertullians, der später den Montanisten beigetreten ist, weiß man von einer Verschärfung der Fastenpraxis, von energischer Verurteilung der Flucht in der Verfolgungszeit, von leibfeindlichen Stellungnahmen zur Ehe sowie von einer starren Unnachgiebigkeit gegenüber sündig gewordenen Christen. Die Bischöfe Kleinasiens verwarfen 170 und 180 die Irrlehre. Jedoch ihre Anziehungskraft war ungebrochen. Über den weiteren Fortgang der Irrlehre existieren nur spärliche Zeugnisse. Augustinus berichtet in seinem gegen die Häretiker gerichteten Buch davon, daß sich letzte Reste der „Tertullianisten" mit der Gesamtkirche ausgesöhnt haben.

## Namenswechsel der Päpste

Der erste Papst, der seinen Namen änderte, war ↗ Johannes II. (533–535), da er seinen seitherigen Namen Mercur (der der Name eines heidnischen Gottes war) als Papstnamen nicht geeignet ansah. Doch auch nach ihm behielten die Päpste zunächst noch ihre Taufnamen bei. Erst seit ↗ Benedikt VIII. (1012–1024) ist die Änderung des Namens beim Antritt des päpstlichen Amtes allgemeine Übung geworden.

## Nepotismus

Mehrere Päpste des Mittelalters haben sich durch Nepotismus schwer verfehlt: Sie haben mehr für ihre Familie (ihre „Neffen" = Nepoten) gesorgt als für das päpstliche Amt. Junge, ungeeignete und unfähige Männer haben sie zu Kardinälen erhoben und in kirchliche Führungspositionen gebracht; das Kirchengut des →Kirchenstaates haben sie seinem eigentlichen Zweck entfremdet und ihrer Familie geschenkt; sie haben der Kurie schwere finanzielle Lasten aufgebürdet und damit der Finanzverwaltung schweren Schaden zugefügt. Zwar haben die Vertreter der Kirchenreform immer wieder dagegen protestiert, manche →Wahlkapitulationen verboten den Nepotismus, aber die Päpste, die davon besessen waren, ließen sich durch nichts davon abbringen. Dadurch haben sie der Glaubwürdigkeit ihres Amtes und Dienstes schweren Schaden zugefügt. 1692 verbot ↗ Innocenz XII. den Nepotismus endgültig.

## Nestorianismus

Bei dieser Lehre ging es um die Einheit bzw. Verschiedenheit der beiden Naturen in Christus, wie auch in den anderen Irrlehren der frühen Zeit (→Arianismus, →Monenergismus, →Monophysitismus, →Monotheletismus). Das Konzil von Nicaea hatte 325 die Gottheit und Menschheit Jesu Christi definiert. Wenn nun das Konzil von Chalcedon 451 darüber hinaus ausführt: „in zwei Naturen unvermischt, unverwandelt, ungetrennt und ungesondert", dann will es damit die in der Zwischenzeit aufgetretenen Irrlehren treffen, die eine Erklärung für das Verhältnis der beiden Naturen in Christus finden wollten. „Unvermischt und unverwandelt" wird dabei den Vertretern des →Monenergismus, des →Monotheletismus und des →Monophysitismus entgegengehalten; „ungetrennt und ungesondert" richtet richtet sich gegen die Anhänger des Nestorius. – In Alexandria gab es eine sehr berühmte Theologenschule, die lehrte, beide Naturen in Christus seien nicht innerlich vereint, sondern nur (wie zwei zusammengepreßte Stücke Holz) eng verbunden. Damit war die Wesenseinheit des Erlösers (und zugleich sein Erlösungswerk) in Frage gestellt: Eine wirkliche Menschwerdung der zweiten Person Gottes gibt es dann nicht, sondern nur das Innewohnen des Logos in einem Menschen. Diese Lehre fand starke Beachtung, als sie durch Nestorius, seit 428 Patriarch von Konstantinopel, vertreten wurde. In seinen Predigten bestritt er deshalb Maria den Titel „Gottesmutter", Maria habe nur den Menschen Jesus geboren. Cyrill, der Patriarch von Alexandrien, vertrat demgegenüber die Lehre von der wirklichen Gottmenschlichkeit Jesu, also von der Einheit der beiden Naturen, wie sie durch die Allgemeinen →Konzilien von Nicaea 325 und Konstantinopel 381 verkündet worden war. Auf die Bitte Cyrills verwarf Papst ↗ Coelestin I. bereits 430 auf einer römischen Synode die Lehre des Nestorius. Da der Papst seine Entscheidung als bindend betrachtete, verlangte er von Nestorius unter Androhung des Bannes Widerruf innerhalb von zehn Tagen. Gleichzeitig beauftragte er Cyrill mit der Durchführung des Urteils. Für die damit heraufbeschworenen Schwierigkeiten war vor allem der streitsüchtige Charakter Cyrills verantwortlich, der das Ansehen des römischen Bischofs sehr zu seinen Gunsten ausnutzte. Im Namen des Papstes verwarf er 12 Sätze des Nestorius. Dieser setzte sich dagegen zur Wehr und stützte sich auf den Patriarchen von Antiochien. So standen die beiden Patriarchate Konstantinopel und Antiochien gegen die Patriarchate Rom und Alexandrien. In dieser Situation berief Kaiser Theodosius für Pfingsten 431 ein Allgemeines → Konzil nach Ephesus. Noch bevor alle Bischöfe hatten anreisen können, eröffnete Cyrill das Konzil am 22. Juni 431. Noch am gleichen Tag nahmen die 198 anwesenden Bischöfe die Verurteilung des Nestorius an: Er wurde abgesetzt. Der Patriarch von Antiochien kam erst einige Tage später zum Konzil; er veranstaltete ein „kleines Konzil" und enthob Cyrill seines Amtes. Der Kaiser bestätigte beide Entscheidungen: sowohl Cyrill als auch Nestorius wurden gefangengenommen. Schließlich kam es durch die Päpste ↗ Coelestin I. und ↗ Sixtus III. zur Einigung: der Patriarch von Antiochien anerkannte die Absetzung des Nestorius und übernahm die Glaubensaussage über die Gottheit Christi: Maria ist „Gottesgebärerin".

## Normannen

Ursprünglich Nordmannen genannt, Wikinger, die aus Skandinavien, vor allem aus Dänemark als Seefahrer, Eroberer und Staatengründer zu den Küsten Europas vordrangen. Am Ende des 8. Jahrhunderts begannen sie mit ihren Schiffen zu den Küsten des Reiches der → Franken vorzudringen. 911 entstand an der Seine-Mündung die Normandie, wo die Normannen mit dem Christentum bald die französische Sprache und Kultur annahmen. Diese französischen Normannen gründeten (in der zweiten Hälfte des 11. Jahrhunderts) ein Königreich in Unteritalien und Sizilien. Papst ↗ Leo IX. (1049–1054) zog gegen die Normannen ins Feld, die gegen Kirchen und Klöster entsetzlich wüteten. Allerdings wurde das päpstliche Heer 1053 in Apulien entscheidend geschlagen, der Papst selbst geriet in Gefangenschaft und wurde neun Monate lang in Benevent gefangengehalten. Unter ↗ Nikolaus II. änderte sich die päpstliche Politik gegenüber den Normannen: Er suchte bei den seitherigen Feinden des päpstlichen Stuhles einen festen Rückhalt. Auf einer Synode 1059 belehnte der Papst die Normannen mit Kalabrien, Apulien und Sizilien, das noch in der Hand der → Sarazenen war. Die Normannen leisteten dem Papst den Vasalleneid und verpflichteten sich zum Schutz der Kirche; vor allem gewährleisteten sie die freie → Papstwahl. Diese Belehnung der Normannen mit den unteritalienischen Gütern bedeutete eine Verletzung der Rechte des deutschen Reiches: Es kam zum Bruch zwischen Deutschland und Rom. – Im Streit zwischen dem deutschen Kaiser Heinrich IV. (→ Sachsen) und Papst ↗ Gregor VII. (→ Investiturstreit) kam Heinrich im Frühjahr 1084 in den Besitz der ganzen Stadt Rom: Gregor, der nur noch über die → Engelsburg verfügte, wurde von Heinrich abgesetzt, der Gegenpapst ↗ Clemens III. in St. Peter inthronisiert, Heinrich durch ihn zum Kaiser gekrönt. Als die Lage für Gregor immer bedrohlicher wurde, erschienen die Normannen und befreiten den Papst. Allerdings verwüsteten sie bei dieser Gelegenheit die Stadt Rom aufs schwerste. Das schuf viel Verbitterung unter der römischen Bevölkerung gegen die Normannen. – Eine Bedrohung des Papsttums wurde noch einmal akut: Als Heinrich VI. (→ Staufer) auch Herr über das normannische Reich in Sizilien geworden war, also über ganz Süditalien, konnte Rom erdrückt werden. Aber Heinrich starb, erst 32 Jahre alt, im Jahr 1197. Sein Erbe, Friedrich II., war erst drei Jahre alt. So war die Bedrohung des Papsttums vorübergegangen, in ↗ Innocenz III. erreichte es den Höhepunkt der mittelalterlichen Papstherrschaft.

## Novatianismus

In der frühen Zeit der Kirche gab es für die drei „Kapital-Sünden" (capita = Häupter) Ehebruch, Mord und Abfall vom Glauben, wenn sie nach der Taufe begangen wurden, nur schwer Vergebung; für gewöhnlich wurde die Wiederaufnahme in die Kirche erst auf dem Sterbebett gewährt (weshalb man vielfach den Empfang der Taufe bis zu diesem Zeitpunkt hinausschob). Papst ↗ Cornelius, der nach langer → Sedisvakanz aufgrund der → Christenverfolgung unter Kaiser Decius gewählt worden war (251), entschied: Alle in dieser Verfolgung vom Glauben Abgefallenen können – nach entsprechender Buße – wieder in die Kirche aufgenommen werden. Ähnlich hatte etwa zur gleichen Zeit der Bischof von Karthago, Cyprian, entschieden und dabei die Bestätigung seiner Auffassung durch den römischen Priester Novatian gefunden. Als jedoch Papst Cornelius in Rom die gleiche milde Bußpraxis wie Cyprian vertrat, fand er den Widerspruch einer Gruppe von Christen, die Novatian auf ihre Seite zogen und ihn zum Gegenbischof ausriefen. Novatian rechtfertigte diesen Schritt mit der Begründung, Cornelius habe den „Gefallenen" Vergebung versprochen. Diese rigoristische Gruppe gehörte zu den → Katharern, den „Reinen", die ein strenges Heiligkeitsideal verkündeten, alle Todsünder aus der Kirche ausschlossen und zum Kampf gegen die „sündige" Kirche aufriefen. Dabei leugneten sie die Vergebungsvollmacht der Kirche, die Jesus den Aposteln übertragen hatte (Joh 20,23); sie verwarfen die Gleichnisse Jesu vom Unkraut unter dem Weizen und vom Fischnetz (Mt 13,24ff; 13,36ff; 13,47ff). In ihnen hatte Jesus davon gesprochen, daß es innerhalb der Kirche Sünder gäbe, die erst am Ende der Welt (ihres Lebens) ausgeschieden würden. Die Irrlehre des Novatian fand zahlreiche Anhänger, sie verbreitete sich vor allem im Morgenland und erlosch erst im 7. Jahrhundert.

## Orthodoxe Kirche

Die „Orthodoxe" (= rechtgläubige) Kirche umfaßt jenen Teil der Christenheit des Ostens, der seit dem 11. Jahrhundert neben der römisch-katholischen Kirche mit eigener Liturgie besteht. Sie selbst nennt sich „orthodoxe katholische und apostolische Kirche des Morgenlandes". Diese Kirche bildet keine organisatorische Einheit. Sie ist eine Vereinigung selbständiger (autokephaler) Kirchen, die ihre Einheit im gemeinsamen Glauben und in der Liebe zu einander sehen. Das oberste Organ ist die panorthodoxe Bischofssynode. Der →Patriarch von Konstantinopel nimmt als Ökumenischer Patriarch einen Ehrenprimat ein. – Die Entstehung dieser orthodoxen Kirche (in der Loslösung von der römischen Kirche) begann schon frühzeitig: Wegen der Verschiedenheit der Sprache und der Liturgie nannte man die östliche Kirche die „griechische" Kirche. Zwischen dem mystisch und beschaulich veranlagten Osten und dem mehr aktiven, verstandesmäßig orientierten, vom römischen Recht beeinflußten Westen kam es zu Spannungen und Mißverständnissen. Die Unterscheidungslinien wurden noch schärfer, als im Jahr 395 Kaiser Theodosius das römische Reich unter seine Söhne teilte und damit ein ost- und ein weströmisches Reich schuf. Der in der Hauptstadt Ostroms residierende Bischof von Konstantinopel legte sich den Titel →Patriarch zu und erhielt eine gewisse Oberhoheit über die Patriarchen des Morgenlandes (Alexandrien, Jerusalem, Antiochien). Die oströmischen Kaiser mischten sich immer mehr in kirchliche Fragen ein, so daß die orthodoxe Kirche allmählich ihre Freiheit verlor und in die völlige Abhängigkeit der Kaiser geriet. Infolge der Eifersucht der oströmischen Kaiser gegenüber Rom und infolge des Machtstrebens der Patriarchen von Konstantinopel wuchs die Entfremdung. Dazu kam die allmähliche Loslösung Roms von →Byzanz, das einen Schutz der Kirche nicht mehr gewährleisten konnte, und die Hinwendung der Päpste zu den →Franken. – Auch theologisch entwickelten sich die Kirchen auseinander: der →Monophysitismus und der →Bilderstreit sind nur Zeichen dieser Entwicklung. Im Streit um den Monophysitismus hatte Akakios, Patriarch von Konstantinopel, im Auftrag des dortigen Kaisers eine Glaubensformel ausgearbeitet, die zwar in Ostrom 482 als Religionsedikt für das ganze Reich vorgeschrieben, aber vom Papst nicht anerkannt wurde, weil wesentliche Punkte des Glaubensbekenntnisses aus dem Allgemeinen →Konzil von Chalcedon preisgegeben waren. Papst ↗ Felix II. schickte eine Gesandtschaft nach Konstantinopel, die den Patriarchen mit Hinweis auf Mt 16,18 vor den Richterstuhl des Papstes nach Rom zitieren sollte. Die Gesandten wurden dort „wie Kriegsgefangene eingekerkert" und so eingeschüchtert, daß sie ihren Auftrag zurücknahmen und die Kirchengemeinschaft mit den Monophysiten herstellten. Im Juli 484 hielt der Papst nach der Rückkehr der Gesandten eine Synode in Rom, die

Akakios und seine Anhänger, also auch den Kaiser (ohne ihn zu nennen), aus der Kirchengemeinschaft ausschloß. In einem Schreiben an den Kaiser beklagte sich der Papst über die Behandlung seiner Gesandten; mit aller Deutlichkeit sprach er dem Kaiser das Recht ab, in Glaubensfragen eine Entscheidung zu treffen: „Die heiligen Mysterien habt ihr nicht zu lehren, sondern von ihren Verwaltern zu erlernen." Dieser Unterschied zwischen geistlicher und politischer Macht war in Ostrom unverständlich. Akakios nahm die römische Exkommunikation nicht an, vielmehr schloß er Felix aus der Kirchengemeinschaft aus. Die Spaltung dauerte bis zum Jahr 519; in diesem Jahr nahm der oströmische Kaiser eine von Papst ↗ Hormisdas entworfene Glaubensregel an, die sich streng an Chalcedon hielt. – Zu weiteren Spannungen kam es, als der ehrgeizige Patriarch Photios von Konstantinopel mit allen Mitteln, auch mit Fälschungen, die morgenländische von der abendländischen Kirche losreißen und sich selbst an ihre Spitze setzen wollte (858, Papst ↗ Nikolaus I.). Was Photios mißlang, glückte dem geltungsbedürftigen Patriarchen Michael Kerullarios. 1054 hatte der päpstliche Legat Humbert auf dem Altar der Hagia-Sophia-Kirche in Konstantinopel eine Bannbulle niedergelegt, auf die Michael mit dem Bann über Kardinal Humbert antwortete (↗ Leo IX.). Damit war das → Schisma Wirklichkeit geworden. – Das 17. Allgemeine → Konzil von Basel/Ferrara/Florenz 1431–1445 brachte eine Union mit den Griechen, die aber nicht von Dauer war. Beim II. Vatikanischen → Konzil verlas am 7. Dezember 1965 Erzbischof Willebrands vom Sekretariat für die Einheit der Christen eine gemeinsame Erklärung der römisch-katholischen Kirche und des Patriarchates von Konstantinopel, in der die gegenseitigen Exkommunikationen von 1054 aufgehoben wurden. Man erklärte, die damaligen Bannsprüche hätten ursprünglich nur die beiden betroffenen Personen gemeint, nicht aber die Kirchen. Den rechtlichen Akt der Aufhebung, der anschließend von Kardinal Bea vollzogen wurde, besiegelte eine Umarmung des Papstes mit dem Führer der orthodoxen Delegation. Gleichzeitig wurde in der St. Georgskirche in Konstantinopel die gemeinsame Erklärung verlesen; Kardinal Shehan von Baltimore nahm als Vertreter des Papstes an dieser Feier teil.

## Osterfeststreit

In Kleinasien feierten die Christen zusammen mit den Juden das Osterfest am 14. Nisan ohne Rücksicht auf den jeweiligen Wochentag. In Rom und in der übrigen Kirche hingegen feierte man das Fest am Sonntag nach dem 14. Nisan. Im Jahr 154/155 verhandelte Bischof Polykarp von Smyrna mit Papst ↗ Anicet wegen eines gemeinsamen Termins, es gab jedoch keine Einigung. ↗ Victor I. brachte die Vorrangstellung der römischen Kirche machtbewußt zur Geltung, indem er Bischof Polykrates von Ephesus und die kleinasiatischen Bischöfe, die am 14. Nisan festgehalten hatten, kurzerhand aus der kirchlichen Gemeinschaft ausschloß. Jedoch blieben bis zum 3. Jahrhundert einige der kleinasiatischen Gemeinden ihrem früheren Brauch treu. Das Allgemeine →Konzil von Nicaea 325 legte fest, Ostern sei immer am Sonntag nach dem ersten Frühjahrsvollmond zu feiern.

## Ostgoten

→Goten

## Ostkirche

→Byzanz, →Orthodoxe Kirche

## Ottonen, Die

*Otto I.* der Große (936–973), der mächtigste Herrscher des Abendlandes, kam auf Bitten des Papstes ↗ Agapet II. (946–955) nach Italien; er eroberte die Lombardei, vermählte sich mit Adelhaid, einer Tochter des Burgunderkönigs, und schickte eine Gesandtschaft nach Rom, um mit dem Papst über die Kaiserkrönung zu verhandeln. Doch zwangen die politischen Verhältnisse in Deutschland Otto zu frühzeitiger Rückkehr. 960 überbrachten die Legaten des Papstes ↗ Johannes XII. Otto die Bitte um Schutz des Papstes. Er willfuhr der Bitte, kam im Januar 962 nach Rom, und wurde am 2. Februar 962 zum Kaiser gekrönt. Vorher hatte er dem Papst noch versprochen, er werde nichts gegen ihn unternehmen und ihm die „dem heiligen Petrus" zustehenden Gebiete, sobald sie in seiner Hand seien, zurückgeben. Durch diese Kaiserkrönung wurde das Kaisertum Karls des Großen (→Franken) erneuert, es blieb auch in Zukunft mit der deutschen Königswürde verbunden. Im sog. →Privilegium Ottonianum bestätigte Otto die Schenkungen seiner Vorgänger an die Kirche. Im Februar 962 genehmigte der Papst die von Otto gewünschte Gründung des Erzbistums Magdeburg. Alle durch Otto missionierten Völker sollten diesem Erzbistum unterstellt werden. Johannes XII. fürchtete aber, nachdem Otto aus Rom abgezogen war, eine Beeinträchtigung seiner Freiheit, deshalb nahm er Verbindung mit den Feinden des Kaisers auf. Otto zog zum zweiten Mal nach Rom und erklärte auf einer Synode in der Peterskirche die Absetzung des Papstes (4. Dezember 963). Als Nachfolger wurde ↗ Leo VIII. gewählt. Auch nach der Wahl ↗ Benedikts V. hielt Otto an seinem Papst Leo fest. Er betrachtete die Wahl Benedikts als eine Beeinträchtigung seiner Rechte. 964 kam Otto erneut nach Rom, die Römer mußten ihm die Stadt übergeben. Auf einer neuerlichen Synode im Lateran versprachen sie Otto und Leo die Treue, Benedikt wurde nach Hamburg verbannt. Der Nachfolger Leos, ↗ Johannes XIII., mußte wieder die Hilfe Ottos erbitten, als es in

Rom infolge seines strengen Regimentes zum Aufstand gekommen war. Als Otto nach Rom kam, war der Aufstand schon beendet worden; die Römer hatten Angst vor der Rache Ottos. Der Kaiser hielt nun strenges Gericht über die Führer des Aufstandes. Auf einer Synode in Ravenna 967 stellte der Kaiser einen Teil des →Kirchenstaates wieder her und überließ dem Papst das Exarchat →Ravenna. – *Otto II.* wurde an Weihnachten 967 zum Mitkaiser gekrönt. Als Otto I. am 7. Mai 973 starb, hatte das für das Papsttum ernste Folgen: die →Crescentier übernahmen die Macht in Rom. Nach dem Tod ↗ Benedikts VII. (983) bestimmte Otto den Bischof Petrus von Pavia zum neuen Papst ↗ Johannes XIV. Otto II. starb im Alter von nur 28 Jahren am 7. Dezember 983. – *Otto III.* zog auf Bitten ↗ Johannes' XV. nach Rom, da der Papst sich von den →Crescentiern bedroht fühlte. Aber der Papst starb, bevor Otto nach Rom kam. Der römische Adel bat Otto um die Ernennung eines neuen Papstes. Brun wurde bestimmt, der Sohn seines Vetters Otto von Kärnten: ↗ Gregor V., der erste deutsche Papst. An Christi Himmelfahrt 996 krönte er Otto zum Kaiser; es war eine seiner ersten Amtshandlungen. Schon gleich nach dem Abzug des Kaisers mußte Gregor aus Rom fliehen; die Crescentier ernannten →Johannes XVI. zum Gegenpapst; dieser war vorher unter Otto II. und Otto III. Kanzler des Kaisers in Italien gewesen. Auf Bitten Gregors kam Otto 998 erneut nach Rom. Der Gegenpapst war inzwischen geflohen, er wurde aber ergriffen und verstümmelt. Crescentius leistete in der →Engelsburg dem Kaiser Widerstand, er wurde besiegt und enthauptet. Nach dem frühen Tod Gregors machte Otto auf Rat des Abtes Odilo von →Cluny seinen Freund und Lehrer Gerbert von Reims zum Papst: ↗ Silvester II. Im Jahr 1001 mußten Papst und Kaiser nach einem Aufstand Rom verlassen; die römischen Adelsgeschlechter übernahmen die Herrschaft in Rom. Otto III. starb im Jahr 1002.

## Päpstin Johanna

Nach der Sage ging ein Mädchen aus Mainz mit ihrem Geliebten nach Athen, wo sie in Männerkleidern auftrat und sich große Gelehrsamkeit erwarb. Als Johannes Anglikus kam sie nach Rom, wurde zum Papst gewählt, kam während einer Prozession nieder und starb, nachdem sie zwei Jahre, fünf Monate und vier Tage unter dem Namen Johannes VIII. regiert hatte. Die Regierungszeit dieser Päpstin wird zwischen ↗ Leo IV. und ↗ Benedikt III. verlegt. Es handelt sich hier um eine Legende, deren Ungeschichtlichkeit heute allgemein zugegeben wird. Leo IV. ist 855 gestorben, ihm folgte – nachweisbar – im September des gleichen Jahres Benedikt III. Für eine zweieinhalb Jahre dauernde Regierungszeit der sagenhaften Päpstin ist also gar kein Platz vorhanden.

## Pallium

Das Pallium ist eine weiße wollene Binde, anfangs mit roten, später mit (sechs) schwarzen eingewebten Kreuzen. Es wurde anfangs von den Päpsten an ausgezeichnete Bischöfe übersandt. Später wurde es die Amtskleidung der → Metropoliten, die es vom Papst erbitten mußten; diese Übung war seit dem 8. Jahrhundert in Geltung. Ursprünglich hat wohl auch der → Patriarch von Konstantinopel vom Papst das Pallium erhalten; jedoch soll Papst ↗ Johannes XI. (931–935) auf dieses Recht verzichtet haben.

## Papsttum, Päpste

→ Avignon, Exil von; → Bischofsliste; → Cathedra Petri; → Clemensbrief; → Deutsche Päpste; → Dunkles Jahrhundert; → Gegenpapst; → Gesamtzahl der Päpste; → Honoriusfrage; → Ignatius von Antiochien; → Irenäus von Lyon; → Konklave; → Konziliarismus; → Liber Pontificalis; → Namenswechsel der Päpste; → Päpstin Johanna; → Papstwahl; → Petrus; → Primat, Entwicklung; → Pontifikate, Dauer der; → Renaissance-Päpste; → Schisma, abendländisches; → Sedisvakanz; → Sukzession.

## Papstwahl

In der Frühzeit der Kirche wurde der Bischof von Rom (wie auch die übrigen Bischöfe) vom Klerus und vom Volk der Stadt gewählt. Das führte gelegentlich zu heftigen Auseinandersetzungen, da einzelne Gruppen ihre Vorstellungen durchsetzen wollten (die Diakone beim Gegenpapst ↗ Eulalius, die Vertreter einer bestimmten Lehre beim Gegenpapst ↗ Hippolyt). Dann griff die staatliche Macht ein, da sie an der Einheit der Kirche als Grundlage der Einheit im Staat interessiert war. Die theologischen Auseinandersetzungen um verschiedene Irrlehren (→ Arianismus, → Monophysitismus) wirkten sich auf die Papstwahl ungünstig aus: Die Kaiser versuchten, ihnen (und das heißt der betreffenden Irrlehre) günstig gesinnte Kandidaten durchzusetzen. – Papst ↗ Damasus I. erreichte die Zustimmung des Kaisers Gratian zum Beschluß einer Synode in Rom aus dem Jahr 378, die eine freie Papstwahl forderte. Trotzdem blieb der kaiserliche Einfluß auf die Papstwahl bestehen, der sich schon aus der vom Kaiser geforderten Bestätigung der Wahl ergab. – So steht am Anfang aller Aussagen zur Papstwahl auch ein *kaiserliches* Edikt: Kaiser Honorius erließ im Jahr 420 eine Verordnung, daß künftig bei strittigen Papstwahlen keiner der beiden Kandidaten den Bischofsstuhl besteigen dürfe, vielmehr habe eine sofortige Neuwahl stattzufinden. Im gleichen Sinn entschied eine römische Synode am 1. März 499 unter Papst ↗ Symmachus: Bei einer strittigen Wahl müsse erst Einigkeit hergestellt werden; vorher dürfe keiner der beiden Kandidaten Papst werden. Dies ist der erste *päpstliche* Erlaß zur

Papstwahl. Aufgrund des Beschlusses einer Synode in Rom 607 unter ↗ Bonifaz III. durfte bei Lebzeiten eines Papstes nicht über seinen Nachfolger verhandelt werden; die Wahl des neuen Bischofs von Rom, die drei Tage nach der Beisetzung des seitherigen erfolgen müsse, soll völlig frei stattfinden. – Eine neue Wahlordnung erließ ↗ Stephan III. auf einer römischen Synode im April 769: Das aktive Wahlrecht liege allein bei den Klerikern, das passive bei Kardinalpriestern und -diakonen. – Bis ins frühe Mittelalter hinein verlangte der Kaiser von →Byzanz eine Anzeige des Gewählten über seine Wahl und die Bitte um deren Bestätigung durch den Kaiser. Daran hielt man sich auch lange – bis die Kaiser in Ostrom sich nur noch wenig um die Bischöfe in Rom kümmerten und ihrer Schutzpflicht gar nicht mehr nachkommen wollten oder konnten. Nach der Hinwendung der Päpste zu den →Franken bestätigte der deutsche Kaiser Lothar I. das freie Papstwahlrecht der Römer, verpflichtete aber den Gewählten, noch vor seiner Weihe den Treueid zu leisten, wie ihn ↗ Eugen II. (824–827) auch geleistet hatte. Um die Wiederkehr zwiespältiger Wahlen auszuschließen, verordnete derselbe Kaiser Lothar I. (→Karolinger) unter ↗ Sergius II. (844–847): die Weihe des Papstes darf nur mit kaiserlicher Erlaubnis und in Gegenwart kaiserlicher Gesandter erfolgen. – Eine Synode unter ↗ Johannes IX. (898–900) erneuerte die Bestimmungen zur Papstwahl: Bischof und Klerus sollten den Papst unter Zustimmung des Volkes wählen; seine Weihe darf nur in Gegenwart kaiserlicher Gesandter stattfinden. In die gleiche Richtung weist das →Privilegium Ottonianum, das Otto I. (→Sachsen) auf einer Synode vom 13. Februar 962 erließ: Der Papst muß kanonisch gewählt werden, er hat vor seiner Weihe dem Kaiser den Treueid zu leisten. – Einen wichtigen Abschnitt in der Geschichte der Papstwahl bedeutet das von ↗ Nikolaus II. im April 1059 auf einer Synode im Lateran verkündete Gesetz: Die Kardinalbischöfe erhalten die Vorentscheidung bei der Papstwahl; sie sollen ihren Vorschlag den übrigen Kardinal-Klerikern unterbreiten, Klerus und Volk von Rom verblieb die Zustimmung zur Wahl. Der deutsche König wird in diesem Dekret zwar erwähnt, doch zeichnete sich hier ein wichtiger Wandel ab: Seit Heinrich III. war die Nomination des Papstes durch den deutschen König unbestritten geübt worden; nun wird diese Übung abgelöst durch die Wahl des Papstes seitens der Kardinäle, wobei dem deutschen König die gebührende Ehre erwiesen werden solle. An dieses Dekret hielt man sich aber schon bei der übernächsten Wahl nicht: ↗ Gregor VII. wurde 1073 dadurch Papst, daß das Volk bei der Beisetzung ↗ Alexanders II. in der Lateranbasilika rief: „→Hildebrand soll Papst sein." So kam es am 22. April 1073 zu einer einmütigen Proklamation. Daß der Einfluß des deutschen Königs zurückgedrängt und allein dem Kardinalskollegium die Papstwahl übertragen wurde, war zwar gut gedacht; in Wirklichkeit gab es jedoch große Schwierigkeiten: Oftmals dauerte die →Sedisvakanz sehr lange, weil sich die

Kardinäle nicht auf einen Kandidaten einigen konnten; es kam auch zu Doppelwahlen, die schließlich zum großen abendländischen →Schisma führten. So war es auch 1241 nach dem Tod ↗ Gregors IX. Da sich die Kardinäle (es gab zu dieser Zeit nur 12, von denen sich zwei in der Gefangenschaft des Kaisers befanden) keine Zweidrittelmehrheit erreichen konnten, wurden sie im Südwestteil des Palatin eingeschlossen. Es kam zum ersten →Konklave der Kirchengeschichte. (Allerdings führte auch das nicht zu einer schnellen Einigung, die Gegensätze waren zu tief.) – Das Allgemeine →Konzil von Lyon 1274 erließ die Konstitution „Ubi periculum", in welcher das Papstwahlrecht neu geregelt wurde: Die an der Kurie weilenden Kardinäle dürfen nach dem Tod des Papstes nicht länger als zehn Tage auf das Eintreffen der übrigen Kardinäle warten. Dann müssen sie ein von der Außenwelt abgeschlossenes Gemach (→Konklave) beziehen, bis die Wahl vollzogen ist. Jeder Verkehr mit der Außenwelt ist ihnen untersagt. Zieht sich die Wahl länger hin, dann sollen die Lebensbedingungen der Kardinäle kärglicher werden; außerdem verlieren sie während der Sedisvakanz ihre Einkünfte. Mit der Durchführung und Überwachung dieser Anordnungen wird die Stadt beauftragt, in der die Wahl stattfindet. – Diese Papstwahlbestimmungen sind in ihren wesentlichen Punkten bis heute gültig. – ↗ Hadrian V. ließ 1276 die Papstwahlbestimmungen ↗ Gregors X. wegen ihrer „vielen unerträglichen Bestimmungen" aufheben. Infolgedessen traten die Kardinäle nach seinem Tod erst nach vier Wochen zum Konklave zusammen, aus dem ↗ Johannes XXI. als Papst hervorging. Die Wahlordnung Gregors X. wurde 1294 durch ↗ Coelestin V. – auf Drängen des Königs Karl II. von Anjou – wieder in Kraft gesetzt, zusammen mit der strengen Konklaveordnung. – Auf dem Allgemeinen →Konzil in Basel wurde 1433 eine Neuregelung der Papstwahl beschlossen, die jedoch nie erfolgte. ↗ Julius II. verbot am 13. Januar 1504 →Simonie bei der Papstwahl, die im Mittelalter eine Zeitlang eine nicht unwichtige Rolle gespielt hatte. Eine Reform der Papstwahl brachte auch ↗ Gregor XV., der in der Papstwahlbulle vom 15. November 1621 die geheime Zettelwahl als Regel vorschrieb. Innerhalb der Bestimmungen Gregors X. erneuerte ↗ Paul VI. die Wahlordnung durch eine Apostolische Konstitution vom 1. Oktober 1975. Frühestens am 15., spätestens am 20. Tag nach dem Tod des Papstes beginnt das Konklave. Wahlberechtigt sind alle Kardinäle, die das 80. Lebensjahr noch nicht vollendet haben; jeder Teilnehmer muß sich eidlich zur völligen Verschwiegenheit über das Konklave verpflichten. (Dazu gehören auch Sende- oder Empfangsgeräte oder Filmapparate.) Paul VI. ließ drei Wahlmöglichkeiten offen: Die gewöhnliche Form ist die Abstimmung durch Stimmzettel; zwei Drittel plus eine Stimme sind erforderlich. – Eine zweite Möglichkeit ist die Akklamation: Die Kardinäle rufen offen und spontan, einmütig und mit vernehmlicher Stimme einen Kardinal zum Papst aus. – Das dritte Verfahren ist die

Kompromiß-Wahl: Die Kardinäle übertragen einigen aus ihrer Mitte (einer ungeraden Zahl) die Vollmacht, an ihrer Stelle den Papst zu wählen. Sollten bei der Wahl durch Stimmzettel die Abstimmungen an den ersten drei Tagen zu keinem Ergebnis führen, muß ein Tag des Betens und der Besprechungen eingelegt werden, ebenso nach weiteren drei Tagen. Schließlich können die Kardinäle in ihrer Gesamtheit beschließen, entweder eine Stichwahl zwischen den beiden Kandidaten mit dem höchsten Stimmenanteil durchzuführen oder es mit der absoluten Mehrheit plus einer Stimme genug sein zu lassen.

Infolge der Kürze der Pontifikate gab es in manchen Jahren *zweimalige* Wahl:

| | | |
|---|---|---|
| 708 | Sisinnius | – Constantin I. |
| 752 | Stephan | – Stephan II. |
| 827 | Valentin | – Gregor IV. |
| 896 | Bonifaz VI. | – Stephan VI. |
| 897 | Romanus | – Theodor II. |
| 1187 | Gregor VIII. | – Clemens III. |
| 1276 | Innocenz V. | – Hadrian V. |
| 1503 | Pius III. | – Julius II. |
| 1555 | Marcellus II. | – Paul IV. |
| 1590 | Urban VII. | – Gregor XIV. |
| 1605 | Leo XI. | – Paul V. |
| 1978 | Johannes Paul I. | – Johannes Paul II. |

## Patriarchate

In der ersten Zeit waren drei Bischofssitze besonders hervorgehoben: Rom, Antiochien und Alexandrien. Das I. Allgemeine →Konzil von Nicaea bestimmte 325, daß die beiden letztgenannten die gleichen Rechte in ihren Gebieten genießen sollten wie es in Rom üblich sei; damit wurden sie zu übergeordneten kirchlichen Verwaltungseinheiten erklärt. Im gleichen Konzil wurde Jerusalem ein Ehrenvorrang ohne Verwaltungsbezirk zuerkannt. Die Verwaltungseinheiten entsprachen den großen Provinzen des römischen Reiches: Alexandrien für den hellenistisch-ägyptischen Teil Antiochien für Syrien, Cilicien und Zypern, Rom für den gesamten lateinischen Westen. Dabei wurde Griechenland (und der gesamte Balkan) zu Rom geschlagen. Nach dem Wunsch des in →Byzanz residierenden Kaisers sollte aber auch der Bischofssitz seiner Hauptstadt eine gleiche Stellung erhalten: Auf dem I. Allgemeinen →Konzil von Konstantinopel 381 erhielt der Bischof dieser Stadt einen Patriarchenrang unmittelbar hinter Rom, also vor Alexandrien und Antiochien. Die drei großen Provinzen Pontus, Asia und Thrazien wurden diesem Patriarchat zugewiesen. Trotz des Protestes aus Rom wurde dann auf dem Allgemeinen →Konzil von

Chalcedon 451 die Zuteilung dieser Gebiete zum Patriarchat von Konstantinopel festgeschrieben, dem Patriarchen wurden die gleichen Rechte in seinem Bereich zugebilligt, die Alexandrien und Antiochien seit alters zustanden. Auch dagegen hat ↗ Leo I. der Große protestiert. – Der Titel „Patriarch" wurde erst im 6. Jahrhundert geprägt. Als man in dieser Zeit den vorher für die Bischöfe allgemein gebräuchlichen Titel „Papas" dem Bischof von Rom vorbehielt, nannte sich der Patriarch von Konstantinopel „Ökumenischer Patriarch"; beide Bezeichnungen wurden so Ausdruck für den Anspruch auf Leitung der Gesamtkirche. Solche Rivalitäten gab es nur im Verhältnis Konstantinopel zu Rom (nicht bei den beiden anderen Patriarchaten). In Konstantinopel waren sie politisch motiviert: Der Kaiser wollte seine Stellung im Reich (und über die Kirche) festigen. Rom verwandte dagegen zur Begründung seines Führungsanspruchs die religiös-biblischen Gedanken. Um der herausragenden Stellung Roms (infolge der Gründung durch ↗ Petrus) Widerpart zu bieten, erfand man später die Fabel von der Gründung der Gemeinde in Konstantinopel durch den Apostel Andreas; also liege auch hier eine Apostelgründung vor. – Die Auseinandersetzungen zwischen Rom und Konstantinopel dauerten das ganze Mittelalter über an; sie führten über viele Etappen (→ Bilderstreit) hin zum großen → Schisma von 1054, das grundsätzlich erst im 21. Allgemeinen → Konzil im Vatikan 1962–1965 überwunden wurde. Aber auch die → Unionsbemühungen der Päpste und Konzilien führten nicht zu einer vollen Wiedervereinigung der beiden Kirchen.

## Patricius Romanorum

Papst ↗ Stephan II. nahm selbst die Weihe Pippins (→ Karolinger) und seiner Söhne Karl und Karlmann zu Königen vor, um das Freundschaftsbündnis zwischen Rom und den → Franken dauerhaft zu gestalten. Bei dieser Salbung am 28. Juli 754 legte der Papst dem König den Titel „Patricius Romanorum" bei. Es ist historisch nicht festzustellen, ob Stephan dabei eigenmächtig handelte oder ob er vom Kaiser von → Byzanz dazu ermächtigt war. Denn eigentlich konnte nur der Kaiser einen solchen Rang vergeben. Wenn Stephan eigenmächtig gehandelt hat, dann legte er dem Titel eine neue Bedeutung zu: Das Schutzamt, das nicht nur die Römer (und die Bewohner des → Patrimonium Petri) umfaßte, sondern die römische Kirche, sollte künftig von den Franken wahrgenommen werden. Als Oberhaupt der westlichen Kirche übertrug der Papst dieses Amt, das die oströmischen Kaiser nicht mehr wahrnehmen konnten, an Pippin.

## Patrimonium Petri

Manche Glieder römischer Adelsfamilien waren (wie z. B. ↗ Gregor I. der Große) im 6. Jahrhundert in den Dienst der Kirche getreten und hatten ihren Erbbesitz der römischen Kirche vermacht. Andere Familien übertrugen angesichts der fortgesetzten Kriegswirren und der drohenden Germanenüberfälle ihre Güter, um sie nicht gänzlich verfallen zu lassen, ebenfalls der Kirche. So entstand ein gewaltiger Grundbesitz, der sich über ganz Italien und Sizilien ausdehnte und zum Vorläufer des Kirchenstaates wurde. Dieser Besitz der Kirche heißt „Patrimonium Petri", die Schenkung war an den „heiligen Petrus" erfolgt. Gregor I. suchte durch rationelle Bewirtschaftung den Ertrag dieser Güter zu steigern, um in Notzeiten dem hungernden Volk Hilfe leisten zu können. Zugleich war durch die geordnete Verwaltungsorganisation gewährleistet, daß die Pächter dieser Güter eine menschlichere Behandlung erfuhren, als sie ihnen wohl sonst zuteil geworden wäre. Gregor als ehemaliger Verwaltungsbeamter führte diese Organisation gut durch. Damit war aber zugleich das Ansehen des Papsttums gewachsen, das – wie von selbst – die alte Kaiseraufgabe des Schutzes und der Existenzsicherung für das Volk übernommen hatte. Papstkirche und national-römisches Empfinden verschmolzen in dieser Zeit immer mehr.

## Pelagianismus

Pelagius war ein irischer Laienmönch, der am Anfang des 5. Jahrhunderts in Rom lebte. Er lehrte, die menschliche Natur sei von sich aus, so wie sie ist, fähig, die Sünde zu meiden und für das Heil Verdienstvolles zu wirken. (Die Gnade brauche es dazu also nicht.) Pelagius war zu dieser Auffassung gekommen, da er die Sünde der Stammeltern (nicht als Erbsünde, sondern) als rein persönliche Sünde der beiden ersten Menschen ansah, deren Folgen nur sie betroffen habe. Durch diese Lehre stellte Pelagius die Notwendigkeit der Erlösung und damit das Christentum insgesamt in Frage. Auf der Flucht vor den → Goten kam ein Schüler des Pelagius 416 nach Karthago. Pelagius selbst hatte sich inzwischen in Palästina niedergelassen, wo sich 415 eine Synode in Jerusalem mit seiner Lehre befaßte, ohne eine Verurteilung auszusprechen. Eine im gleichen Sinn abgehaltene Synode sprach ihn sogar von allen Anschuldigungen frei und bestätigte ihn in der Kirchengemeinschaft. Sicher ist, daß die Lehre des Pelagius sehr viel gemäßigter war als die seines Schülers in Nordafrika. Pelagius ging es nicht um eine Theorie, sondern um die Lebenswirklichkeit: Er wollte die übernatürliche Gnade Gottes nicht ausschließen, der Mensch könne aber auch aus eigner Kraft sein Heil wirken; mit der Gnade Gottes gehe es „leichter". → Augustinus von Hippo widersprach dem mit großer Heftigkeit, er hatte selbst das Wirken der Gnade erfahren. Unter seinem Vorsitz verurteilte eine Synode 416 die Lehre des Pelagius und teilte diese Entscheidung ↗ Innocenz I. mit, der seinerseits Pelagius und seinen Schüler exkommunizierte. Als Augustinus diese Entscheidung des Papstes erfuhr, sagte er: (Roma locuta), causa finita (Rom hat gesprochen, so ist die Sache also erledigt). Augustinus wollte damit keinen definitiven päpstlichen Lehrprimat zum

Ausdruck bringen; er sprach die Worte in einer ganz konkreten Situation. Aber diese war durch das Urteil des Papstes noch keineswegs erledigt: Pelagius verfaßte ein geschickt formuliertes Glaubensbekenntnis und sandte seinen Schüler damit nach Rom. Er konnte den neuen Papst ↗ Zosimus für sich einnehmen; der Papst ließ die beiden auf zwei römischen Synoden rehabilitieren und verlangte in einem Schreiben an die afrikanischen Bischöfe, daß auch diese die beiden wieder in die Kirche aufnähmen. Auf diese offensichtliche Fehlentscheidung reagierte Augustinus sehr heftig: Am 1. Mai 418 trat in Karthago eine Synode von 214 Bischöfen zusammen, die unter der Führung des Augustinus neun Artikel über Gnade und Erbsünde formulierte. Als die Akten dieser Synode nach Rom geschickt worden waren, rollte Zosimus die ganze Frage noch einmal auf: Der Schüler des Pelagius erschien nicht. Daraufhin revidierte der Papst sein früheres Urteil und bestätigte die Beschlüsse der afrikanischen Synode: Der häretische Charakter des Pelagianismus wurde festgestellt, sein Urheber exkommuniziert. → Semipelagianismus.

## Peterskirche in Rom

Von der ursprünglichen *Peterskirche*, die Kaiser Konstantin hatte erbauen lassen, (fünfschiffig, 119 m lang, 64 m breit, 32 m hoch), ist nichts mehr erhalten. Sie war damals die größte, vielleicht die schönste, aber sicherlich an geschichtlichen Erinnerungen reichste Kirche der Christenheit. ↗ Gregor der Große ließ den Boden der Apsis vom Grabmonument des Petrus an so erhöhen, daß dessen oberer Teil als Altar verwandt werden konnte. Gleichzeitig wurde unter der Apsis ein halbkreisförmiger unterirdischer Gang angelegt. – Infolge der Baufälligkeit dieser (vielfach restaurierten) Basilika wurde 1450 ein völliger Neubau geplant, dessen Ausführung sich mit großen Unterbrechungen über 125 Jahre hinzog: die Grundsteinlegung war 1506, die Weihe 1626. Am Bau waren die größten Meister jener Zeit beteiligt: Bramante (der den Plan eines dreischiffigen Zentralbaus mit einer Kuppel entwarf), Raffael, Michelangelo (von dem der besondere Kuppelentwurf stammt) u. a. Die Gesamtlänge der Kirche beträgt 186 m, die Höhe des Mittelschiffes 46 m. Die Kuppel ist innen 119, außen 133 m hoch. Die Grundfläche der für 60 000 Besucher gedachten Kirche beträgt 15 160 qm. – Der *Petersplatz* liegt in seiner linken Hälfte über dem Circus des Nero, in welchem die ersten christlichen Märtyrer Roms einen grausamen Tod gefunden hatten. – Der *Obelisk* auf dem Petersplatz wurde 37 n. Chr. aus Ägypten gebracht und im Circus des Nero aufgestellt, 1586 an seine heutige Stelle gesetzt. Das Kreuz auf seiner Spitze und die an ihm angebrachten Inschriften erinnern an Christus als das Heil der Welt. Die beiden Kolonadenarme auf dem Petersplatz sind von Bernini gestaltet: 372 Säulen bzw. Pfeiler mit 140 Heiligenfiguren auf der Balustrade. An die Peterskirche und den Petersplatz schließt sich der → Vatikan an.

## Photios

In → Byzanz war im Jahr 858 der → Patriarch Ignatios abgesetzt worden. An seine Stelle trat der gelehrte Photios. Ein erbitterter Gegner des Photios, Abt Theognostos, hatte einen falschen Bericht über die Vorgänge an Papst ↗ Nikolaus I. gesandt; unter dem Eindruck dieses Berichtes und in Verkennung der wirklichen Lage exkommunizierte der Papst 863 den Photios und setzte Ignatios wieder in seine Rechte ein. In Wirklichkeit hatte sich das Ganze aber anders abgespielt: Ignatios hatte freiwillig abgedankt und die Wahl seines Nachfolgers vorgeschlagen, der rechtmäßig gewählt worden war. Photios hatte dem Papst auch Mitteilung von seiner Wahl gemacht. Inzwischen hatten Anhänger des Ignatios aber die Wahl des Photios angegriffen. So bat er wie auch Kaiser Michael III. den Papst um Entsendung einer Gesandtschaft nach Konstantinopel. Der Papst entsprach dieser Bitte. 861 hatten die päpstlichen Legaten die Rechtmäßigkeit der Wahl des Photios bestätigt; andererseits hat die Kirche von Konstantinopel die oberste Stellung des Patriarchen von Rom in Fragen der Disziplin ausdrücklich anerkannt. Dennoch ließ sich der Papst durch den genannten Abt Theognostos irreführen. Er verwarf das Urteil seiner Legaten und exkommunizierte 863 Photios, eine Entscheidung, die er dem Kaiser und dem Patriarchen in Briefen mitteilte. Als der Kaiser die Entscheidung des Papstes ablehnte, kehrte Nikolaus I. den → Primat Roms überstark hervor, wobei er sich auf die → symmachianischen Fälschungen stützte. Auf einer Synode 867 in Konstantinopel erklärte der Kaiser den Papst für abgesetzt und gebannt. Der so entstandene Bruch hat den Graben zwischen Ost- und Westkirche weiter vertieft. Das → Schisma war auch von daher vorbereitet. Das 8. Allgemeine → Konzil von Konstantinopel legte den Streit bei.

## Pippinsche Schenkung

Der Bund zwischen dem Papsttum und den → Karolingern wurde unter Pippin und Papst ↗ Stephan II. verwirklicht. Italien gehörte damals dem Namen nach noch zum oströmischen Reich; in → Ravenna saß ein Vertreter des oströmischen Kaisers. Die → Langobarden aber wollten sowohl Ravenna wie Rom in Besitz nehmen. Im gleichen Maß wie die tatsächliche Macht Ostroms in Italien zurückging, wuchs das Ansehen und der Güterbesitz des Papstes. Da der Papst aber von Ostrom keine Hilfe gegen die Langobarden erwarten konnte, wandte er sich an Pippin, er reiste zu ihm und krönte an Epiphanie 754 ihn und seine beiden Söhne Karl und Karlmann zu Königen. Damit war eine Vermischung des Geistlich-Päpstlichen und des Politisch-Weltlichen gegeben, die für das gesamte Mittelalter grundlegend war. Das Vorgehen des Papstes bedeutete und brachte den Bruch mit → Byzanz, also auch den Bruch mit dem seitherigen römischen Reich. Das Papsttum ging nun auch politisch seine eigenen Wege. Pippin kam zweimal nach Italien, um den Papst zu schützen. Die Gebiete, die er den Langobarden abnahm, schenkte er dem römischen Stuhl (deshalb legte er die Schlüssel der eroberten Städte auf dem Grab des heiligen Petrus nieder). Der Papst war dadurch ein weltlicher Herrscher geworden: Das →Patrimonium Petri war durch diese „Pippinsche Schenkung" erweitert worden, der →Kirchenstaat war begründet (755). Der Papst stand nun nicht mehr unter der politischen Oberhoheit Ostroms, sondern der fränkischen, später der deutschen Kaiser.

## Pontifikate, Dauer

Es gab in der Geschichte der Päpste sehr *lange* Pontifikate. Das längste erlebte

| | | |
|---|---|---|
| Pius IX. | 1846–1878 | 31 Jahre und 8 Monate |
| Auch Leo XIII. | 1878–1903 | 25 Jahre und 3 Monate |

konnte sein Silbernes Papstjubiläum feiern.

Weitere lange Pontifikate:

| | | |
|---|---|---|
| Pius VI. | 1775–1799 | 24 Jahre und 6 Monate |
| Hadrian I. | 772–795 | fast 24 Jahre |
| Pius VII. | 1800–1823 | 23 Jahre und 5 Monate |
| Alexander III. | 1159–1181 | fast 22 Jahre |
| Silvester I. | 314–335 | 21 Jahre und einige Monate |
| Leo I. der Große | 440–461 | 21 Jahre und 2 Monate |
| Urban VIII. | 1623–1644 | fast 21 Jahre |
| Leo III. | 795–816 | 20 Jahre und 6 Monate |
| Clemens XI. | 1700–1721 | 20 Jahre und 4 Monate. |

Es gab auch sehr *kurze* Pontifikate:

| | | |
|---|---|---|
| Stephan II. | 752 | 4 Tage |
| Urban VII. | 1590 | 12 Tage |
| Bonifaz VI. | 896 | 14 Tage |
| Coelestin IV. | 1241 | 17 Tage |
| Sisinnius | 708 | 20 Tage |
| Marcellus II. | 1555 | 21 Tage |
| Theodor II. | 827 | 21 Tage |
| Damasus II. | 1048 | 23 Tage |
| Pius III. | 1503 | 26 Tage |
| Leo XI. | 1605 | 26 Tage |
| Valentin | 827 | 28 Tage |
| Johannes Paul I. | 1978 | 33 Tage |
| Hadrian V. | 1276 | 39 Tage |
| Gregor VIII. | 1187 | 58 Tage |
| Innocenz IX. | 1591 | 61 Tage |

Bei dieser Aufstellung wurden die Gegenpäpste nicht mitgezählt; ferner wurde nur die Beendigung des Pontifikates durch Tod (nicht durch Absetzung) berücksichtigt.

## Prämonstratenser

Als ein wesentliches Mittel zur Reform des tief gesunkenen Klerus sah die Kirche im 11. Jahrhundert die Reform des gemeinsamen Lebens in den Dom- und Kollegiatstiften. Die römischen Synoden von 1059 und 1063 empfahlen den Klerikern den Verzicht auf Privateigentum, da sich dieses nur schwer mit dem gemeinsamen Leben vereinbaren ließ. Vorbild war dabei das gemeinsame Leben, das → Augustinus von Hippo als Bischof mit seinen Klerikern geführt hatte. Dessen Regel wurde zur Grundlage für das gemeinsame Leben in der späteren Zeit. Der hervorragendste Vertreter solcher Bestrebungen im 12. Jahrhundert war der heilige Norbert von Xanten. Schon in jungen Jahren war er Kanoniker am Viktorsstift seiner Heimatstadt geworden und führte ein weltliches Leben, bis ihn ein Unfall 1114 innerlich umwandelte. Er verzichtete auf seinen Besitz, den er unter die Armen verteilte, und wirkte als Buß- und Wanderprediger in Norddeutschland, Frankreich und den Niederlanden. Er schuf damit einen Typus, der in den zu jener Zeit gegründeten Orden des → Franz von Assisi und des → Dominikus besondere Bedeutung erlangte. 1121 gründete Norbert mit 13 Gefährten in Prémontré (zwischen Reims und Laon) ein Kloster. 1126 bestätigte ↗ Honorius II. die neue Gemeinschaft, die nach der Regel des heiligen Augustinus lebte. Die Prämonstratenser, wie sie nach ihrem Stammkloster genannt werden, wandten sich der Heidenmission zu: Norbert, der 1126 auf dem Reichstag zu Speyer zum Erzbischof von Magdeburg erhoben worden war, führte seine Ordensleute selbst zur Mission nach Osten an die Elbe. Norbert starb 1134 in Magdeburg.

## Priesterehe

In der Urkirche gab es häufig die Verbindung von Priestertum und Ehe; man erwartete von einem guten kirchlichen Amtsträger die Eigenschaften eines guten Hausvaters. „Ein Vorsteher (episkopos) ... soll nur einmal verheiratet sein ... Er soll ein guter Familienvater sein und seine Kinder mit aller Würde zum Gehorsam erziehen. Wer aber das eigene Haus nicht leiten kann, wie soll der für die Gemeinde Gottes sorgen?" (1 Tim 3,2.4–5; Tit 1,6–9). In der ältesten Zeit galt folgende Praxis: Wer als Unverheirateter die Weihe empfangen hatte, durfte keine Ehe eingehen; wer dagegen vor dem Empfang der Weihe bereits verheiratet war, konnte seine Ehe fortsetzen; die zweimal Verheirateten wurden zur Weihe nicht zugelassen. – Erst als sich Mißbräuche einschlichen, sah sich die Kirche zu einer neuen rechtlichen Regelung genötigt. Eine Synode in Elvira (um 300) untersagte den Klerikern in den höheren Weihen den Vollzug der Ehe; dagegen erlaubte eine Synode von Ancyra 314 auch den Diakonen, eine Ehe einzugehen, wenn sie sich dies vor der Weihe ausbedungen hatten. Auf dem I. Allgemeinen → Konzil von Nicaea 325 wollten die Konzilsväter die Bestimmungen der Synode von Elvira auf die ganze Kirche ausdehnen; auf die Bitten des frommen Bischofs Paphnutius erlaubte man aber den bereits vor der Weihe verheirateten Klerikern die Weiterführung ihrer Ehe. Das gleiche Konzil verbot den Klerikern aber, mit einer Frau im gleichen Haus zusammenzuleben (außer bei Blutsverwandtschaft). In der Folgezeit gab es zwischen der Ost- und der Westkirche eine unterschiedliche Entwicklung: im Osten darf eine vor der Weihe geschlossene Ehe weitergeführt werden, nur die Bischöfe sind zur Ehelosigkeit verpflichtet. In der Westkirche dagegen dehnten ↗ Leo I. der Große und ↗ Gregor I. der Große die Bestimmungen der Synode von Elvira auf die Subdiakone aus. Die wiederholte Einschärfung dieser Verpflichtung zeigt die praktischen Schwierigkeiten bei der Durchführung des Verzichtes auf die Priesterehe. – Unter Kaiser Karl dem Großen besserte sich die Disziplin etwas, sie wurde aber im 10. Jahrhundert wieder brüchig. ↗ Leo IX. erneuerte auf einer römischen Synode 1049 die Verfügung seines Vorgängers ↗ Clemens II. und schritt mit großer Strenge gegen Kleriker ein, die sich nicht an die Verpflichtungen hielten. Unter seinem Pontifikat wurden auf mehreren Synoden die Gesetze gegen die Priesterehe eingeschärft. ↗ Victor II. und ↗ Stephan IX. wiederholten auf mehreren Synoden 1055 und 1056 die Reformdekrete. Auf der römischen Synode von 1059 suspendierte ↗ Nikolaus II. die im Konkubinat lebenden Geistlichen und verbot den Gläubigen, der Messe eines solchen Priesters beizuwohnen. Unter ↗ Alexander II. (1061–1073) wurden Legaten in die einzelnen Länder gesandt, um die Reformdekrete zu verkünden und ihre Durchführung zu überwachen. ↗ Gregor VII. erneuerte auf der Fastensynode 1074 die Gesetze seiner Vorgänger über das Leben der Kleriker und enthob die Geistlichen, die im Konkubinat lebten, ihres Amtes. Zu Beginn des 13. Jahrhunderts erklärte die Kirche den Empfang der Weihen als Ehehindernis. Im 14. und 15. Jahrhundert wurden viele Klagen über die schlechte Verwirklichung der Vorschriften gegen die Priesterehe laut; anstelle der kirchenrechtlich nicht mehr möglichen Ehe trat das Konkubinat. Die Reformatoren des 16. Jahrhunderts leugneten das Weihesakrament; demzufolge erlaubten sie die Ehe ihrer Pfarrer. Auf dem Allgemeinen → Konzil von Trient (1545–1563) setzten sich manche katholische Fürsten für die Erlaubnis der Priesterehe ein und bemühten sich, nachdem das Konzil dies abgelehnt hatte, um Sonderregelungen für ihre Gebiete; das Konzil von Trient hatte das Gesetz bestätigt, daß Kleriker in den höheren Weihen eheunfähig sind. Zu größeren Einbrüchen gegenüber diesen Bestimmungen kam es in Frankreich im Gefolge der Französischen Revolution (1789), wo den Priestern ein Eid auf die Verfassung abverlangt und die Eingehung der Ehe genehmigt wurde. Ähnliche Forderungen waren schon im Zusammenhang mit dem → Gallikanismus erhoben worden. In Süddeutschland, vor allem in Baden, gab es um die Mitte des 19. Jahrhunderts eine starke Antizölibatsbewegung, die mit Ideen der Aufklärung im Zusammenhang stand.

## Primat, Entwicklung

In den ersten Jahrhunderten der Kirche kann man noch nicht vom „Papsttum" im heutigen Sinn sprechen. Es gab den „Bischof von Rom", der (zusammen mit der römischen Gemeinde) eine Sonderstellung unter den Bischöfen der Kirche einnahm. Diese Sonderstellung leitete sich von der Gründung der Gemeinde durch den Apostel ↗ Petrus ab. Innerhalb des Apostelkollegiums hatte Petrus eine besondere Stellung: ihm war von Christus die Verheißung gegeben, daß er als „der Fels" die Grundlage des Baues der Kirche bilde (Mt 16,18); Petrus hatte von Jesus den Auftrag erhalten, die Brüder zu stärken (Lk 22,32); ihm war von Jesus das Hirtenamt übertragen worden (Joh 21,15–17). Deshalb war er nach der Himmelfahrt des Herrn auch der Wortführer der Apostel bei der Wahl des Matthias (Apg 1,15 ff) und an Pfingsten (Apg 2,1 ff). – Die „Gründung" einer Gemeinde wird den Wanderaposteln, die – wie auch Paulus – zunächst noch nicht an einen einzigen Ort gebunden waren, auch dort zugeschrieben, wo bereits andere das Evangelium verkündet hatten. Die Wanderapostel bestellten autoritativ die Vorsteher der Gemeinde, selbst wenn solche bereits tätig waren. Diese Bestellung zum Vorsteher geschah durch „Ordination" und hatte die amtliche Bevollmächtigung zur Weitergabe des apostolischen Glaubens zum Inhalt. Mit dieser Lehrvollmacht war schon bald die Leitungsgewalt in der Gemeinde verbunden. Die Übertragung der beiden Ämter geschah also von allem Anfang nicht durch die Gemeinde, sondern vom Apostel, der – manchmal nur vorübergehend – in der Gemeinde tätig war. So betrachtete die römische Gemeinde Petrus als ihren „Gründer", weil er mit apostolischer Vollmacht die schon vorhandenen Anfänge der Gemeinde gefestigt und so „auf das Fundament der Apostel" (Eph 2,20) gestellt hat. Das setzt voraus, daß Petrus selbst in Rom war (und dort starb). Dafür gibt es nun mehrere Zeugnisse: der Brief des römischen Bischofs → Clemens, die Briefe des Bischofs → Ignatius von Antiochien. Auch die Ausgrabungen unter der → Peterskirche belegen die Tatsache, daß Petrus in Rom gestorben ist: sie haben zwar nicht das Grab des Petrus gefunden, aber die uralte Überlieferung bestätigt, daß die Christen hier das Grab des Petrus verehrten. So ist die römische Gemeinde von ihren Anfängen an mit Petrus verknüpft; sie kann ihn als ihren „Gründer" bezeichnen. – Natürlich hatten die Apostel gegenüber ihren Nachfolgern einen Vorrang, den sie nicht weitergeben konnten: Sie waren Augen- und Ohrenzeugen des

Wirkens Jesu gewesen; so hatten sie den Verkündigungsauftrag für die gesamte Kirche. Dies konnten sie ihren Nachfolgern nicht weitergeben. Aber die mit dem Apostelamt verbundenen Funktionen, die zum Fortbestand der Kirche nötig waren, übertrugen sie den Bischöfen als ihren Nachfolgern; es war die eigentliche Aufgabe der Apostel, die Kirche für alle Zeiten auf ihrem Fundament, Christus, zu erhalten und zu festigen. Deshalb war es die Aufgabe der Ortsbischöfe, durch die Weitergabe der unverfälschten Lehre und durch das Hirtenamt die Gemeinde in der Verbundenheit mit dem Herrn zu erhalten. – Die Sonderstellung des Petrus steht nicht im Widerspruch zur Aufgabe aller Apostel: In ihr ist das Ganze zusammengefaßt und wirksam geeint. Diese Sonderstellung behielt Petrus auch bei, als er nach Rom kam. Die Ausbreitung der Kirche „über die ganze Welt" führte notwendig zur Metropole dieser Welt, nach Rom. Die übrigen Kirchen anerkannten sowohl die Stellung des Petrus wie auch die daraus entstandene Sonderstellung der römischen Gemeinde. Auch dafür gibt der → Clemensbrief, der um 96 entstanden ist, Zeugnis, der sich bewußt auf die Petrus-Tradition stützt und die Leitungsgewalt von einer ununterbrochenen Sukzession (Folge) von dem Apostel ableitet. Auch die Briefe des Bischofs → Ignatius von Antiochien rühmen die besondere Glaubensfestigkeit und Liebestätigkeit der römischen Gemeinde; diese sind im Wirken des Petrus und Paulus begründet. In der unmittelbaren Folgezeit ließen sich Männer wie der Bischof Polykarp von Smyrna und Justin der Märtyrer durch Rom ihre Rechtgläubigkeit bestätigen. Häretiker kamen nach Rom, um sich zu rechtfertigen. Die in Rom ansässige Gemeinde zählte bedeutende und einflußreiche Männer und Frauen zu ihren Gliedern; die Stellung der Gemeinde gründete sich jedoch nicht auf sie, sondern auf die besondere Verbundenheit der Gemeinde mit Petrus. Die Verbundenheit der jeweiligen Gemeindeleiter mit den früheren, die sog. apostolische → Sukzession (= Nachfolge), spielte bei der Auseinandersetzung mit den Irrlehrern eine große Rolle: Der Nachweis dieser Sukzession wurde mit dem zeitlichen Abstand von den Aposteln immer dringender, da die Reinheit der Lehre und die Echtheit des Gottesdienstes nur so gewährleistet waren. In der Kirchengeschichte des → Eusebius von Caesarea wird ein Kleinasiat namens Hegesipp zitiert: „In jeder Stadt, in der ein Bischof auf den anderen folgt, entsprach das kirchliche Leben der Lehre des Gesetzes, der Propheten und des Herrn" (IV,22). Auch → Irenäus von Lyon suchte um 180 eine sichere Grundlage für die Wahrheit der Verkündigung. Er fand sie „in der größten und ältesten und allbekannten Kirche, die von den beiden ruhmreichen Aposteln Petrus und Paulus zu Rom gegründet und gebaut ist". Seine Folgerung: „Mit der römischen Kirche muß wegen ihres besonderen Vorranges jede Kirche übereinstimmen, d. h die Gläubigen von allerwärts; denn in ihr ist immer die apostolische Tradition bewahrt worden" (Adv. haer. III 3,3). Als erster zog Tertullian (am Ende des

2. und Anfang des 3. Jahrhunderts) die Schriftstelle Mt 16,18 zur Begründung der Vorrangstellung des Petrus für den Glauben und das Leben der Kirche heran und verknüpfte sie mit dem Amt (nicht nur mit der Person) des Petrus. Diesen Vorrang der römischen Gemeinde, deren Gründer Petrus war, anerkannte Tertullian und mit ihm die afrikanische Kirche (der er angehörte). – So ist historisch die Grundlage schon in den allerersten Zeiten nachweisbar: Die römische Gemeinde nahm eine Sonderstellung unter den übrigen Gemeinden ein, die sich auf die Gründung durch Petrus zurückführen läßt. Von dieser Tatsache ausgehend nahmen die römischen Päpste ihre Stellung wahr: Im →Osterfeststreit trat ↗ Victor I. autoritativ auf; gegen die Irrlehre des →Novatianismus ↗ Cornelius und im →Ketzertaufstreit ↗ Stephan I.; bei all diesen Auseinandersetzungen machten die römischen Bischöfe von ihrem Entscheidungsrecht Gebrauch; ebenso verfuhren ↗ Julius I. und ↗ Sixtus III. gegen den →Arianismus. – In den Jahrzehnten nach der Erlangung der Freiheit (→Toleranzedikt von Mailand) war die Entwicklung des römischen Primates aufs engste mit den theologischen Auseinandersetzungen um das Glaubensbekenntnis des I. Allgemeinen →Konzils von Nicaea verbunden. Dabei kamen dem Bischof von Rom sowohl sein stetiges Festhalten am dort verkündeten Glaubensbekenntnis zustatten wie auch die Tatsache, daß es im Westen nur *einen* →Patriarchen gab, während im Osten zwei (später drei) miteinander konkurrierten. – Der Titel „Patriarch" kam erst im 6. Jahrhundert auf. Auch der Titel „Papst" machte eine lange Entwicklung durch: Anfangs bezeichneten sich die Bischöfe vielfach als „Papas"; dieser Titel war also zunächst noch kein Vorrecht des römischen Bischofs. Erst seit dem 6. Jahrhundert wurde er vor allem dem Bischof von Rom vorbehalten. Zu dieser Zeit nannte sich der Patriarch von Konstantinopel „Ökumenischer Patriarch"; so waren beide Titel, Papst und Patriarch, Ausdruck des allgemein-kirchlichen Anspruchs auf den Universalprimat. Während in Alexandrien und Antiochien derartige Bestrebungen nicht bestanden, gab es echte Rivalität nur zwischen Rom und Konstantinopel (→Orthodoxe Kirche). Das Allgemeine →Konzil von Nicaea 325 hatte bestimmt, daß die Bischöfe von Alexandrien, Antiochien und den „übrigen Eparchien" in ihren Gebieten die gleichen herkömmlichen Rechte genießen sollten, wie sie der Bischof von Rom in seinem Gebiet ausübt. Dabei war es der Wunsch des oströmischen Kaisers, daß auch der Bischof von →Byzanz in dieser Weise herausgehoben werde; auf dem Allgemeinen →Konzil von Konstantinopel 381 erhielt der Bischof dieser Stadt den Rang eines Patriarchen unmittelbar nach Rom. Dagegen hat der Bischof von Rom protestiert. Auf dem Allgemeinen →Konzil von Chalcedon 451 wurden dem Patriarchen von Konstantinopel schließlich die gleichen Rechte wie den Patriarchen von Antiochien und Alexandrien zugesprochen; auch dagegen hat Papst ↗ Leo I. der Große Protest erhoben. – Die Entwicklung des päpstlichen

Primates in diesen frühen Jahrhunderten ist sehr kompliziert: zunächst gab es allgemein nur den Patriarchatsprimat, die Stellung des Patriarchen in seinem Gebiet. Einen Universalprimat für die ganze Kirche hat es ursprünglich nur in Rom, nicht in den anderen Patriarchaten gegeben (erst später hat → Byzanz solche Ansprüche erhoben). Deshalb ist beim Primatsanspruch des römischen Bischofs immer sehr genau zu unterscheiden zwischen dem, was er als Bischof von Rom und → Metropolit der römischen Kirchenprovinz bzw. als Patriarch der Kirche des Westens bzw. als Inhaber des Petrusamtes (Nachfolger des Apostels Petrus in Rom) erklärte und geltend machte, wobei die Unterscheidung zwischen Patriarchats- und Universalprimat am schwersten zu treffen ist. – Jedenfalls hat sich schon am Ende des 4. Jahrhunderts unter Papst ↗ Siricius ein neues (Selbst-)Bewußtsein in Rom geltend gemacht, das sich im Briefstil und im Umgangston gegenüber den anderen Bischöfen niederschlug. Von da an wird nicht mehr brüderlich-mahnend geschrieben, sondern verpflichtend und Gehorsam fordernd. Siricius verlangte bei seinen im Namen des Petrus getroffenen Entscheidungen Gehorsam (seitens aller Bischöfe Spaniens, die sich in theologischen Fragen an ihn gewandt hatten). Den päpstlichen Dekreten eigne der gleiche Verpflichtungscharakter wie Konzilsbeschlüssen. Ähnlich äußerte sich der Papst auch gegenüber afrikanischen und gallischen Bischöfen, denen er Konzilsbeschlüsse mitteilte. Siricius wollte das, was in Rom hinsichtlich Disziplin und Lehre galt, zur Norm für den ganzen Bereich des Patriarchates machen. – Am Anfang des 5. Jahrhunderts war sowohl der Lehr- wie auch der Jurisdiktionsprimat Roms zur Selbstverständlichkeit geworden: Papst ↗ Coelestin I. betonte in seiner Botschaft an das Allgemeine → Konzil von Ephesus 431, Petrus habe als Fundament der Kirche vom Herrn die Schlüssel des Himmelreiches und die Binde- und Lösevollmacht erhalten, „er, der bis jetzt und für immer in seinen Nachfolgern lebt und Recht spricht". – Einen gewissen Abschluß in der Entwicklung des Primates brachte ↗ Leo I. der Große, den man den ersten „Papst" auf dem Stuhl Petri nennt. Der → Liber Pontificalis berichtet, er habe seine Anordnungen „kraft eigener Autorität" erlassen. Er berief sich dabei auf Mt 16,18 und setzte den politisch begründeten Ansprüchen des Patriarchen von Konstantinopel bewußt eine religiös begründete Primatslehre entgegen, ähnlich wie es ↗ Siricius und ↗ Innocenz I. getan hatten. Der Herr selbst identifiziere sich mit Petrus – so lehrte Leo –, indem er ihm seine Gewalt zur Leitung der Kirche übertrug. Petrus soll alle leiten, die in erster Linie Christus leitet. Was für Petrus gegolten habe, gelte auch für seinen Nachfolger; denn Petrus lebt in seinen Nachfolgern auf der → cathedra Petri in Rom fort. So nennt sich Leo „Stellvertreter Petri", so wie Petrus der „Stellvertreter Christi" ist. Wie Petrus müsse auch der Papst eine „volle Führungsgewalt über die Kirchen haben: sie ist die Verantwortung über die Gesamtkirche, die die Führung der Diözesen durch die einzelnen Bischöfe nicht ausschaltet, sondern lenkt und eint". Bei diesen Ausführungen ließ sich Leo auch von Lk 22,32 leiten, wo Jesus den Petrus beauftragte, seine Brüder zu stärken: „Aus der ganzen Welt nimmt man seine Zuflucht zum Stuhl des heiligen Petrus und alle erwarten von unserer Verwaltung des Hohenpriesteramtes dieselbe Liebe zur Gesamtkirche, wie sie dem Petrus vom Herrn ans Herz gelegt wurde." Entscheidend war, daß Leo seine Gedanken auch in der Praxis des kirchlichen Lebens durchsetzen konnte: im Kampf gegen den → Nestorianismus, gegen den → Manichäismus, den → Priszillianismus und den → Pelagianismus. – Gegenüber dem Patriarchen von Konstantinopel, der sich den Titel „Ökumenischer Patriarch" zugelegt hatte, verwies ↗ Gregor I. der Große (590–604) auf die Verheißung Christi an Petrus (Mt 16,18). Im Gegensatz zu dem stolzen Titel des Patriarchen nannte er sich „Knecht der Knechte Gottes", ein Titel, der seitdem in den päpstlichen Sprachgebrauch einging. – Damit war die Entwicklung des römischen Primates grundsätzlich abgeschlossen. Im Hochmittelalter wurde versucht, die Herrschaft des Papstes auch über die weltlichen Fürsten (nicht nur über die Kirche) auszudehnen: ↗ Bonifaz VIII. in der Bulle „Clericis laicos" vom 25. Februar 1296 und in der Bulle „Unam sanctam" vom 18. November 1302. Sein Herrschaftsanspruch endete aber mit einem tragischen Mißerfolg; dieser wurde in den nachfolgenden Pontifikaten besonders deutlich sichtbar: Die Macht und das Ansehen der römischen Kurie sanken; bald folgte das Exil von → Avignon, das die Macht der französischen Könige über die Kirche fast 70 Jahre lang dokumentierte. – Die Sonderstellung des Papstes, also des Bischofs von Rom, wurde im 20. Allgemeinen → Konzil im Vatikan (Vaticanum I) in der Definition der → Unfehlbarkeit bestätigt. Das 21. Allgemeine → Konzil im Vatikan (Vaticanum II) hat dies aufgenommen: Es „setzt den Weg des Ersten Vatikanischen Konzils fort und lehrt und erklärt feierlich mit ihm, daß der ewige Hirt Jesus Christus die heilige Kirche gebaut hat, indem er die Apostel sandte wie er selbst gesandt war vom Vater (Joh 20,21). Er wollte, daß deren Nachfolger, das heißt die Bischöfe, in seiner Kirche bis zur Vollendung der Weltzeit Hirten sein sollten. Damit aber der Episkopat selbst einer und ungeteilt sei, hat er den heiligen Petrus an die Spitze der übrigen Apostel gestellt und in ihm ein immerwährendes und sichtbares Prinzip und Fundament der Glaubenseinheit und der Gemeinschaft gesetzt" (Kirchenkonstitution 18).

## Priszillianismus

In der zweiten Hälfte des 4. Jahrhunderts brachte ein Ägypter Gedanken des → Manichäismus nach Spanien. Für sie gewann er den reichen und gebildeten Laien Priszillian, der ein strenges aszetisches Leben führte; dieser fand bei vielen Laien und auch bei Bischöfen aufgrund seines vorbildlichen Lebens Anhängerschaft. Auf einer Synode in Saragossa 380 wurde Priszillian exkommuniziert, seine Lehre als häretisch verurteilt. Priszillian war aber inzwischen Bischof von Avila geworden. Er reiste jetzt nach Rom zu Papst ↗ Damasus I., um die Aufhebung seiner Verurteilung zu erlangen, was jedoch mißlang. Trotzdem konnte Priszillian in sein Amt zurückkehren, bis eine erneute Synode in Bordeaux 385 den Priszillianismus verurteilte und alle ihm anhängenden Bischöfe absetzte. Priszillian appellierte dagegen an den Kaiser, der ihn nach Trier bringen ließ. Dort wurde er vom kaiserlichen Gericht der Zauberei angeklagt, aufgrund der bestehenden Gesetze zum Tod verurteilt und trotz des Einspruchs des heiligen Martinus hingerichtet.

## Privilegium Ottonianum

Der deutsche König Otto I. (→ Ottonen) wurde am 2. Februar 962 von Papst ↗ Johannes XII. in Rom zum Kaiser gekrönt. Dabei übernahm er die Aufgabe, die römische Kirche zu schützen, wie es vor ihm Karl der Große (→ Karolinger) versprochen hatte. Im Privilegium Ottonianum vom 13. Februar 962 bestätigte Otto die Schenkungen seiner Vorgänger an die römische Kirche (→ Pippinsche Schenkung).

## Pseudoisidorische Fälschungen

Je mehr Einfluß und Macht die Päpste des Mittelalters (auch aufgrund des → Kirchenstaates und ihrer Verbindung mit den deutschen Königen) erlangten, umso mehr kämpften die Bischöfe um die Erhaltung ihrer Rechte. Im Zusammenhang mit diesen Auseinandersetzungen entstand die Pseudoisidorische Fälschung unter Papst ↗ Leo IV. (847–855). Es handelt sich dabei um eine großangelegte Sammlung von zum Teil gefälschten, zum anderen Teil echten, aber vielfach verfälschten Dokumenten und Papstbriefen. Die Sammlung besteht aus drei Teilen: Der erste Teil enthält 60 Papstbriefe der frühchristlichen Zeit von ↗ Clemens I. bis ↗ Miltiades, die alle (mit Ausnahme des → Clemensbriefes) von Fälschern zusammengestellt wurden. Der zweite Teil bringt die gefälschte Urkunde der → Konstantinischen Schenkung, die hier erstmals veröffentlicht wurde, sowie Bestimmungen von Konzilien aus dem spanisch-gallischen Raum. Im dritten Teil sind Dekretalien der Päpste von ↗ Silvester I. bis ↗ Gregor I. bzw. II. enthalten, von denen 48 Dokumente gefälscht sind. Die Fälschung ist wahrscheinlich im Raum von Reims zwischen 847 und 850 entstanden und wollte die Eigenständigkeit der Bischöfe gegenüber ihrem → Metropoliten gewährleisten. Man stellte die genannten Papstbriefe und -dokumente zusammen, um zu beweisen, daß nur der Papst über die Bischöfe urteilen könne, so wollte man sich auch vor staatlichen Übergriffen schützen. Wenn auch ungewollt, kam die Fälschung dem → Primatsanspruch des

Papstes sehr zustatten. Die Päpste waren sicher an der Herstellung der Fälschung nicht beteiligt, trotzdem haben sie sie schon bald benutzt, um ihre Stellung in der westlichen Kirche zu festigen. Das tat schon ↗ Nikolaus I. (858–867) im guten Glauben an die Echtheit der Dokumente. Diese pseudoisidorische Fälschung übte eine gewaltige Wirkung auf das kirchliche und politische Leben im Mittelalter aus; sie diente zur Begründung der Machtansprüche des Papsttums im Hochmittelalter. Erst im 15. Jahrhundert wurde ihre Echtheit ernstlich in Zweifel gezogen, vor allem durch Kardinal Nikolaus von Cues.

## Ravenna

Der König der → Goten, Theoderich der Große (493–526), hatte Oberitalien erobert. Um das Jahr 519 erwachte in ihm das Mißtrauen, seine katholischen Untertanen könnten sich mehr zum Kaiser von → Byzanz als zu ihm hingezogen fühlen (er selbst war → Arianer). In dieser Stimmung ließ er Papst ↗ Johannes I. in Ravenna in den Kerker werfen, wo dieser starb. Solche Ungerechtigkeiten machten die Goten unbeliebt und erleichterten den Griechen die Eroberung des Landes (535–555). Die Regierung Italiens führte nun im Auftrag des Kaisers von Byzanz ein Statthalter, der unter dem Titel eines Exarchen in Ravenna residierte. Ravenna wurde gegen die vordringenden → Langobarden 568 verteidigt, es blieb in griechischem Besitz. – Unter ↗ Bonifaz V. (619–625) wollte der Erzbischof von Ravenna, der als Statthalter des byzantinischen Kaisers eingesetzt war, sein Gebiet aus der kaiserlichen Oberhoheit losreißen und verselbständigen – sein Versuch mißlang. Unter Papst ↗ Vitalian verlieh 666 der oströmische Kaiser Konstans II. im Streit um den → Monotheletismus dem Exarchen von Ravenna weitgehende Privilegien (die dann freilich 680/682 wieder zurückgenommen wurden). Ravenna sollte von der westlichen Kirche losgelöst und zur selbständigen, Ostrom unterstehenden Kirchenprovinz erhoben werden. 751 entrissen die Langobarden jedoch das Exarchat Ravenna den Griechen. Papst ↗ Stephan II. wandte sich an den oströmischen Kaiser um Schutz – vergeblich. Deshalb bat er Pippin (→ Franken) um Hilfe; dieser folgte der Bitte, er eroberte 754 das Exarchat Ravenna zurück und übergab es dem Papst (→ Pippinsche Schenkung). Unter ↗ Leo IV. wollte sich der Erzbischof von Ravenna Eleutherius 853 erneut selbständig machen und riß Kirchengut an sich. Schon seit langem strebte das alte Kaiserreich Ravenna nach Unabhängigkeit von Rom. Der Kaiser von Byzanz hatte diese Bestrebungen immer gefördert. Auf einer Synode in Ravenna konnte Leo IV., unterstützt vom deutschen Kaiser Ludwig II., den Erzbischof zum Nachgeben überreden. Doch wenige Jahre später entbrannte der Streit von neuem: Unter ↗ Nikolaus I. wollte der Metropolit von Ravenna 861 wieder die Unabhängigkeit von Rom durchsetzen. In Anwesenheit des Kaisers Ludwig II. hielt Nikolaus in Ravenna eine Synode ab, die jedoch keine bleibende Einigung brachte. Als der Metropolit Johannes erneut seine Ansprüche geltend machte, wurde er 861 nach Rom zitiert und vom Papst mit dem Bann belegt. Schließlich kam Nikolaus selbst noch einmal nach Ravenna, das ja zum →Kirchenstaat gehörte, und griff mit Macht ein: Der Erzbischof mußte sich unterwerfen und wurde auf einer Synode in Rom 861 verpflichtet, künftig alle zwei Jahre nach Rom zu kommen und die Verbindung der ihm unterstehenden Bischöfe mit Rom nicht mehr zu behindern. – König Otto I. (→Ottonen) übergab 967 ↗Johannes XIII. das Exarchat Ravenna, das seither zum oströmischen Reich gehört hatte und ein stetiger Zankapfel gewesen war. Nun gehörte es endgültig zum Westen und zur römischen Kirche.

## Renaissance-Päpste

Zu den edelsten Renaissance-Päpsten gehört ↗Nikolaus V. (1447–1455). Er berief Literaten, Künstler und Wissenschaftler von besonderer Bedeutung nach Rom und schuf so ein goldenes Zeitalter für die Stadt. Von ihm stammt die Konzeption für den Neubau der →Peterskirche und des →Vatikan. Durch das Anschauen dieser Herrlichkeiten solle das Volk in seinem Glauben bestärkt werden. Das Pontifikat ↗Sixtus' IV. (1471–1484) wirkte sich auf die Kirche negativ aus: der →Nepotismus blühte, an der Verweltlichung der Kurie hatte der Papst persönlich den größten Anteil. Auch ↗Innocenz VIII. (1484–1492) hat das Ansehen des Papsttums nicht gefördert. Das Pontifikat ↗Alexanders VI. (1492–1503) war ein Unglück für die Kirche: seine Lebensweise entsprach in keiner Weise seinem hohen Amt. ↗Pius III. starb 1503 bereits nach 26 Tagen seines Pontifikates. Über ↗Julius II. (1503–1513) gehen die Urteile auseinander: Wenn man nur das politische Wirken des Papstes sieht, kann man ihn zu den bedeutendsten Päpsten zählen; das Gesamturteil lautet aber wesentlich ungünstiger – trotz der Einberufung des Allgemeinen →Konzils in den Lateran 1512. Seine Regierungszeit bildet den Gipfel der Renaissance-Kunst in Italien: der Neubau der →Peterskirche in Rom wurde von ihm angeregt, ebenso die Deckengemälde Michelangelos in der Sixtinischen Kapelle und die Fresken Raffaels im Vatikan. Auch über ↗Leo X. (1513–1521) urteilen die Historiker negativ: sein →Nepotismus, die Verschleuderung von Kirchengut und seine luxuriöse Hofhaltung wurden vielen zum Ärgernis. Es fehlte ihm das Bewußtsein für die Notwendigkeit einer Reform der Kirche, überhaupt für kirchliche Aufgaben. Bei der nun beginnenden Auseinandersetzung um die Reformation →Luthers hätte die Kirche eines Reformpapstes bedurft.

## Ritenstreit

Bei der Missionierung der Völker erhob sich für die Kirche die Frage, inwieweit man deren seitherige Riten und religiösen Bräuche in die Liturgie aufnehmen könne. Bei der Missionierung Englands hatte ↗ Gregor I. der Große dem von ihm entsandten Missionar Augustinus (von Canterbury) gegenüber erklärt, man solle den Angelsachsen ihre seitherigen harmlosen Feste und Freuden lassen: „Denn wenn man auf diese Weise den Menschen ihre äußere Freude gönnt, werden sie auch leichter die innere Freude finden. Es ist ja doch nicht möglich, den noch unaufgeschlossenen Herzen alles auf einmal wegzunehmen. Wer einen hohen Berg erklimmen will, tut das nicht in Sprüngen, sondern nur langsam und schrittweise." In dieser berühmten Akkomodationsepistel von 610 empfahl der Papst also den Missionaren, soweit wie möglich an die bestehenden vorchristlichen Gebräuche anzuknüpfen und sie mit christlichem Geist und Inhalt zu füllen. Auch nach Gregor blieb diese Regel in der Germanenmission weithin in Geltung. In diesem Sinn erlaubte auch ↗ Hadrian II. den Slawenaposteln Cyrill und Methodius bei der Missionierung Bulgariens den Gebrauch der slawischen Sprache in der Liturgie. – Einen Streit um die Übernahme vorchristlicher Gebräuche gab es im 17. Jahrhundert bei der Frage, wie weit die Missionare in der Anpassung an die Bräuche der Völker gehen dürften. Vor allem in China war diese Frage akut: 1693 erlaubte der chinesische Kaiser seinen Untertanen die Annahme des Christentums, welches in der Folgezeit bedeutende Fortschritte machte. Jedoch waren in den vornehmen Familien des Landes manche Feierlichkeiten im Gebrauch, die alljährlich zur Erinnerung an die Ahnen und zum Gedächtnis des Konfuzius (gestorben 479 v. Chr.) gehalten wurden. Die meisten Jesuiten, denen von Anfang an die Mission in China oblag, hielten diese Gebräuche trotz ihrer Ähnlichkeit mit religiösen Zeremonien für rein bürgerliche Feiern; andere Missionare, die ebenfalls in China arbeiteten, sahen sie jedoch als Aberglauben an, der den Christen nicht erlaubt sei. Der Streit wurde mit großer Heftigkeit geführt. Beendet wurde er durch die Bulle „Ex quo singulari" vom 11. Juli 1742, in der ↗ Benedikt XIV. entschied, diese Bräuche dürften nicht geduldet werden. Er verwies auf einen Erlaß ↗ Clemens' XI. aus dem Jahr 1715 und betonte die Reinheit der Gottesverehrung, die nicht durch Aberglauben gefährdet werden dürfe. Ebenso verurteilte ↗ Benedikt XIV. (1740–1758) die heimischen Bräuche in Indien. Diese päpstlichen Entscheidungen haben die Missionsarbeit sehr erschwert; sie haben vor allem verhindert, daß die führenden Schichten Chinas und Indiens für das Christentum gewonnen werden konnten.
Siehe Ergänzung S. 322.

## Sabellianismus

Der Glaube an den dreifaltigen Gott war in der Frühzeit des Christentums wohl allgemein so anerkannt, daß man sich offenbar über die Beziehungen der göttlichen Personen zu einander nur wenig Gedanken machte. Am Ende des 2. Jahrhunderts traten jedoch Theologen auf, die lehrten, die Gottheit der zweiten Person, des Sohnes Gottes, als einer vom Vater verschiedenen Person sei mit der Einheit Gottes nicht zu vereinbaren. Um das Jahr 215 lehrte Sabellius, ein in Rom ansässiger Libyer, der eine Gott habe sich in drei Rollen (modi →Modalismus) geoffenbart: Als Vater in der Schöpfung, als Sohn in der Erlösung, als Heiliger Geist in der Heiligung. Die drei göttlichen Personen seien also nur Erscheinungsformen des einen Gottes, nicht wirkliche Personen. Gegen diese Leugnung der drei Personen in Gott kämpfte in Rom der Priester →Hippolyt. Allerdings betonte er den Personenunterschied zwischen Vater und Sohn so stark, daß er den Sohn dem Vater unterordnete (→Subordinatianismus). Dadurch kam es zum Streit zwischen Hippolyt und Calixtus, dem Diakon des Papstes ↗ Zephyrinus. Als ↗ Calixtus I. dann selbst Papst geworden war, stellten die Anhänger Hippolyts diesen wahrscheinlich als Gegenpapst auf. Erst 235 unterwarf sich Hippolyt dem Papst ↗ Pontianus, dem zweiten Nachfolger des Calixtus. Seit 257 verbreitete sich der Sabellianismus auch in Libyen. Deshalb trat der Bischof von Alexandrien, Dionysius, in mehreren Briefen dem Sabellius entgegen. Da er aber einen ähnlichen Fehler wie Hippolyt beging, nämlich die Unterordnung des Sohnes unter den Vater lehrte, wurde er bei Papst ↗ Dionysius angeklagt, der auf einer Synode in Rom 262 die irrige Ausdrucksweise des Dionysius verurteilte. Dieser widerrief seine Aussagen und bekannte Christus als gleich ewig wie der Vater und eines Wesens mit ihm. „Man darf weder die göttliche Einheit in drei Gottheiten zerteilen noch die Würde des Herrn durch die Annahme geschöpflichen Ursprungs herabsetzen. Man muß vielmehr glauben an Gott den Vater und an Christus Jesus, seinen Sohn, und an den Heiligen Geist und festhalten, daß der Logos mit Gott, dem Urheber des Alls, geeint ist"; so hatte Papst Dionysius entschieden.

## Sachsen, Könige/Kaiser aus dem Geschlecht der

Von 919 bis 1137 regierten in Deutschland zunächst sächsische Stammesherzöge als Könige/Kaiser. Ihre Regierung soll hier nur insoweit beschrieben werden, als sie Bedeutung für die Papstgeschichte hat.

*Heinrich I.* (919–936)
Es war die Zeit des →„Dunklen Jahrhunderts", die Päpste waren in Abhängigkeit von den römischen Adelsgeschlechtern der →Crescentier

und der →Tusculaner. Heinrich I. spielte in der Papstgeschichte keine wesentliche Rolle.

*Otto I. der Große* (936–973) →Ottonen

*Otto II.* (973–983) →Ottonen

*Otto III.* (983–1002) →Ottonen

*Heinrich II.* (1002–1024)
Nach dem Tod des Papstes ↗ Sergius IV. (1012) gab es eine Doppelwahl: ↗ Benedikt VIII. und ↗ Gregor VI. Beide wandten sich an den deutschen König, der sich für Benedikt entschied. Dieser lud Heinrich zur Kaiserkrönung nach Rom ein. Am 14. Februar 1014 fand diese in der Peterskirche statt. Der neue Kaiser versprach dem Papst, ein getreuer Verwalter und Verteidiger der römischen Kirche zu sein. 1020 kam Benedikt auf Einladung Heinrichs nach Deutschland, feierte in Bamberg, dem von Heinrich gestifteten Bistum, die Kar- und Osterliturgie und besuchte das Grab des heiligen →Bonifatius in Fulda. Im Jahr 1022 hielt der Papst zusammen mit dem Kaiser eine große Reformsynode in Pavia, auf welcher u. a. die →Priesterehe verboten wurde. Der Kaiser verkündete diese Beschlüsse als Reichsgesetz. Kaiser und Papst starben kurz nacheinander: Heinrich II. (der zusammen mit seiner Frau Kunigunde als Heiliger verehrt wird) am 13. Juli 1024, Benedikt am 7. April 1024.

*Konrad II.* (1024–1039)
1027 wurde Konrad durch Papst ↗ Johannes XIX. in Rom zum Kaiser gekrönt. Politisch war der Papst völlig von Konrad abhängig. Auch der nächste Papst, ↗ Benedikt IX., war ein gefügiges Werkzeug in der Hand des Kaisers: So mußte er z. B. über den Erzbischof von Mailand die Exkommunikation aussprechen, weil dieser Streit mit Konrad hatte. Die Päpste hatten sich zwar aus der Bevormundung durch die römischen Adelsgeschlechter befreit, ihre wirkliche Freiheit war aber nur von kurzer Dauer: Sie gerieten in die Abhängigkeit von den deutschen Kaisern.

*Heinrich III.* (1039–1056)
Zunächst war das Verhältnis Heinrichs zu Papst ↗ Gregor VI. gut. Bei seinem Italienzug 1046 trafen sich Papst und König in Piacenza; der König wurde mit allen Ehren empfangen. Später wandelte sich (aus unbekannten Gründen) das Verhältnis der beiden. Womöglich hegte der König Zweifel an der politischen Zuverlässigkeit des Papstes. Heinrich III. veranstaltete eine Synode in Sutri, auf welcher am 20. Dezember 1046 sowohl Gregor als auch der Gegenpapst ↗ Silvester III. für abgesetzt erklärt wurden. Gregor mußte nach Köln in die Verbannung gehen, wohin ihn der Mönch →Hildebrand begleitete. Auf einer weiteren Synode, die in Rom stattfand, wurde Gregor am 23. Dezember 1046 auch formell abgesetzt. Am 24. Dezember

bestimmte Heinrich den Bischof von Bamberg Suitbert zum Papst, der sich ↗ Clemens II. nannte. Dieser krönte sofort Heinrich und dessen Frau Agnes in der Peterskirche zu Kaisern. Dabei erhielt der Kaiser das Recht, die kommenden Päpste zu designieren. Eine solche Machtstellung hatte der deutsche Kaiser inzwischen hinsichtlich des Papsttums erlangt! Heinrich berief und leitete Synoden, setzte Päpste ab und ein. Diese Eingriffe in das kirchliche Leben erregten zunächst auch bei den Reformern keinen Widerspruch; man sah völlig einseitig den Dienst, den der Kaiser der Reform der Kirche leistete, wobei man das Gesetzwidrige seines Handelns übersah. Allmählich brachen sich in den nächsten Jahrzehnten Gedanken Bahn, die die völlige Freiheit und Unabhängigkeit der Kirche erstrebten. Nach dem schnellen Tod des Papstes ↗ Damasus II. (1048) wurde auf dem Reichstag in Worms im Dezember 1048 ein Vetter des Kaisers zum Papst bestimmt: Bischof Brun von Toul, der sich ↗ Leo IX. nannte. Er stand mit Kaiser Heinrich in enger Verbindung, wenn auch schon in seinem Pontifikat deutlich wurde, daß die seitherige Abhängigkeit der Kirche vom Kaiser nicht von Dauer sein konnte. Auch Leos Nachfolger, ↗ Victor II., wurde vom Kaiser bestimmt: Bischof Gebhard von Eichstätt, vordem Kanzler des Kaisers. Als Heinrich III. 1056 starb, war Victor gerade in Deutschland. Er kam an das Sterbebett Heinrichs, der ihm seinen unmündigen Sohn und Erben, Heinrich IV., anempfahl. Victor übernahm zunächst das Amt des Reichsverwesers und sicherte Heinrich IV. die Nachfolge.

*Heinrich IV.* (1056–1106): →Investiturstreit

*Heinrich V.* (1106–1125): →Investiturstreit
Der schon unter Heinrich III. in der Kirche laut gewordene Ruf nach Freiheit und Unabhängigkeit vom Kaiser trat unter Heinrich IV. und Heinrich V. in das entscheidende Stadium, eine Auseinandersetzung, die erst durch das →Wormser Konkordat 1122 beendet war.

*Lothar III.* (1125–1137)
Der Wandel in der Stellung des Papsttums zum deutschen König zeigte sich bei der Wahl Lothars III. Nach dem Tod Heinrichs V. war Lothar von Supplinburg zum König gewählt worden. Er bat um Bestätigung seiner Wahl durch ↗ Honorius II., die er auch erhielt. Nach dem Tod des Honorius kam es 1130 wieder zu einer Doppelwahl: ↗ Innocenz II. und ↗ Anaklet II. Innocenz fand die Anerkennung Frankreichs, da sich →Bernhard von Clairvaux sehr für ihn einsetzte. Anaklet wandte sich an Lothar und stellte ihm die Kaiserkrönung in Aussicht. Dann übersandte auch Innocenz dem deutschen König eine Einladung zur Kaiserkrönung. Lothar wollte die schwierige Frage, wer nun der rechtmäßige Papst sei, nicht von sich aus entscheiden: Er berief im Oktober 1130 eine Synode nach Würzburg. Hier entschieden sich die anwesenden Bischöfe und weltlichen

Fürsten für Innocenz. Auf Wunsch des Papstes traf er sich im März 1131 in Lüttich mit Lothar. Dabei wurde vereinbart, daß man gemeinsam nach Rom ziehen wolle, um die Kaiserkrönung vorzunehmen. Da aber inzwischen Anaklet seine Stellung in Rom gefestigt hatte, war ein Romzug des Königs nur mit Mühe durchzuführen, zumal die →Normannen sich auf die Seite Anaklets geschlagen hatten und ihn in Rom verteidigen wollten. Ende August 1132 trat Lothar mit dem Reichsheer den Zug nach Italien an. Da der Normannenherzog durch Aufstände und Kriege in seiner Macht geschwächt war, mußte er sich auf Verhandlungen mit Lothar einlassen. Der Vorschlag, die Doppelwahl von 1130 untersuchen zu lassen, scheiterte am Widerstand Innocenz'. Am 1. Mai 1133 zog der deutsche König mit dem Papst in Rom ein; jedoch behielt Anaklet die →Leostadt mit der →Engelsburg und der Peterskirche im Besitz. Trotz mehrwöchiger Belagerung konnte Lothar das Gebiet Anaklets nicht einnehmen. So einigte er sich mit Innocenz, die Kaiserkrönung im →Lateran vorzunehmen, was am 4. Juni 1133 auch geschah. Vor der Krönung leistete Lothar den üblichen Sicherheitseid, forderte aber die Wiederherstellung des alten Investiturrechtes. Durch eine Bulle vom 8. Juni 1133 verbot der Papst den deutschen Bischöfen und Äbten, nach der Wahl ihre weltlichen Hoheitsrechte auszuüben, bevor sie dem König das, was das Recht verlangte, geleistet hätten. Wenige Tage nach seiner Krönung kehrte Lothar nach Deutschland zurück. Innocenz konnte sich in Rom gegen Anaklet nicht halten, er zog sich nach Pisa zurück. Das Schisma dauerte an, da Anaklet seine Stellung behauptete und sich auf den inzwischen erstarkten Normannenherzog stützte. Um dessen Macht zu brechen, unternahm Lothar Ende September 1136 einen neuen Romzug und stieß 1137 bis Bari vor, das er Ende Mai erreichte. Der Normanne bot Frieden an; da auch das deutsche Heer kriegsmüde war, wurde der Vorschlag angenommen. Lothar trat den Rückmarsch an. Kaum hatte er jedoch wieder deutschen Boden betreten, starb er am 4. Dezember 1137 in Breitwang am Lech.

## Sacramentarium Gelasianum

Es handelt sich dabei um ein Buch, das Vorschriften für die Feier des Gottesdienstes und die Spendung der Sakramente enthält und (wie auch das →Decretum Gelasianum) fälschlich Papst ↗ Gelasius I. zugeschrieben wurde.

## Säkularisation

Säkularisation im weitesten Sinn bedeutet „Verweltlichung". Im engeren Sinn wird das Wort für die Verweltlichung gottgeweihter Personen oder Sachen gebraucht. Unter Säkularisation im spezifischen Sinn versteht man die ohne kirchliche Erlaubnis vollzogene Einziehung kirchlichen

Eigentums bzw. die Verwendung von Gütern, die für kirchliche Zwecke bestimmt sind, zu profanen Zwecken. – Obwohl es Säkularisation in diesem Sinn sehr früh in der Geschichte der Kirche gab (Einziehung kirchlichen Vermögens in den →Christenverfolgungen), denkt man in *Deutschland* vor allem an ein Geschehen im Gefolge der Französischen Revolution von 1789. Am Ende des ersten sog. Koalitionskrieges schloß Preußen mit Frankreich im Jahr 1795 in Basel einen Separatfrieden, bei welchem ihm für den Verlust linksrheinischer Gebiete Entschädigungsgelände auf dem rechten Rheinufer versprochen wurde. Diesem Beispiel folgten Hessen-Kassel, Württemberg und Baden. Im Frieden von Campoformio 1797 mußte auch Kaiser Franz II. von Österreich der Abtretung des linken Rheinufers an Frankreich zustimmen und die Säkularisation geistlicher Fürstentümer im Prinzip anerkennen. Im Frieden von Luneville 1801 wurde die Abtretung und endgültige Säkularisation beschlossen. Artikel 7 des Friedensvertrages gewährte den erblichen deutschen Fürsten für Gebietsverluste auf dem linken Rheinufer Entschädigungen durch rechtsrheinische geistliche Gebiete; später wurden dann auch noch solche Fürsten bedacht, die gar keine Verluste auf dem linken Rheinufer erlitten hatten. Der Entschädigungsplan wurde von einer Reichsdeputation in Regensburg am 25. Februar 1803 angenommen (Reichsdeputationshauptschluß). Neben den geistlichen Gebieten ging auch aller Besitz der Domkapitel und der bischöflichen Domänen an die Fürsten über. Im Zug dieser Säkularisation wurden fast alle Klöster aufgehoben. Die *Folgen* waren verheerend: Die gesamte tausendjährige Organisation der Kirche in Deutschland wurde zerschlagen, Bistümer und Domkapitel aufgelöst, die kirchliche Verwaltung zerrüttet. Durch den Raubzug der Fürsten und Staaten gingen der Kirche in Deutschland vier Erzbistümer verloren, 18 Bistümer, etwa 80 reichsunmittelbare Abteien und mittelbare Stifte und rund 200 Klöster, 18 stiftungsgemäß katholische Universitäten, zahlreiche klösterliche Gymnasien und sonstige Bildungsstätten wurden aufgehoben. Im allgemeinen erhielten die von Frankreich geschädigten Fürsten weit mehr als sie verloren hatten: Preußen das Fünffache, Bayern das Siebenfache, Württemberg das Vierfache. Um den Sturm auf die Klöster nach außen hin etwas zu rechtfertigen, sprach man von verrotteten Zuständen in den Klöstern, während in Wahrheit die meisten Klöster jener Zeit in einer geistigen Erneuerung lebten, und die Verwaltung ihrer Güter in bester Weise besorgten. Nach der Säkularisation von 1803 war die Kirche in Deutschland wie gelähmt: Verwaiste Bischofsstühle blieben lange unbesetzt, die regierenden Bischöfe waren zum Teil dem Staatskirchentum ergeben, die Gläubigen wie eine Herde ohne Hirten. Die Ordensleute waren in alle Winde zerstreut oder in einige wenige „Zentralklöster" zusammengepfercht. Nach dem Verlust fast all ihrer Güter war die Kirche in ihrem äußeren Bestand auf die Zuschüsse des Staates angewiesen.

## Salier

Die aus dem Stamm der → Sachsen hervorgegangenen deutschen Könige/Kaiser: Konrad II., Heinrich III., Heinrich IV. und Heinrich V. stammten aus der Familie der Salier. Diese waren ein sächsisches Hochadelsgeschlecht.

## Sarazenen

Im Altertum bezeichnete man mit „Sarazenen" die Araber, die im nordwestlichen Arabien und auf der Sinai-Halbinsel lebten. Im Mittelalter wurden zunächst alle Araber mit diesem Namen bezeichnet; später vor allem die Gegner auf den → Kreuzzügen.

## Savanarola

Girolamo Savanarola war seit 1491 Prior des Klosters der → Dominikaner San Marco in Florenz. Er trat als Bußprediger auf, forderte eine durchgreifende Reform der Kirche und prophezeite das bald hereinbrechende Strafgericht Gottes über Italien und die ganze Welt. Sein Einfluß war so groß, daß er fast ganz Florenz uneingeschränkt beherrschte. Daß es zu einem Zusammenstoß zwischen ihm und Papst ↗ Alexander VI. kam, hatte einen politischen Hintergrund: Die Stadt Florenz weigerte sich (mit Unterstützung Savanarolas), der „Heiligen Liga" beizutreten; diese war 1495 zwischen Venedig, Ferdinand und Isabella von Spanien, dem deutschen Kaiser Maximilian I. und dem Papst geschlossen worden, um die Christen gegen die → Türken zu schützen und für die Würde des Heiligen Stuhles und die Rechte des Römischen Reiches einzutreten. Savanarola störte die politischen Pläne des Papstes. Zudem erwarteten viele die Einberufung eines Konzils durch den König von Frankreich, das diesen Papst durch einen besseren Papst ersetzen sollte. So war die politische Haltung Savanarolas und der Stadt Florenz verständlich. Im Juli 1495 wurde Savanarola nach Rom vorgeladen. Er erhielt Predigtverbot, weigerte sich aber unter Berufung auf sein Gewissen, das Verbot anzuerkennen. Infolgedessen wurde er am 13. Mai 1497 exkommuniziert. Von Februar 1498 an trat er in Predigten und Flugblättern gegen den „simonistischen und ungläubigen Alexander" auf und wollte seine Absetzung durch ein Allgemeines Konzil erreichen. Dabei berief er sich nicht – wie spätere Theologen – auf die Ideen des → Konziliarismus, er stützte sich vielmehr auf papsttreue Theologen. Aber die Volksgunst wandelte sich zu ungunsten Savanarolas. Eine Feuerprobe, durch die er die göttliche Herkunft seiner Sendung beweisen wollte, kam nicht zustande, sein Kloster wurde daraufhin vom Volk gestürmt. Savanarola wurde gefangengenommen, gefoltert und am 23. Mai 1498 hingerichtet.

## Schisma

*1. Das große abendländische Schisma*

Durch die Rückkehr des Papstes ↗ Gregor XI. war das Exil von → Avignon beendet. Diese 70jährige „Gefangenschaft" der Päpste hatte die kirchliche Organisation jedoch bis in ihre tiefsten Schichten hinein verwundet. Die Partei der französischen Kardinäle bestand auch nach Beendigung des Exils fort: Avignon wurde zur Wurzel der Kirchenspaltung. Denn nachdem sie ↗ Urban VI., der rechtmäßig gewählt war, drei Monate lang anerkannt hatten, erklärten sie sich plötzlich mit ihm unzufrieden und erhoben einen Verwandten des französischen Königshauses als ↗ Clemens VII. zum Gegenpapst. Dieser begab sich sofort nach Avignon, damit unter französischen Einfluß. So standen sich zwei Päpste gegenüber, die beide nach ihrem Tod Nachfolger erhielten. Die Christenheit war in zwei päpstliche Gefolgschaften gespalten: eine römische und eine avignonische. Bis hinein in die einzelnen Bistümer, Abteien, ja sogar Familien standen sich beide gegenüber. Da kaum jemand mehr wußte, wer nun der wirkliche Papst sei, entstand eine große Gewissensnot, außerdem eine starke finanzielle Belastung, da es – mit zwei Päpsten – auch zwei Kurien gab, die unterhalten werden wollten. Die Kirche schien auseinanderzubrechen, noch niemals hatte sie eine solche Krise zu bewältigen. – Aus den vielen Schriften, die sich um diese Zeit um eine „Reform der Kirche an Haupt und Gliedern" bemühten (Zentrum dieser Bemühungen war die Pariser Universität), trat mehr und mehr der Gedanke in den Vordergrund, nur ein Allgemeines Konzil könne als oberste Instanz der Kirche die Einheit wieder schenken. Endlich einigten sich die beiden Kardinalsparteien und schrieben ein Allgemeines → Konzil nach Pisa aus (1409). Dieses wollte die Einheit der Kirche herbeiführen, indem es die beiden amtierenden Päpste absetzte und an ihrer Stelle einen neuen wählte: ↗ Alexander V. Aber keiner gab nach: So war aus der „verruchten Zweiheit" eine „verruchte Dreiheit" geworden. Als Alexander in ↗ Johannes XXIII. einen ganz unkirchlichen Nachfolger erhielt, wurde der Ruf nach wirklicher Behebung der Spaltung auf einem Konzil noch lauter. – Dem deutschen König Siegmund gelang es schließlich, Johannes die Zustimmung zu einem Allgemeinen Konzil in einer deutschen Stadt abzuringen. Es gelang Siegmund überdies, das Konzil auch nach der unwürdigen Flucht des Johannes vor dem Auseinanderbrechen zu bewahren. So kann er mit vollem Recht für sich das Verdienst in Anspruch nehmen, die Einheit der Kirche bewahrt bzw. wiederhergestellt zu haben. Das Allgemeine → Konzil von Konstanz (1414–1418) mußte sich mit der Irrlehre des Johannes → Hus auseinandersetzen, was mit seiner Verurteilung endete. Vor allem aber sollte das Konzil der Einheit der Kirche, also der Beendigung des Schismas dienen. Während eine weitere

Aufgabe, die Reform der Kirche, wie so oft in dieser Zeit, ungelöst blieb, wurde die andere gelöst: ↗ Johannes XXIII. und ↗ Benedikt XIII. (aus Avignon) wurden abgesetzt, ↗ Gregor XII. (aus Rom) trat freiwillig zurück. Neugewählt wurde ↗ Martin V. – Das Konzil hatte zwar auch eine Oberhoheit des Konzils über den Papst verkündet (→ Konziliarismus), als jedoch Martin V. die Beschlüsse des Konzils bestätigte, schloß er diesen Satz ausdrücklich davon aus. Papst Martin V. wird als letzter Papst des Mittelalters gezählt. So stand nach dieser langen Zeit die Kirche wieder in Einheit da, das große abendländische Schisma war beendet.

*2. Schisma zwischen Ost- und Westkirche*

→ Orthodoxe Kirche

## Sedisvakanz

Die Zeit zwischen der Erledigung des päpstlichen Stuhles („sedes") bis zur Neubesetzung wird Sedisvakanz genannt. Aus verschiedenen Gründen dauerte im Mittelalter diese Zeit manchmal sehr lange. Die Neuordnung der → Papstwahl durch ↗ Paul VI. hat auch das → Konklave und die Sedisvakanz geregelt.

## Semiarianismus

Innerhalb der Lehre des → Arianismus gab es Abspaltungen. Eine Gruppe wurde Semiarianer genannt: Sie lehrten einen gemilderten → Subordinatianismus und eine Wesensähnlichkeit (nicht Wesensgleichheit) des Sohnes mit dem Vater. Papst ↗ Liberius (352–366), den die Arianer für sich zu gewinnen versucht hatten, war von Kaiser Konstans II. in die Verbannung geschickt worden, weil er die Gutheißung des Arianismus verweigert hatte. In der Verbannung scheint der Papst schwach geworden zu sein. Innerlich zermürbt und von Friedensliebe getrieben übernahm er eine Formel, die einen Kompromiß zwischen den Arianern und dem Glaubensbekenntnis des Allgemeinen → Konzils von Nicaea darstellte. So durfte er nach Rom zurückkehren. Es kam zu neuen Auseinandersetzungen zwischen den arianischen Gruppen. Kaiser Konstantius wollte auf einer Doppelsynode im Osten und im Westen des Reiches die arianische Lehre durchsetzen. Schließlich starb Konstantius 361; damit war die politische Stütze der Irrlehre gefallen.

## Semipelagianismus

Die Irrlehre des → Pelagianismus hatte die Notwendigkeit der übernatürlichen Gnade zur Erlangung des Heiles geleugnet: der Mensch sei von sich aus, aufgrund seiner eigenen Kräfte, dazu fähig. → Augustinus von Hippo war der entschiedenste Verteidiger der Notwendigkeit der Gnade. – Zur gleichen Zeit etwa begann in Südfrankreich eine Bewegung, welche die unbedingte Notwendigkeit der Gnade ablehnte. Mönche lehrten, der Mensch könne die Rechtfertigung nur durch die Eingießung der göttlichen Gnade erlangen, er selbst aber könne (ohne Mitwirkung der Gnade) den Anfang des Glaubens setzen und sich so die Rechtfertigung verdienen; ferner sei nach erlangter Rechtfertigung keine übernatürliche Gnade nötig, um im Heilszustand zu bleiben. Auf diese Lehre des gemäßigten Pelagianismus, den sog. Semipelagianismus, wurde Augustinus aufmerksam gemacht. Er schrieb 428 oder 429 zwei Bücher gegen die Irrlehre, die zwar in Frankreich verbreitet wurden, aber die Mönche nicht zum Schweigen brachten. Nach dem Tod des Augustinus wurde versucht, in Rom eine Verurteilung des Semipelagianismus zu erreichen. Papst ↗ Coelestin I. nahm in einem Schreiben an die gallischen Bischöfe Augustinus, den die Semipelagianer heftig angegriffen hatten, in Schutz. Die Auseinandersetzungen wurden in den folgenden Jahrzehnten weitergeführt: Verteidiger und Gegner des Semipelagianismus legten ihre Auffassungen in verschiedenen Schriften dar. Schließlich wurde auf einer Synode in Orange 529 die Irrlehre durch 25 Sätze, die zum größten Teil den Schriften des Augustinus entnommen waren, verurteilt. ↗ Bonifaz II. bestätigte diese Beschlüsse 530. Da sich auch die seitherigen Vertreter der Irrlehre unterwarfen, war der Streit beendet.

## Silvesterlegende

Die Abwendung des Papsttums von → Byzanz und die Hinwendung zu den → Franken suchte nach einer rechtlichen Festigung; sie erfolgte in der → Konstantinischen Schenkung, einer Rechtsfälschung, die zwischen 750 und 800 entstand. Das Kernstück dieser Urkunde ist die Silvesterlegende. In phantastischer Weise erzählt sie, wie Konstantin der Große noch als Heide vom Aussatz befallen wurde und nach vergeblichen Heilungsversuchen durch heidnische Priester schließlich von Papst ↗ Silvester I. durch die Taufe vom Aussatz gereinigt wurde. Aus Dankbarkeit habe er dem Papst besondere Ehrentitel verliehen, außerdem erklärt, er wolle nicht dort regieren, wo das Haupt der christlichen Religion vom himmlischen Kaiser eingesetzt worden sei. Deshalb gehe er nach Osten und überlasse dem Papst den ganzen Westen. Zum Zeichen seiner neuen Würde habe Konstantin dem Papst die kaiserlichen Insignien (Diadem, Mitra, Pallium, Zepter und Fahne) verliehen und ihm den → Lateranpalast mit der → Lateranbasilika zur Residenz überlassen. Aus Bescheidenheit habe Silvester das kaiserliche Diadem abgelehnt, doch dafür habe ihm Konstantin eigenhändig die weiße Mitra aufgesetzt und ihm den Dienst des Steigbügelhaltens und des Pferde-Führens geleistet, alles aus Ehrfurcht vor dem heiligen

Petrus. Konstantin habe die Kirche als →Cathedra Petri über die anderen Kirchen erhoben (also auch einschließlich der →Patriarchen des Ostens), ferner habe er den Kardinalpriestern den Rang von Senatoren verliehen. – Die Unechtheit dieser Legende wurde zusammen mit der Unechtheit der Konstantinischen Schenkung erkannt.

## Simonie

Die Apostelgeschichte berichtet, wie der Diakon Philippus in Samaria das Wort Gottes verkündete. Dort war ein Mann namens Simon. „Er trieb Zauberei und verwirrte das Volk von Samaria, da er sich als etwas Großes ausgab. Auf ihn hörten alle, jung und alt, und sagten: Diese ist die Kraft Gottes, die man die Große nennt ... Als die Leute jedoch dem Philippus Glauben schenkten, der das Evangelium vom Reich Gottes ... predigte, ließen sie sich taufen. Auch Simon wurde gläubig, ließ sich taufen und schloß sich dem Philippus an; und als er die großen Zeichen und Wunder gesehen hatte, geriet er außer sich vor Staunen" (Apg 8,9–13). Einige Zeit später kamen Petrus und Johannes nach Samaria, um den Getauften die Hände aufzulegen und den Heiligen Geist mitzuteilen. „Als Simon sah, daß durch die Handauflegung der Apostel der Geist verliehen wurde, brachte er ihnen Geld und sagte: Gebt auch mir diese Macht, damit jeder, dem ich die Hände auflege, Heiligen Geist empfängt. Petrus aber sagte zu ihm: Dein Silber fahre mit dir ins Verderben, wenn du meinst, die Gabe Gottes lasse sich für Geld kaufen" (Apg 8,18–20). – Nach diesem Zauberer Simon bezeichnet man als Simonie den Kauf oder Verkauf von geistlichen Gütern, Sakramenten, Sakramentalien, Weihen, Segnungen, vor allem aber von kirchlichen Ämtern und Pfründen. – In der Kirchengeschichte spielte Simonie eine große Rolle. So kaufte ↗Gregor VI. 1045 seinem Vorgänger ↗Benedikt IX. für eine hohe Summe die Papstwürde ab. Er tat es zwar aus guten Motiven (er wollte die Reform der Kirche vorantreiben), wurde aber am 20. Dezember 1046 wohl wegen der Simonie bei seiner Wahl abgesetzt. – Schon das Allgemeine →Konzil von Chalcedon 451 verbot die Simonie. Trotzdem blieb sie im Mittelalter oft eine Übung, die sich zum schwersten Schaden für die Kirche auswuchs: Päpste erkauften das Amt für Geld, Geistliche boten Geld an, um einen Bischofsstuhl zu erlangen. So wurden kirchliche Ämter ohne Rücksicht auf die Würdigkeit des Bewerbers nur nach dem Gesichtspunkt verliehen, wer am meisten dafür bot. Im kirchlichen Pfründewesen spielte die Simonie jahrhundertelang eine äußerst verderbliche Rolle, wenn auch einzelne Päpste, Synoden und Konzilien sich immer wieder dagegen aussprachen.

## Sozialenzykliken

Mit dem Aufkommen der „Sozialen Frage“, der Frage nach der Menschenwürde und nach der gerechten Entlohnung im industriellen Zeitalter, beschäftigten sich die Päpste mit den hier aufkommenden Fragen. Sie taten dies zumeist – nicht nur – in der Form von Enzykliken, die man ihrem Thema entsprechend „Sozialenzykliken“ nennt. Die erste Sozialenzyklika erließ ↗ Leo XIII. im Jahr 1891: „Rerum novarum“. Zum 40. Jahrestag dieses Rundschreibens veröffentlichte ↗ Pius XI. 1931 die Enzyklika „Quadragesimo anno“. Am 15. Mai 1961 erschien von ↗ Johannes XXIII. „Mater et Magistra“, am 26. März 1967 von ↗ Paul VI. „Populorum progressio“. Zum 80jährigen Jubiläum der ersten Sozialenzyklika veröffentlichte der gleiche Papst 1971 „Octogesima adveniens“. Die bis jetzt letzte Enzyklika in diesem Bereich ist die von ↗ Johannes Paul II. am 14. September 1981 veröffentlichte: „Laborem exercens“.

## Staufer, Könige/Kaiser aus dem Haus der

Die Staufer hatten ihren Namen von ihrem Stammsitz Hohenstaufen. 1079 erhielten sie das Herzogtum Schwaben. Mit Konrad III. begann 1138 ihre Herrschaft im deutschen Reich. Zu ihrem reichen Landbesitz in Franken, Schwaben und im Elsaß erwarben sie 1194 auch das Königreich der → Normannen, Neapel-Sizilien. – Die Regierung der staufischen Könige und Kaiser wird hier nur insoweit behandelt, als sie für die Papstgeschichte von Bedeutung ist.

*Konrad III.* (1138–1152)

Papst ↗ Lucius II. wandte sich 1145 an den deutschen König Konrad III. um Hilfe gegen die Herrschaft der römischen Adelsgeschlechter. Bevor jedoch der König der Bitte nachkommen konnte, starb der Papst. Am zweiten → Kreuzzug, den ↗ Eugen III. gefordert und gefördert hatte, nahm auch Konrad teil. Jedoch wurde die deutsche Heeresgruppe, die 1147 aufgebrochen war, in Kleinasien geschlagen und zur Umkehr gezwungen. Nur Reste der deutschen Truppe erreichten Jerusalem. In dieser Zeit luden die römischen Senatoren Konrad zum Empfang der Kaiserkrone nach Rom ein, damit er von dort aus – wie sie es sich vorstellten – die Priesterherrschaft in Italien beende. Jedoch konnte Konrad an keinen Romzug denken: Er war krank vom Kreuzzug zurückgekehrt, außerdem gab es im Reich selbst Schwierigkeiten. Schließlich wollte er sich auch nicht in die Ziele der römischen Senatoren einspannen lassen. Stattdessen versuchte er persönlich, mit Papst Eugen Verbindung aufzunehmen: Zwei deutsche Bischöfe sollten als kaiserliche Gesandtschaft die Ansichten des Papstes zu Romfahrt und Kaiserkrönung klären. Der Papst schickte zwei Kardinäle nach Deutschland, um die Einladung zur Kaiserkrönung zu überbringen. Auf dem Regensburger Reichstag im Juli 1151 beschlossen die deutschen Fürsten die Romfahrt, die am 8. September 1152 beginnen sollte. Jedoch starb Konrad am 15. Februar 1152 in Bamberg. Nachdem Konrads Sohn Heinrich schon 1150 gestorben war, überging Konrad bei der Thronfolge seinen minderjährigen Sohn Friedrich und bestimmte auf dem Totenbett seinen Neffen, Herzog Friedrich, als Nachfolger.

*Friedrich I. Barbarossa* (1152–1190)

Die Kaiser aus dem staufischen Haus waren fast alle Männer von hoher Intelligenz und Begeisterung für die Größe des deutschen Reiches. Jedoch betrachteten sie ihre Macht als unumschränkt, auch über die Kirche, was zu Streitigkeiten führen mußte. Zu einem ersten Streit zwischen Friedrich I. Barbarossa und Papst ↗ Eugen III. kam es bei der Besetzung des erzbischöflichen Stuhles von Magdeburg (1152): Friedrich hatte dort durch eine Minderheit den Bischof Wichmann von Naumburg zum Bischof wählen lassen, dem der Papst die Zustimmung verweigerte, da es sich um eine Verletzung des →Wormser Konkordates handle. Eugen konnte angesichts seiner Lage nicht wagen, es zu einem offenen Bruch kommen zu lassen. Durch Verhandlungen im November/Dezember 1152 zwischen König und Papst kam es im März 1153 zum →Konstanzer Vertrag. Darin verpflichtete sich Friedrich, ohne Zustimmung des Papstes keinen Frieden mit den →Normannen zu schließen, und außerdem Rom, das unter der Herrschaft des Senats stand, zu unterwerfen. Eugen versprach seinerseits die Kaiserkrönung, sobald Friedrich nach Rom komme. Ferner sicherte er dem König die Hilfe der Kurie gegen die Feinde des Reiches zu. Eugen starb, bevor der König nach Rom kam; sein Nachfolger, ↗ Anastasius IV., der nur 18 Monate regierte, bestätigte Erzbischof Wichmann von Magdeburg. Der Nachfolger des Anastasius, ↗ Hadrian IV., sandte sofort nach seiner Erhebung 1154 drei Kardinäle zu Friedrich, um von ihm die Bestätigung des Konstanzer Vertrages zu verlangen. Als der König jetzt nach Rom zog, fand zwischen ihm und dem Papst am 8. Juni 1155 in Sutri eine persönliche Begegnung statt. Dabei kam es zu einem Zwischenfall: Der König weigerte sich, dem Papst Zügel- und Bügeldienst zu leisten, worauf Hadrian den Friedenskuß verweigerte. Erst nach langen Verhandlungen erklärte sich Friedrich einverstanden, den Steigbügeldienst „als Ehrerbietung gegen die seligen Apostel Petrus und Paulus" zu leisten, also nicht als einen Dienst des Vasallen gegenüber seinem Lehensherrn, sondern als Ehrenbezeigung gegenüber dem päpstlichen Amt. So wurde am nächsten Tag die Begegnung zwischen König und Papst wiederholt. Als Verbündete zogen beide nach Rom, wo der König auf Anraten des Papstes sofort die →Leostadt besetzte. Am 18. Juni 1155 wurde Friedrich in der Peterskirche zum Kaiser gekrönt. Als er danach Rom wieder verließ, konnte sich auch der Papst nicht mehr in der Leostadt halten; er schloß sich deshalb dem Heer des Kaisers an. Neue Unstimmigkeiten gab es, weil Friedrich nicht den vom Papst erwarteten Zug gegen die →Normannen übernahm. Der Papst sah darin eine Verletzung aller im Konstanzer Vertrag gegebenen Zusicherungen. Schließlich mußte sich der Papst dem Normannenkönig Wilhelm im Vertrag von Benevent 1156 unterwerfen. Darin sah nun der Kaiser einen Bruch des Konstanzer Vertrages. Auf dem Reichstag zu Besancon 1157 kam es zu neuer Auseinandersetzung: Hadrian hatte zwei Kardinäle als Legaten dorthin gesandt, um ein Beschwerdeschreiben des Papstes an den Kaiser zu überbringen: Der Erzbischof Eskil von Lund war auf einer Reise von Rom nach Lund in Burgund überfallen, ausgeraubt und gefangengesetzt worden. Da jedoch Eskil als Feind des Reiches galt, unternahm Friedrich nichts. (Durch die Erhebung Lunds zur → Metropole waren die Rechte des Bistums Hamburg-Bremen beschnitten worden.) In dem päpstlichen Schreiben, das der Kanzler des Kaisers, Reinald von Dassel, in Besancon in deutscher Sprache verlas, übersetzte er das Wort „beneficium" mit „Lehen" statt mit „Wohltat", was das Wort auch bedeutet. Die Fürsten wandten sich dagegen: Der Kaiser sei kein Lehensmann des Papstes. Friedrich forderte die Legaten auf, schnellstens das Reich zu verlassen. So konnten sie die ihnen vom Papst aufgetragene Visitation der Kirche in Deutschland nicht durchführen. Friedrich erklärte in einem Manifest an die deutsche Nation, er wolle die Kirche in Deutschland aus der ungebührlichen Knechtschaft befreien, in die sie durch die Ansprüche des Papstes geraten sei. Der Papst kritisierte zwar in einem Schreiben an die deutschen Bischöfe die schlechte Behandlung, die seine Legaten erfahren hatten, die Bischöfe stellten sich jedoch einmütig hinter den Kaiser. Sie baten den Papst, ein milderes Schreiben an den Kaiser zu richten, um alles zu klären. Hadrian lenkte ein und erklärte dem Kaiser durch Legaten, das Wort „beneficium" habe er im Sinn der Heiligen Schrift als „Wohltat" gebraucht. Als es aus Anlaß seines zweiten Italienzuges (1158–1162) zum offenen Bruch zwischen Kaiser und Papst zu kommen drohte, wirkten die Kardinäle auf den Papst ein, um zu vermitteln. Hadrian sandte zwei Kardinäle zum Kaiser, um die Erneuerung des Konstanzer Vertrages vorzuschlagen. Der Kaiser wollte nun ein Schiedsgericht eingesetzt wissen, das die Streitigkeiten klären sollte. Zugleich forderte er für sich ein Hoheitsrecht über Rom, das die Souveränität des Papstes einschränken und diesen in Abhängigkeit vom Kaiser bringen würde. Der Kaiser sandte einen Legaten zum Papst, der sich aber noch vor dessen Ankunft nach Anagni zurückzog, wo er mit den lombardischen Städten einen Vertrag schloß: Die Städte sollten ohne Genehmigung des Papstes keinen Frieden mit dem Kaiser schließen. Der Papst plante, den Kaiser innerhalb von 40 Tagen zu bannen. Bevor es jedoch dazu kam, starb Hadrian IV. Bei der Wahl seines Nachfolgers gab es – aus politischen Gründen – eine Doppelwahl: Einige Kardinäle waren deutschfreundlich, andere – feindlich. ↗ Alexander III. wurde gewählt und ↗ Victor IV. wurde Gegenpapst. Als dieser starb, ließ Friedrich durch seinen Kanzler, Reinald von Dassel, sofort einen Nachfolger wählen, der sich ↗ Paschalis III. nannte. Im Sommer 1167 hielt Friedrich seinen vierten Romzug, bei welchem er die → Leostadt einnahm. Paschalis konnte in der Peterskirche feierlich inthronisiert werden und krönte Friedrich (zusammen mit seiner Frau Beatrix) erneut zum Kaiser. Aber bald danach brach im Heer Friedrichs Malaria aus, an der viele, auch Reinald von Dassel, starben. Friedrich konnte nur mit Mühe und verkleidet nach Deutschland zurückkehren. Beim fünften Italienzug wurde Friedrich in der Nähe von Mailand 1176 entscheidend geschlagen. Im Vertrag von Anagni einigten sich der Kaiser und Alexander III. Der endgültige Vertrag wurde in Venedig geschlossen: Friedrich versprach, den Gegenpapst künftig nicht mehr zu unterstützen; der Papst versprach, den Kaiser vom Bann zu lösen (den er sich wegen der Unterstützung des Gegenpapstes zugezogen hatte). Mit dem Treffen der beiden am 24. Juli 1177 in Venedig ging der 18 Jahre dauernde Streit zwischen Kaiser und Papst zu Ende. Unter Papst ↗ Urban III. war Friedrich an der Krönung seines Sohnes Heinrich VI. interessiert, die der Papst jedoch ablehnte: Es könne nicht zu gleicher Zeit zwei Kaiser geben. Jetzt ließ es Urban mit dem Kaiser zum Bruch kommen: Als es in Trier 1183 zu einer Doppelwahl bei der Besetzung des erzbischöflichen Stuhles gekommen war, stellte sich der Papst auf die Seite des vom Kaiser abgelehnten Kandidaten und weihte ihn persönlich zum Bischof (am 1. Juni 1186). Als Gegenmaßnahme fiel Friedrichs Sohn Heinrich in den Kirchenstaat ein, den er fast ganz eroberte; die Proteste des Papstes verhallten ungehört. Auf einem Reichstag in Gelnhausen 1186 stellten sich fast alle deutschen Bischöfe und Fürsten hinter den Kaiser. Dieser erklärte sich zu neuen Verhandlungen bereit, bei welchen der Papst im Trierer Bischofsstreit nachgab. Der Nach-Nachfolger Urbans, ↗ Clemens III., plante einen neuen → Kreuzzug, zu dessen Teilnahme sich Friedrich auf dem Reichstag in Mainz im März 1188 entschloß. Das deutsche Kreuzzugsheer setzte sich 1189 in Marsch. Als man Armenien erreichte, starb Friedrich I. Barbarossa am 10. Juni 1190. – Das Leben und Wirken Barbarossas zeigt modellhaft die Schwierigkeiten, die es im Mittelalter zwischen Kirche und deutschem Reich gab, die aber auch nach dem Tod des Kaisers das gegenseitige Verhältnis trübten.

*Heinrich VI.* (1190–1197)

Während des → Kreuzzuges, bei welchem Friedrich I. Barbarossa umgekommen war, war der König von Sizilien kinderlos gestorben. Sein Erbe sollte Konstanze, die Frau Heinrichs VI., der im Reich die Regentschaft für den abwesenden Kaiser führte, erhalten. Heinrich wollte das Erbe auch antreten, obwohl die sizilischen Großen bereits einen Halbbruder Wilhelms, Tankred, zum König erhoben hatten, der vom Erzbischof von Palermo gekrönt wurde. Am 14. April 1191 wurde Papst ↗ Coelestin III. geweiht, am folgenden Tag schon krönte er Heinrich VI., der im Januar 1191 nach Italien gekommen war. Der nun folgende Feldzug, auf welchem Heinrich das Erbe seiner Frau antreten wollte, schlug fehl: Eine Seuche, an der auch der Kaiser erkrankte, zwang das Heer zum Rückzug. Der Papst versuchte, zwischen Tankred und Heinrich zu vermitteln, was an der schroffen Ablehnung Heinrichs scheiterte. In Deutschland hatte es inzwischen eine Fürstenverschwörung gegen Heinrich gegeben, aus der er sich 1194 befreien konnte; er errang seine alte Macht wieder. Da Tankred 1194 gestorben war, konnte Heinrich ohne große Schwierigkeiten Unteritalien besetzen und sich 1194 in Palermo zum König von Sizilien krönen lassen. Das erschwerte die Lage des Papstes. Um seine Herrschaft in Sizilien zu sichern, dachte Heinrich an eine Verständigung mit Coelestin. Im März 1195 entschloß er sich zu einem neuen →Kreuzzug; dem Aufruf dazu schloß sich auch der Papst an. Anfangs verlief der Kreuzzug auch erfolgreich. Die Deutschen konnten Sidon und Beirut erobern. Dann starb Heinrich VI. am 28. September 1197; so endete der Kreuzzug insgesamt erfolglos.

*Philipp von Schwaben und Otto von Braunschweig*

Nach dem Tod Heinrichs VI. kam es in Deutschland zu einer Doppelwahl. Am 8. März 1198 wurde der Staufer Philipp von Schwaben in Mühlhausen/Thüringen zum König gewählt. Eine stauferfeindliche Minderheit erhob auf Veranlassung des Erzbischofs Adolf von Köln, dem dritten Sohn Heinrichs des Löwen, Otto von Braunschweig zum König (am 9. Juni 1198). Die Folge der unglückseligen Wahl war ein Bürgerkrieg. Beide Könige wandten sich an Papst ↗ Innocenz III. Dieser schrieb im Mai 1199 an die deutschen Fürsten, sie möchten um eine Einigung besorgt sein. Der Papst wies in einem Konsistorium darauf hin, daß die Entscheidung dieser Frage grundsätzlich bei ihm liege, denn der Papst habe das Kaisertum vom Morgen- auf das Abendland übertragen. Um die Jahreswende 1200/1201 entschied sich der Papst für Otto. Trotzdem wuchs die Zahl der Anhänger Philipps in Deutschland immer mehr. 1204 sagten sich die Fürsten von Otto los, 1207 ließ auch der Papst Otto fallen. Als König Philipp am 21. Juni 1208 ermordet wurde, erhob eine einmütige Wahl Otto IV. am 11. November 1208 in Frankfurt zum König. Am 4. Oktober 1209 wurde Otto in der Peterskirche in Rom zum Kaiser gekrönt. Nach Auseinandersetzungen zwischen Innocenz und Otto und nach vergeblichen Verständigungsversuchen bannte der Papst den Kaiser am 18. November 1210. Im September 1211 veranlaßte der Papst die deutschen Fürsten in Nürnberg zur Wahl des jungen Friedrich von Sizilien zum König von Deutschland. Heinrich war gebannt worden, weil er seine Zusagen nicht gehalten und Teile des →Kirchenstaates besetzt hatte.

Eine erneute Wahl am 5. Dezember 1212 in Frankfurt bestätigte die Entscheidung von Nürnberg. Am 9. Dezember 1212 wurde Friedrich in Mainz zum König gekrönt. In der → Goldenen Bulle stattete der König dem Papst seinen Dank ab (12. Juli 1213). Darin bestätigte er alle früheren Zusagen gegenüber dem Papst. Im Juli 1215 wurde Friedrich in Aachen, dem eigentlichen Krönungsort der Könige, durch den Erzbischof Engelbert von Köln nochmals zum König gekrönt. – Das IV. Allgemeine → Konzil im Lateran 1215 bestätigte endgültig die Wahl Friedrichs. Unter dem Nachfolger Innocenz' III., Papst ↗ Honorius III., kam es zu einem weiteren → Kreuzzug, dem zwar 1219 die Einnahme der Festung Damiette gelang, der Marsch auf Kairo endete aber mit einem Mißerfolg, für den Friedrich die Schuld trug: er hatte sein Kreuzzugsversprechen immer wieder hinausgezögert. Ende August 1220 kam Friedrich mit seiner Frau Konstanze nach Rom, wo er am 23. November 1220 in der Peterskirche zum Kaiser gekrönt wurde. Erneut versprach er einen Kreuzzug; da er aber um die Gewinnung Siziliens für seine Herrschaft zu sehr besorgt war, verzögerte er (wie auch in den kommenden Jahren) die Einlösung seines Versprechens. Im Juli 1225 versprach er dann unter Eid, er werde bis August 1227 den Kreuzzug beginnen, und erklärte sich damit einverstanden, daß er im anderen Fall mit dem Bann belegt werde. Der Nachfolger des Honorius, ↗ Gregor IX., sah die Verständigung mit Friedrich als seine besondere Aufgabe an; zwischen ihnen hatten früher freundschaftliche Bande bestanden. Gregor zeigte Friedrich seine Wahl an und sprach dabei auch wieder vom Kreuzzug, dessen Vorbereitungen Friedrich inzwischen machtvoll vorangetrieben hatte. Am 9. September 1227 ging ein starkes Heer in See. Aber der Kaiser erkrankte und mußte zurückkehren. Der Papst war der Meinung, der Kaiser habe die Krankheit nur vorgetäuscht, um sich seiner Pflichten zu entledigen. Deshalb belegte er ihn am 29. September 1227 mit dem Bann. Der Kaiser wies alle Anklagen des Papstes zurück und erneuerte sein Kreuzzugsversprechen. Im Mai 1228 werde er aufbrechen, doch der Papst wiederholte am Gründonnerstag 1228 den Bannspruch über den Kaiser. Am 28. Juni 1228 brach Friedrich zum Kreuzzug auf, am 7. September erreichte er Akkon und schloß mit dem Sultan am 18. Februar 1229 einen Vertrag, der ihm Jerusalem (zum größten Teil) überließ, ferner Bethlehem und Nazareth sowie einen freien Zugang der Pilger zu den heiligen Stätten gewährleistete. Am 17. März 1229 zog der Kaiser feierlich in Jerusalem ein; da Friedrich jedoch noch im Bann war, ließ der Patriarch von Jerusalem die heiligen Stätten mit dem → Interdikt belegen. Der Kaiser verließ das Heilige Land und brach am 1. Mai 1229 nach Italien auf. Hier hatte Gregor jedoch inzwischen weitere Maßnahmen gegen Friedrich ergriffen: Er hatte die Untertanen des Kaisers von ihrem Treueid entbunden. Als daraufhin der von Friedrich ernannte Reichslegat in den Kirchenstaat einfiel, stellte der Papst ein Heer auf, das nach anfänglichen Erfolgen auf den inzwischen in Brindisi gelandeten Kaiser traf und von ihm vertrieben wurde. Jedoch machte der Kaiser an den Grenzen des → Kirchenstaates halt. Es begannen Gespräche über einen Friedensvertrag, die durch das gegenseitige Mißtrauen sehr erschwert wurden. Endlich kam es zur Vereinbarung, die am 23. Juli 1230 geschlossen wurde: Friedrich wollte sich den Anordnungen der Kirche unterwerfen, allen Parteigängern des Papstes verzeihen und die Unverletzbarkeit des Kirchenstaates gewährleisten. Daraufhin wurde der Kaiser am 28. August 1230 vom Bann gelöst. Dieser Friede hielt neun Jahre an. Am 20. März 1239 verhängte der Papst jedoch erneut den Bann über Friedrich, weil die Kirchenpolitik des Kaisers den 1230 gegebenen Zusicherungen widerspreche. Damit begann erneut der Kampf zwischen Gregor IX. und dem staufischen Haus. Der Kaiser besetzte den Kirchenstaat und umgab Rom mit seinen Truppen. Deshalb rief der Papst zu Ostern 1241 eine Synode nach Rom ein, die jedoch nicht zusammenkommen konnte, da der Kaiser die meisten der auswärtigen Konzilsteilnehmer bei der Anreise gefangennehmen ließ. Anfang August marschierte Friedrich auf Rom. Dort starb aber Gregor IX. am 21. August 1241. Es kam zum ersten → Konklave der Kirchengeschichte, aus dem ↗ Coelestin IV. hervorging, der jedoch wenige Tage später starb. Die Wahl seines Nachfolgers ↗ Innocenz IV. begrüßte Friedrich, weil dieser sich ihm gegenüber immer wohlwollend gezeigt habe. Deshalb bat der Kaiser durch eine Gesandtschaft um die Aufhebung des Bannes, der Papst empfing die Gesandtschaft jedoch nicht, da er mit einem Gebannten nicht verhandeln dürfe. Er sandte aber seinerseits eine Gesandtschaft an den Kaiser; am 31. März 1244 wurde ein vorläufiger Friedensvertrag feierlich beschworen. Im Juni 1244 floh der Papst aus Furcht vor Friedrich nach Lyon, wo er bis zu seinem Tod blieb. Weitere Verwicklungen und der Verlust des Heiligen Landes an die → Sarazenen machten eine Lösung der zwischen Papst und Kaiser offenstehenden Fragen dringend. Innocenz rief für 1245 ein Konzil nach Lyon zusammen, zu welchem der Kaiser persönlich oder durch einen Vertreter erscheinen solle. Dieses Allgemeine → Konzil von Lyon trat termingemäß am 26. Juni 1245 zusammen. Friedrich entsandte dazu seinen Großhofrichter Thaddaeus von Suessa als seinen Vertreter. Im Namen des Kaisers erklärte dieser die Bereitschaft zu einem → Kreuzzug und zur Rückgabe aller im Kirchenstaat besetzten Gebiete. Der Papst glaubte jedoch nicht an die Ernsthaftigkeit der Zusagen. Als in der zweiten Sitzung des Konzils schwere Anschuldigungen gegen den Kaiser erhoben wurden, bat sein Vertreter um Verschiebung der dritten Sitzung auf den 17. Juli, weil man auf die Ankunft Friedrichs warten wollte. Dieser war jedoch noch in Turin. So bereitete man in geheimen Verhandlungen die Absetzung des Kaisers vor. Am 17. Juli ließ der Papst die Absetzungsurkunde verlesen: Der Kaiser wurde aller seiner Ehren und Würden entkleidet, die Untertanen vom Treueid entbunden und jegliche Unterstützung des Kaisers mit dem Bann bedroht. Thaddaeus von Suessa bestritt daraufhin die Rechtmäßigkeit des Konzils, da der Kaiser keine ordnungsgemäße Einladung erhalten habe; zudem wolle der Papst ein Urteil fällen, bevor die Anklagen erwiesen seien. Demgegenüber erklärte Innocenz, alle Fürsten seien zum Konzil eingeladen worden, also auch der Kaiser; demnach sei es ein rechtmäßiges Konzil. Mit der Absetzung des Kaisers begann der Entscheidungskampf zwischen Kaiser und Papst. Der Papst versuchte, die Zustimmung zur Absetzung des Kaisers bei allen zu erreichen. Beide Seiten wandten sich in Erklärungen an die Öffentlichkeit. Der Kaiser bestritt dabei grundsätzlich das Recht des Papstes, den Kaiser zu richten und abzusetzen. Zugleich forderte er eine Reform der Kirche und ihre Rückkehr zur apostolischen Lebensweise. Im Frühjahr 1246 antwortete Innocenz: Der Papst sei der natürliche Herr des Kaisers und der Könige und könne diese daher ab- und einsetzen. Bei solchen Gegensätzen konnte es zu keiner Einigung kommen. Die Lage verschärfte sich, da in Deutschland die Fürsten einen Gegenkönig erhoben hatten. Aber bevor eine Entscheidung fiel, starb Friedrich II. am 13. Dezember 1250 in Apulien. Vor seinem Tod war er durch einen Freund vom Bann losgesprochen worden.

*Konrad IV.* (1250–1254)

Der Papst war entschlossen, keinen Staufer mehr als König oder Kaiser anzuerkennen. So scheiterte der Versuch Konrads, des Sohnes von Friedrich II., zu einer Einigung mit dem Papst zu kommen. Am 9. April 1254 sprach der Papst den Bann über ihn aus, weil er Sizilien noch immer der Kirche vorenthielt. Allerdings starb Konrad schon am 21. Mai 1254.

*Konradin* (1254–1268)

Für Konradin, der beim Tod seines Vaters Konrad IV. erst zwei Jahre alt war, führte der Halbbruder Konrads, Manfred, die Regentschaft. Konradin kam 1267 nach Italien – trotz des Bannes, mit dem er wegen der verweigerten Rückgabe Siziliens belegt worden war. Am 23. August 1268 wurde er mit seinem Heer entscheidend geschlagen, auf der Flucht gefangengenommen und am 29. Oktober 1268 in Neapel öffentlich hingerichtet. Damit war das Haus der Staufer erloschen.

## Subordinatianismus

In den theologischen Auseinandersetzungen der Frühzeit ging es um die Frage nach dem Verhältnis des Sohnes Gottes zum Vater. Waren Sohn und Heiliger Geist nur Erscheinungsformen (modi) des *einen* Gottes (→ Modalismus)? Bei ihrem Versuch, eine wissenschaftliche Formulierung für das

Glaubensbekenntnis zu finden, dachten manche Theologen den Sohn als dem Vater untergeordnet (= Subordinatianismus). Einer ihrer Vertreter war Dionysius der Große, Bischof von Alexandrien (gestorben 265), der dem → Sabellianismus entschieden entgegengetreten war. Der Bischof von Antiochien Paul von Samosata lehrte, Christus sei nur ein gewöhnlicher, auf übernatürliche Weise aus Maria geborener Mensch, welchem die zweite Person in Gott, der Logos, als Kraft (nicht aber als Person) innegewohnt habe. Zwei Synoden von Antiochia wandten sich gegen diese Lehre, jedoch blieb Paul bei seiner Meinung. Deshalb erklärte ihn eine dritte Synode 269 für abgesetzt und aus der kirchlichen Gemeinschaft ausgeschlossen. Die Sekte der Subordinatianer hielt sich jedoch bis ins 4. Jahrhundert.

## Sukzession

Die „Nachfolge" spielte bei der Bewahrung der Rechtgläubigkeit innerhalb der Kirche eine entscheidende Rolle, weil man sich damit gegenüber den Irrlehrern, die von neuen, geheimen Offenbarungen sprachen, immer auf eine ununterbrochene Weitergabe des heilsnotwendigen Glaubenswissens berufen konnte. Den von den Aposteln gegründeten Kirchen war die Lehre anvertraut worden, und unter der Führung Roms, der vornehmsten Apostelgründung, war der Glaubensschatz unversehrt bewahrt geblieben. Der Nachweis dieser ununterbrochenen Sukzession wurde im gleichen Maß wichtig, in dem man sich von den Zeiten der Apostel entfernte. Schon früh galt dieser Nachweis des Zusammenhangs mit den Aposteln als Gewähr für die Reinheit und Richtigkeit des Glaubens. Es handelte sich also nicht um ein geschichtliches, sondern um ein dogmatisches Problem: Die lükkenlose Aufeinanderfolge der *Zeugen* war entscheidend. Wie lange ein Bischof regiert hat, war nicht von Interesse; wichtig war nur, daß er in unmittelbarer Nachfolge der Apostel stand. So wird von einem Kleinasiaten Hegesipp berichtet, daß er um 160 nach Rom und nach Korinth reiste, um sich von der apostolischen Sukzession und damit von der Apostolozität der Lehre zu überzeugen. Als Ergebnis seiner Untersuchungen stellte er fest: „In jeder Stadt, in der ein Bischof auf den anderen folgte, entsprach das kirchliche Leben der Lehre des Gesetzes, der Propheten und des Herrn" (→ Eusebius, Kirchengeschichte IV 22). So kann man auch heute bei der Weihe von Bischöfen die apostolische Sukzession festhalten: Man verfolgt das Amt derer, die den Bischof weihen, zurück und kommt so zur apostolischen Sukzession. Daran entscheidet sich dann auch die Frage nach der Rechtmäßigkeit und Gültigkeit einer Bischofsweihe (→ Primat).

## Symmachianische Fälschungen

Im →Osterfeststreit waren Papst ↗ Symmachus (498–514) schwere Vorwürfe gemacht worden: König Theoderich der Große (→Goten) beauftragte eine römische Synode mit der Klärung der Anklagen. Diese Synode tagte von Mai bis Oktober 501 (502?). In der Stadt Rom war es zu schweren Ausschreitungen gekommen, für die die Gegner des Symmachus verantwortlich waren. Unter diesen Umständen weigerte sich der Papst, vor der Synode zu erscheinen. Diese aber wagte nicht, in seiner Abwesenheit gegen ihn zu verhandeln. In der Schlußsitzung vom 23. Oktober 501 wurde entschieden: Der Inhaber des päpstlichen Stuhles könne nicht vor ein weltliches Gericht gezogen werden, er unterstehe allein dem Gericht Gottes. – Die Auseinandersetzungen führten zur Abfassung der sog. Symmachianischen Fälschungen. Sie sollten dazu dienen, den Synodenbeschluß historisch und rechtlich zu fundieren. Deshalb werden in ihnen apokryphe Dokumente vorgelegt, die die Immunität des Apostolischen Stuhles belegen sollen. So wurde u. a. eine Entscheidung des Papstes ↗ Silvester I. angeführt, der auf einer römischen Synode in Anwesenheit des Kaisers Konstantin erklärt haben soll, in Zukunft dürften weder Kaiser noch König, weder Volk noch Klerus über einen Papst zu Gericht sitzen. Aus solchen erfundenen Dokumenten leiteten die Fälscher den Rechtsgrundsatz ab, der im weiteren Verlauf der Papstgeschichte eine große Rolle spielte: „Der Päpstliche Stuhl (der oberste Bischofssitz) darf von niemand gerichtet werden." – Unzweifelhaft handelt es sich um Fälschungen. Aber sie konnten nur deshalb so weite Anerkennung finden, weil die gesamte Zeit eine solche Auffassung guthieß. Mit den Symmachianischen Fälschungen wurde also kein neues Recht geschaffen, sondern das von allen angenommene Recht – mit falschen Mitteln – festgeschrieben.

## Templerorden

Im Zusammenhang mit den →Kreuzzügen waren im Heiligen Land verschiedene Ritterorden entstanden, die sich dem Schutz der Pilger und der Pflege der Kranken verschrieben. – So war 1168 auch der Templerorden entstanden, von französischen Rittern gegründet. Sein Name leitete sich von dem „Tempel Salomos" her, in dessen Nähe sie wohnten.

Während der Zeit des Exils in →Avignon rückte dieser Orden in den Blickpunkt der Öffentlichkeit. Unter der Regierung des französischen Königs Philipp des Schönen wurde die Abhängigkeit der Päpste vom französischen Hof besonders deutlich. Der König verlangte von Papst ↗ Clemens V. (1305–1314) die Aufhebung des Templerordens. Der eigentliche Anlaß für das Vorgehen des Königs ist unbekannt. Immerhin waren die Templer durch ihren großen Grundbesitz eine Finanzmacht von inter-

nationaler Bedeutung. Philipp begründete seinen Wunsch nach Aufhebung des Ordens mit der Behauptung, bei der Aufnahme in den Orden müßten die Bewerber Christus verleugnen und unsittliche Zeremonien vollführen. Am 13. Oktober 1307 wurden auf Befehl des Königs alle französischen Templer verhaftet; unter der Folter zwang man sie zu Geständnissen, die dem Papst vorgelegt wurden. Unter dem Eindruck dieser Dokumente und auf Druck des Königs befahl der Papst, die Templer in allen Ländern gefangenzunehmen. Bald danach wurde der Papst jedoch darüber informiert, wie die Geständnisse zustandegekommen waren und daß die Templer widerrufen hätten. Daraufhin setzte er seinen Befehl im Februar 1308 aus. Der König aber verstärkte seinen Druck auf den Papst, der daraufhin die früheren Gesetze wieder in Geltung brachte und die Templer vor ein Allgemeines → Konzil nach Vienne vorlud. Dieses Konzil, das im Oktober 1311 zusammentrat, war hauptsächlich der Templer wegen einberufen worden. Mit Rücksicht auf den König war der Papst zur Aufhebung entschlossen, die Mehrheit der Konzilsteilnehmer vertrat jedoch die Meinung, die Anklagen gegen die Templer seien nicht erwiesen, man müsse dem Orden die Möglichkeit einer Verteidigung einräumen. Auf Drängen Philipps wurde der Orden am 22. März 1312 durch den Papst aufgehoben, nicht durch Konzilsbeschluß, sondern durch einen einfachen Verwaltungsakt, den der Papst in der Sitzung vom 3. April bekanntgab. Der Besitz des Ordens wurde den anderen Ritterorden zugewiesen, jedoch behielten die Fürsten, vor allem der französische König, einen großen Teil davon für sich.
Durch die Aufhebung des Ordens hat Clemens V. schwere Schuld auf sich geladen. Die ganze Angelegenheit zeigt die Ohnmacht des Papstes und seine völlige Abhängigkeit von den Wünschen und Befehlen des französischen Königs. Dies blieb auch während der folgenden Pontifikate in Avignon gleich.

## Thomas von Aquin

Unter den Theologen des Mittelalters, vor allem des 13. Jahrhunderts, nimmt Thomas von Aquin eine herausragende Stellung ein. Er war 1227 in Süditalien geboren und mußte sich gegen den stärksten Widerstand seiner Familie durchsetzen, als er in Neapel in den → Dominikanerorden eintrat (1243 oder 1244). In Paris war er Schüler des heiligen Alberts des Großen. Mit ihm ging er nach Köln. Danach lehrte er in Paris, Rom, Bologna, Pisa und Neapel. Auf den Schriften seines Lehrers Albert aufbauend vollzog er die größte geistesgeschichtliche Tat des Mittelalters: die Verbindung der philosophischen Lehren des Aristoteles mit der Theologie. Unter seinen zahlreichen Schriften ist die „Summa theologica" das Hauptwerk. In der „Summe gegen die Heiden" setzte er sich mit der arabischen Philosophie

auseinander. Auf dem Weg zum Allgemeinen →Konzil von Lyon starb Thomas am 7. März 1274.
Thomas wird als „der Gelehrteste unter den Heiligen und der Heiligste unter den Gelehrten" bezeichnet (J. Lortz). Er war bestrebt, die innersten Zusammenhänge der Dinge zu erkennen und die Erkenntnis in ein wissenschaftliches System zu bringen. Alles war für ihn ein Weg zu Gott. Seine wissenschaftliche Arbeit betrachtete er als Gebet. So wurde er von Papst ↗ Urban IV. beauftragt, die Liturgie des Fronleichnamsfestes zu gestalten, das in dieser Zeit in der gesamten Kirche eingeführt wurde.
Der Thomismus, die auf ihm fußende Ausrichtung der Theologie, war durch viele Jahrhunderte für das theologische Studium bei der Ausbildung der künftigen Priester vorgeschrieben.

**Thomaschristen** siehe S. 322.

## Toleranzedikt von Mailand

Am 28. Oktober 312 siegte Konstantin über seinen Gegner Maxentius an der Milvischen Brücke. Danach hielt er Einzug in Rom, wo ihm der Senat eine Bildsäule errichtete. Auf dieser Säule hält Konstantin ein Kreuz in der Hand, die Inschrift weist auf Konstantins Sieg „in diesem heilbringenden Zeichen" hin. Im Jahr 313 erließ Konstantin das Toleranzedikt von Mailand, das den Christen völlige Religionsfreiheit gewährte, den Übertritt zum Christentum gestattete und alle konfiszierten Gotteshäuser und Besitztümer der Kirche zurückerstattete. Diese Bestimmungen wurden im gleichen Jahr auch auf den Osten des Reiches ausgedehnt. →Konstantinische Wende.

## Treuga Dei

Papst ↗ Urban II. (1088–1099) erklärte auf einer Synode in Clermont, die am 28. November 1095 eröffnet wurde, zum ersten Mal den Gottesfrieden (Treuga Dei). Schon vorher hatte sich die Kirche mehrfach für die Abschaffung der bei manchen Völkern üblichen Blutrache eingesetzt. So hatte es auch schon vorher einen Gottesfrieden gegeben: Zu bestimmten Zeiten mußten die Waffen ruhen. Wichtiger Vertreter dieser Lehre war Abt Odilo von →Cluny. Auf der Synode von Clermont bestimmte der Papst: Vom ersten Advent bis zur Oktav von Erscheinung des Herrn, vom Beginn der Fastenzeit bis zur Oktav von Pfingsten sowie jeweils vom Mittwoch bis zum kommenden Montag müssen die Waffen ruhen, Fehden dürfen nicht ausgetragen werden. Dieser Gottesfriede erhielt auf der gleichen Synode insofern eine besondere Bedeutung, als hier zum →Kreuzzug aufgerufen wurde: „Gott will es" wurde zum Schlachtruf der Kreuzfahrer, die der Papst (wie auch ihren Besitz) unter den Schutz des Gottesfriedens stellte.

## Türkenkriege

Die →Kreuzzüge waren Kriege gegen die Türken. Sie hatten aber als wichtigstes Ziel die Befreiung des Heiligen Landes von türkischer Herrschaft. Auch diese Kriege sind also Türkenkriege. Sie waren jedoch mit dem Fall von Akkon (1291) praktisch beendet. – Das Wort *Türkenkriege* wird aber speziell für die Bedrohung Südosteuropas durch die Türken gebraucht. Im Jahr 1361 wurde Adrianopel zur Hauptstadt der osmanischen Türken, die einen großen Teil der Balkanhalbinsel und Kleinasiens beherrschten. Dadurch geriet die →griechische Kirche in immer größere Not. Wiederholt wandten sich die Kaiser von →Byzanz mit der Bitte um Hilfe an die Päpste. Als Gegenleistung versprachen sie die →Union der Griechen mit Rom. Allerdings blieben ihre Bitten unerfüllt. – Am 29. Mai 1453 eroberten die Türken Konstantinopel. Papst ↗ Nikolaus V. beklagte dies als ein allgemeines Unglück für den christlichen Glauben. So rief er am 30. September 1453 zu einem Kreuzzug auf, um den christlichen Glauben zu verteidigen, fand aber nur geringes Echo. Dabei darf nicht übersehen werden, daß der Papst selbst sich mehr um die Förderung von Kunst und Wissenschaft als um die Unterstützung der Byzantiner kümmerte. Sein Nachfolger, ↗ Calixtus III., widmete sich mit allem Eifer der Abwehr der Türken auf dem Balkan. Zur Unterstützung der Ungarn und Albanier in ihrem Kampf gegen die Türken opferte er viele kostbare Kunstwerke des Vatikans, um finanziell Hilfe leisten zu können. Bereits bei der Übernahme seines Amtes hatte er gelobt, alles nur Mögliche für die Befreiung Konstantinopels und der dort gefangenen Christen zu tun. Sein Bemühen hatte einen gewissen Erfolg: Am 22. Juli 1456 wurde Belgrad befreit, die Türken zogen ab. Infolge der Uneinigkeit der europäischen Mächte wurde dieser Sieg jedoch nicht ausgenutzt. Zudem fand der Papst nicht überall die gewünschte Unterstützung. In Deutschland wandte man sich gegen den Türkenzehnten, die Pariser Universität appellierte deswegen 1456 sogar gegen den Papst an ein Allgemeines Konzil.

Vor der Wahl ↗ Pius' II. hatte die →Wahlkapitulation festgelegt, daß der neue Papst sich für die Fortführung des Türkenkrieges einsetzen müsse. Am 12. Oktober 1458 berief der Papst einen europäischen Kongreß nach Mantua und verband damit einen – sprachlich hervorragend formulierten – Kreuzzugsaufruf. Die durch die Türken herbeigeführte Notlage bezeichnete er als eine Strafe Gottes für die Sünden der Völker; trotzdem gelte, daß Gott die Seinen nicht im Stich lasse. Neben dieser allgemeinen Einladung zum Kongreß richtete Pius noch besondere Schreiben an die Großmächte sowie an die kleineren Fürsten und Staaten mit der Bitte, entsprechende Vertreter nach Mantua zu senden. Der Kongreß tagte 1459; man beschloß zwar den Türkenzehnten, darüber hinaus aber geschah nichts. Es waren auch nur wenige Vertreter der Staaten anwesend. 1461 richtete der Papst einen „Brief an den Sultan Mehmed II.", der eine ausführliche Widerlegung des Koran enthält sowie eine Darlegung der christlichen Glaubenswahrheiten. Der Brief schließt mit der Aufforderung an den Sultan, das Bekenntnis zu Christus anzunehmen. Falls er sich taufen lasse, werde der Papst ihm die Krone des Ostreiches anbieten. Im Oktober 1463 rief Pius II. erneut zum Kreuzzug auf. Da er sich selbst an die Spitze des Kreuzheeres setzen wollte, machte er sich nach Ancona, dem Ausgangspunkt des Kreuzzuges auf (1464). Jedoch verstarb er schon auf dem Weg dorthin; so war der Kreuzzugswunsch des Papstes unerfüllt geblieben. Auch sein Nachfolger, ↗ Paul II., hatte in der → Wahlkapitulation die Weiterführung des Türkenkrieges beschworen, jedoch erfolgte in seinem Pontifikat nichts in dieser Hinsicht: Sein Kreuzzugsaufruf löste kein nachhaltiges Echo aus. Der Papst unterstützte zwar Ungarn und Albanien mit großen Geldmitteln, trotzdem eroberten die Türken 1467 Albanien und nahmen 1470 Negroponte, den letzten großen Stützpunkt Venedigs gegen den Osten, ein. 1480 besetzten die Türken Otranto. Das zwang ↗ Sixtus IV. zur Beendigung seines Streites mit den Medici in Florenz. Die Türken mußten zwar 1481 den Boden Italiens wieder verlassen; eine größere Unternehmung gegen die Türken ging aber auch von diesem Papst nicht aus, ebensowenig unter ↗ Innocenz VIII. Allerdings gab es eine gewisse Ruhe, da sich Sultan Bajasid II. im Innern seines Reiches gegen Feinde zu wehren hatte, so daß es zu keinen Türkenangriffen kam. Seit dem Frühjahr 1495 drängte der Sultan wieder nach Europa. Deshalb lud ↗ Alexander VI. 1498 die Fürsten des Abendlandes zu einem Kongreß nach Rom ein. Aber kaum jemand folgte dem Aufruf; ebenso blieb die Festsetzung des Türkenzehnten zusammen mit einem Kreuzzugsaufruf 1500 ohne Gehör, er rief vielmehr großen Protest hervor. Unter ↗ Leo X. wurde die Türkengefahr für die Christenheit wieder sehr bedrohlich; jedoch unternahm der Papst nichts Entscheidendes dagegen. Sein Nachfolger, ↗ Hadrian VI., hatte durch seinen Legaten Francesco Chieregati auf dem Reichstag zu Nürnberg 1522 die Deutschen Stände um Hilfe gegen die Türken gebeten. Der Reichstag war so sehr mit den Fragen der Glaubensspaltung beschäftigt, daß es zu keiner Beschlußfassung über die Türkenabwehr kam. Auch später konnte der Papst die europäischen Mächte nicht zum gemeinsamen Kampf gegen die Türken veranlassen. Die Gegensätze zwischen dem französischen König und dem deutschen Kaiser über die Führungsrolle in der Christenheit und über die Herrschaft in Italien machten eine Einigung politisch unmöglich. Hadrians Nachfolger, ↗ Clemens VII., hatte in seiner ersten Rede nach der Wahl drei wichtige Fragen seines Pontifikates genannt: die Glaubensspaltung – die Einigung der christlichen Fürsten – die Türkenabwehr. Diese Reihenfolge zeigt die Bedeutung, die der Papst den einzelnen Themen zumaß. 1526 hatte Sultan Suliman II. nach dem Sieg bei Mohacs den größten Teil Ungarns erobert, sein Angriff auf Wien 1529 konnte erfolgreich zurückgeschlagen werden. Für den Papst ließen jedoch zu dieser Zeit die Auseinandersetzungen um die Herrschaft in Italien, die mit dem „Sacco di Roma", der Einnahme und Plünderung der Stadt durch die kaiserlichen Truppen endeten, die Türkengefahr fast ganz in den Hintergrund treten. 1571 hatten die Türken Zypern erobert. Ein besonderes Verdienst erwarb sich ↗ Pius V. um die Abwehr dieser Gefahr. Es war ihm gelungen, die romanischen Völker zum gemeinsamen Kampf gegen die Türken zu verbinden. Am 7. Oktober 1571 kam es zur Seeschlacht von Lepanto (im Golf von Korinth), wo Don Juan d'Austria die Türken vernichtend schlug. Als Dank für die Hilfe Gottes und Mariens bei diesem Sieg führte der Papst 1572 das Fest „Unserer Lieben Frau vom Rosenkranz" für die gesamte Kirche ein, das schon vorher im →Dominikaner- und im →Jesuitenorden gefeiert worden war (die Ausdehnung auf die gesamte Kirche wurde am 5. August 1716 nach dem Sieg bei Peterwardein noch einmal erneuert). Den Bemühungen ↗ Alexanders VII., die katholischen Fürsten zu einem Bündnis gegen die Türken zusammenzuführen, war kein Erfolg beschieden. 1664 konnten die Türken, die bereits Wien bedrohten, zwar durch ein französisches Heer zurückgeschlagen werden, jedoch wurde der Sieg nicht ausgenutzt. Der Papst hatte selbst erhebliche Mittel zur Türkenabwehr bereitgestellt, jedoch blieb sein noch kurz vor seinem Tod an Ludwig XIV. von Frankreich und die anderen Fürsten gerichteter Ruf um Hilfe gegen die Türken ohne Antwort. ↗ Clemens X. unterstützte den späteren Polenkönig Johann Sobieski finanziell, der die Türken am 11. November 1673 besiegte; im Sommer 1675 erzielte er einen weiteren Erfolg bei der Verteidigung von Lemberg. – Die große Wende brachte schließlich der Türkenkrieg von 1683–1699. Die Türken stießen 1683 abermals gegen Wien vor, das von Rüdiger Graf von Starhemberg verteidigt wurde, bis das Entsatzheer unter Herzog Karl von Lothringen und König Johann Sobieski von Polen herangerückt war und die Schlacht am Kahlenberge am 12. September 1683 gewonnen hatte. Karl von Lothringen erstürmte 1686 Ofen und erfocht 1687 den Sieg bei Mohacs. 1689 und 1691 siegte Markgraf Ludwig Wilhelm von Baden bei Nisch bzw. Slankamen. Schließlich erfocht Prinz Eugen von Savoyen 1697 bei Zenta einen Sieg über Sultan Mustafa II. Im Frieden von Karlowitz mußten die Türken die Gebiete Ungarns (mit Ausnahme des Banats von Temesvar) und Siebenbürgens an Österreich abtreten. Um die Ermöglichung dieser Türkenabwehr hatte sich ↗ Innocenz XI. sehr energisch bemüht: Er versuchte, zwischen Frankreich und Deutschland Frieden zu vermitteln, ohne jedoch zunächst ein gemeinsames Bündnis gegen die Türken erreichen zu können. Der Papst hatte etwa 1½ Millionen Gulden zur Unterstützung der Truppen aufgewandt. Auch in den kommenden Jahren war Innocenz um den Zusammenhalt des Bündnisses gegen die Türken bemüht; er unterstützte seine diplomatischen Aktivitäten durch großzügige Finanzhilfen. – Im Sommer

1715 hatten die Türken bei neuerlichem Vordringen entscheidende Erfolge zu verzeichnen. Mit großer finanzieller Unterstützung durch ↗ Clemens XI. wurde die Abwehr gegen den Feind begonnen. Am 5. August 1716 siegte Prinz Eugen bei Peterwardein und konnte im August 1717 Belgrad zurückerobern. Jedoch mußte Österreich nach einem weiteren Türkenkrieg im Frieden von Belgrad 1739 alle seit 1718 besetzten Gebiete wieder an die Türken herausgeben.

## Tusculaner

Zu Beginn des 11. Jahrhunderts waren die Päpste in völliger Abhängigkeit von römischen Adelsgeschlechtern. Zunächst beherrschten die →Crescentier die Päpste und den päpstlichen Stuhl, bis sie im Jahr 1012 ihre Macht verloren. Nun übernahmen die Tusculaner ihre Rolle. Es gelang ihnen, nacheinander drei Angehörige ihrer Familie zu Päpsten zu machen; ↗ Benedikt VIII. setzte sich sehr für die Reform der Kirche ein und wandte sich energisch gegen →Priesterehe und Verschleuderung von Kirchengut. Sein Nachfolger wurde sein Bruder, der sich ↗ Johannes XIX. nannte. Bei seiner Wahl war er noch Laie und ließ sich – entgegen allen Bestimmungen – an *einem* Tag alle Weihen erteilen. Für die Vergabe des →Palliums forderte er große Geldsummen. 1027 krönte er Konrad II. (→Staufer) zum Kaiser, von dem er politisch völlig abhängig war. – Als Nachfolger des Johannes wurde von Alberich, dem führenden Kopf der Tusculaner, sein Sohn bestimmt, der sich ↗ Benedikt IX. nannte. Als er Papst wurde, war er erst 18 Jahre alt. Auch er war ein willenloses Werkzeug in der Hand Konrads II. Am 1. Mai 1045 entschloß sich Benedikt zum Verzicht auf das päpstliche Amt, das er an den Erzpriester Johannes Gratianus gegen Zahlung einer hohen Geldsumme verkaufte: Dieser nannte sich ↗ Gregor VI.

## Unfehlbarkeit des Papstes

↗ Gregor XVI.; Allgemeines →Konzil (Vaticanum I) 1869/1870; →Honoriusfrage

## Union mit den Griechen

→Orthodoxe Kirche; 17. Allgemeines →Konzil von Basel/Ferrara/Florenz 1431–1445

## Vandalen

Die Vandalen, ein ostgermanisches Volk, wohnten ursprünglich in Schlesien und Westpolen. Um 400 wanderten sie nach Westen, 409 nach Spanien. Von den →Westgoten geschlagen und verdrängt führte König Geiserich 428 sein Volk nach Nordafrika, wo er ein Reich mit der Hauptstadt Karthago gründete (→ Augustinus von Hippo). Bald wurden Korsika, Sardinien und Sizilien dazuerobert. 455 rückten die Vandalen gegen Rom, zu dessen Schutz niemand bereitstand. Die Blicke aller richteten sich auf ↗ Leo I. den Großen (der die Stadt schon vor den → Hunnen 452 gerettet hatte). Leo begab sich zu Geiserich. Er konnte zwar die Plünderung der Stadt nicht verhindern, erreichte aber, daß das Leben der Bürger geachtet und die Stadt nicht eingeäschert wurde. Im Jahr 533/534 vernichtete der oströmische Feldherr Belisar das Reich der Vandalen (Papst ↗ Silverius).

## Vatikan

An die → Peterskirche und den Petersplatz schließt sich der Vatikan an. Er ist seit der Rückkehr der Päpste aus dem Exil von → Avignon ständige Residenz der Päpste (die vorher im → Lateran residiert hatten). Der Vatikan erstreckt sich über dem Vatikanischen Hügel und wurde vor allem im 15. und 16. Jahrhundert ausgebaut. Papst ↗ Sixtus IV. ließ die „Sixtinische Kapelle" erbauen, ↗ Julius II. das auf der nördlichen Anhöhe gelegene Belvedere, das durch lange Seitenflügel mit dem Palast am Petersplatz verbunden wurde. Die Sixtinische Kapelle hat Michelangelo ausgemalt. Den größten Teil der vatikanischen Gebäude nehmen die Vatikanischen Museen, das Archiv und die Bibliothek ein. Für die Gemäldesammlung wurde 1922 die Vatikanische Pinakothek errichtet. → Vatikanstadt.

## Vatikanstadt

Die Vatikanstadt ist ein selbständiger Staat am rechten Ufer des Tiber in Rom mit kaum einem halben Quadratkilometer Fläche. Staatsoberhaupt ist der Papst. Die Vatikanstadt umfaßt den → Vatikan, die → Peterskirche, die päpstlichen Gärten und den Petersplatz. Außerdem besitzt der Heilige Stuhl als freies Eigentum mit dem Recht der Exterritorialität mehrere Kirchen und Gebäude in Rom, z. B. die Hauptkirchen St. Johann im Lateran, St. Paul vor den Mauern und St. Maria Maggiore, sowie die päpstliche Sommerresidenz Castelgandolfo. Nachdem unter ↗ Pius IX. 1870 der Kirchenstaat von der italienischen Republik enteignet worden war, verließen die Päpste den Vatikan nicht mehr („Gefangene im Vatikan"). Durch die Lateranverträge vom 11. Februar 1929 unter ↗ Pius XI. wurde die volle Souveränität der Vatikanstadt anerkannt und die „Römische Frage" gelöst.

## Vertrag von Konstanz

→ Konstanzer Vertrag

## Vulgata

→ Hieronymus. Das Allgemeine → Konzil von Trient hatte u. a. die Überarbeitung der Vulgata beschlossen: Nach Abschluß des Konzils beschäftigte sich eine eigene Kommission damit. Papst ↗ Sixtus V. (1585–1590) drängte auf Fertigstellung der Arbeit, war jedoch mit dem von der Kommission vorgelegten Ergebnis nicht zufrieden. Deshalb nahm er eigenhändig Veränderungen vor. Diese waren von ihm aber übereilt vollzogen worden; die vom Papst vorgelegte authentische Bibelausgabe erwies sich als so fehlerhaft, daß sie bald nach dem Tod des Papstes zurückgezogen werden mußte. 1907 beauftragte ↗ Pius X. den Benediktinerorden mit einer Neuausgabe der Vulgata, um die ganze Bibel in jener Form wiederherzustellen, die → Hieronymus ihr gegeben hatte. Um der Vulgatakommission eine geeignete Arbeitsstätte zu schaffen, gründete ↗ Pius XI. 1923 das Kloster San Girolamo in nächster Nähe der → Vatikanstadt. Die Arbeiten dieser Kommission wurden 1979 abgeschlossen.

## Wahlkapitulation

Vor der Wahl in ein Amt stellte man im Mittelalter gelegentlich Forderungen an den (die) Kandidaten; vom Versprechen ihrer Erfüllung wurde die Wahl abhängig gemacht. (Das gab es nicht nur bei der Übertragung des päpstlichen Amtes, sondern auch bei der Wahl von Königen und Kaisern.) Manche dieser Wahlkapitulationen kamen bei der Papstwahl aus dem Innern der Kirche. Kardinäle verlangten vom Papst die Weiterführung der kirchlichen Reform (↗ Pius II. 1458), die Einberufung eines Allgemeinen Konzils (↗ Paul II. 1464), die Befreiung des Heiligen Landes (↗ Paul II. 1464) oder (in der Zeit des großen abendländischen → Schismas) die Beendigung der Kirchenspaltung durch die Bereitschaft, gegebenenfalls zurückzutreten (Gegenpapst ↗ Benedikt XIII. 1394 und ↗ Innocenz VII. 1404).
Manche dieser Forderungen waren dem Kardinalskollegium aber auch von außen, von Königen oder Fürsten zur Weiterleitung an den Kandidaten aufgedrängt worden. So waren sich die europäischen Mächte 1769 einig, daß nur ein Papst gewählt werden dürfe, der als Feind des → Jesuitenordens galt. – Die Wahlkapitulationen begannen schon im frühen Mittelalter: ↗ Innocenz VI. schaffte sie 1352 ab, jedoch ohne Erfolg, wie die genannten Beispiele aus der Zeit nach Innocenz zeigen. – Wahlkapitulationen beschnitten die Freiheit der Entscheidung bei den jeweiligen Päpsten: Diese wurden von vornherein auf eine gewünschte Richtung hin festgelegt. Deshalb haben sich auch manche Päpste nach ihrer Wahl nicht mehr an die Kapitulationen gehalten, weil dies offensichtlich dem Wesen und den Aufgaben des päpstlichen Dienstes widersprach – oder auch, weil

sich die Päpste in ihrem unguten Verhalten (→Nepotismus) keine Vorschriften machen lassen wollten.

## Waldenser

Am Ende des 12. Jahrhunderts traten die →Katharer und die →Albigenser in Südfrankreich auf; sie wollten eine Kirche der „Reinen", der Sünder nicht angehören dürften. Gleichzeitig mit ihnen gab es in Südfrankreich auch die sog. Armen von Lyon, die auch Waldenser genannt wurden: Der geistige Vater dieser Sekte war Petrus Waldes, ein reicher Kaufmann aus Lyon, der, durch Bibellesung angeregt, auf allen Besitz verzichtete (1173) und seit 1177 als Bußprediger auftrat. Seiner Behauptung nach wurden er und seine Gefährten unmittelbar von Gott zur Wiederherstellung des apostolischen Lebens in der Kirche berufen. Erzbischof Johannes von Lyon erteilte Waldes Predigtverbot, was der Papst bestätigte. ↗ Lucius III. exkommunizierte Waldes 1184, weil er und seine Gefährten sich nicht an das Predigtverbot hielten. Die Waldenser lehnten auch die Sakramente ab, erklärten die Bibel zur einzigen Glaubensquelle und wandten sich gegen kirchliche Bräuche (wie Wallfahrten usw.). In Frankreich gewannen sie bald viele Anhänger, da das Leben der Kleriker den Gläubigen viel Ärgernis gab und die Sehnsucht nach einer Reform der Kirche groß war. Am Ende des 12. Jahrhunderts spalteten sich die französischen von den italienischen Waldensern; der Versuch einer Einigung zwischen ihnen mißlang 1218. Um der →Inquisition zu entgehen, übernahmen die Waldenser äußerlich kirchliche Gebräuche, blieben aber im Innern ihrer Lehre verbunden. Später nahmen sie Beziehung zu Johannes →Hus auf, aus dessen Lehre sie neue Irrtümer übernahmen.

## Westgoten

→Goten

## Wormser Edikt

→Luther

## Wormser Konkordat

Um den Jahrzehnte dauernden unseligen →Investiturstreit, der die Kirche in schwere Auseinandersetzungen der Päpste mit den Kaisern gestürzt hatte, zu beenden, bemühte sich Papst ↗ Calixtus II. um eine Verständigung mit Kaiser Heinrich V. (→Sachsen). Die Gespräche begannen im Herbst 1121. Ihr Ergebnis: Der Kaiser solle den Papst anerkennen (er hatte 1118 einen Gegenpapst ↗ Gregor VIII. in Rom aufgestellt, der sich drei Jahre lang im Amt halten konnte). Die Beilegung des Investiturstreites solle unter Wahrung der Ehre des Reiches geschehen. Die abschließenden Verhandlungen führten drei Kardinäle als Abgesandte des Papstes mit dem Kaiser in Worms. Nach zweiwöchigen Verhandlungen kam es am 23. September 1222 zu einer Einigung: Das sog. Wormser Konkordat wurde abgeschlossen. Damit hatte der Investiturstreit ein Ende gefunden. – Das Wormser Konkordat bestand aus zwei Urkunden, einer des Kaisers und einer des Papstes. Heinrich verzichtete auf die Investitur der Bischöfe mit Ring und Stab, behielt aber das Recht auf Investitur mit den Regalien, den Reichsgütern, die den Bischöfen als Lehen übergeben wurden. Ferner versprach er, das Recht der Kirche auf kanonische Wahl und unbehinderte Weihe der Bischöfe anzuerkennen. Außerdem wollte er alle Besitzungen „des heiligen Petrus" zurückerstatten und die Kirchengüter zurückgeben. Der Papst gestattete dem Kaiser die Anwesenheit bei der Wahl der reichsunmittelbaren Bischöfe und Äbte. Bei zwiespältigem Ausgang einer Wahl sollte der Kaiser unter Mitwirkung des →Metropoliten und der übrigen Suffraganbischöfe entscheiden. Die Investitur in die Regalien wurde durch die Übergabe des Zepters vollzogen. Ring und Stab galten jetzt wieder als Symbole der bischöflichen, d. h. der geistlichen Gewalt. Papst Calixtus richtete seine Urkunde an den Kaiser persönlich. Dadurch kam bei manchen der Gedanke auf, nach Heinrichs Tod werde dieses päpstliche Privileg wieder erlöschen. Jedoch handelte es sich gar nicht um ein päpstliches Privileg, sondern um eine Anerkennung des seit langem geltenden Reichsrechtes. Die kaiserliche Urkunde ist in der Form eines Zugeständnisses an Gott, die Apostel Petrus und Paulus und an die Kirche abgefaßt. – Auf dem Hoftag in Bamberg genehmigten die deutschen Fürsten am 11. November 1122 das Konkordat; damit war es von Seiten des Reiches auch verfassungsmäßig anerkannt. Auf der Gegenseite ließ der Papst das Konkordat auf der ersten Lateransynode im März 1124 bestätigen. Diese Synode wird als 9. Allgemeines →Konzil gezählt. Bei der Synode gab es Bedenken gegen das Konkordat, vor allem gegen die Anwesenheit des Kaisers bei der Wahl der Bischöfe. Calixtus erklärte daraufhin, diese Zugeständnisse an den Kaiser seien nicht gebilligt, sondern um des Friedens willen geduldet worden. Der Investiturstreit, der mehr als 50 Jahre gedauert und Päpste und Kaiser (und damit die Christenheit) sehr verfeindet hatte, war beendet.

## Zisterzienser

Als Stifter des Zisterzienserordens gilt der Heilige Robert, Abt eines →Benediktinerklosters in Molesme, das er 1098 wegen der schlechten Disziplin der Mönche verließ. In Citeaux, in der Nähe von Dijon, gründete er ein eigenes Kloster, das die Regel des heiligen →Benedikt von Nursia gewissenhaft einhalten sollte. Das neue Kloster gedieh aber erst, als →Bernhard von Clairvaux 1122 hier eintrat. Seine Persönlichkeit zog so viele junge Männer an, daß bald mehrere Klöster nach dem Vorbild von Citeaux gegründet werden konnten. Beim Tod Bernhards 1155 zählte der Orden 343 Abteien. Sie waren durchweg in Einöden oder Wäldern angelegt, wo vornehme Familien den Grund und Boden schenkten, der von den Mönchen urbar gemacht wurde. Die Zisterzienser unterschieden sich von den Benediktinern dadurch, daß alle ihre Klöster zusammen eine Genossenschaft bildeten, die der Generalabt von Citeaux in regelmäßigen Abständen visitierte. Sämtliche Äbte hielten jährlich ein Generalkapitel in Citeaux.

## Zölibat

Im Zusammenhang mit der Papstgeschichte interessiert die Entwicklung des – in manchen Zeiten erfolglos scheinenden – Kampfes gegen die →Priesterehe. Die theologische Begründung des Zölibates ist in diesem Zusammenhang hier nicht darzustellen.

## Zwei-Gewalten-Lehre

Das Verhältnis der Päpste zur weltlichen Macht gestaltete sich in der Wirklichkeit des Zusammenlebens oft schwierig: In →Byzanz hatten die Kaiser die Herrschaft über die Kirche weithin selbst übernommen; die →Patriarchen von Konstantinopel waren nur mehr Hofbischöfe. Und man versuchte, von Byzanz aus diese Herrschaft auch auf den Papst, den „Patriarchen des Westens" auszudehnen. Im Westen war der letzte römische Kaiser Romulus Augustulus 476 durch die Germanen abgesetzt worden. Diese waren nicht gewillt, die Hoheit Ostroms politisch anzuerkennen. Theoderich der Große, König der →Ostgoten, regierte selbstherrlich. Erst nach seinem Tod konnte Ostrom die Goten unterwerfen. Die Freiheit und Unabhängigkeit der westlichen Kirche war in den folgenden Jahrhunderten von vielen Seiten her bedroht: von den →Normannen, von den →Langobarden, von den deutschen Königen und Kaisern, von den römischen Adelsgeschlechtern der →Crescentier und der →Tusculaner, schließlich auch vom französischen Hof während des Exils von →Avignon. – Alle diese Abhängigkeiten führten allmählich zu einer Erstarkung der römischen Kirche in ihrem Selbstbewußtsein. Papst ↗ Gelasius I. (492–496), der schon unter seinen Vorgängern hervorragenden Anteil an der Leitung der Kirche gehabt hatte, klärte in der Auseinandersetzung mit Ostrom zum ersten Mal die kirchliche Vorstellung vom Verhältnis Kirche – Staat. In einem Brief an Kaiser Anastasius entwickelte er 494 die klassische Zwei-Gewalten-Lehre, die nun für über 1000 Jahre das ganze Mittelalter hindurch das politische Denken des Abendlandes bestimmen sollte. Der Papst schrieb: Es gibt zwei Gewalten, die diese Welt regieren, die Autorität der Bischöfe und die kaiserliche Gewalt. Die priesterliche

Gewalt ist unter diesen die schwerere, weil sie auch über die Könige vor Gott Rechenschaft ablegen muß. Der König überragt zwar an Würde das ganze Menschengeschlecht, aber auch er muß die Mittel zum Seelenheil von den kirchlichen Amtswaltern empfangen. Deshalb darf der König die Kirche nicht nach seinem Willen unterjochen. Die Bischöfe anerkennen, daß die kaiserliche Macht durch göttliche Anordnung übertragen ist (weshalb sie den Gesetzen Gehorsam zu leisten haben) – wie sehr ist dann der Gehorsam denen gegenüber geboten, die die geistlichen Mysterien ausspenden. Und wenn schon die Gläubigen insgesamt sich den Priestern unterwerfen, um wieviel mehr ist dann dem Bischof jenes Stuhles Gehorsam zu leisten, den Gott selbst über alle Priester gestellt hat. Deshalb darf sich niemand jemals über den Vorrang jenes Mannes erheben, den Christus selbst über alle Menschen stellte und den die Kirche selbst als ihren Primas bekennt. „Vor Gottes Angesicht und mit lauterer Absicht bitte, beschwöre und ermahne ich dich, nimm diese meine Bittschrift nicht ungnädig auf. Ja, ich bitte dich ausdrücklich, daß du lieber jetzt in diesem Leben auf das, um was ich bitte, hörst, als daß du, was ferne sei, beim göttlichen Gericht meine Anklage vernehmen mußt." In einem anderen Traktat führte Gelasius aus, daß man kirchliche und staatliche Gewalt weder miteinander vermischen noch voneinander trennen dürfe. „Denn Christus hat, eingedenk der menschlichen Schwäche, durch eine großartige Anordnung, zum Heile der Seinigen weise abwägend, die Rechtsbereiche beider Gewalten in eigenständige Betätigungsfelder und wohlgetrennte Würden geschieden. So sollen die christlichen Kaiser auf die Bischöfe angewiesen sein im Hinblick auf das ewige Leben, die Bischöfe aber sich im irdischen Bereich den kaiserlichen Anordnungen fügen. Das geistliche Amt soll so Distanz von allen weltlichen Dingen halten ...; und umgekehrt soll der, welcher mit weltlichen Dingen beschäftigt ist, nicht auch über die göttlichen bestimmen wollen. Damit ist für die Selbstbescheidung der beiden Ordnungen gesorgt. Keine kann stolz behaupten, beide Würden zu besitzen, und jede fügt sich in den ihr allein zukommenden Betätigungsbereich." – Papst ↗ Leo I. der Große (440–461) hat dieser Lehre theologisch den Boden bereitet, als er auf dem 4. Allgemeinen → Konzil von Chalcedon die Lehre von den zwei Naturen in Christus verkündete: Wie in Christus sollte auch in der Kirche die Eigenständigkeit und trotzdem Einheit des religiösen und des politischen Bereiches gewährleistet sein. – Papst ↗ Bonifaz VIII. verkündete in seiner Bulle „Unam sanctam" vom 18. November 1302 die Lehre von den zwei Schwertern: Das geistliche und das weltliche seien in der Gewalt der Kirche. Die geistliche Gewalt habe die weltliche einzusetzen, und, wenn nötig, zu richten.

Ergänzung zu Seite 289:

In *Indien* ist zu diesem Thema ein päpstliches Schreiben vom August 1987 als „epochemachendes Dokument" aufgenommen worden: Alle drei Kirchen (neben der lateinischen die syromalankarische und die syromalabarische) sollen ihre eigene Bischofskonferenz gründen können. (Der bestehenden nationalen Bischofskonferenz bleiben dann nur noch Fragen von gemeinsamem und übergeordnetem Interesse.) Wo es erforderlich ist, sollen neue Diözesen gegründet werden. – Unter dem Stichwort „Einheit in Vielfalt" kann diese Regelung ein Schritt zur Lösung der Ritenfrage sein. In manchen Gebieten können dann drei Bistümer (mit drei Jurisdiktionen) am gleichen Ort existieren. Andererseits könnte das Nebeneinander der Riten stärker zu einem Konkurrenzdenken führen und außerdem den ohnehin durch mehrere christliche Kirchen „verwirrten" Hindus den überzeugenden Blick auf die Einheit der katholischen Kirche erschweren. →Thomaschristen.

Ergänzung zu Seite 311:

## Thomaschristen

Unter diesem Wort faßt man Christengemeinden (die syromalankarische und die syromalabarische Kirche) zusammen, die ihre Gründung auf den Apostel Thomas zurückführen; der Überlieferung nach soll er im Jahr 52 als Missionar in Indien gelandet sein. Diese Gemeinden leben an der vorderindischen Malabarküste und pflegen die syrische Kirchensprache. Ursprünglich gehörten sie dem →Nestorianismus bzw. dem →Monophysitismus an. Um das Jahr 1600 wurden sie mit der lateinischen Kirche vereinigt. →Ritenstreit.